YINGYONG TONG

应用统计学

薛章林 刘定祥 可英 编著

重庆大学出版社

内容提要

为适应高等院校培养应用型人才的需要,本书按现代统计工作的要求组织课程内容,包括应用统计工作、应用统计描述、应用统计推断、统计数据应用 4 个部分。本书注重将教学内容与 Excel 和 SPSS 软件的应用相结合,将学习统计知识的过程与统计工作的过程相结合,加强了统计应用的教学内容,突出实践教学环节,强化学生实践能力。

本书可作为高等学校经济类、管理类和社科类相关专业的应用型本科学生教材,也可供统计工作者阅读参考。

图书在版编目(CIP)数据

应用统计学 / 薛章林,刘定祥,可英编著. -- 重庆:
重庆大学出版社,2020.1(2024.1 重印)
ISBN 978-7-5689-1955-5

Ⅰ.①应… Ⅱ.①薛… ②刘… ③可… Ⅲ.①应用统
计学—高等学校—教材 Ⅳ.①C8

中国版本图书馆 CIP 数据核字(2020)第 008703 号

应用统计学

薛章林 刘定祥 可 英 编著
策划编辑:鲁 黎

责任编辑:姜 凤 版式设计:鲁 黎
责任校对:王 倩 责任印制:张 策

*

重庆大学出版社出版发行
出版人:陈晓阳
社址:重庆市沙坪坝区大学城西路 21 号
邮编:401331
电话:(023) 88617190 88617185(中小学)
传真:(023) 88617186 88617166
网址:http://www.cqup.com.cn
邮箱:fxk@ cqup.com.cn (营销中心)
全国新华书店经销
重庆市正前方彩色印刷有限公司印刷

*

开本:787mm×1092mm 1/16 印张:19 字数:477 千
2020 年 1 月第 1 版 2024 年 1 月第 6 次印刷
印数:8 001—9 500
ISBN 978-7-5689-1955-5 定价:43.80 元

前　言

随着市场经济的发展和大数据时代的到来,运用成熟的统计软件、采用科学的统计分析方法,从数据中归纳分析有用的信息和知识,指导经济管理与决策分析,已成为各行各业有识之士普遍关注的问题。统计思维是现代人必须具备的素质之一。正如英国学者威尔斯(H. G. Wells)所言,统计思维的能力有朝一日将如同阅读与书写的能力一样,成为一名合格公民的必需。统计知识已成为市场调研、数据分析和科研的必备工具,因此,教育部一直把"统计学"列为经济类和管理类大学本科教育的核心基础课程,各层次院校,都将"统计学"作为一门重要的专业基础课程。

应用统计学,是一门方法论课程,旨在培养学生应用计算机分析和处理统计数据的能力,提升学生统计实践应用能力,使学生迅速实现从知识到能力的转变。随着信息化技术的普及,统计方法和统计工具都发生了变化,为适应这一变化,我们编写了《应用统计学》一书。

本书编写的指导思想:切合新一轮教学改革专业调整方案、切合高校教材建设目标,使学生掌握统计学的基本知识和技能,理解各种统计方法中所包含的统计思想。为适应高等院校应用型人才培养迅速发展的趋势,着力提高大学生的学习能力、实践能力和创新能力,突出应用型特色,培养以就业市场为导向的高级应用型人才。

本书的结构:按现代统计工作的要求组织课程内容和体系结构,打破传统的学科系统性,建立与现代统计工作相适应的"应用统计学"课程教学体系,应用统计工作——应用统计描述——应用统计推断——统计数据应用。首先,让学生明确统计思想和基本概念,掌握统计应用软件 Excel 和 SPSS 的使用方法,并能对社会经济现象进行统计,独立完成资料的搜集与整理。其次,学习构建社会经济现象的统计指标及指标体系,描述社会经济现象。再次,进行统计推断,揭示指标间的内在联系,揭示社会经济现象发展变化的规律。最后,学会应用统计知识解决现实中的问题。将统计知识的学习顺序与统计工作的次序结合起来,便于理论联系实际地教学,也突出了本书的实用性。

本书的特点:调整了传统的"应用统计学"课程教学内容和知识结构,按现代统计工作的要求组织课程内容和体系结构,建立与现代统计工作相适应的"应用统计学"教学课程体系,突出实践教学环节。同时,注重教学内容与 Excel 工具、SPSS 软件应用相结合、统计学知识与统计实践应用相结合、课内与课外相结合、学习统计知识的过程与统计工作的过程相结合,把学生引入实际工作环境,强化学生的实践能力。

本书由薛章林、刘定祥、可英编著。其中,绪论、第一篇、第二篇由薛章林编写;第三篇由可英编写;第四篇由刘定祥编写。

本书对应用型本科"应用统计学"课程改革进行了尝试,由于编者水平有限,书中难免有疏漏之处,恳请各位专家、读者批评指正,以便本书修订再版时改进。

编者学习、吸收了大量统计学著作和相关文献的理论成果。在此,向这些著作和文献的作者表示诚挚的谢意。

编　者
2019 年 7 月

目 录 CONTENTS

绪论 ………………………………………………………………………… 1

0.1 统计学的产生与发展 ………………………………………………… 2

0.2 应用统计思想与规范 ………………………………………………… 3

0.3 应用统计研究对象与特点 …………………………………………… 9

0.4 应用统计的基本术语与研究方法 …………………………………… 10

0.5 应用统计任务、工作过程与发展趋势 ……………………………… 14

思考题 …………………………………………………………………… 15

第一篇 应用统计工作 ………………………………………………… 16

第1章 应用统计调查 …………………………………………………… 17

1.1 应用统计设计 ………………………………………………………… 18

1.2 应用统计调查方法 …………………………………………………… 29

1.3 应用统计资料搜集方法 ……………………………………………… 35

1.4 应用统计调查误差检查与控制 ……………………………………… 41

思考题 …………………………………………………………………… 43

第2章 统计数据整理 …………………………………………………… 44

2.1 数据的计量与类型 …………………………………………………… 45

2.2 数据的审核与鉴别 …………………………………………………… 46

2.3 统计分组 ……………………………………………………………… 48

2.4 次数分布数列 ………………………………………………………… 52

2.5 统计表 ………………………………………………………………… 55

2.6 统计图 ………………………………………………………………… 57

思考题 …………………………………………………………………… 72

第二篇 应用统计描述 ………………………………………………… 73

第3章 总量指标 ………………………………………………………… 74

3.1 总量指标的种类与统计要求 ………………………………………… 76

3.2 总量指标的计量单位 ………………………………………………… 77

3.3 国民经济核算总量指标 ·· 78

思考题 ·· 81

第4章 相对指标 ··· 82

4.1 相对指标的作用与表现形式 ··· 83

4.2 相对指标的种类 ··· 84

4.3 常用的国民经济相对指标 ··· 87

思考题 ·· 90

第5章 平均指标 ··· 91

5.1 算术平均数 ··· 92

5.2 调和平均数 ··· 95

5.3 几何平均数 ··· 97

5.4 众数 ·· 99

5.5 中位数 ·· 101

思考题 ·· 104

第6章 变异指标 ··· 105

6.1 变异指标的计算 ·· 106

6.2 是非标志指标 ·· 110

6.3 分布的偏度和峰度 ·· 112

思考题 ·· 117

第7章 时间序列指标 ··· 118

7.1 时间序列的作用、种类和编制原则 ······························ 119

7.2 水平指标 ··· 121

7.3 速度指标 ··· 126

思考题 ·· 129

第8章 统计指数 ··· 130

8.1 综合指数 ··· 131

8.2 平均指数 ··· 134

8.3 指数体系与因素分析 ·· 136

8.4 经济指数与综合评价指数 ··· 142

思考题 ·· 148

第三篇 应用统计推断 ··· 149

第9章 参数估计 ··· 150

9.1 总体参数的点估计 ·· 151

9.2　一个总体参数的区间估计 ⋯⋯⋯⋯⋯⋯⋯⋯⋯⋯⋯⋯⋯⋯⋯ 153

9.3　两个总体参数的区间估计 ⋯⋯⋯⋯⋯⋯⋯⋯⋯⋯⋯⋯⋯⋯⋯ 158

思考题 ⋯⋯⋯⋯⋯⋯⋯⋯⋯⋯⋯⋯⋯⋯⋯⋯⋯⋯⋯⋯⋯⋯⋯⋯⋯⋯ 161

第 10 章　假设检验 ⋯⋯⋯⋯⋯⋯⋯⋯⋯⋯⋯⋯⋯⋯⋯⋯⋯⋯⋯⋯ 162

10.1　一个总体参数的检验 ⋯⋯⋯⋯⋯⋯⋯⋯⋯⋯⋯⋯⋯⋯⋯⋯ 163

10.2　两个总体参数的检验 ⋯⋯⋯⋯⋯⋯⋯⋯⋯⋯⋯⋯⋯⋯⋯⋯ 168

思考题 ⋯⋯⋯⋯⋯⋯⋯⋯⋯⋯⋯⋯⋯⋯⋯⋯⋯⋯⋯⋯⋯⋯⋯⋯⋯⋯ 173

第 11 章　方差分析 ⋯⋯⋯⋯⋯⋯⋯⋯⋯⋯⋯⋯⋯⋯⋯⋯⋯⋯⋯⋯ 174

11.1　单因素方差分析 ⋯⋯⋯⋯⋯⋯⋯⋯⋯⋯⋯⋯⋯⋯⋯⋯⋯⋯ 175

11.2　无交互作用的两因素方差分析 ⋯⋯⋯⋯⋯⋯⋯⋯⋯⋯⋯ 179

11.3　有交互作用的两因素方差分析 ⋯⋯⋯⋯⋯⋯⋯⋯⋯⋯⋯ 184

思考题 ⋯⋯⋯⋯⋯⋯⋯⋯⋯⋯⋯⋯⋯⋯⋯⋯⋯⋯⋯⋯⋯⋯⋯⋯⋯⋯ 190

第 12 章　相关分析 ⋯⋯⋯⋯⋯⋯⋯⋯⋯⋯⋯⋯⋯⋯⋯⋯⋯⋯⋯⋯ 192

12.1　相关分析的意义 ⋯⋯⋯⋯⋯⋯⋯⋯⋯⋯⋯⋯⋯⋯⋯⋯⋯⋯ 193

12.2　单相关 ⋯⋯⋯⋯⋯⋯⋯⋯⋯⋯⋯⋯⋯⋯⋯⋯⋯⋯⋯⋯⋯⋯ 195

12.3　复相关 ⋯⋯⋯⋯⋯⋯⋯⋯⋯⋯⋯⋯⋯⋯⋯⋯⋯⋯⋯⋯⋯⋯ 201

12.4　自相关 ⋯⋯⋯⋯⋯⋯⋯⋯⋯⋯⋯⋯⋯⋯⋯⋯⋯⋯⋯⋯⋯⋯ 202

思考题 ⋯⋯⋯⋯⋯⋯⋯⋯⋯⋯⋯⋯⋯⋯⋯⋯⋯⋯⋯⋯⋯⋯⋯⋯⋯⋯ 204

第 13 章　回归分析 ⋯⋯⋯⋯⋯⋯⋯⋯⋯⋯⋯⋯⋯⋯⋯⋯⋯⋯⋯⋯ 205

13.1　一元线性回归 ⋯⋯⋯⋯⋯⋯⋯⋯⋯⋯⋯⋯⋯⋯⋯⋯⋯⋯⋯ 206

13.2　多元线性回归 ⋯⋯⋯⋯⋯⋯⋯⋯⋯⋯⋯⋯⋯⋯⋯⋯⋯⋯⋯ 213

13.3　可线性化的曲线回归 ⋯⋯⋯⋯⋯⋯⋯⋯⋯⋯⋯⋯⋯⋯⋯⋯ 218

13.4　自回归 ⋯⋯⋯⋯⋯⋯⋯⋯⋯⋯⋯⋯⋯⋯⋯⋯⋯⋯⋯⋯⋯⋯ 222

思考题 ⋯⋯⋯⋯⋯⋯⋯⋯⋯⋯⋯⋯⋯⋯⋯⋯⋯⋯⋯⋯⋯⋯⋯⋯⋯⋯ 222

第四篇　统计数据应用 ⋯⋯⋯⋯⋯⋯⋯⋯⋯⋯⋯⋯⋯⋯⋯⋯⋯⋯ 223

第 14 章　静态数据的应用 ⋯⋯⋯⋯⋯⋯⋯⋯⋯⋯⋯⋯⋯⋯⋯⋯ 224

14.1　单变量静态数据的应用 ⋯⋯⋯⋯⋯⋯⋯⋯⋯⋯⋯⋯⋯⋯ 225

14.2　双变量静态数据的应用 ⋯⋯⋯⋯⋯⋯⋯⋯⋯⋯⋯⋯⋯⋯ 231

14.3　多变量静态数据的应用 ⋯⋯⋯⋯⋯⋯⋯⋯⋯⋯⋯⋯⋯⋯ 243

思考题 ⋯⋯⋯⋯⋯⋯⋯⋯⋯⋯⋯⋯⋯⋯⋯⋯⋯⋯⋯⋯⋯⋯⋯⋯⋯⋯ 250

第 15 章　时间序列数据的应用 ⋯⋯⋯⋯⋯⋯⋯⋯⋯⋯⋯⋯⋯⋯ 251

15.1　时间序列趋势外推预测 ⋯⋯⋯⋯⋯⋯⋯⋯⋯⋯⋯⋯⋯⋯ 252

15.2　平均(平滑)预测 ⋯⋯⋯⋯⋯⋯⋯⋯⋯⋯⋯⋯⋯⋯⋯⋯⋯ 255

15.3 季节性变化数据的应用 ⋯⋯⋯⋯⋯⋯⋯⋯⋯⋯⋯⋯⋯⋯⋯⋯⋯ 259

思考题 ⋯⋯⋯⋯⋯⋯⋯⋯⋯⋯⋯⋯⋯⋯⋯⋯⋯⋯⋯⋯⋯⋯⋯⋯⋯⋯⋯⋯ 268

第16章 统计分析报告的写作 ⋯⋯⋯⋯⋯⋯⋯⋯⋯⋯⋯⋯⋯⋯⋯⋯⋯ 269

16.1 统计写作的原则、特点和类型 ⋯⋯⋯⋯⋯⋯⋯⋯⋯⋯⋯⋯⋯⋯⋯ 270

16.2 统计分析报告的选题 ⋯⋯⋯⋯⋯⋯⋯⋯⋯⋯⋯⋯⋯⋯⋯⋯⋯⋯⋯ 274

16.3 统计分析报告的写作步骤 ⋯⋯⋯⋯⋯⋯⋯⋯⋯⋯⋯⋯⋯⋯⋯⋯⋯ 276

思考题 ⋯⋯⋯⋯⋯⋯⋯⋯⋯⋯⋯⋯⋯⋯⋯⋯⋯⋯⋯⋯⋯⋯⋯⋯⋯⋯⋯⋯ 281

附录 ⋯⋯⋯⋯⋯⋯⋯⋯⋯⋯⋯⋯⋯⋯⋯⋯⋯⋯⋯⋯⋯⋯⋯⋯⋯⋯⋯⋯ 282

附录一 证明 $x_H \leqslant x_G \leqslant \bar{x}$ ⋯⋯⋯⋯⋯⋯⋯⋯⋯⋯⋯⋯⋯⋯⋯⋯ 283

附录二 证明众数上、下限公式 ⋯⋯⋯⋯⋯⋯⋯⋯⋯⋯⋯⋯⋯⋯⋯⋯ 285

附录三 证明中位数上、下限公式 ⋯⋯⋯⋯⋯⋯⋯⋯⋯⋯⋯⋯⋯⋯⋯ 286

附录四 众数值与众数组的组中值的关系证明 ⋯⋯⋯⋯⋯⋯⋯⋯⋯ 287

附录五 标准差的数学性质证明 ⋯⋯⋯⋯⋯⋯⋯⋯⋯⋯⋯⋯⋯⋯⋯⋯ 288

附录六 直线外推公式的推导 ⋯⋯⋯⋯⋯⋯⋯⋯⋯⋯⋯⋯⋯⋯⋯⋯⋯ 291

附录七 抛物线外推预测公式的推导 ⋯⋯⋯⋯⋯⋯⋯⋯⋯⋯⋯⋯⋯⋯ 292

附录八 指数平滑公式推导 ⋯⋯⋯⋯⋯⋯⋯⋯⋯⋯⋯⋯⋯⋯⋯⋯⋯⋯ 293

参考文献 ⋯⋯⋯⋯⋯⋯⋯⋯⋯⋯⋯⋯⋯⋯⋯⋯⋯⋯⋯⋯⋯⋯⋯⋯⋯ 294

绪　论

0.1 统计学的产生与发展

统计(statistics),一般有以下三层含义:统计工作,从事具体的数字资料搜集、分析的实践活动;统计资料,又称统计数据,统计工作的成果——数字资料及相关信息;统计学,是统计工作实践的理论概况和经验总结,是一门方法论科学。统计学是一门收集、分析、表现和解释数据的学科(大英百科全书,2009)。

人类的统计活动,特别是搜集社会经济数字资料的活动,在国内可以追溯到夏、商时代,在国外可以追及古埃及、古罗马时期。统计学的历史,最早从17世纪算起。统计学的产生和发展,大体上经历了三个阶段。

0.1.1 古典统计学

古典统计学指的是17世纪中叶至18世纪末萌芽时期的统计学。几乎同时,在德国和英国分别产生了"国势学"和"政治算术",史称"国势学派"和"政治算术学派"。

(1)国势学派

国势学派,又称记述学派,是指以文字来记述国家的显著事项。最早在德国大学里讲授国势学的是康令(H. Conring,1606—1681)。康令的后继者阿亨瓦尔(G. Achenwall,1719—1772)讲授国势学时,于1749年把"国势学"称为"统计学"。

国势学派在研究各国的显著事项时,主要是用对比分析的方法研究关于国家组织、人口、军队、领土、财产等基本国情、国力,用以比较各国实力的强弱。国势学的研究方法侧重文字描述、性质解释,缺乏数量数值分析,与现代统计学相去甚远,人们将其称为"有名无实的统计学"。

(2)政治算术学派

同样是研究各国的国情、国力,英国的学者采用了数量分析的方法,以其代表人物威廉·配第(W. Petty,1623—1687)的著作《政治算术》命名。这里的"政治"是指政治经济学,"算术"是指统计方法。《政治算术》运用大量实际资料,对当时的英国、法国和荷兰三国的国情、国力作了系统的数量对比分析,开创了用数量方法研究社会经济现象的先河。对此,马克思评价他是"政治经济学之父",在某种程度上也可以说是"统计学的创始人"。

政治算术学派的另一位创始人是约翰·格朗特(J. Graunt,1620—1674),他的代表作《对死亡率公报的自然观察和政治观察》与《政治算术》齐名。当时,伦敦人口死亡情况严重,格朗特对此作了分类计算和分析,揭示了人口出生率、死亡率、性别比例等人口现象的某些规律性事实。

政治算术学派的人物及著作,一直未正式使用"统计学"这一名称,因此,被称为"无统计学之名却有统计学之实"。一般认为政治算术是统计学的正宗起源。

国势学派与政治算术学派共存了近两百年,两者有一个共同的特点,都是以宏观的社会经济问题为研究对象,因此统称为社会经济统计学派。

0.1.2 近代统计学

近代统计学指的是18世纪末到19世纪末发展起来的数理统计学派和社会统计学派及

其学说。

（1）数理统计学派

最初把古典概率论引入统计学的是法国数学家、统计学家拉普拉斯（P. S. Laplace，1749—1827）。他阐明了统计学的大数法则，进行了大样本推断的尝试。比利时统计学家、数学家凯特勒（A. Quetelet，1796—1874），最终完成了统计学和概率论的结合。

凯特勒在其著作《社会物理学》中利用大数法则论证了社会生活中的随机偶然现象贯穿着必然的规律性，他运用概率论原理提出了著名的"平均人"的概念，计算人类自身各种性质标志的平均值，通过"平均人"的概念来探索社会规律。他认为，社会所有的人与"平均人"的差距越小，社会矛盾就越缓和。其贡献就是发现了大量现象的统计规律性，并开创性地应用了许多统计方法，统计学界将凯特勒誉为"近代统计学之父"。

（2）社会统计学派

社会统计学派发源于德国，主要代表人物有克尼斯（K. G. A. Knies，1821—1897）、恩格尔（C. L. E. Engel，1821—1896）和梅尔（G. V. Mayr，1841—1925）。他们认为统计学是一门社会科学，是研究社会现象变动原因和规律性的学科，在研究过程中，应使用全面调查，也可以适量使用抽样调查。恩格尔在1895年发表的《比利时工人家庭的生活费》一文中提出了著名的"恩格尔法则"，从中引申出的"恩格尔系数"作为衡量生活水平的标准，至今仍被沿用。

0.1.3　现代统计学

现代统计学指的是20世纪初至今的推断统计学，是以随机抽样为基础，推论（估计）总体数量特征的方法体系，源于英国人戈赛特（W. S. Gosset）的小样本理论，后经费希尔（R. A. Fisher）、尼曼（J. Neyman）和皮尔逊（E. S. Pearson）等人而发展。

各个学派的传承与发展使今天的统计学形成这样的格局，一是以社会经济问题为主要研究对象的社会经济统计；二是以方法和应用研究为主的数理统计。20世纪60年代以后，随着计算机技术和网络技术的不断发展与完善，以及各种新技术的不断创新，统计学的发展有以下趋势。

首先，统计学从面对小批量的数据转变为面对海量数据。因此，使用计算机统计分析软件处理数据成为必然。在某些领域，甚至约定俗成必须使用著名统计分析软件，否则无法认可分析结果的准确性。其次，统计学从有关领域中汲取的养分也越来越多，如卫星技术的发展催生了空间统计学。同时，越来越多的数学方法被引进，又被越来越多地应用到各个领域，如医学界的新药研制、企业中的过程控制等。统计学可以应用于各行各业的数据分析，这使它成为一门"万能"的方法论学科。

0.2　应用统计思想与规范

应用统计包含统计工作、统计描述、统计推断、统计应用四层含义。统计工作是应用统计的实践活动，是按照预先设计的要求、运用科学的方法对事物的数量方面进行应用统计实践活动的总称。统计描述是应用统计工作的成果（统计资料）去反映所研究事物在一定时间、地点、条件下的规模、水平、速度、比例和效益，揭示事物之间的数量关系和变动规律。统计推断是在统计样本和假定的基础上对未知事物作出的推断——从事物的部分推断事物的总体；从事物发展的过去、现在推断事物发展的将来；根据事物之间的关系，从一事物推断他事物。统计应用是应用统计描述、统计推断的方法去挖掘所研究事物的内在规律以及相互联系，为有关部门科学决策提供咨询服务。

0.2.1　应用统计思想

所谓应用统计思想，就是在应用统计的实际工作中和统计学理论的应用研究中树立的世界观和方法论。应用统计思想，是在各种统计实践、统计理论研究中形成的，是经历统计观念、统计意识、统计理念等阶段而逐步形成的。

(1) 实事求是的思想

"实事"就是提供及时、客观和准确的统计数据，如实反映事物的真相。任何事物都有质和量两个方面，在质与量的辩证统一中，应用统计着重从量的方面如实反映事物的真面目。"求是"就是从客观存在着的实际事物出发，从中引出规律，作为我们行动的向导。"求是"是求真的过程，在这个过程中：从观测到的数据信息去产生新的知识或去验证一个假设，从数据中提取信息或者归纳揭示事物的本质，透过偶然性去发现必然性……应用统计工作的根本在于"实事求是"。统计数据表现事物的数量特征，它背后隐藏着政治、经济、社会、自然、技术等多方面因素的变化，应透过数据看政治、看经济、找矛盾、找因果、找本质、找规律、找趋势等，在此基础上提出对策建议。

(2) 随机的思想

统计方法总是归纳性的，其结论带有一定的或然性，随机思想渗透于应用统计过程。基于局部特征和规律所推广出来的判断不可能完全可信，随机思想是认识随机现象和统计规律的重要思想。

(3) 从局部看整体的思想

整体思想就是从问题的整体出发，把一组具有相同属性的对象放在一起，作为讨论的范围，研究同类现象的总体特征，按"群"处理具有相同性质的一批事物。平均与变异是对同类事物特征的抽象和宏观度量，体现了整体观。根据全息论"部分记载着整体的全部信息"的观点，我们可以通过总体中的部分挖掘出总体的信息数据。

(4) 从过去、现在看将来的思想

任何系统都有其过去、现在和将来。根据系统的惯性可预测系统发展的将来。这就是对趋势的拟合，拟合的成果是模型。模型表达的是事物的变化过程在数量上所体现的模式和基于此而预示的可能性。

(5) 从一事物看他事物的思想

事物是普遍联系的，总体中的个体之间、现象之间总是相互关联的，任何一个单一的关系必须依赖其他关系而存在。事物之间相随共变或相随共现经常出现，将这种相随共变或相随共现拟合成模型，表达事物之间的变化关系在数量上所体现的模式，反映一般规律。

(6) 从现象看本质的思想

应用统计研究数据，研究具有现实意义的具体数据(不是抽象的数据)，研究大量的数据

（不是个别的数据）。应用统计研究的数据是具体事物表现出来的量，是客观事物真实的反映。

0.2.2　应用统计规范

统计学是一门方法论的科学，应用统计规范包括工作性方法规范、技术性方法规范、工具性方法规范。工作性方法规范包括统计制度和统计体系；技术性方法规范包括调查、分析等统计标准；工具性方法规范包括现代信息技术。

（1）中国的应用统计体制

1）政府综合统计机构

政府综合统计机构是国务院和地方各级人民政府独立设置的统计职能机构，包括国务院设立的国家统计局和县级以上地方各级人民政府设立的统计机构。政府统计部门是国家宏观调控体系中的一个组成部分，承担着管理统计事务、提供统计信息、进行统计咨询、实行统计监督的职能。政府统计部门根据国家经济发展需求，通过各级国家机关、企事业单位层层下达统计要求采集统计信息。改革开放以来，政府统计部门组织开展了大量的统计调查，为国家实行科学决策提供了重要的依据，为社会公众了解国情、国力提供了大量信息。

2）部门统计机构

部门统计机构是国务院和地方各级人民政府各业务主管部门，根据国家和部门统计任务的需要而专门设置的统计职能机构。业务部门按照行业管理需要建立行业统计指标体系，并依据《中华人民共和国统计法》《中华人民共和国统计法实施细则》进行搜集、整理统计信息，运用各种统计方法系统、准确、及时地反映部门、行业的生产、经营管理和发展情况，提供统计资料，发布行业信息，做好统计咨询服务，发挥统计监督作用。

3）企业事业组织统计机构

各企业事业组织根据国家、部门、地方、企业事业组织的统计任务的需要而专门设置的统计职能机构。统计工作是提高企事业单位管理工作质量的一项重要基础性工作，对企事业单位而言，建立和完善一套既科学合理又行之有效的统计工作制度，通过统计及统计资料反映与企业生产经营活动有关的方方面面能为企业经营管理和战略决策提供依据。

4）社会团体专项统计

社会团体专项统计是调查组织者为了某一特定目的专门进行的统计调查工作，包括专项调查设计、组织收集和整理特定的统计资料以及进行专项分析研究，并提供专项统计信息和统计报告，为各级党政部门宏观决策、企业生产经营和社会公众服务。

5）公众个人统计

随着社会和个人非物质需求的发展，规范社会公众信息已经成为建设和谐社会的基本要件，特别是对涉及公众切身利益的数据信息，由于公众极高的关切度及与社会稳定密切的关联度，会有相对权威的专门机构负责收集、汇总、分析和对外发布此类数据信息，以尊重社会公众的知情权、建议权和监督权。

（2）应用统计标准

应用统计标准包括国际统计标准（表0.1）及国内相关统计标准（表0.2—表0.5）。

表0.1　国际统计标准

名　　称	英文缩写	主要用途
全部经济活动的国际标准产业分类	ISIC	广泛应用于人口、生产、就业、国民核算等统计领域中的国际比较和分析
产品总分类	CPC	为各国的产品分类体系和国民经济核算体系提供可借鉴的统计标准
协调商品目录和编码体系	HS	国家贸易进出口关税协调以及贸易进出口统计数据收集广泛使用的统一商品分类
国际职业标准分类	ISCO	为了各国的分类能够相互兼容,并促进劳工的统计数据的国际对比
国际教育分类	ISCED	用于编辑出版有关教育统计资料的标准,要求各个国家按照此标准报告教育统计数据,以便增强教育统计数据的国际可比性
数据元的规范与标准化	ISO/IEC11179	解决最基本数据共享与标准化问题。通过电子信息交换描述数据元标准化注册
数据发布系统国际标准	GDDS、SDDS	统计数据公布的国际标准,为国际组织加强对各国经济运行情况的监测

国内相关统计标准:

表0.2　国民经济行业分类(GB/T 4754—2002)

单位:个

门　类	大　类	中　类	小　类
A 农、林、牧、渔	5	18	38
B 采矿业	6	15	33
C 制造业	30	169	482
D 电力、燃气及水的生产和供应业	3	7	10
E 建筑业	4	7	11
F 交通运输、仓储和邮政业	9	24	37
G 信息传输、计算机服务和软件业	3	10	14
H 批发和零售	2	18	93
I 住宿和餐饮业	2	7	7
J 金融业	4	16	16
K 房地产业	1	4	4
L 租赁和商务服务业	2	11	27

续表

门　类	大　类	中　类	小　类
M 科学研究、技术服务和地质勘查业	4	19	23
N 水利、环境和公共设施管理业	3	8	18
O 居民服务和其他服务业	2	12	16
P 教育	1	5	13
Q 卫生、社会保障和社会福利	3	11	17
R 文化、体育和娱乐	5	22	29
S 公共管理和社会组织	5	12	24
T 国际组织	1	1	1
（合计）20	95	396	913

表0.3　三次产业划分

产　业	包括的行业
第一产业	农业、林业、畜牧业、渔业
第二产业	采矿业,制造业,电力、燃气及水的生产和供应业,建筑业
第三产业	交通运输、仓储和邮政业,信息传输、计算机服务和软件业,批发和零售业,住宿和餐饮业,金融业,房地产业,租赁和商务服务业,科学研究、技术服务和地质勘查业,水利、环境和公共设施管理业,居民服务和其他服务,教育,卫生、社会保障和社会福利业,文化、体育和娱乐业,国际组织

表0.4　企业类型划分

单位:万元

行业类型	指　标	小　型	中　型	大　型
工业企业	从业人员/人	300 以下	300 ~ 2 000	2 000 以上
	营业收入/万元	3 000 以下	3 000 ~ 30 000	30 000 以上
	资产总额/万元	4 000 以下	4 000 ~ 40 000	40 000 以上
建筑业企业	从业人员/人	600 以下	600 ~ 3 000	3 000 以上
	营业收入/万元	3 000 以下	3 000 ~ 30 000	30 000 以上
	资产总额/万元	4 000 以下	4 000 ~ 40 000	40 000 以上
批发业企业	从业人员/人	100 以下	100 ~ 200	200 以上
	营业收入/万元	3 000 以下	3 000 ~ 30 000	30 000 以上
零售业企业	从业人员/人	100 以下	100 ~ 500	500 以上
	营业收入/万元	1 000 以下	1 000 ~ 1 5000	15 000 以上

续表

行业类型	指标	小 型	中 型	大 型
交通运输业企业	从业人员/人	500 以下	500~3 000	3 000 以上
	营业收入/万元	3 000 以下	3 000~30 000	30 000 以上
邮政业企业	从业人员/人	400 以下	400~1 000	1 000 以上
	营业收入/万元	3 000 以下	3 000~30 000	30 000 以上
住宿和餐饮业	从业人员/人	400 以下	400~800	800 以上
	营业收入/万元	3 000 以下	3 000~15 000	15 000 以上

表 0.5 城乡统计分类

城 镇	城 区	主城区
		城乡接合区
	镇 区	镇中心区
		镇乡接合区
		特殊区域
乡村		乡中心区
		村庄

中国统计标准除了表0.2—表0.5所示内容外,还有《中国数据发布通用系统》《职业分类与代码》等。

(3)应用统计制度

应用统计制度是统计工作的技术规范。应用统计实践中应用最普遍的是统计报表制度。统计报表制度是在原始记录或核算资料基础上按规定表格形式、报送程序和报送时间,自下而上搜集统计资料的应用统计制度。为了保证统计调查资料的统一性和时效性,统计报表由国家统计部门或国务院各业务部门统一制发,各级统计工作人员在统计工作中一致遵循。

1)国家统计报表制度

国家报表制度包括周期性普查制度、经常性调查制度、非经常性调查制度。周期性普查制度是由国务院组织的每间隔一定时间搜集社会经济发展基础数据资料的统计调查制度。经常性调查制度是国家统计局或与国务院其他部门共同制定定期经常性调查搜集社会经济发展状况数据资料的统计调查制度,包括《国民经济核算综合统计报表制度》《社会综合统计报表制度》等综合报表和《工业统计报表制度》《农业统计报表制度》《人口劳动力统计调查制度》等专业报表。非经常性调查制度是国家统计局或与国务院其他部门共同制定在一定时期持续或一次性实施搜集社会经济发展状况数据资料专项调查、试点调查的临时性统计调查制度。

2)部门统计报表制度

部门统计报表制度是由国家统计局以外的部门为了满足实施部门统计调查需要制订的

工作方案。我国现行开展经常性统计调查的部门有 78 个,部门应用统计制度 384 个,涉及农业、林业、建筑、交通运输、科教文卫、金融、社会发展等社会经济领域。

3)地方统计报表制度

地方统计报表制度是地方政府统计部门为满足实施地方统计调查需要制订的工作方案。地方政府为满足地方统计调查需要,对国家统计制度的表格形式、填报内容、统计口径、调查范围及相关事项加以调整形成新的调查方案属于地方统计报表制度,地方统计接受用户委托的商业性调查的统计报表则不属于地方统计报表之列。

0.3　应用统计研究对象与特点

0.3.1　应用统计研究对象

应用统计研究对象是大量社会经济现象及其发展规律的数量表现,主要研究应用统计实践工作开展程序、社会经济活动信息搜集的方法与手段等。

0.3.2　应用统计特点

(1)数量性

应用统计研究对象是大量社会经济现象的数量属性。数量性是应用统计研究对象的基本特点,对客观现象的认识,无论是社会现象还是自然现象,既有"质"的方面又有"量"的方面,而应用统计学则是以数字为语言,用规模、水平、速度和结构比例等来反映大量社会经济现象的数量特征和数量关系,侧重于对客观现象数量的研究,从而揭示现象的一般规律性。这种数量的研究包括数量是多少;客观现象数量间的关系;质量互变的数量界限;客观现象量变的趋势及其规律等。

(2)总体性

总体是由具有某种共同性质的许多个体组成的,但个体在数量上存在着差异,需要通过这些个体的差异来描述或推断总体的数量特征和分布规律。统计研究的客观现象的数量方面,不是个别现象的数量,而是现象总体的数量。统计研究的对象是由许多个别事物组成的集合,对单个事物加以观察和研究是为了综合个体认识总体,研究总体的数量特征。

(3)具体性

统计研究的对象是自然、社会经济领域中具体现象的数量属性,这正是统计学与数学的分水岭。数学是研究事物的抽象空间和抽象数量的科学,而统计中的数据不是抽象的数据,是联系事物的质的数据,是研究事物在一定时间、地点、条件下的数据。这种数据是具体的、客观的。

(4)变异性

差异性是指构成统计研究对象的总体各单位,除了在某一方面保持同质以外,在其他方面存在差异,而且这些差异不是由某种特定的原因事先确定的。统计学上把总体各单位由于随机因素引起的某一标志表现的差异称为变异。例如,某企业员工作为统计学的研究对象,每个员工在性别、年龄、文化水平、技术能力、工资报酬等方面都存在差异,这就需要我们研究该企业员工的性别比例、平均年龄、文化结构、技术等级、平均工资等。倘若总体各单位不存在差异,就不需要收集大量的统计数据,也不需要进行统计了。

（5）随机性

统计研究对象是大量的社会经济随机现象,随机现象数量表现是不确定的,通过分析这种不确定数量关系,揭示现象内在发展变化的规律性。

（6）社会性

统计活动通过社会经济现象总体数量认识人类社会活动条件、过程和结果,反映社会生产关系。

0.4 应用统计的基本术语与研究方法

应用统计学和其他学科一样,都有专业术语和研究方法。在系统学习之前,掌握和了解这些术语,有利于提高学习效率,规范统计语言,更好地掌握统计研究方法。

0.4.1 应用统计的基本术语

（1）统计总体、总体单位与样本

1）统计总体

统计总体(population)简称总体,指研究对象的全体,是把客观存在的许多个别事物在同一性质基础上结合起来的整体。例如,为了研究某一批次产品质量的好坏,被研究的"该批次产品的某个质量特性值"全体就是一个总体。总体中所包含的总体单位的数量称为总体容量(population size),常用符号 N 表示。包含有无限个总体单位的总体称为无限总体,如森林病虫害、大气污染等是无限总体。包含有限个总体单位的总体称为有限总体,如某地区在某时点的人口数量就是有限总体。

总体有大量性、变异性、同质性和相对性四个性质。大量性是指总体内包含的总体单位有许许多多。变异性是指构成总体的各个总体单位之间互有差异。如高校为总体时,各个高校的所有制形式、高校规模、办学特色等方面都有差异。同质性是指构成总体的各个总体单位之间虽互有差异,但至少具备一种共同的性质。例如,研究某高校全体学生的"统计学"成绩,则全校所有的学生就构成了统计总体,每一名学生均在该校注册这一共同性构成了这个总体的前提条件。统计学中的定义强调数据所依附的载体,成绩是学生取得的,成绩所依附的载体是学生,故这里统计总体是全体学生,而不是所有的"统计学"成绩。这样定义的原因是以社会、经济、自然等数量方面为研究对象的统计学,把处理分析问题作为自己的重心。如果研究学生的状态,则不仅仅是"统计学"成绩一项,需要用一系列的数据来反映学生状态,这时这种总体的定义就显示出了其优越性。同质性是总体的前提,而变异性则是统计的前提。相对性是指总体与总体单位是相对于统计研究目的而言的,随着研究任务的改变而改变。同一单位可以是总体也可以是总体单位。例如,要了解全国工业企业职工的工资收入情况,那么全部工厂是总体,各个工厂是总体单位。如果旨在了解某个企业职工的工资收入情况,则该企业就成了总体,每位职工就是总体单位了。

2）总体单位

构成总体的个别事物称为总体单位（item unit），也称个体。统计数据信息资料的承担者是总体单位，统计资料的搜集是对总体单位特征进行调查。例如，在研究高校全体学生的"统计学"成绩时，该校的每一名学生便是总体单位。对于不同的研究对象，总体单位可能是人、物，也可能是企业、机构，甚至可能是时间、地域等。

总体与总体单位是整体与局部的关系。总体是统计研究对象的全部，是由具有相同性的总体单位构成，总体单位是构成总体的元素。

3）样本

样本（sample）是由从总体中抽取的部分个体组成的集合，用以代表总体。抽取样本的目的是用来推断总体，因此要求样本能够对总体具有足够的代表性。样本代表总体的程度越高，由样本计算的统计量与总体指标的误差就越小。

样本中所包含的个体数量称为样本容量（sample size）或样本大小，常用 n 表示，n 一般是比较小的一个数。例如，我们想了解某一批次产品的合格率，那么就会随机选取 100 件产品进行检验，这 100 件产品就构成了一个样本，样本容量就是 100。根据对这 100 件产品检验的结果计算出样本的合格率，并用它来代表或者推断总体产品的合格率。一般用 $X_1, X_2, \cdots, X_n$ 表示总体的一个样本，样本数据的取值记为 $x_1, x_2, \cdots, x_n$，称为样本观测值。理论上讲，样本容量 $1 \leqslant n \leqslant N$。

（2）总体参数与样本统计量

1）总体参数

总体参数（population parameter）是用来描述总体特征的概括性数字度量。通常有总体均值 μ、总体方差 σ^2、总体比例 p 等，总体参数是一个未知的常数。

2）样本统计量

样本统计量（sample statistic）是用来描述样本特征的概括性数字度量，简称统计量。通常有样本均值 $\bar{x}$、样本方差 S^2、样本比例 $\hat{p}$ 等。统计量是根据抽取的样本数据计算出来的值，它是样本的函数。

总体、样本、总体参数、样本统计量的概念可以用图 0.1 来表示。

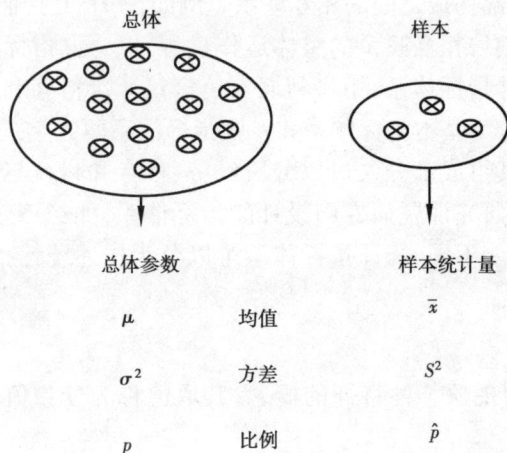

总体参数		样本统计量
μ	均值	$\bar{x}$
σ^2	方差	S^2
p	比例	$\hat{p}$

图 0.1　总体、样本、总体参数、样本统计量概念示意图

(3)统计标志、统计指标与指标体系

1)统计标志

统计标志(statistical character)简称标志,是说明总体单位的属性或特征的名称。例如,某个学生的姓名、性别、年级、年龄、考试成绩、月生活费用是标志;企业的所有制形式、企业规模、所属行业、产值等也是标志。标志是用来说明个体特征的概念。总体单位是标志的承担者,标志是统计认识的起点。

按总体单位性质不同分为品质标志和数量标志。品质标志是说明总体单位性质(属性)方面特征的名称,一般使用文字来表现,如某个学生的姓名、性别、年级等。数量标志是说明总体单位数量特征的名称,用数字来表现,由标志名称和标志值组成,如某个学生的年龄、身高、考试成绩等特征。

标志按标志值是否可变分为不变标志和可变标志。不变标志是指总体中各总体单位某一特征表现相同,如同一规格螺丝帽的内径都相同。可变标志又称变异标志,是指总体中某一标志在各总体单位的具体表现不尽相同,随总体单位不同而标志取值表现也不同,如从同一棵苹果树上所摘下的苹果的重量不尽相同。不变的数量标志称为常量或参数;可变的数量标志抽象化称为变量,其取值称为变量值或标志值。

2)统计指标

统计指标(statistical indicator)简称指标,是说明客观现象总体特征的概念及其数值,是数量标志的汇总。例如,国内生产总值、人口数量、耕地面积、财政收入等都称为统计指标。统计指标有两种使用方法:一是进行统计设计或理论研究时所使用的仅有数量概念而没有具体数字的统计指标;二是统计指标由指标名称和指标数值构成。

统计指标分为数量指标和质量指标:数量指标是反映现象总规模、总水平和工作总量的统计指标,也称为总量指标或统计绝对数;质量指标是反映现象相对水平或工作质量的统计指标,通常是由两个总量指标对比而派生的指标,用相对指标或平均指标来表示,反映现象之间的内在联系和对比关系。(详见第3章论述)

3)指标体系

指标体系(indicator system)是指由若干个相互联系的单一指标构成的指标群,用以说明总体的全面特征和总体内部构成之间的相互联系。例如,一个工业企业的生产经营活动是人力、物质资金、生产、供应销售相互联系的整体运作过程,以一群指标说明和分析企业的全面情况,就形成工业企业统计指标体系:销售利润 = 销售量 × 价格 × 利润率。按所研究问题的范围大小,指标体系大体分为基本指标体系和专题指标体系两大类。基本指标体系能反映社会生产和生活的全过程,其组成部分又可以分成经济、社会和科技三个子体系。专题指标体系是针对某一个社会经济研究课题而专门设计的指标体系,如经济效益指标体系、人民生活水平指标体系等。按其功能不同,统计指标体系可以分为描述统计指标体系、评价统计指标体系和预警统计指标体系。

(4)变量

变量(variable)是说明现象某种特征的概念,其取值称为变量值。变量可分为以下几种类型:

1）分类变量

分类变量的取值就是分类数据。例如,性别就是一个分类变量,其变量值为"男、女"两类数据。

2）顺序变量

顺序变量的取值就是顺序数据。例如,顾客满意度就是一个顺序变量,其变量值可以为"很满意、较满意、一般满意、较不满意、很不满意"这五个顺序数据。

3）数值型变量

数值型变量的取值是数量数据。根据其取值的不同,又可分为离散型变量和连续型变量。

①离散型变量,只能取有限个或可列无限多个,并且其取值都以整位数断开,如合格数、企业数等。

②连续型变量,可以在一个或多个区间中取任何值的变量,其取值是连续不断的,不能一一列举,如年龄、灯泡的寿命等。

0.4.2　应用统计研究方法

(1)大量观察法

大量观察法是选择足够多的调查单位进行观察的方法。统计研究对象是由大量的个别事物构成,个别事物表现的性质及数量特征具有差异,事物间表现出的关系也错综复杂,需要大量观察和综合分析,消除个别事物表现出的偶然性、随机性影响,探寻现象内在发展规律性。

(2)实验设计法

实验设计法就是通过设计实验取得所要研究的数据的方法。实验设计需要遵循的主要原则:重复性原则,在相同条件下重复多次实验;随机性原则,在实验中对实验对象的分配和实验次序都是随机安排的;区组化原则,使得组内标志值的差异扩大,组间差异相对缩小。

(3)统计描述法

统计描述法是用综合指标、统计表、统计图等形式描述研究总体现象的数量特征的方法,主要包括统计分组法和综合指标法。

1）统计分组法

统计分组法是选择特定标志,把总体划分为若干不同性质的组别加以分析的方法。统计分组既有"分",又有"合",将总体中不同类别、不同现象进行区分,同时对相同性质的事物归类。

2）综合指标法

综合指标法是运用统计综合指标概括研究现象的总体特征和一般规律的统计方法。社会经济现象的总体特征及内在规律常常需要由一系列指标构成的指标体系加以说明。

(4)统计推断法

统计推断法是指在一定的置信标准要求下,由样本信息推断总体数量特征的归纳推理方法,包括参数估计、假设检验、方差分析等方法。

（5）数学模型法

社会经济现象内在发展规律往往可以通过数学模型加以表现。在模型构造过程中,通过归纳和推断把影响现象发展变化的偶然因素消除,使影响现象发展变化的主要因素稳定地表现出来,数学模型则能较好地分析现象的规律性。

0.5 应用统计任务、工作过程与发展趋势

0.5.1 应用统计任务

《中华人民共和国统计法》规定我国的统计基本任务:对国民经济和社会发展情况进行统计调查、统计整理和统计分析,提供统计资料和统计咨询,实行统计监督。应用统计具体任务包括:为决策者提供信息;为信息使用者提供咨询;监督社会经济运行。

0.5.2 应用统计工作过程

应用统计工作过程是应用统计工作实践过程,这个过程如图0.2所示。

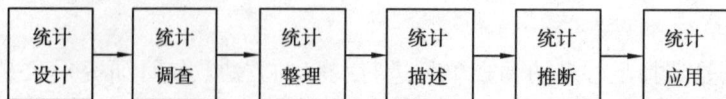

统计设计 → 统计调查 → 统计整理 → 统计描述 → 统计推断 → 统计应用

图0.2 统计工作过程示意图

0.5.3 应用统计发展趋势

统计实践作为人类活动的重要组成部分距今已有四五千年的历史。我国很早就开始了对人口、土地、赋税方面的统计计量和核算。到汉朝时,统计制度执行更加严格,官吏"上计"内容不准,耽误"上计"时限,需要追究其责任。北周刑法规定,统计漏报或差错五户或十人以上,地方官就要被处死。清朝《脱漏户口律》规定,在人口统计中诈冒脱免、避重就轻者,杖八十,仍改正。民国时期对统计工作更为重视,1932年,民国政府颁布了《中华民国统计法》,以法律的形式规范统计工作。新中国成立以后,政府非常重视统计工作,不断出台和完善统计法律、法规,统计工作得到长足发展。1983年,全国人大六届三次会议审议通过了《中华人民共和国统计法》,1996年对《中华人民共和国统计法》进行了修订,国务院学位办2011最新学科目录,统计学升格为一级学科(与数学、经济学等并列),使我国统计工作进入新的发展阶段。

我国统计工作未来发展趋势:统计工作全部在网络环境下运行,实现统计政务电子化、统计工作流程电子化、统计办公电子化。统计基础数据的采集→统计数据的加工处理→统计数据质量的控制→统计初级产品的开发→统计信息产品的发布→统计信息资源的管理等统计工作的全过程电子化,统计数据网络传输,统计数据管理有制有序,统计数据处理准确、高效,将推动政府职能的转变和企业依法办理登记报批、依法经营纳税等。

思考题

1."统计"一词有哪几种含义？它们之间的关系如何？

2.统计学的发展中有哪些主要学派？其学术观点是什么？主要代表人物及其对统计学的贡献有哪些？

3.简述应用统计研究对象有哪些特点。

4.简述应用统计思想有哪些。

5.简述统计总体与总体单位的区别与联系。

6.简述统计标志与统计指标的区别与联系。

7.简述应用统计研究方法有哪些。

8.简述应用统计工作过程。

第一篇　应用统计工作

　　应用统计工作是对社会现象、经济现象以及自然现象的数量方面进行搜集、整理、分析的总称。应用统计工作的起点是统计数据，终点是探索客观现象内在的数量规律性，从起点到终点要经历几个阶段：统计设计——统计调查——统计数据审核——统计分组——描述统计分组频数分布——描述数据分布内在变化趋势（集中趋势和离散趋势）——描述数据对比关系（指数）——统计推断——数据挖掘。本篇介绍获得统计数据的方法，贯彻"实事求是"的思想和"随机"的思想。数据变化趋势和数据对比关系的描述将在第二篇详细介绍。

　　如果搜集到的是总体数据（如普查数据），则只需进行描述性分析（统计分组频数分布描述、数据变化趋势描述、数据对比关系描述）就可以达到认识总体数量规律性的目的。如果所获得的只是总体的一部分数据（样本数据），要找到总体的数量规律性，则应根据样本信息进行统计推断。统计推断是现代统计学的主要内容，将在第三篇详细介绍。如果要将数据进行深入分析，就需要进行数据挖掘，利用各种复杂的数据分析工具来发现大型数据集中的各种未知模式和数据的内在关系，并据此进行预测（数据挖掘本书不作介绍）。通过应用统计工作，收集数据、整理数据、分析数据、从数据中提取信息，揭示事物发展的内在规律性，为管理决策提供科学依据。应用统计工作的成果——利用数据信息说明问题，这就要求统计工作者形成对数据的敏感，有把握数据的能力，养成会用数据"说事"的习惯。

第1章 应用统计调查

应用统计调查是根据统计研究的目的和要求,采用适当的调查方法,有计划、有组织地搜集数据信息资料的过程。应用统计调查是统计工作链条上的第一段,这一段所获得的资料(数据资料和文字资料)是统计"产品"的原材料,这一段的工作是统计工作的基础。如果这一阶段的工作质量出了问题,以后的各阶段将很难弥补。

1.1 应用统计设计

应用统计设计是整个统计工作的开始阶段,是总揽全局的工作。应用统计活动涉及统计客体(原始资料载体或提供者)、统计主体(统计资料加工者)和统计宿体(统计资料需求者)。统计宿体提出统计研究的目的或统计活动的成果要求,统计主体根据统计宿体的目的和要求向统计客体收集统计资料,并将统计资料整理分析提供给宿体使用。应用统计设计就是按照统计宿体的要求制订整个统计工作的行动规划。

1.1.1 应用统计设计的原则

(1)可行性原则

所设计的统计活动可以取得必要的数据,可以导出原定的目的。所设计的统计活动应该具备相应的人力、资金、物资设备和充足的时间,如果这些资源不具备,就需调整统计设计。

(2)真实性原则

数据采集必须是真实对象或环境所产生的,必须保证数据来源是可靠的,必须保证采集的数据能反映真实的状况。温家宝同志曾向统计人员"约法三章":讲真话、报实数,如实提供统计资料;遵守职业道德,不编造虚假数据;坚持原则,敢于抵制和大胆揭发在统计上的弄虚作假。

(3)准确性原则

要确保统计数据质量,就必须建立科学的数据评估监测体系,提高统计设计水平,使每项统计调查更加科学、合理,使采集到的数据与应用目标、工作需求的关联程度比较高,所采集数据的表达准确无误,相对于企业或组织自身来说具有适用性,是有价值的。关联程度越高,适应性越强,就越准确。

(4)时效性原则

在进行统计设计时,要力求以较短的时间提供所需的统计资料。一是数据自发生到被采集的时间间隔越短就越及时,最快的是数据采集与数据发生同步;二是在企业或组织执行某一任务急需某一数据时能够很快采集到该数据,谓之及时;三是采集某一任务所需的全部数据所花去的时间越少谓之越快。

(5)经济性原则

在统计设计时,要研究如何针对统计宿体的需要,用尽可能少的人、财、物去取得尽可能多的高质量的统计信息。

(6)再生性原则

信息可以进行浓缩、集中、概括以及综合,在数据的加工过程中要保持信息的本质,排除一些干扰的、冗余的数据,提炼有价值的信息。

(7)传输性原则

数字现代信息传输既方便又经济,可以利用电话、网络、卫星等进行(数据、文字、图形、图像、声音等)传输,统计资料的可传输性加快了统计信息的交流,有利于充分发挥统计信息、咨询、监督三大职能。

(8)共享性原则

随着市场经济的迅速发展,反映社会经济信息的统计数据的社会关注度越来越高,统计信息的提供也必须充分满足社会需求,数据共享将有利于统计信息成为社会的一种资源。

(9)法律性原则

《中华人民共和国统计法》(以下简称《统计法》)是统计工作的根本大法,是统计工作最有力的保障,在《统计法》中,规范了国家机关、社会团体、各种经济组织以及公民在统计活动中的行为,规定调查对象必须依法申报统计资料、各级组织必须准确及时完成统计任务,赋予了统计工作的合法性和规范性,保障了统计资料的准确性、及时性和全面性。

1.1.2 应用统计设计的内容

(1)明确研究目的

把统计宿体提出的任务和要求归纳为清晰的、具体的、切合实际的统计研究目的。

(2)明确对所要收集资料的要求

设想所要收集的资料反映哪些属性,这些属性由什么样的总体承载,总体空间、时间如何界定。

(3)设计指标和指标体系

首先确定用什么指标来反映事物现象属性,然后设计指标的含义和口径等。在设计指标体系时,要注意设计的统一标准。

(4)设计收集统计资料的途径、方式和方法

对于可选的途径、方式和方法,要设计最佳搭配,以较少的花费搜集到较准确的、较全面的、必要的资料。

(5)提出次级资料的要求、搜集方法、评价标准和加工方案

利用次级资料能解决的问题就不需要初级资料,次级资料缺哪些,就用初级资料补哪些。

(6)设计调查表

不同的资料搜集途径、方式和方法,需要设计不同类型、不同形式的调查表,以便实施现场搜集活动。

(7)设计资料整理方案

设计出能反映问题本质的分组标志和指标体系,具体落实到一套空白的汇总表、汇总表编制说明和各种分类目录。

（8）设计统计分析方案,确定统计分析方法

（9）设计试点调查方案、评估方案、复查方案

（10）制订统计活动所需人力、物力和时间的配置方案

（11）制订统计活动的组织机构和管理方案

1.1.3　应用统计调查方案设计

应用统计调查方案是统计主体按照统计设计的要求所制订的调查工作计划,其基本内容如下:

（1）确定调查目的

明确统计调查要解决什么问题,根据调查目的搜集与之相关的资料。例如,我国进行了六次人口普查,其目的均不一样,因此,每次调查的项目数也不相同。第一次普查设有 6 个项目,第二次普查设有 9 个项目,第三次普查设有 19 个项目,第四次普查设有 21 个项目,第五次普查设有 26 个项目,第六次普查设有 45 个项目。列入的调查项目是根据调查目的而设计的。

（2）确定调查对象和调查单位

确定统计调查对象是为了解决调查范围的问题。调查对象是符合调查目的的若干具有相同性质的调查单位组成的集合。调查单位是统计调查登记的项目和标志资料的承担者。填报单位又称报告单位,是负责报告调查资料的单位。调查单位与填报单位有时一致,有时不一致。例如,对某高校新生基本情况进行调查登记,该校新入校学生既是调查单位,也是填报单位。又例如,对某市农村留守学生情况进行调查,农村每一个留守学生是调查单位,每所农村学校是填报单位。

（3）拟订调查项目

调查项目是调查单位所要调查的具体内容。项目对调查对象(总体)而言,即指标;对调查单位(总体单位)而言,即标志。例如,第二次全国经济普查的主要内容(项目)包括单位基本属性、财务状况、生产经营情况、生产能力、能源消耗、主要生产设备、信息化和科技活动情况等。其中,各类被调查单位必须填报的共性内容为单位基本情况、财务状况、水及能源消费情况、信息化情况主要指标。再如,第六次人口普查登记的主要内容包括姓名、性别、年龄、民族、国籍、受教育程度、行业、职业、迁移流动、社会保障、婚姻、生育、死亡、住房情况等。

调查项目需要根据调查目的、调查对象的性质及调查任务来确定,调查项目太少不能说明调查目的,太多会造成浪费。调查项目的含义要明确、易懂,并使答案具有确定的表现形式,如填充式、选择式等。各项目之间应彼此衔接,互相关联,以便从联系中、逻辑中检验调查资料的质量,如本次调查的项目与以前同类型调查项目保持一定的可比性。

（4）选择调查方法

调查方法是搜集统计信息资料的方法,在调查方案设计时需要结合所要调查信息资料的性质选择相应的调查方法,确保调查工作顺利开展。

（5）调查表的设计

调查表的设计包括表头、表体、表脚的设计,主要是表体的设计。表体是调查表的主要部

分,包括调查项目(指标或标志)、栏号、计算单位等。设计时,要注意调查项目在表中前后、左右的恰当列示,将联系较为紧密的项目列示于同一区域,充分考虑项目的先后顺序等。表头,即调查表的名称和调查单位(填报单位)的名称;表脚,即调查者(填报人)的签名和调查日期。

　　调查表分为单一表和一览表。单一表是在一张表上只登记一个调查单位的资料,一览表是在一张表上登记多个调查单位的资料。单一表可以设置较多调查项目,一览表适于项目较少的调查。调查表设计完毕后要编写注释,给出填表说明和指标解释,表1.1为第三次全国经济普查单位普查表。

表1.1　第三次全国经济普查单位普查表①

	表　　号：611 表
	制定机关：国家统计局
	国务院经济普查办公室
	文　　号：国统字〔2013〕56 号
	2013 年　有效期至：2014 年 6 月

01 报表类别(104) □　A 农业　　B 工业　　C 建筑业　　E 批发和零售业　　S 住宿和餐饮业
X 房地产开发经营业　T 铁路系统　J 金融系统　　U 其他
02 单位类型(110) □　1 法人单位　　2 产业活动单位
03 普查小区代码(107)□□　　　　10 底册顺序码(108)□□□□□□□□□
04 行业代码(103)　□□□□[国民经济行业类别(GB/T 4754—2011)]
05 单位所在地区划代码(105)　　□□□□□□□□□□□□
06 单位注册地区划代码(106)　　□□□□□□□□□□□□
调查对象基本情况和经济指标
项目1　组织机构代码(101)　　□□□□□□□□ - □
项目2　单位详细名称(102)　　_____
项目3　法定代表人(单位负责人)(201)　_____
项目4　开业(成立)时间(202)　_____年_____月
项目5　主要业务活动(或主要产品)(103 - 1)
1 _____　　2 _____　　3 _____
项目6　地理位置
项目6A 单位所在地(105 - 2)
_____省(自治区、直辖市)_____地(区、市、州、盟)_____县(区、市、旗)
_____乡(镇)_____街(村)、门牌号
单位位于:_____街道办事处_____社区(居委会)
项目6B 单位注册地(106 - 2)
_____省(自治区、直辖市)_____地(区、市、州、盟)_____县(区、市、旗)
_____乡(镇)_____街(村)、门牌号
单位位于:_____街道办事处_____社区(居委会)
项目7　联系方式(203)
长途区号　□□□□□
固定电话　□□□□□□□□ - □□□□□□　　　电子邮箱_____
移动电话　□□□□□□□□□□□

_____

①资料来源于国家统计局。

续表

传真号码 □□□□□□□□ - □□□□□□□	网　址＿＿＿＿＿＿＿＿＿＿＿＿＿＿
邮政编码 □□□□□□	

项目8　机构类型(211)　　□□

10 企业　　　　20 事业单位　　　　30 机关　　　　40 社会团体　　　　51 民办非企业单位

52 基金会　　　53 居委会　　　　54 村委会　　　　90 其他组织机构

项目9　营业状态(208)　□　1 营业　2 停业(歇业)　3 筹建　4 当年关闭　5 当年破产　9 其他

项目10　登记注册(或批准)机关名称、级别、注册号(204)(如登记注册或批准机关为多个,请复选)

机关级别:1 国家　2 省(自治区、直辖市)　3 地(区、市、州、盟)　4 县(区、市、旗)

1. 工商行政管理部门　　　　机关级别 □　　登记注册号＿＿＿＿＿＿＿＿＿

2. 编制部门　　　　　　　　机关级别 □　　登记注册号＿＿＿＿＿＿＿＿＿

3. 民政部门　　　　　　　　机关级别 □　　登记注册号＿＿＿＿＿＿＿＿＿

4. 国家税务部门　　　　　　机关级别 □　　登记注册号＿＿＿＿＿＿＿＿＿

5. 地方税务部门　　　　　　机关级别 □　　登记注册号＿＿＿＿＿＿＿＿＿

9. 其他(请注明批准机关)　　机关级别 □　　＿＿＿＿＿＿＿＿＿＿＿＿＿

项目11　登记注册类型(205)　□□□

内资		港澳台商投资	外商投资
110 国有	159 其他有限责任公司	210 与港澳台商合资经营	310 中外合资经营
120 集体	160 股份有限公司	220 与港澳台商合作经营	320 中外合作经营
130 股份合作	171 私营独资	230 港澳台商独资	330 外资企业
141 国有联营	172 私营合伙	240 港澳台商投资股份有限公司	340 外商投资股份有限公司
142 集体联营	173 私营有限责任公司	290 其他港澳台投资	390 其他外商投资
143 国有与集体联营	174 私营股份有限公司		
149 其他联营	190 其他		
151 国有独资公司			

项目12　企业控股情况(206)　　□　1 国有控股　2 集体控股　3 私人控股　4 港澳台商控股　5 外商控股　9 其他

项目13　隶属关系(207)　　□□

10 中央　　　20 省(自治区、直辖市)　　　40 地(区、市、州、盟)　　　50 县(区、市、旗)　　　61 街道

62 镇　　　63 乡　　　　　71 社区(居委会)　　　　72 村委会　　　　90 其他

项目14　会计制度情况

项目14A　执行会计标准类别(209)　　□

1 企业会计制度　　　2 事业单位会计制度　　　3 行政单位会计制度　　　4 民间非营利组织会计制度　　　9 其他

项目14B　是否执行 2006 年《企业会计准则》(210)　□　　1 是　　2 否

项目15　法人单位经济指标

从业人员(192)　　从业人员期末人数＿＿＿＿＿＿人　　　其中:女性＿＿＿＿＿＿人

项目15A　企业主要经济指标(193)

　　　　营业收入＿＿＿＿＿元　　　　其中:主营业务收入＿＿＿＿＿元

　　　　营业税金及附加＿＿＿＿＿元　　　其中:主营业务税金及附加＿＿＿＿＿元

资产总计＿＿＿＿＿元　　　　实收资本＿＿＿＿＿元

项目15B　非企业法人单位填报(194)

非企业单位支出(费用)＿＿＿＿＿元　　　年末资产＿＿＿＿＿元

项目16　单位类别和产业活动单位归属法人单位情况

单位类别 □(181)　　1 法人单位本部(总部、本店、本所等)　　2 法人单位分支机构　(分部、分厂、分店、支所等)

续表

产业活动单位归属法人单位情况(182)

　　法人单位组织机构代码　□□□□□□□□－□　　　法人单位详细名称＿＿＿＿＿＿＿＿＿＿＿＿＿＿

　　　法人单位详细地址＿＿＿＿＿＿＿＿＿＿＿＿　　法人单位行政区划代码　□□□□□□

项目17　产业活动单位经济指标

　从业人员(192)　　从业人员期末人数＿＿＿＿＿＿＿人　　　　其中:女性＿＿＿＿＿＿＿人

　项目17A　经营性单位填报　　经营性单位收入(195)＿＿＿＿＿＿＿元

　项目17B　非经营性单位填报　　非经营性单位支出(费用)(196)＿＿＿＿＿＿＿元

项目18　行业指标

项目18B　仅工业法人单位填报(B01)

　　本年煤炭消费量＿＿＿＿＿＿＿＿t

项目18C　仅建筑业法人单位填报(C01)

建筑业企业资质等级(请填写资质证书编号前4位,没有资质等级的企业填写"9999")　　□□□□

项目18X　仅房地产开发经营业法人单位填报(X01)

房地产开发经营业企业资质等级　　□　　1 一级　　2 二级　　3 三级　　4 四级　　5 暂定　　9 其他

项目18E　批发和零售业法人单位和产业活动单位填报

　　批发和零售业企业经营形式(E01)□ 1 独立门店　2 连锁总店(总部)　3 连锁门店 9 其他

　　零售业态(E02)　　□□□□

　　有店铺零售

　　1010 食杂店　　1020 便利店　　1030 折扣店　　1040 超市　　　　1050 大型超市　　1060 仓储会员店

　　1070 百货店　　1080 专业店　　1090 专卖店　　1100 家居建材商店　1110 购物中心　　1120 厂家直销中心

　　无店铺零售

　　2010 电视购物　2020 邮购　　　2030 网上商店　2040 自动售货亭　　2050 电话购物

批发和零售业年末零售营业面积(E03)＿＿＿＿＿＿＿m²

　项目18S 住宿和餐饮业法人单位和产业活动单位填报

　　住宿和餐饮业企业经营形式(S01)□　1 独立门店　2 连锁总店(总部)　3 连锁门店　9 其他

　　住宿业企业星级评定情况(S02)　□　1 一星　2 二星　3 三星　4 四星　5 五星　9 其他

住宿和餐饮业年末餐饮营业面积(S03)＿＿＿＿＿＿＿m²

项目19　法人所属产业单位情况(212)

　　产业活动单位数＿＿＿＿＿＿＿个　　(单产业法人本指标填1,免填所属产业活动单位情况;多产业法人继续填写本表背面的《多产业法人所属产业单位情况》)

单位公章:

单位负责人:＿＿＿＿＿＿　统计负责人:＿＿＿＿＿＿　填表人:＿＿＿＿＿　联系电话:＿＿＿＿＿＿　报出日期:20　年　月　日

　　填报说明:①请在入户登记(2014 年 1—3 月)前将该表填好,由普查员上门录入 PDA 并收回。

　　　　　　②请在入户登记时准备证照,包括法人执照(营业执照)、组织机构代码证、税务登记证等,普查员将手持

　　　　　　　PDA 对上述证照进行拍照。

　　　　　　③《中华人民共和国统计法》规定统计调查对象必须依法真实、准确、完整、及时地提供统计调查所需的

　　　　　　　资料。

　　　　　　④预约入户联系方式:5380041、53800042、53800043。

(6)确定调查时间、期限与地点

　　调查时间是指调查资料所属的时间。在统计调查中,有的资料所反映的现象是在某一时点上的状态,这时必须规定统一的时点;有的资料所反映的现象是在某一时期内发展过程的

结果,这时则必须明确所要收集资料所属时期的起止时间,即所登记的资料应是该时期第一天到最后一天的累计数字。例如,我国第六次人口普查的调查标准时点是 2010 年 11 月 1 日零点;调查某年第二季度全国钢铁产量,则调查时间应该从该年的 4 月 1 日起至 6 月 30 日止。调查期限是指进行调查工作的时限,即调查工作的起止时间,包括收集资料和报送资料的工作所需要的时间。为保证资料的时效性,调查时限应尽可能地缩短。例如,我国第六次人口普查规定的时限为 2010 年 11 月 1 日至 10 日登记完毕,调查期限为 10 天。

调查的地点和调查的范围需要根据调查方法来确定。

(7)设计调查组织实施计划

调查组织实施计划是为了保证调查顺利实施的可操作计划,包括调查组织领导和调查机构设置、调查人员选择与培训、调查经费来源渠道与使用、调查进度协调、数据资料纠偏与勘误、调查资料上报等内容。

1.1.4 应用统计设计案例

第四次全国经济普查方案(摘要)[①]

一、普查目的

全面调查我国第二产业和第三产业的发展规模、布局和效益,了解产业组织、产业结构、产业技术、产业形态的现状以及各生产要素的构成,摸清全部法人单位资产负债状况和新兴产业发展情况,进一步查实各类单位的基本情况和主要产品产量、服务活动,全面准确反映供给侧结构性改革、新动能培育壮大、经济结构优化升级等方面的新进展。通过普查,完善覆盖国民经济各行业的基本单位名录库以及部门共建共享、持续维护更新的机制,进一步夯实统计基础,完善"三新"统计,推进国民经济核算改革,推动加快构建现代化统计调查体系,为加强和改善宏观调控、深化供给侧结构性改革、科学制订中长期发展规划、推进国家治理体系和治理能力现代化提供科学准确的统计支持。

二、普查对象和范围

(一)普查对象

普查对象是我国境内从事第二产业和第三产业的全部法人单位、产业活动单位和个体经营户。法人单位、产业活动单位和个体经营户按照《普查单位划分规定》进行界定。

(二)普查范围

根据《国民经济行业分类》(GB/T 4754—2017)和《三次产业划分规定》,普查范围具体包括:采矿业,制造业,电力、热力、燃气及水生产和供应业,建筑业,批发和零售业,交通运输、仓储和邮政业,住宿和餐饮业,信息传输、软件和信息技术服务业,金融业,房地产业,租赁和商务服务业,科学研究和技术服务业,水利、环境和公共设施管理业,居民服务、修理和其他服务业,教育,卫生和社会工作,文化、体育和娱乐业,公共管理、社会保障和社会组织,以及农、林、牧、渔业中的农、林、牧、渔专业及辅助性活动。

为保证统计单位的不重不漏,普查对包括农业、林业、畜牧业和渔业在内的全部法人单位和产业活动单位进行全面清查。

---

① 资料来源于国家统计局。

三、普查时点和时期

普查的标准时点为 2018 年 12 月 31 日。普查登记时,时点指标填写 2018 年 12 月 31 日数据,时期指标填写 2018 年 1 月 1 日—12 月 31 日数据。

四、普查内容

普查的主要内容包括单位基本情况、组织结构、人员工资、财务状况、能源生产与消费、生产能力、生产经营和服务活动、固定资产投资情况、研发活动、信息化和电子商务交易情况等。根据不同的普查对象,其普查内容也有所不同。具体分为四类普查表。

(一)一套表单位普查表

包括一套表单位基本情况、财务状况、从业人员及工资总额、能源生产与消费情况、生产能力、生产经营和服务活动、固定资产投资、研发活动、信息化和电子商务交易情况等内容。

(二)非一套表单位普查表

包括非一套表单位基本情况、财务状况、从业人员情况、部分行业经营情况、固定资产投资情况,以及行政事业单位、民间非营利组织主要经济指标等内容。

(三)个体经营户普查表

包括个体经营户基本情况、雇员支出、税费、房租、营业收入、固定资产投资情况等主要经济指标。

(四)部门普查表

包括金融、铁路部门及军队系统负责普查的单位基本情况、从业人员情况、财务状况、业务情况等内容,以及领导小组办公室其他成员单位负责提供的主要业务量情况。

五、普查方法

(一)清查方法

采取"地毯式"清查的方法,对辖区内全部法人单位、产业活动单位和从事第二、三产业的个体经营户进行全面清查,具体按照《普查单位清查办法》组织实施。

(二)普查登记方法

对法人单位和产业活动单位在全面清查的基础上进行普查登记。对个体经营户在全面清查的基础上,按照《第四次全国经济普查个体经营户抽样调查方案》进行抽样调查。

各地区普查机构原则上按行政区域组织实施普查。对从事第二、第三产业的法人单位、产业活动单位和个体经营户在其主要经营活动所在地进行普查登记,对建筑业法人单位在其注册地进行普查登记。多法人联合体不得作为一个普查单位,应分别对每个法人单位进行登记。

(三)数据报送方式

在单位清查阶段,普查员使用 PAD(手持移动终端)采集清查对象数据;在普查登记阶段,采取网上直报、PAD 采集、部门报送及其他方式相结合的方式获取普查对象数据。

六、普查业务流程

普查的业务流程主要包括:制订普查方案,普查区划分及绘图,普查指导员和普查员选聘及培训,编制清查底册,实施单位清查,登记准备,普查登记,普查数据检查、审核与验收,普查数据汇总,普查数据质量抽查,普查数据评估、共享与发布,普查资料开发及普查总结等 13 个环节。

（一）制订普查方案（2018年1—9月）

1.国家统计局、国务院第四次全国经济普查领导小组办公室（以下简称"国务院经普办"）制订《第四次全国经济普查方案》（7月底前）。

2.省级普查机构制订普查实施方案，并进行试点（8月底前）。

各地原则上不得增加普查内容，如省级确需增加的，由省统计局和省级普查办公室报请国家统计局和国务院经普办审批。

（二）普查区划分及绘图（2018年7—8月）

1.工作准备。国务院经普办统一选定电子底图，下发普查区绘图与管理软件。普查机构开展相关培训。

2.划分普查区。省市县三级普查机构对本地管辖区域及边界进行确认，县级普查机构划分普查区和普查小区，形成普查区地图。

3.核实和验收普查区地图。县级普查机构核实并修改普查区和普查小区边界。整理、审核、修改本级普查区地图。县级以上各级普查机构逐级验收下一级普查区地图。

具体按照《普查区划分及绘图工作细则》组织实施。

（三）普查指导员和普查员选聘及培训（2018年7—8月，11—12月）

1.人员选聘。县级普查机构负责指导、乡级普查机构负责具体组织实施普查指导员、普查员选聘工作。

2.业务培训。对选聘的普查指导员、普查员进行业务培训，明确人员职权、职责和工作任务。

具体按照《普查指导员和普查员选聘及管理工作细则》组织实施。

（四）编制清查底册（2018年7—8月）

1.收集整理部门数据。各级普查机构按规定的部门职责分工，向相关部门收集单位名录和相关资料。资料整理后，逐级分解至县级普查机构。

2.进行单位比对。省级或省级以下普查机构将基本单位名录库与相关部门数据（不包括个体经营户数据）进行比对、合并，建立单位比对数据库。

3.生成清查底册。省级或省级以下普查机构从单位比对数据库中选取部分字段，生成法人和产业活动单位清查底册。有条件的地区可生成个体经营户清查底册。

（五）实施单位清查（2018年8—12月）

1.清查告知。清查前开展宣传活动，发放清查告知书。

2.资料准备。将清查底册、普查区地图导入PAD，准备普查员工作证件及用品。

3.实地清查。根据普查区地图，逐户清查，使用PAD采集建筑物相关信息，填写清查表。

4.数据编码与审核。普查员上传PAD采集的数据。县级普查机构进行编码赋码，省级及省级以下普查机构组织清查表数据审核。

5.查疑补漏。县级普查机构根据市场监管部门提供的新增单位、统计调查发现的新增单位、清查数据与清查底册的差异情况、法人单位和产业活动单位关联审核情况开展查疑补漏。

6.数据检查与评估分析。抽取部分普查小区，逐户调查核对。将清查数据与部门数据和统计调查数据等进行比对分析，评估清查数据质量。

7.上报清查结果。省级普查机构完成清查数据审核验收后上报清查表和清查底册。

8.全国数据审核。国务院经普办组织开展清查表数据审核工作。

9.编制普查名录。国务院经普办标记各类单位,整理生成普查用单位名录,并统一反馈给省级普查机构。

具体按照《普查单位清查办法》组织实施。

(六)登记准备(2018年11—12月)

1.个体经营户抽样。省级普查机构汇总生成本地区个体经营户名录信息,上报国务院经普办。国务院经普办负责统一抽选样本。

2.数据准备。将普查单位底册名录信息及普查表式部署至联网直报平台或导入PAD;将一定规模以上个体经营户普查名录,个体经营户样本单位底册名录信息和普查表式导入PAD。

3.普查告知。通过有效途径向所有普查对象告知第四次全国经济普查有关事宜,指导和督促普查对象做好相关准备工作。

(七)普查登记(2019年1—4月)

1.数据采集。一套表单位在联网直报平台上填报普查表;非一套表单位和个体经营户样本单位原则上由普查员使用PAD入户调查或网络报送的方式采集普查表数据。每个普查对象的数据采集完成后应及时上报。

2.基层数据初审与上报。各级普查机构在基层数据上报期间要对数据进行随报随审。

3.登记查疑补漏。对部门提供的新增单位,统计调查发现的新增单位,入户调查结果与普查单位名录差异情况,法人单位和产业活动单位关联审核情况进行查疑补漏。

(八)普查数据检查、审核与验收(2019年4—8月)

1.数据检查。县级普查机构随机抽选3~5个普查小区,对小区内全部已上报单位进行数据质量检查。

2.数据集中审核。各级普查机构对普查数据进行审核,发现问题返回核实修改。

3.基层数据验收。上一级普查机构负责验收下一级普查机构上报的基层普查数据,对验收结果进行确认。

具体按照《普查登记工作细则》组织实施。

(九)普查数据汇总(2019年5—9月)

1.快速汇总。根据普查基层表汇总全国以及分地区、分行业等分组的法人单位、产业活动单位和个体经营户基本情况数据。

2.全面汇总。在快速汇总的基础上,分别汇总全国以及分地区、分行业等分组的法人单位、产业活动单位主要经济指标数据。

3.推算汇总。根据个体经营户清查和抽样调查结果,推算汇总个体经营户主要经济指标数据及其分行业大类和分省(区、市)数据。如需推算分市县主要指标数据的,由省级普查实施方案规定。

(十)普查数据质量抽查(2019年5—6月)

国务院经普办在全国抽取一定比例的普查区,对单位填报率、普查表主要指标的填报情况等进行质量抽查。

具体按照《第四次全国经济普查事后质量抽查方案》组织实施。

(十一)普查数据评估、共享与发布(2019年8—11月)

1.数据质量评估。通过对质量抽查结果的分析,评估普查基础数据质量。结合相关历史数据、部门行政记录,对主要指标和分行业、分地区数据进行比较分析,评估普查数据的真实性、一致性和准确性。

2. 数据共享。根据普查数据结果和部门需求,普查相关数据可以依法在部门之间共享。

3. 数据发布。按照有关规定,以公报的形式及时向社会发布普查主要成果。

(十二)普查资料开发(2019 年 10 月—2020 年 12 月)

1. 建立数据库。建立和完善经济普查相关数据库,全面更新覆盖国民经济各行业的基本单位名录库、基础信息数据库和统计电子地理信息系统。

2. 开展研究分析。对各级党委政府和社会各界所关心的热点问题,利用经普资料进行宏观分析和专题分析研究。

3. 编印普查资料。编辑出版经济普查年鉴等普查资料。

4. 资料整理。各级普查机构、各部门整理经普过程文件,编辑出版文件汇编、画册、报告选编和论文汇编等资料;开展优秀论文评选、统计分析和相关评审;对文件、资料、出版物进行整理归档、设备划拨等。

(十三)普查总结(2019 年 9 月—2020 年 2 月)

1. 地方总结。各级普查机构对普查工作进行技术业务和工作总结,按要求上报上级普查机构,并按有关规定进行普查工作综合考评,开展普查表彰工作。

2. 国家总结。在地方总结的基础上,对全国普查工作进行总结,并按有关规定进行普查工作综合考评,开展普查表彰工作。

七、普查组织实施

(一)全国统一领导

国务院第四次全国经济普查领导小组负责普查组织和实施中重大问题的研究和决策。领导小组办公室设在国家统计局,具体负责普查的宣传动员、方案设计、培训和部署、单位清查、普查登记、数据处理、资料开发、普查总结和日常组织协调等工作。

(二)部门分工协作

编制、民政、税务、市场监管等部门,要及时提供行政记录和相关资料,协助开展单位清查、普查和数据评估认定工作;金融、铁路部门成立普查机构,负责提供本系统单位名录资料和相关统计数据,分别开展金融业和铁路运输业法人单位、产业活动单位的普查工作,金融部门还需参与本行业普查数据审核;军队系统的普查工作由中央军委战略规划办公室负责组织实施;领导小组办公室的其他成员单位按照各自职责,配合地方各级普查机构开展对本系统法人单位和产业活动单位的清查和普查登记工作,提供普查所需的单位名录资料。各相关成员单位还需提供业务统计资料。

(三)地方分级负责

地方各级人民政府设立相应的普查领导小组及其办公室,负责组织好本地区普查实施工作,解决普查中遇到的困难和问题。国家统计局各级调查队参加地方普查领导小组及其办公室,并按照统一布置开展相关工作。街道办事处、居(村)民委员会和社区基层组织,要动员组织社会力量积极参与并认真做好经济普查工作。

(四)各方共同参与

各地区、各部门要按照第四次全国经济普查的统一要求和各自职能,各负其责,统筹协调,优化方式,突出重点,创新手段,认真做好普查的宣传动员、条件保障和组织实施等工作。

八、普查法纪与质量控制

普查工作要严格按照《中华人民共和国统计法》《全国经济普查条例》《国务院关于开展第四次全国经济普查的通知》及相关规定组织开展。坚持依法普查,经济普查对象要按时、如实地提供普查数据。任何单位和个人不得虚报、瞒报、拒报、迟报,不得伪造、篡改普查数据。普查取得的单位和个人资料,严格限定用于普查目的,除作为统计执法依据外,不作为任何单位对普查对象实施处罚的依据。各级普查机构及其工作人员,必须严格遵守普查法纪,不折不扣执行普查方案,不得以任何方式参与统计造假、弄虚作假;对在普查中所知悉的国家秘密和普查对象的商业秘密,必须履行保密义务。对违法违纪行为,严格依法依纪追究责任。对严重统计失信企业,依法进行公示并开展联合惩戒。

国务院经普统一领导、统筹协调普查全过程质量控制的有关工作。地方各级普查机构设立普查质量管理小组,根据《普查全面质量管理办法》制订本地区经济普查全面质量管理实施细则,负责本地区普查工作全面质量管理的具体组织和实施,确保普查数据可核查、可追溯、可问责。

本方案由国务院第四次全国经济普查领导小组办公室负责解释。

1.2 应用统计调查方法

根据《统计法》第十条第一款"统计调查应当以周期性普查为基础,以经常性抽样调查为主体,以必要的统计报表、重点调查、综合分析等为补充,搜集、整理基本统计资料"之基本的法律规范,本书只从调查方式的角度来介绍抽样调查方法与非抽样调查方法。

1.2.1 应用统计调查的要求

(1)准确性

搜集真实、可靠符合社会经济发展客观实际的信息资料,是统计调查工作的基本要求。错误、偏差的统计信息不能反映现象真实面貌,也不能揭示事物的本质特征。要做到统计信息不失真,就要做到调查手段和调查方法的选择等不失误。

(2)及时性

搜集及时的统计信息资料是统计调查又一基本要求。及时的信息资料为管理决策提供有效的依据。信息已构成现代社会的生产要素,搜集信息过程占用时间越短,信息的使用价值越大,能较好地满足统计宿体的要求。

(3)系统性

统计调查的系统性包括调查工作的连续性和调查项目的连贯性。统计调查工作稳定持续开展,才能取得系统的统计信息;调查项目保持连贯,搜集的信息才具有可比性,统计资料才具有使用价值。

(4)全面性

统计调查全面性包括调查单位和登记项目是全面的。调查单位和调查项目完整,能够反映现象的全面特征,避免问题研究的局限性。

1.2.2 非抽样调查

非抽样调查是对总体的每一个单位进行调查(全面调查),或对总体中重点单位进行调查(重点调查),或对总体中典型单位进行调查(典型调查),重点调查和典型调查不能用调查的结果去估计总体。

(1)普查

普查是指一个国家或一个地区为详细地了解某项重要的国情、国力而专门组织的一次性、大规模的全面调查,其主要用来收集某些不能够或不适宜用定期的全面调查报表收集的信息资料,以搞清重要的国情、国力。目前,我国所进行的普查主要有人口普查、农业普查、工业普查、第三产业普查、基本单位普查等。

1)普查的特点

①普查比任何其他调查方式、方法所取得的资料更全面、更系统。

②普查主要调查在特定时点上的社会经济现象总体的数量,有时也可以反映一定时期的现象。

2)普查的作用

①为制订长期计划、宏伟发展目标、重大决策提供全面、详细的信息和资料。

②为搞好定期调查和开展抽样调查奠定基础。

3)普查的优点

收集的信息资料比较全面、系统、准确可靠。

4)普查的缺点

涉及面广、工作量大、时间较长,而且需要大量的人力和物力,组织工作较为繁重。

5)普查组织方式

①组织专门的普查机构(从上到下都设立对应调查机构),由专门的调查人员登记调查资料。

②发放调查表格,由被调查者依据原始记录和台账信息自行填写上报。

6)普查应注意的问题

①确定普查标准时点(调查登记标准时点),避免统计数据重复和遗漏,保证搜集的信息全面、真实、可靠;调查工作在普查范围内同时展开,避免因局部登记工作跟不上总体进度而影响整个调查工作的时效。

②不同时间的普查资料能够动态对比,要求普查工作按一定周期连续开展,我国普查工作周期开展已经成为制度。

(2)重点调查

重点调查是专门组织的非全面调查,是对调查总体中的重点单位进行的专门调查,通过重点调查了解被调查对象总体的基本情况。重点单位是指在调查总体中具有举足轻重的、能够代表总体的情况、特征和主要发展变化趋势的那些样本单位。这些单位可能数目不多,但有代表性,能够反映调查对象总体的基本情况。

1)重点调查的特点

投入少、调查速度快、所反映的主要情况或基本趋势比较准确。

2）重点调查的作用

重点调查的主要作用在于反映调查总体的主要情况或基本趋势。因此，重点调查通常采用不定期的一次性调查，但有时也采用经常性的连续调查。重点调查取得的数据不能用以推断总体。

3）重点调查的组织形式

重点调查根据研究问题的不同需要，可以采取一次性调查，也可以进行定期调查。一次性调查适用于临时调查任务。

4）重点调查应注意的问题

要求重点单位应尽可能少，而其标志值在总体中所占的比重应尽可能大，以保证有足够的代表性。选取重点单位，一是要根据调查任务的要求和调查对象的基本情况而确定选取的重点单位及数量；二是要注意选取那些管理比较健全、业务力量较强、统计基础较好的单位作为重点单位。

(3) 典型调查

典型调查是专门组织的非全面调查，是根据调查目的有计划地选择有代表性的典型单位所作的系统周密的调查研究。典型有两种含义：一是指普遍性或代表性，是"典型"的主要含义；二是指特殊性，即事物或事物特征的个性、极端性。

1）典型调查的特点

①有意识地选择调查对象。

②反映少数单位的具体情况。

③对调查点进行直接取材剖析。

2）典型调查的作用

①在特定的条件下用于对数据质量的检查。

②了解与数字相关的生动具体情况。

③在全面调查基础上进行典型调查，弥补全面调查的不足，验证全面调查的结果。

3）典型调查的优点

①调查单位少，调查时间短，调查内容系统周密，了解情况深，反映情况快，节省人力、物力等。

②可以通过与被调查者建立互相信任关系，了解到真实材料。

③可发现预想不到的材料和新问题，是定性研究的理想方法。

4）典型调查的缺点

①缺乏范围上的广度，结论往往具有很强的条件性。

②选择真正有代表性的典型单位比较困难，易受人为因素的干扰，调查的结论有一定的倾向性。

③大多缺乏量的分析。

5）典型调查的类型

①一般的典型调查，在总体中选出少数几个典型单位进行调查研究，用以说明事物的一般情况或事物发展的一般规律。

②划类选点典型调查，即将调查总体划分为若干个类，再从每类中选择若干个典型进行调查，以说明各类的情况。

6）典型单位的选择方法

①用正确的立场、观点和方法对所研究的对象进行分析研究选择典型。

②根据调查目的选择典型。

③根据被调查对象的特点选择典型。

7）典型调查要注意的问题

①要避免不进行比较、不做全面分析，盲目抽取个别事物当"典型"。

②要避免带着框框去挑选"典型"；在选点和确定调查题目时，要宜小不宜大，宜具体不宜抽象，要根据财力、人力、物力各方面因素来考虑。

（4）固定样本调查

固定样本调查是将选取的样本单位固定下来长期进行调查的调查方法。固定样本调查可以保证样本的代表性和资料的连续性，能够取得及时、全面、可靠的调查资料，具有调查成本低、效果好的优点。例如，城市抽样调查队开展的家计调查或住户调查等。

1.2.3 抽样调查

在总体中选取一部分单位进行调查，用调查的结果去推断总体的情况，这种调查方法称为抽样调查法。被抽取的这部分总体单位称为样本，样本中的每个单位称为样本单位，样本所包含的样本单位数称为样本容量。可以选择作为样本的总体单位列出名册或排序编号称为抽样框（由抽样框确定抽样范围和结构，抽样框可能与总体一致也可能与总体不一致），在抽样框内抽选必要的单位数进行调查。例如，要从 10 000 名职工中抽出 200 名组成一个样本，则 10 000 名职工的名册，就是抽样框。所抽取的样本单位数与总体单位数之比称为抽样比。

$$s = \frac{n}{N} \tag{1.1}$$

式中，s 表示抽样比，N 表示总体所包含的总体单位数，n 表示样本容量。

抽样调查的要点：一是确定样本容量，二是选择抽样方法。抽样方法分为两大类——非随机抽样和随机抽样。

（1）非随机抽样

非随机抽样就是调查者根据自己的方便或主观判断抽取样本进行观察的抽样调查方法，也称非概率抽样。

1）非随机抽样的特点

非随机抽样调查选择调查样本带有较强的主观性，总体中每一个体不具有被平等抽取的机会，无法通过数理方法进行误差估计和控制，因而不能用定量资料对总体特征加以推断。

2）非随机抽样的作用

适用于探索性研究和预备性研究，适用于总体边界不清难以实施概率抽样的研究。

3）非随机抽样的优点

调查工作过程简便易行，成本低、省时间。

4）非随机抽样的缺点

非随机抽样的样本是由调研者凭经验主观选定的，无法确定抽样误差，无法正确地说明样本的统计值在多大程度上适合于总体。

5)非随机抽样的方法

①任意抽样:从调查对象中随意抽选一定数量单位进行调查的抽样技术,也称方便抽样或偶遇抽样。例如,需要了解消费者对市场某一品牌的认知程度,选择与任一过路人交谈,得到消费者对该品牌认知程度的信息。调查对象的总体单位性质特征差异不大时,采用任意抽样方法抽样的样本才具有较高的代表性。现实中,调查对象的单位表现特征往往存在较大差异,调查者事先并不清楚调查对象特征差异的程度,任意抽样技术在实际工作中受到限制。

②判断抽样:调查者依据个人主观意愿、经验阅历或知识选择具有代表性的样本进行调查的抽样技术,也称立意抽样。当调查者对自己的研究领域十分熟悉,对研究总体比较了解时采用这种抽样方法,可获代表性较高的样本。这种抽样方法多应用于总体小而内部差异大的情况,以及在总体边界无法确定或因研究者的时间与人力、物力有限时采用。判断抽样能充分利用调查对象的历史信息,但其调查精度受到调查者的经验阅历、判断水平及对结果解释的影响,调查结果的可信性和客观性容易受到质疑。

③配额抽样:将总体按一定的标志分组,在各组内利用任意抽样或判断抽样技术抽取样本(不是随机抽取样本)进行调查的抽样技术。配额抽样抽取样本兼顾调查对象的不同类别,与任意抽样、判断抽样相比具有较高的代表性,是非随机抽样调查技术中较常用的方法。配额抽样有独立控制配额抽样和交叉控制配额抽样两种方法。

独立控制配额抽样:调查人员只对样本独立规定一种特征(或一种控制特性)下的样本数额。例如,在甲乙两地抽取200个服务企业进行服务质量调查,按行业、企业规模分类,独立控制配额抽样的结果见表1.2。

表1.2 独立控制配额抽样分配表

行 业		企业规模		地 区	
商业	49	大型企业	30	甲地	114
饮食业	108	中型企业	130	乙地	86
服务业	43	小型企业	40		
合 计	200	合 计	200	合 计	200

相互控制配额抽样:在按各类控制特性独立分配样本数额基础上,再采用交叉控制安排样本的具体数额的抽样方式。如上例中三个标准交叉分配抽样单位,抽样结果见表1.3。

表1.3 交叉控制配额抽样分配表

	商 业		饮食业		服务业		合 计
	甲地	乙地	甲地	乙地	甲地	乙地	
大型企业	5	4	10	5	4	2	30
中型企业	15	11	46	36	12	10	130
小型企业	8	6	6	5	8	7	40
合 计	28	21	62	46	24	19	200
	49		108		43		

（2）随机抽样

随机抽样是按照随机性原则从总体中抽取一部分单位组成样本,通过对样本单位特征观察、计量和分析,运用数理统计分析方法对总体特征作出具有一定可靠性估计的抽样调查方法,也称为概率抽样技术。随机抽样对总体中每一个单位都给予平等被抽中的机会。

随机抽样的方法有纯随机抽样、分层抽样、整群抽样、等距抽样和多阶段抽样。

1）纯随机抽样

纯随机抽样是从总体 N 个单位中按照随机性原则抽取 n 个单位作为样本,使每个可能的样本被抽中的概率相等的一种抽样方式,也称简单随机抽样。纯随机抽样有重复抽样和不重复抽样两种方法。

重复抽样:每个被抽取到并经观测后的样本单位,在下一次抽取前都必须放回总体中去,同一样本单位有被再次抽中的可能。

不重复抽样:从总体中抽取到的样本单位不放回总体中去,同一样本单位不会被再次抽中的可能。

优点:方法简单易行,误差计算和总体参数估计时方便。

缺点:总体单位分布范围较广,费用较大、总体单位数量较多不容易编号、总体单位标志波动较大估计结果不准确。

2）分层抽样

将总体的 N 个单位按照某关键标志分成互不交叉、互不重复的 k 层,层与层之间差异大,层内部差异小,按随机性原则从各层中抽取一定样本单位组成样本,这种抽样方式称为分层抽样,也称类型抽样。分层抽样有等比例抽样和非等比例抽样两种方法。

等比例抽样:每一类型中抽取的样本单位比例与该类型单位数占总体单位数比例一致。

$$S_i = \frac{N_i}{N} S \tag{1.2}$$

非等比例抽样:每一类型中抽取的样本单位比例与该类型单位数占总体单位数比例不一定一致。

$$S_i = \frac{N_i \sigma_i}{\sum N_i \sigma_i} S \tag{1.3}$$

式中,S_i 表示第 i 层应抽取的样本单位数;N_i 表示第 i 层单位总数;S 表示应抽取的样本单位总数;σ_i 表示第 i 层的标准差(一般为已知)。

优点:分层抽样比纯随机抽样估计精确度高,能够通过较少的抽样单位特征观察、计量得到比较准确的推断结果。对于调查现象总体单位数较多、内部结构较为复杂的状况,可以取得满意的调查结果,同时可以取得每一层的特征推断信息。

3）整群抽样

将总体中各单位归并成若干个互不交叉、互不重复的集合,这个集合称为群,群与群之间差异小,群内部差异大。按随机性原则抽取一定数量的群,对中选的群进行全面调查,这种抽样方式称为整群抽样。在对群划分时,每个群的单位数量可以相等,也可以不等。

优点:实施方便,节省经费。

缺点:由于不同群之间的差异较大使得抽样误差往往大于简单随机抽样。

4）等距抽样

将总体中各单位按一定顺序排列,根据样本容量要求确定抽选间隔,然后随机确定起点,每隔一定的间隔抽取一个单位,这种抽样方式称为等距抽样。等距抽样的单位排列可分为有关标志排列和无关标志排列。标志值排列顺序与调查项目无关称为无关标志排序,如按某班学生的学号排列编制抽样框调查该班同学的学习成绩。标志值排列顺序与调查项目有关,称为有关标志排序,如按某班学生的考试成绩排列编制抽样框调查该班同学的学习态度。

优点:能将抽样单位均匀地分布在总体中,效果要比简单随机抽样好。

缺点:固定间隔长度与调查对象的循环周期一致时会出现较大误差,抽样误差计算过程复杂。

5）多阶段抽样

多阶段抽样,也称为多级抽样,是指在抽取样本时,分为两个及以上的阶段从总体中抽取样本的一种抽样方式。其具体操作过程:第一阶段,将总体分为若干个一级抽样单位,从中抽选若干个一级抽样单位入样;第二阶段,将入样的每个一级单位分成若干个二级抽样单位,从入样的每个一级单位中各抽选若干个二级抽样单位入样……以此类推,直到获得最终样本。

多阶段抽样区别于分层抽样,也区别于整群抽样,在总体单位较多、分布面广、难以直接从总体中抽取样本进行调查时,需要把抽样工作分成几个阶段来进行,先抽大单位,再抽小单位,直至最后抽到样本单位。这是一种综合的抽样方式,不是一种独立的抽样方式。

优点:适用于抽样调查的面特别广,可以相对节省调查费用。

缺点:抽样时较为麻烦,而且从样本对总体的估计比较复杂。

1.2.4　统计调查方法体系

统计资料搜集,不能只使用一种调查方法,而需根据调查对象特点、调查机构条件,灵活选用不同调查方法组成调查方法体系,如图1.1所示。

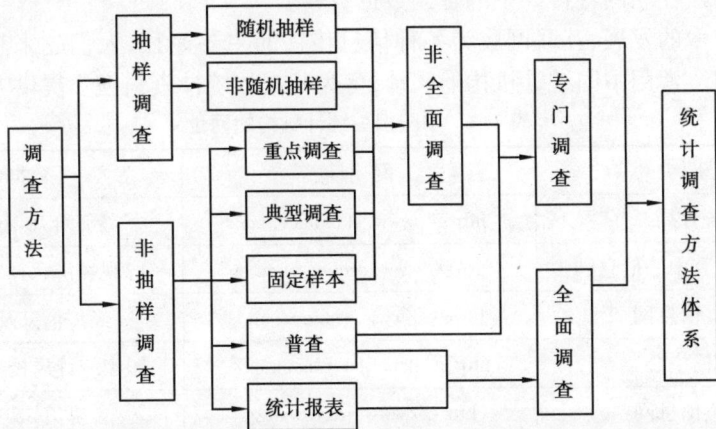

图1.1　统计调查方法体系

1.3　应用统计资料搜集方法

统计资料分为数据资料和文字资料。数据资料是反映调查对象的数量特征以数字形式表现的资料,是统计调查工作搜集的主要资料。文字资料是反映现象性质特征的以文字形式表现的资料,也是统计调查工作搜集资料的组成部分。统计资料搜集,是指根据特定的目标和要求,将分散蕴涵在不同时空域的有关信息,通过特定的手段和措施采掘和汇聚的过程。统计资料搜集的主要任务是采用现代信息技术,实现与信息管理部门现行系统的接口,从信息管理部门的各种数据源中获取相关统计资料。统计资料搜集在信息工作中是非常重要的一步,是确保信息质量的关键。质量差的数据经处理后产生的输出信息的质量也是差的,"垃圾进,垃圾出"。

1.3.1 统计资料的来源

按照统计资料来源的不同,分为直接资料和间接资料。来源于直接的调查和科学实验的统计数据称为原始资料,也称第一手资料;把经过加工整理的能够在一定程度说明现象特征的统计资料、历史资料、外地区资料、外部门资料、在其他研究中使用过的资料等称为次级资料,也称二手资料。

(1)统计资料的直接来源

一是来源于管理和研究需要而专门设计的统计调查,其中有统计部门的调查,也有其他部门或者机构进行的调查。二是通过科学实验得到的数据资料。

(2)统计资料的间接来源

统计资料的间接来源主要是公开出版或者公开报道的数据。

①统计部门和各级政府部门公布的有关资料,如各类统计年鉴;

②各类经济中心、信息咨询机构、专业调查机构等提供的数据信息;

③各类专业期刊、报纸、杂志、图书所提供的资料;

④各种会议,如博览会、展销会、交易会即专业性、学术性研讨会上交流的有关资料;

⑤广播、电视、互联网等传媒中的各类数据资料。

随着通信技术的发展,互联网成为各种信息传播的主要途径,人们越来越依赖通过互联网获取二手资料。常用中国统计机构的网址,可为基本的统计资料搜集提供方便,见表1.4。

表1.4 中国相关统计机构的网址

相关机构	网　址	数据内容
国家统计局	http://www.stats.gov.cn/	统计年鉴、统计月报等
国务院发展研究中心信息网	http://www.drcnet.com.cn	宏观经济、财经、货币金融等
中国经济信息网	https://www.cei.gov.cn/	经济信息及各类网站
华通数据中心	http://data.acmr.com.cn/	国家统计局授权的数据中心
中国决策信息网	http://www.jcxx.wang/	决策知识及案例
三农信息网	http://www.snxxw.cn/	三农信息、论坛及相关网站

1.3.2　统计资料的搜集方法

(1) 原始资料搜集方法

1) 直接观察法

调查人员亲自到调查现场借助仪器设备对调查对象进行观察、记录,取得第一手资料。例如,农作物收获前对产量测产,需要调查员深入田间地头选择地块亲自收割、称重、记录得到第一手资料。

2) 报告法

以调查对象活动原始记录和核算资料为基础,按照调查单位制发的表格形式、填报要求和报送程序提供统计资料。这种方法有统一的要求,以原始资料为依据,建立逐级报告系统,我国现行的统计报表就属于这种方法。例如,我国规定被抽样调查抽到的企业及个体经营经济单位提供资料时,使用报告法。

3) 访问法

访问法是指调查者根据调查的目的和任务,以个别采访、集体座谈、电话询问、留置问卷询问、邮寄问卷询问等形式向被调查者搜集统计资料的一种方法。调查者可以将所要了解的问题直接向被调查者提出,以其回答作为资料的依据;也可以把所要收集的资料事先设计成问卷(也称问卷法),利用问卷向被调查者询问,问卷法具有实施方便、利于资料处理和定量分析、节约时间等特点。根据运用的手段不同,访问法可以进一步分为面谈访问法、邮寄访问法、电话访问法和互联网访问法等。

4) 登记法

登记法是有统计机构规定当事人在某种事件发生后到该机构进行有关事项的申报和登记,如人口的出生和死亡的统计以及流动人口的统计,就是采用到指定的派出所进行登记的方法;同样我国的结婚、离婚、失业等统计也采用这种方法。

5) 实验法

实验法是指通过实验对比来取得资料的方法。起源于自然科学的实验求证法,它是进行因果关系研究的最适宜、最科学的方法。在社会经济管理实践中,实验法的应用范围很广,如产品在改变品质、包装、价格和广告等营销策划时,都可以用实验对比的方法对其效果进行小规模的实验性测试,以根据市场的反映采取相应的对策。从理论上讲,采取实验法所获得的调查应该同自然科学实验一样精确,但实际上由于社会经济领域的不可控因素太多,往往都会影响实验效果。

(2) 次级资料搜集方法

1) 直接引用法

直接从统计年鉴、经济年鉴、各种公开刊物和电子读物中抄录有关统计数据,以满足统计研究的需要。

2) 参考文献查找法

利用有关研究报告、论文、著作等文献资料及末尾开列的参考文献资料,以此为线索追踪查找有关文献资料。这种方法获得的资料系统,可以直接利用,但需要调查者有较强的分析问题的能力和相关的专业知识。

3)检索工具查找法

检索工具是查找次级资料的重要方法,主要有手工检索和计算机检索两种。手工检索主要是利用目录、索引、文摘等检索工具查找所需的资料;计算机检索主要利用计算机从有关数据库和网络中检索次级资料。

1.3.3 现代统计数据采集技术[①]

电子数据采集是以计算机互联网技术、电话通信技术、媒体监视技术、数据库技术等信息技术为主要技术方式的数据采集方式。电子数据采集技术包括电子报送系统及相关技术、电话调查及相关技术、网络调查及相关技术等。

(1)电子报送系统

电子报送系统是通过挖掘网络优势,结合 E-mail 的底层技术、安全防范技术,从而实现基于不同地域、时间、任务的数据交换。政府统计、部门行业统计、企事业单位统计、社会团体专项统计大多可采用电子报送方式。

电子报送系统的特点:快捷,实用,稳定,安全。

电子报送系统的功能如图 1.2 所示。

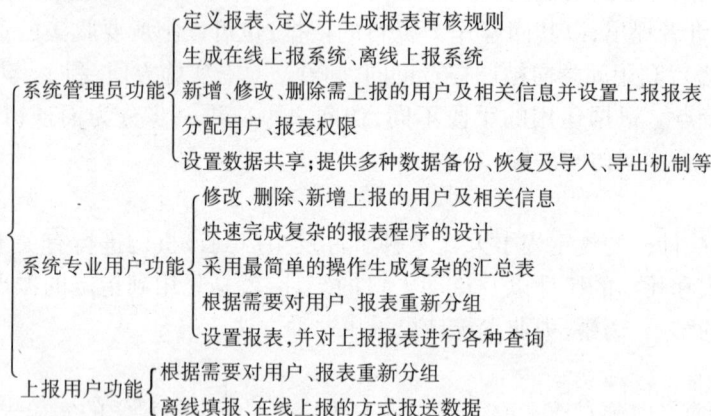

系统管理员功能
- 定义报表、定义并生成报表审核规则
- 生成在线上报系统、离线上报系统
- 新增、修改、删除需上报的用户及相关信息并设置上报报表
- 分配用户、报表权限
- 设置数据共享;提供多种数据备份、恢复及导入、导出机制等

系统专业用户功能
- 修改、删除、新增上报的用户及相关信息
- 快速完成复杂的报表程序的设计
- 采用最简单的操作生成复杂的汇总表
- 根据需要对用户、报表重新分组
- 设置报表,并对上报报表进行各种查询

上报用户功能
- 根据需要对用户、报表重新分组
- 离线填报、在线上报的方式报送数据

图 1.2 电子报送系统的功能

电子报送系统功能模块如图 1.3 所示。

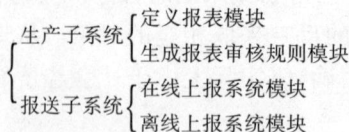

生产子系统
- 定义报表模块
- 生成报表审核规则模块

报送子系统
- 在线上报系统模块
- 离线上报系统模块

图 1.3 电子报送系统功能模块

(2)电话调查技术

电话调查是调查人员利用电话同被调查者进行交流从而获取信息、采集数据的一种调查方法。

---

① 这部分内容主要采用国家社科基金重大项目成果——现代统计研究。请参见:田艳,高集荣. 现代统计信息技术[M]. 北京:中国统计出版社,2008.

1）电话调查的优点

①样本对总体的代表性强,数据结果可以直接推论到总体。

②访问质量高。

③速度快,省掉了入户访问与街访中需要的问卷调问、问卷邮寄、复核、录入等过程。

④费用省,不需要研究人员、督导人员出差。

2）电话调查的缺点

①缺乏与被访者面对面的沟通。

②只能在一定的范围使用,在有实物测试的情况下就不能使用电话调查。

③由于受到时间的限制,因此不适合复杂内容的调查。

④无法访问到没有电话的单位或个人。

⑤电话调查的被访问者不容易被甄别,因此电话调查的客观性较差。

⑥拒访情况较多。

⑦无法了解被访者当时的态度,难以辨别答案的真伪。

3）电话调查的作用

①热点问题或突发性问题的快速调查。

②关于特定问题的消费者调查。

③针对特殊群体的调查等。

4）电话调查的形式

①传统的电话调查。使用普通的电话、普通的问卷和普通的书写用笔,按照调查设计所规定的随机拨号的方法,拨通访问对象的电话,记录下调查对象对问卷的答案。

②计算机辅助电话调查。使用按计算机设计方法的问卷,利用电话对被访者进行访问,整个访问过程按计算机所设定的程序进行。调查员按照屏幕上指示的程序进行工作,自动随机拨号系统会根据研究人员事先设计好的抽样方案自动拨号并保存拨号记录,调查员按屏幕上显示的问答题进行访问,并将所得数据随时录入计算机,计算机会根据答案自动跳答相关问题,也会自动检测答案的一致性和适当性。

③全自动电话访问系统。用内置声音回答的电话 IVR 系统,可以利用专业录音来代替访问员逐字逐句读出问题及答案,被访问者可以通过电话键盘记录自己的答案。

④计算机辅助电话调查系统。利用现代网络技术、软件技术和语音技术来完成收集某一特定调查目的统计信息的系统。计算机辅助电话调查系统极大地改变了传统电话调查的模式,使电话调查有了更广阔的应用空间。计算机辅助电话调查系统具有调查问卷设计,抽样方法选择,调查问卷控制,电话访查处理,统计分析,结果导出和报告自动生成系统及其他相关功能,如项目管理、审核、声音管理、配额管理、监看监听等功能。

(3) 网络调查技术

网络调查是传统调查理论与互联网技术的结合,它是指在互联网上针对特定的问题进行的调查设计、收集资料和分析等活动。

1）Web 站点法

Web 站点法是将调查问卷放在互联网主页上,通过网民依据个人兴趣对互联网主页的主动访问与浏览完成问卷,这也是目前在网络调查中被广泛运用的方法。这种形式的网络调查,依赖和取决于访问者的自愿填写。由于网络的匿名性特征,这种形式的网络调查有独特的优点——能够充分体现网民的真实想法与意愿。但是,目前互联网的发展水平十分有限,无法进行随机抽样,而且问卷的回收率也完全取决于网民对问题的兴趣。因此,在条件许可时,研究人员可以通过互联网视讯会议功能,将不同地域的网民虚拟地组织起来,以便网民在研究者的指导下填答问卷,以提高抽样的随机性,保证问卷的回收率。

2)电子邮件(E-mail)调查方法

电子邮件调查方法的特点是通过计算机网上自动搜索获取较完整的 E-mail 地址清单作为抽样框,然后向抽样框中的 E-mail 地址发送调查问卷,受访者在收到调查问卷后,可以通过 E-mail 把填好的调查问卷回复给研究者。只要问卷设计合理,操作恰当,借助 E-mail 进行的网络调查,不仅问卷回收率较高,往往事半功倍,而且研究者还能够根据研究需要随时作进一步的深入调查。

3)基于软件对互联网用户进行"全景"式的调查

与第一种基于网站的网络调查不同,这种形式的网络调查是基于用户的。较为著名的有法国 Net Value 公司对网民网上行为的调查。Net Value 调查的主要特点是通过"计算机辅助电话调查"获得互联网用户的基本人口资料,然后从抽出的样本中招募自愿受试者,让用户下载软件到自己的计算机中,以记录用户所有的网上行为,包括用户访问的网站、收发电子邮件等。

互联网调查的优点:速度快和效率高;便捷和费用低;无时空、地域限制;可靠、客观。

互联网调查的缺点:

①目前的网络调查在软件及硬件方面存在诸多安全性问题,在一定程度上限制了网络调查的完整性及准确性。互联网的开放性有可能影响被调查者资料的真实性。

②目前,由于网络调查才刚刚起步,互联网发展水平和网民的网上行为尚不成熟,调查技术规范和调查行为规范都尚待建立与完善。例如,如何通过互联网有效地抽样、怎样的抽样框是有效的、网络调查问卷的格式应该如何设计等还需要理论和经验积累。

网络调查的技术保证:互联网的超文本链接,也为网络调查的广泛性提供了技术上的保证。借助互联网的超文本链接优势,网络调查能够广泛联络大量网站进行联合问卷调查,从而使问卷能在相当广的范围内被回答。

(4)遥感技术

人类通过大量的实践,发现地球上每一个物体都在不停地吸收、发射信息和能量,其中有一种人类已经认识到的形式——电磁波,不同物体的电磁波特性是不相同的。遥感就是根据这个原理来探测地表物体对电磁波的反射和其发射的电磁波,从而提取这些物体的信息,完成远距离识别物体。随着遥感技术的发展,获取地球环境信息的手段越来越多,信息越来越丰富。

1)当前遥感技术发展的动向

从单一信息源(或单一传感器)的信息(或数据)分析向多种信息源的信息(包括非遥感信息)复合及综合分析应用发展,从静态分析研究向多时相的动态研究、预测、预报方向发展,从定性判读、制图向定量分析发展,从对地球局部地区及其各组成部分的专题研究向地球系统的全球综合研究方向发展,是遥感发展的新动向。

地理信息系统(GIS)是以地理分析和应用为目标,在计算机软、硬件支持下,进行地理空间信息(或数据)的输入存储、查询检索、分析处理及输出显示的技术系统。地理信息系统是一种管理和分析空间数据的有效工具。由遥感手段获取的丰富信息资源有赖于对地理信息系统的科学管理,遥感的定量分析需地理信息系统提供应用模型,地理信息系统是遥感的进一步发展和延伸。遥感从实验阶段向生产型商品化转化是遥感发展的又一个新动向。

2) 遥感技术在统计中的应用展望

2006 年国家 863 计划投入近 1.3 亿元人民币研究统计遥感业务系统,突破统计遥感应用关键技术和系统集成技术,开展研究和业务化运行系统建设。该项目重点研制国家统计遥感信息共享与服务平台、粮食作物种植面积遥感测量与估产系统、农村抽样调查空间化样本抽选与管理系统、农村社会经济统计信息空间管理与分析系统、投资项目遥感动态监测与管理系统、人口普查与调查信息空间统计管理与分析系统、经济普查与基本单位统计遥感应用系统。

相信随着遥感技术的发展,我国统计调查领域将有极大的延伸和拓展,传统的统计方式和统计调查手段将不断改进,统计工作效率、统计数据的展示水平和统计数据的分析水平将得到有效提高,统计数据的客观性、可靠性和科学性将大大增强,统计决策服务水平和统计社会服务水平将全面提升。

1.4　应用统计调查误差检查与控制

应用统计调查误差是统计调查的数据信息与现象客观实际数据之间的差异。应用统计误差总会或多或少存在于统计调查活动搜集的数据中。统计调查工作是为了获得反映现象特征和内在发展规律的真实、准确的数据资料,为统计分析、统计预测和统计决策提供基础。统计数据质量高低直接影响统计分析结论的真实性和客观性,应采取措施,防止差错发生,把统计误差控制在可以接受的范围之内。

1.4.1　应用统计调查误差种类

统计误差分类如图 1.4 所示。

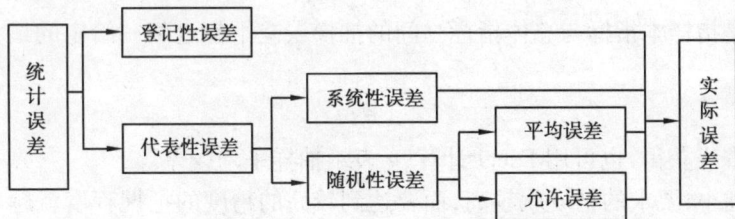

图 1.4　统计误差分类图

(1) 登记性误差和代表性误差

登记性误差是指统计调查活动过程中由于计量不准确、记录数据出错、抄写过录发生差错、计算过程和结果错误、调查者有意弄虚作假等所造成的误差。

代表性误差是指非全面调查中用部分单位特征推断总体单位特征时,部分单位特征分布不足以代表总体特征分布引起的误差。

（2）系统性误差和随机性误差

系统性误差是指在抽样过程中违反了随机性原则使样本特征分布与总体特征分布不一致产生的误差。

随机性误差是指由于样本做出的估计值随着抽选的样本不同而不同，即使观察完全正确和抽样过程中遵循随机性原则，用样本特征推断总体特征也有的误差。

（3）平均误差和允许误差

平均误差是指在抽样调查估计总体的某个指标值时，当采用一定的抽样方式和选择合适的估计量后，所有可能样本的估计值与总体指标值之间的离差均值。平均误差可以计算，平均数指标抽样平均误差的计算和成数①指标抽样平均误差的计算见表 1.5。

表 1.5　平均数和成数的平均误差、允许误差、抽样数目计算公式表

	计算项目	重复抽样	不重复抽样
平均误差计算	平均数指标抽样平均误差	$u_{\bar{x}} = \sqrt{\dfrac{\sigma^2}{n}}$	$u_{\bar{x}} = \sqrt{\dfrac{\sigma^2}{n}\left(1 - \dfrac{n}{N}\right)}$
	成数指标抽样平均误差	$u_p = \sqrt{\dfrac{p(1-p)}{n}}$	$u_p = \sqrt{\dfrac{p(1-p)}{n}\left(1 - \dfrac{n}{N}\right)}$
允许误差计算	平均数指标抽样允许误差	$\Delta_{\bar{x}} = tu_{\bar{x}}$	$\Delta_{\bar{x}} = tu_{\bar{x}}\sqrt{\left(1 - \dfrac{n}{N}\right)}$
	成数指标抽样允许误差	$\Delta_p = tu_p$	$\Delta_p = tu_p\sqrt{\left(1 - \dfrac{n}{N}\right)}$
抽样数目计算	平均数指标抽样数目	$n = \dfrac{t^2 \sigma^2}{\Delta_{\bar{x}}^2}$	$n = \dfrac{t^2 \sigma^2 N}{N\Delta_{\bar{x}} + t^2 \sigma^2}$
	成数指标抽样数目	$n = \dfrac{t^2 p(1-p)}{\Delta_p^2}$	$n = \dfrac{t^2 N p(1-p)}{n\Delta_p^2 + t^2 p(1-p)}$

允许误差是指样本指标与总体指标之间的抽样误差不超过某一给定的最大可能范围，记为 Δ。

$$\Delta = tu \tag{1.4}$$

式中，t 可通过查表获得，也可用 Excel 计算，u 表示抽样平均误差。

允许误差越小，要求的精度就越高，而要达到较高的精度的把握程度就越小，这个把握度称为概率保证度，概率保证度可在（0,1）区间上人为地确定。根据概率保证度查表可求得 t（表 1.6）。

表 1.6　概率保证度与 t 的对照表

概率保证度	0.68	0.80	0.90	0.95	0.98	0.99
t	1.00	1.282	1.645	1.96	2.326	2.576

---

① 成数就是在总体中具有所研究标志的样本数占总体单位数的比重，如产品合格率、试验成功率等。

表 1.5 中:$u_{\bar{x}}$ 表示平均数的抽样平均误差;σ^2 表示总体方差(如果 σ^2 是未知的,就用样本方差 S^2 代替);u_p 表示成数的抽样平均误差;p 表示成数;$\Delta_{\bar{x}}$ 表示平均数指标抽样的允许误差;Δ_p 表示成数指标抽样允许误差。

(4)实际误差

实际误差是指统计调查活动取得调查资料计算的指标与调查总体对应的实际指标真值之间的误差。实际误差不可计算。某一被估计的总体指标值是唯一确定的,然而不同的抽样所得到的样本值却不尽相同,这样抽样实际误差也就成为随机变量,它有不确定的值。而总体指标是未知的,正是需要估计的,因此,抽样实际误差实际上是测定不到的。

1.4.2 统计调查误差控制

(1)登记性误差控制

登记性误差可以避免,控制登记性误差要做到:第一,制订周密的统计调查方案。在制订统计调查方案时尽可能使方案周密、完善,不给调查工作留下漏洞,在调查实施前就最大限度地防止误差产生。第二,认真组织实施统计调查工作。培训调查人员,做好调查前的各项基础工作,加强调查工作和数据质量检查,杜绝调查工作弄虚作假现象。

(2)系统性误差的控制

系统性误差可以避免,控制系统性误差要求做到:第一,抽样过程中严格遵循随机性原则。第二,改变抽样方法和抽样组织形式。

(3)随机性误差的控制

随机性误差不可以避免,但可以控制其大小。对于随机性误差的控制,重要的是对抽取样本单位数目的控制,适当的抽样数目可以从允许误差和抽样平均误差推导而得,如在简单随机抽样条件下平均数指标抽样数目和成数指标抽样数目(表 1.5)。

思考题

1.抽样调查与非抽样调查有何区别?

2.分层抽样调查与整群抽样调查有何区别?

3.试比较重点调查、典型调查、分层调查、整群调查。

4.如何理解调查单位与填报单位?

5.如何理解调查时间?

6.试比较配额抽样调查与分层抽样调查。

7.试比较多阶段抽样调查与分层抽样调查。

8.什么是统计误差?有哪些类型?

9.如何控制统计误差?

10.试推导表 1.5 中的抽样数目计算公式。

第2章　统计数据整理

统计数据的整理就是根据统计的目的和要求,将调查所得到的原始资料进行审核、分组、汇总、编制数列和图表等加工处理的过程。对已加工过的综合统计数据资料进行再加工也是统计数据整理。统计整理是统计工作链条上的第二阶段,是从个别现象特征的研究过渡到总体规律的研究的重要阶段。统计数据整理使统计原始数据成为可供统计分析用的描述现象总体综合特征的统计数据。从调查中所获得的原始资料通常总是杂乱、分散、零星而无序的,不能反映事物的本质和变化规律性。对原始统计资料去粗存精、去伪存真、由此及彼、由表及里地进行科学的加工整理,使之条理化、系统化,为进行统计分析、认识事物的本质提供精确的信息。

2.1 数据的计量与类型

2.1.1 统计数据的计量尺度

不同事物和现象的特性决定了其可计量或测量的程度是不同的,如有些事物只能对它的属性进行分类,有些则可以用比较精确的数据加以计量。按照对客观事物测定的精确水平,计量尺度由低级到高级、由粗略到精确分为四个层次,即定类尺度、定序尺度、定距尺度和定比尺度。采用不同的计量尺度,可以得到不同类型的统计数据。

(1)定类尺度

定类尺度也称列名尺度,是最粗略、计量层次最低的计量尺度。它是对现象总体按某一品质标志进行平行分组,各组间的关系是并列的、平等的、互斥的,各组排序可以改变顺序。例如,我国56个民族,各民族间是平等的,排序不分先后。计算机汇总过程给种类的代码表示的只能是称号,不能用来运算。例如,"1"表示男性,"2"表示女性,"1+2"不能等于"3"。

(2)定序尺度

定序尺度也称顺序尺度,是对现象总体按某一品质标志划分为若干等级,按等级排序分组,其结果可以比较大小,但不能精确计量。例如,某地向某超市运去的一批柑橘按其品质分为优、良、中、差等级。

(3)定距尺度

定距尺度也称间隔尺度,是对现象总体按某一数量标志进行顺序排列分组,分组后各组间可以计算数量间隔。例如,学生考试成绩按百分制计量,分值之间间隔相等,70分与80分之间同90分与100分之间都相差10分。定距尺度比定序尺度要精确,在实际统计工作中,定距尺度可以转化为定序尺度,定序尺度则不能转化为定距尺度。例如,百分制成绩可以转化为五级制成绩,但五级制成绩不能转化为百分制成绩。定距尺度的数据进行加、减运算是有意义的,但不能进行乘除运算,当定距尺度的数据表现为"0"时,"0"在这里并不是"无"的含义,如某人智商测得为0,并不是说他没有智力,智商为120的人也不能说他的智商比智商为100的人高1.2倍。

(4)定比尺度

定比尺度也称比率尺度,不仅可以区别类别,确定顺序,进行加减运算,还可以进行乘除运算。定比尺度数据为"0"时,表示"没有""不存在"。

2.1.2 统计数据的类型

(1)按计量尺度分类

1)品质数据

品质数据也称定性数据,是用以说明事物的品质特征的数据,一般为非数值型数据,只能用文字表述,可细分为分类数据和顺序数据。

①分类数据是只能归于某一类别的非数值型数据,是定类尺度计量数据,数据表现为类别。例如,人口按照性别分为男、女两类。

②顺序数据是只能归于某一有序类别的非数值型数据,是定序尺度计量数据,数据可划分为类别,也可以进行排序。例如,考试成绩可以分为优、良、中、及格和不及格等。

2)数量数据

数量数据也称定量数据,是用以说明现象的数量特征的数据,表现为数值。这类数据是由定距尺度和定比尺度计量形成的。例如,人的身高、体重、年龄等均为数量数据。

(2)按照统计数据的收集方法分类

1)实验数据

实验数据是指在实验中收集到的数据。自然科学和工程领域的数据基本都为实验数据。例如,对一种新的花卉品种的实验数据、对一种新产品功能的实验数据等。

2)观测数据

观测数据是指通过调查或观测而收集到的数据。有关社会经济现象的统计数据几乎都是观测数据,这类数据是在没有人为干预的情况下获得的。例如,消费者对某产品偏好的调查数据、居民的人均消费等。

(3)按照被描述的现象与时间的关系分类

1)截面数据

截面数据是在同一总体、不同统计单位、相同或相近的时间点上收集的数据,也称静态数据。这类数据通常是在不同空间上获得的,用于描述现象在某一个时间的变化情况。例如,工业普查数据、人口普查数据、经济普查数据、家庭收入调查数据、GDP 数据等。截面数据分为单变量截面数据、双变量截面数据、多变量截面数据。

2)时间序列数据

时间序列数据是在同一主体、不同时点(或不同时间)收集到的数据,也称动态数据。这类数据是按时间顺序收集的,用于描述现象随时间变化的情况。例如,我国历年人口发展数据、某高校历年毕业生就业创业数据等。

区分数据的类型对学习应用统计学是非常有必要的,因为对不同类型的数据,可以采用不同的统计方法来进行处理和分析。例如,对分类数据通常计算其频数或频率、众数、进行列联分析和拟合优度检验等;对顺序数据,则可以计算其中位数、等级相关系数等;对数量数据则可以运用参数估计、假设检验和方差分析等更多的统计方法进行分析。

2.2 数据的审核与鉴别

数据的审核与鉴别是对已经筛选的资料做进一步的检查,发现数据中的错误,确定其真实性、合理性、全面性和适用性。审核与鉴别是数据汇总或作其他处理之前的重要环节。

2.2.1 原始数据的审核

(1) 审核的内容

1) 完整性审核

检查应调查对象是否有遗漏以及所有的调查项目或指标是否填写齐全,一般指名录与报表。

2) 准确性审核

检查数据是否真实反映客观实际情况,内容是否符合实际,检查数据是否有错误,计算是否正确等,如范围检查等。

3) 及时性审核

检查所获得的资料是否符合调查的时间。

(2) 数据准确性的审核方法

1) 逻辑检查

逻辑检查也称一致性检查,是从定性角度,审核数据是否符合逻辑,内容是否合理,各项目或数字之间有无相互矛盾的现象,主要用于对定类数据和定序数据的审核。

2) 计算检查

计算检查是指检查调查表中的各项数据在计算结果和计算方法上有无错误,主要用于对定距和定比数据的审核。

2.2.2 二手数据的审核

(1) 适用性审核

弄清楚数据的来源、数据的口径以及有关的背景材料,确定这些数据是否符合自己分析研究的需要。

(2) 时效性审核

应尽可能使用最新的统计数据,确认是否有必要做进一步的加工整理。

2.2.3 数据的筛选

筛选是对从各种途径获得的大量信息所进行的选择,将某些不符合要求的数据或有明显错误的数据予以剔除,对审核过程中发现的错误应尽可能予以纠正,当发现数据中的错误不能予以纠正,或者有些数据不符合调查的要求而又无法弥补时,需要对数据进行筛选。

(1) 筛选的目的

筛选的目的是提高信息的准确性和适用性,其实质是对信息的检测与评估。

(2) 筛选的方法

①重新分析信息需求,根据所收集的信息与我们关心的问题或要完成的任务是否相关而决定取舍。

②检查重复,要剔除在内容和类别上有一定重复的信息。

③检查时间,保证信息的时效性。

④效用评价,根据经验和知识,对收集到的信息进行初步评价,淘汰那些使用价值不大或无效的信息,保留有重要意义的信息。

⑤对于含糊或混乱的信息,要进一步收集。

2.3 统计分组

统计分组是把陆续收集到的、无次序的、彼此原为没有关联的信息,按某种标志加以区别为不同的类型或性质不同的组,使之整理成有条理的信息体系。统计分组把性质不同的个体区分开,把性质相同的个体加以归类,使组与组之间有着比较明显的差距,组内具有一定的同质性。统计分组是统计整理的基础,而统计资料的审核是统计分组的基础,只有通过审核真实的数据进行统计分组才有意义。

2.3.1 统计分组标志

统计分组标志是将现象总体区分为不同性质组别的依据和标准。构成总体的个别事物都有许多标志表现,选择出适当的标志作为分组标志。对同一批资料若采用的分组标志不同就有可能得出相异甚至相反的结论。分组标志选择恰当,就能把现象符合统计研究目的的规律揭示清楚。标志选择不当,分组结果就不能正确地反映总体的性质特征。分组标志选择需要考虑:体现统计研究的具体目的和任务;说明研究现象的本质特征;适应研究对象所处的环境条件。

2.3.2 统计分组原则

(1)穷尽原则

使总体中的每一个总体单位都有组可归,或者说各分组的空间足以容纳总体中所有的总体单位。

(2)互斥原则

在特定的分组标志下,总体中的任何一个单位只能归属于某一组,而不能同时或可能归属于几个组。

2.3.3 统计分组的作用

(1)区分事物不同性质的属性

把某些标志相同的单位划分在同一组内,把标志不同的单位分在不同的组内,就可以区分现象的类型。对各类型的组计算它们的数量特征就可以对总体的不同组进行分析。事物多样性,只有对不同事物的特征加以分析,才能透过现象看本质。

(2)反映现象的内部结构

用某一标志将性质不同的总体单位进行分组,就可以计算各组的统计指标在总体中所占的比重,就可以反映现象的内部结构,说明因内部结构比重不同对现象发展产生的影响。

(3)分析现象间的数量依存关系

社会经济发展受到诸多因素的影响和制约,按照有关指标对现象进行分组可以分析该因素对其他因素的影响程度和因果关系,揭示现象数量变动的规律。例如,商品销售额与销售费用率之间存在一定依存关系,通过统计分组能够反映出在一定范围内,商品销售费用率随着销售额的增加而降低的变化规律,根据这一规律为销售管理提供依据。

(4)揭示现象特征和内在规律

统计调查得到的资料,一般都处于零星、分散不系统状态,需要通过统计分组揭示现象内在的本质特征和发展规律。

2.3.4 统计分组方法

对社会经济现象总体进行科学、合理的分组,需要选择恰当的分组标志,划分合适的统计分组界限,确定完善的统计分组体系。

(1)按品质标志分组

按品质标志分组就是将总体划分为若干个性质不同的组。例如,对企业职工分组,选择性别、籍贯等品质标志分组。按品质标志分组一般比较简单,划分各组之间的界限一般没有什么困难。然而,若存在着两种性质的变异间的过渡状态,就会使分组变得不容易。

(2)按数量标志分组

按数量标志分组就是在数量标志下的变异范围划定各组界限,将总体划分为若干组。数量标志下的变异表现为许多不等的变量值,它们能准确地反映现象数量上的差异,却不能明确地反映现象性质上的区分。如何正确选择数量界限是按数量标志分组的关键。例如,对企业职工分组,选择工资、年龄等数量标志分组。数量标志分组的结果可以是单项式,也可以是组距式。

(3)按主要标志与辅助标志分组

总体单位性质差异表现多重性,选择单一标志分组不足以区别事物的特征和性质,对现象发展变化规律性认识就不能全面、系统。在实际统计分组工作时,需要选择一个主要标志,还需要选择一个或多个辅助标志配合,使统计分组结果能系统、全面认识事物的特征,准确揭示现象发展变化规律。例如,将社会主要零售商品先按主要经济用途标志划分成若干个大类,再在各大类中按相近用途标志分成若干种类。

2.3.5 统计分组体系

统计分组体系是指运用多个分组标志对总体进行分组,形成一系列相互联系、相互补充的有机整体。统计分组体系是根据统计研究的目的和要求,对同一现象的总体选择多个分组标志分别进行分组形成的体系。分组体系要求对说明统计研究的目的相互配合、相互补充,通过统计分组,深入反映事物内部构成及相互关系。

(1)简单分组与平行分组体系

简单分组又称单一分组,就是对被研究对象总体只按一个标志进行分组。简单分组只能反映现象在某一个标志特征方面的差异情况,而不能反映现象在其他标志特征方面的差异。

例如,对人口分组时选择性别这一个标志进行分组。

平行分组体系是对同一总体选择两个或两个以上标志分别进行简单分组形成的分组体系。例如,对人口进行分组时,选择性别、年龄及文化程度等分组标志分别简单分组就形成平行分组体系,如图2.1所示。

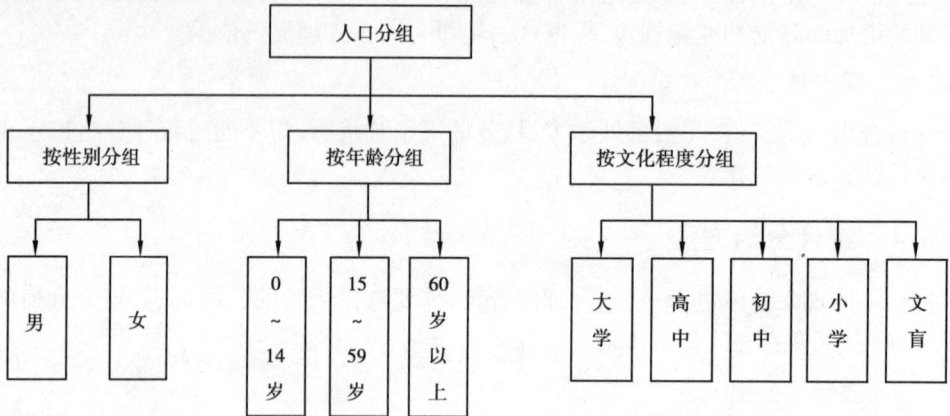

图2.1　人口平行分组体系图

平行分组体系的每一个分组只能反映各总体单位在一个标志上的差异,而不能反映其他标志的差异,在其他标志上的差异仍然存在。

(2) 复合分组与复合分组体系

复合分组就是对同一个总体同时选择两个或两个以上的标志层叠起来进行的分组。复合分组可以从不同角度了解总体内部的差别和关系,比简单分组更全面、更深入地研究问题。相互补充的标志对现象进行多种分组所构成的体系称为分组体系。统计分组体系能帮助我们从各种不同的角度加深对统计总体数量表现的认识。例如,对人口进行分组时,选择年龄、性别进行复合分组就形成了复合分组体系,如图2.2所示。

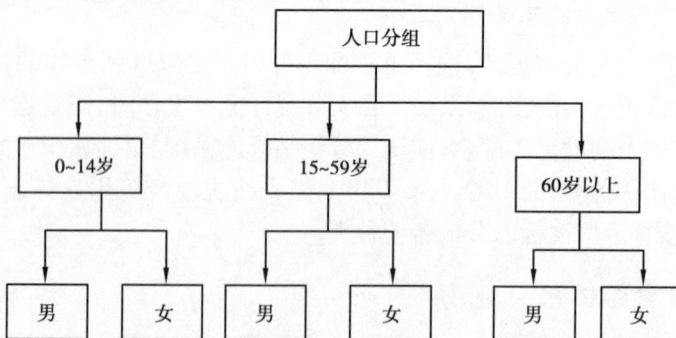

图2.2　人口复合分组体系图

建立复合分组体系,应根据统计分析的要求,在选择分组标志的同时,确定它们的主次顺序。首先要按照主要标志对总体单位进行第一次分组,然后按次要标志在第一次分组的基础上进行第二次分组,再依次按所有标志分组至最后一层为止。

2.3.6 统计汇总

统计汇总就是把说明个体的原始资料变成总体的综合资料。确定对调查资料分组后,在分组的基础上计算各组和整个总体及有关标志的合计数;把汇总图表化,概括地说明这些现象的本质和规律性。

(1)统计资料汇总的组织形式

统计汇总工作是统计整理过程中的重要环节。为了提高汇总工作的质量,并做到节约人力、物力、财力,准确迅速,需采用适当的组织形式。统计汇总一般有以下三种形式。

1)逐级汇总

逐级汇总是按照一定的统计管理体制,自下而上逐级进行调查资料的整理。我国的定期统计报表一般都采用逐级汇总。有些专门调查也采用这种汇总形式。逐级汇总便于及时审核和完善统计资料,满足各级领导部门的需要。但逐级汇总层次多,所需时间较长,产生汇总差错的可能性大。

2)集中汇总

集中汇总是将全部原始资料集中到组织调查的最高一级机关或由其指定的机构直接进行一次汇总。集中汇总不经中间环节,可以缩短汇总时间,减少发生登记性误差的可能性,不增加下级单位负担。但集中汇总不便核对原始资料出现的差错,汇总的资料不能及时满足各地各级领导和部门的需要。

此外,也可将以上两种形式结合起来,一方面,对一些最基本且重要的统计指标实行逐级汇总,以满足各级地方和部门的需要;另一方面,又将全部原始资料实行集中汇总。这种形式兼有以上两种组织形式的优点,但耗费人力、物力和财力。

3)汇审汇编

汇审汇编就是下级报告单位的统计人员,在报表规定的报出时间内,自带统计报表和有关资料,集中到上级单位,共同汇总资料和编制统计报表。这种汇总方式便于及时核对和更正差错,缩短汇总时间,也有利于相互交流经验,提高统计人员的业务水平。

(2)统计资料汇总的技术方法

在我国的统计实践中,常用的统计资料的汇总方法有手工汇总和电子计算机汇总两种。

1)手工汇总

手工汇总是以算盘和小型计算器为工具通过手工操作而进行的汇总。常用的手工汇总有以下四种方法。

①划记法。它是利用点线等符号,计算各组总体单位数的一种汇总方法。常用的点线符号有"正""卌"等。汇总时用点线符号将各总体单位数分别计入所属组中。这种方法简便易行,但不能汇总总体标志值。

②过录法。先将原始资料过录到预先设计的整理表上,在整理表上加总各组和总体的单位数或标志值,再填入正式的统计表上。这种方法既可以汇总单位数,也可以汇总标志值,而且便于核对和计算。但工作量大,费时费力,过录法比较容易发生差错。

③折叠法。它是在汇总时,将全部调查表中需要汇总的项目和数值折在边上,按一定顺序叠放整齐,然后进行加工计算,并将结果直接填入统计表中。这种方法简便易行,省时省工,适用于标志值的汇总。但发现差错,不便查对,只好从头返工,且容易把统计表折坏,不利于资料的保存及校对。

④卡片法。它是将各调查单位的有关资料摘录到一张卡片上,利用卡片再分组,计算和汇总。采用卡片法进行复合分组很方便,整理时要求分组越多,越感到方便。但是,如果调查资料不多,采用此法不够经济。

上述四种方法各有利弊,适用范围也不尽相同,都以手工操作为主,只适宜处理少量数据。

2)电子计算机汇总

采用电子计算机统计汇总,是统计汇总技术的新发展。应用电子计算机进行统计汇总工作具有显著的优点,即速度快、精度高,具有逻辑运算、自动工作和储存资料的功能。广泛使用计算机技术和网络技术,是我国统计工作现代化的重要标志之一。

电子计算机汇总统计资料的方法大体分为五个步骤:

①对原始资料审查和编码;

②根据汇总整理的要求,选用适当的计算机语言编写程序;

③录入数据资料和程序;

④逻辑检查和运算;

⑤汇总结果制表打印。

2.4 次数分布数列

在统计分组工作的基础上,将分组的组别和对应次数按一定次序加以排列,形成次数(频数)排序的数列,这个数列称分配数列,又称次数分配或次数分布,它说明次数(频数)在不同组间的分布状态及特征。分组的组别是选择分组的标志,形成分配数列的名称,分组次数是分组后各组的单位数,也称频数。各组的单位数和总体单位数之比称为比率或频率,也可以用比率构成分配数列。

2.4.1 分配数列种类

(1)品质分配数列

按品质标志分组形成的次数分配数列,简称品质数列(表2.1)。

表2.1 第六次人口普查人口文化结构表

文化程度	人数/人	占总人口的比例/%
大学	119 636 790	8.93
高中	187 985 979	14.03
初中	519 656 445	38.79
小学	358 764 003	26.78
文盲	54 656 573	4.08
未入学儿童	99 025 062	7.39
合 计	1 339 724 852	100

注:大学指大专以上文化程度,高中包含中专,各种受教育程度包括各类毕业生、肄业生和在校生。数据来自第六次全国人口普查。

表2.1"文化程度"对应的是"分组名称";"人数/人"对应的是"次数(频数)";"占总人口的比例/%"对应的是"比率"。

(2)变量分配数列

变量是可变的数量,例如,可变的数量标志属于变量。变量按变量值的连续性分为连续变量和离散变量;变量按其性质不同分为确定性变量和随机变量,统计学研究的变量往往是随机变量。根据变量进行统计分组所形成的次数分配数列称为变量数列。变量数列的类型如图2.3所示。

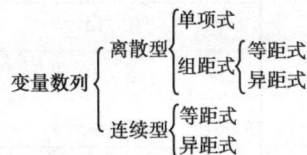

$$\text{变量数列}\begin{cases}\text{离散型}\begin{cases}\text{单项式}\\\text{组距式}\begin{cases}\text{等距式}\\\text{异距式}\end{cases}\end{cases}\\\text{连续型}\begin{cases}\text{等距式}\\\text{异距式}\end{cases}\end{cases}$$

图2.3 变量数列的类型

离散型变量分布数列——按离散型变量分组所形成的数列(表2.2、表2.3)。

单项式变量分布数列——每个组仅有一个变量作为分组标志值所形成的数列(表2.2)。

组距式变量分布数列——每个组按变量的一定区间作为分组标志值所形成的数列(表2.3)。

连续变量分布数列——按连续变量标志分组所形成的数列。按连续变量标志分组只能是组距式分组(表2.4)。

等距数列——统计分组将数列各组设计成组距都相等的数列。总体单位标志值分布较为均匀的现象可以编制等距数列。

异距数列——统计分组将数列各组设计成组距不相等的数列。总体单位标志值分布不均匀,标志值波动较大,出现剧烈增长或下降的现象可以编制异距数列。

表2.2 某企业职工按完成产品件数单项式分组

职工分组/件	职工数/人	比重/%
11	10	10
12	20	20
13	40	40
14	30	30
合 计	100	100

表2.3 某企业职工加工某机器零件个数组距式分组

职工分组/(个·月$^{-1}$)	职工数/人	比重/%
200 以下	20	10
200~300	50	25
300~400	96	48
400 以上	34	17
合 计	200	100

表2.4　第六次人口普查人口年龄结构表

按年龄分组/岁	人口数/人	占总人口的比例/%
0～14 岁	222 459 737	16.60
15～59 岁	939 616 410	70.14
60～120 岁	177 648 705	13.26
合　计	1 339 724 852	100

2.4.2　变量数列编制

变量数列编制需要选择适当的分组标志,确定分组组数及合适的分组界限。单项式变量数列编制关键是选择分组标志,分组标志一旦确定下来,数列编制工作应能顺利完成。组距式变量编制需要考虑的因素较为复杂,在编制过程中需要解决好以下问题。

(1)组距、组限和组数

组限——变量数列分组中两个极端值称为组限。在一组变量值中最大变量值称为上限,最小变量值称为下限。

组距——组距＝上限－下限。变量数列编制划分组限时,重叠组限的变量数列编制在次数(频数)归类应坚持"上限不在组内"的统计原则,如表2.3 中200～300、300～400,300 是两组的交界数字,应归在300～400 这一组中,以此类推。

组数——一变量数列划分为多少组称为组数。组数与组距成反比例关系,同一个变量数列组距越大,组数则越少;反之,组距越小,组数则越多。

(2)组中值

组距式变量数列不能反映变量值在各组的实际分布状态,通常通过计算组中值说明一组变量值在组中分布的一般水平状态。组中值是一组变量范围的中间大小的数值,常根据分组后各组上限和下限进行简单算术平均得到。

$$组中值 = \frac{上限 + 下限}{2}$$

组距式分组分为开口组和闭口组。分组界限两端变量值完整的为闭口组,分组界限有一端缺失的为开口组。例如,表2.3 中200 个以下和400 个以上都为开口组,200～300 个和300～400 个都为闭口组。有开口组的变量分配数列称为开口式数列,如表2.3;没有开口组的变量分配数列称为闭口式数列,如表2.4。开口组的组中值计算如下:

$$缺上限开口组组中值 = 下限 + \frac{相邻组组距}{2}$$

$$缺下限开口组组中值 = 上限 - \frac{相邻组组距}{2}$$

(3)频数、频率

变量数列编制的结果需要表现现象的分组状况,还需要表明相应各组单位数。各组单位数就是该标志值在这一组反复出现的次数,称为频数,各组的频数与总体的总体单位总数之比称为比率或频率。

通过统计次数(频数)和比率(频率),可以表现各组特征值对现象数量水平的影响。频数(频率)越大,这一组标志值对现象总体数量水平的影响作用越大;反过来,频数(频率)越小,这一组标志值对现象总体数量水平的影响作用越小。

按一定次序列出现象总体各组标志值的范围及对应的频数(频率)则形成次数分布。不同的总体特征会呈现不同的次数分布,称为统计分布。统计分布需要满足:第一,变量数列各组频率大于0;第二,穷尽分组数列各组频率之和等于1(100%)。

2.5 统计表

把统计汇总的数据填入适当的表格,这种表格称为统计表。统计表扼要、生动、具体地用数字说明信息的综合特征,对大量现象从数量上多方面地、系统地进行比较、分析和研究,用以表明有关现象的量变,说明事物的内在规律。统计表是表现统计资料的有效形式。统计表能直观地表现统计资料、便于统计资料数据对比、便于统计资料汇总和审查阅读、便于统计资料计算和分析等多项作用。

2.5.1 统计表的构成和内容

(1)统计表的构成

从统计表形式上看,统计表包括总标题、横行标题、纵栏标题和指标数值四部分。总标题是统计表的名称,简要说明统计表的内容,一般放在统计表的上端中部;横行标题是说明统计表横行的名称,一般表示统计分组结果的项目,放在统计表的左侧;纵栏标题是说明统计表纵栏的名称,一般表示统计指标的名称,放在统计表的上方;指标数值是各项指标的具体数值,放在统计表横行与纵栏交叉位置,含义由横行标题与纵栏标题共同限制说明。

(2)统计表的内容

从统计表的内容看,统计表由主词和宾词两部分组成。主词是指统计表所要说明的总体及分组的名称,一般放在统计表的左侧横行标题位置;宾词是统计表所要说明的指标,包括指标名称和指标数值,一般放在统计表的右侧纵栏标题位置。如图2.4所示,"我国2008年全社会分类客货运输量情况"为总标题;"铁路""公路""水运""民航""合计"为横行标题;"货运量/亿t""客运量/亿人"为纵栏标题;表中的第一列为主词,第二列、第三列为宾词;表中灰色部分为指标数值。

我国2008年全社会分类客货运输量情况　　　　　　　　　　总标题

	货运量/亿 t	客运量/亿人
铁路	33.01	14.56
公路	181.75	220.70
水运	29.73	2.42
民航	0.04	1.92
合计	244.53	2 239.6

纵栏标题（左侧）　横行标题（左侧）　主词　宾词　指标数值（右侧）

图2.4 统计表的构成与内容图示

2.5.2 统计表分类

(1)按在统计工作过程中不同作用分为调查表、整理表或汇总表、分析表

①调查表:在统计调查工作过程中用于搜集、登记统计资料的表格。

②整理表或汇总表:在统计整理过程中用于分组、汇总,表现统计汇总或统计整理结果的表格。

③分析表:在统计分析工作过程中用于分析统计资料的表格。通常与统计整理表一起使用,认为是统计整理表的延续部分。

(2)按表现统计分组情况不同分为简单表、分组表、复合表

①简单表:统计表主词未经任何分组的表格(图2.4)。按总体单位名称或现象发展变化时间排列的表格一般是简单表。

②分组表:统计表主词选择一个标志进行简单分组形成的表格,见表2.2、表2.3、表2.4。

③复合表:统计表主词选择两个或两个以上的标志进行层叠复合分组形成的表格,见表2.5。

表 2.5 农户抽样调查复合分组表

按人口分组		户数/户	比重/%
0 人	常住人口	13	26
	劳动力	4	8
1 人	常住人口	1	2
	劳动力	7	14
2 人	常住人口	13	26
	劳动力	19	38
3 人	常住人口	17	34
	劳动力	17	34
4 人	常住人口	3	6
	劳动力	3	6
5 人	常住人口	3	6
	劳动力	—	—

注:0 人表示户口在农村,全家人外出务工,生活工作不在户口所在地(下同)。

2.5.3 统计表编制规则

①统计表标题简明确切,概括反映统计表的基本内容和分组情况。

②主、宾词排列顺序符合逻辑,做到时间从前到后,空间先局部后整体。

③统计表栏目较多,通常需要编号。主词及计量单位的行一般用(甲)(乙)(丙)等文字次序符号编号,宾词指标栏一般用(1)(2)(3)等数列符号编号。各栏统计指标数量间的一定

运算关系,可以用数字编号表明。

④数字填写整齐。数字为 0 时写上 0,缺乏数字用符号"…"表示,不应有数字时用符号"—"表示。

⑤注明计量单位。表中数据只涉及一种计量单位时,可以把计量单位写在表的右上方;表中数据需要分别使用不同计量单位时,横行的计量单位专设一栏,纵栏的计量单位要用小字标定。

⑥根据需要增加附注说明,一般写在表脚。

⑦统计表一般采用三线表。三线表并不一定只有 3 条线,必要时可加辅助线,但没有竖线,无论加多少条辅助线,仍称为三线表。

2.6 统计图

统计图是在统计表的基础上,通过点、线、面等图形要素绘制的几何图形或事物具体形象来表现统计数据的图形。统计图一般由图标题、坐标轴、绘图区、图例等几个部分组成。

2.6.1 统计图的种类、作用和优点

(1)统计图的种类

①几何图。它是利用几何的形和线来展示统计资料的图形,主要有圆形图、条形图、线形图、平面图等。

②象形图。它是利用图示现象本身的形象画来展示统计资料的图形,主要有单位象形图、长度象形图、平面象形图等。

③统计地图。它是在地图上利用线、色、点、形等展示统计资料在地区上分布状况的图形,主要有线级统计地图、密度统计地图、象形统计地图等。

不同类型的数据可以用不同的图示来表示。品质数据可以用条形图、饼图和累积频数分布图等图形来展示数据分布的特征。数量数据可以用直方图、折线图和茎叶图等图形来展示数据分布的特征。

(2)统计图的作用

统计图可以进行指标之间的比较;表明总体的结构及其变动;说明现象在时间上的发展;表明现象的分配情况和现象之间的依存关系;表明现象的执行计划情况;说明现象在地区间的分布情况。

(3)统计图的优点

统计图可以直观地展示统计表中枯燥的数据,使数据资料形象化,帮助我们从众多的数据中发现规律,更迅速、更有效地传递信息。

2.6.2 常用的统计图作图工具

利用 Excel 图表绘制功能,可以快捷、方便地绘制出各种类型的统计图表。在 Excel 菜单中有标准图表和自定义图表供使用者选择,操作时可以根据需要,选择适合表现统计资料的图表形式绘制图表。

Excel 指令是以命令集的形式通过栏目表现在工作界面上,主要包括标题栏、菜单栏、工具栏、编辑栏、工作表、滚动条、状态栏等,如图 2.5 所示(Microsoft Office Excel 2003 环境,下同;Excel 2007、Excel 2010 等高阶版本的界面虽然更加可视化和便捷化,但基本功能和操作方法是相通的)。

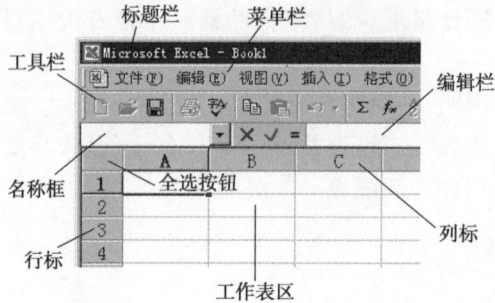

图 2.5　Excel 基本命令及操作界面图

①标题栏:说明正在运行程序和打开文件的名称。例如,当前正在运行文件名为"成绩.xls"的文件,标题栏就会显示"Microsoft 成绩",表示当前打开文件的文件名为"成绩. xls"。

②菜单栏:由一组命令组成的菜单组,包括文件、编辑、视图、插入、格式、工具、表格、帮助等命令。菜单项选中后出现下拉式菜单,从中选取相应命令操作。

③工具栏:汇集的是菜单中常用命令副本,控制简化用户操作。鼠标指向某一按钮,按钮右下方显示该命令含义,工具栏包括常用工具栏和格式工具栏。常用工具栏存放 Excel 常用命令,如新建文件、打开文件、保存文件等命令快捷选项。格式工具栏存放与文本外观有关的命令选项,如字体、字号、对齐方式等。

④工作表:一个由行和列组成的表格。工作表的行和列用字母和数字区别。行号自上而下用 1 ~ 65536 编号,列号则由左到右用字母 A ~ IV 编号。16 张独立的工作表(sheet)构成一个工作簿。

⑤滚动条:工作表很大时,使用工作簿窗口右边或下边的滚动栏,移动滚动条查看窗口内容,也可通过常用工具栏中"显示比例框"的参数显示窗口内容。

⑥状态栏:位于 Excel 窗口底部,左端是信息区,右端是键盘状态区。信息区中显示 Excel 当前工作状态。例如,工作表准备接受命令或数据时,信息区显示"就绪";在编辑栏中输入新内容时,信息区显示"输入";选取菜单命令或工具按钮时,信息区显示此命令或工具用途的简要提示。

通过 Excel 可以迅速绘制出一张直观表现统计资料的图表。运用 Excel 菜单栏插入图表命令有效建立不同形式的图形。下面仅介绍直方图、折线图、饼图的作图步骤,其他作图可类推。

2.6.3　直方图

直方图是以许多宽幅相同,不同高度或长度条形显示统计数据资料的图形,每个条形的宽度表示组距的宽度,高度或长度表示分组的次数(频数)或比率(频率)。

绘制直方图,一般以直角坐标系的横轴表示变量,纵轴表示次数(频数)或比率(频率)。直方图的条形可以清晰地显示分布数列的分布特征,每一个条形的面积与图形总面积之比反映各组次数的比重。现以表2.5的数据为例作图,在Excel工作簿的当前工作表中录入绘图的相应数据资料(表2.6)。

表2.6　按家庭常住人口、家庭劳动力分组农户次数分布

人口、劳动力/人	按常住人口分组户数/户	按劳动力分组户数/户
0	13	4
1	1	7
2	13	19
3	17	17
4	3	3
5	3	—

①单击菜单栏插入图表命令,进入"图表向导-4步骤之1-图表类型"窗口(图2.6)。选择需要绘制图表类型,再单击选中图表类型对应子图表类型中的绘图类型。子图表类型窗口中提供多种具体图表供用户选择。本例选择子图类型(T)第一个柱状图。

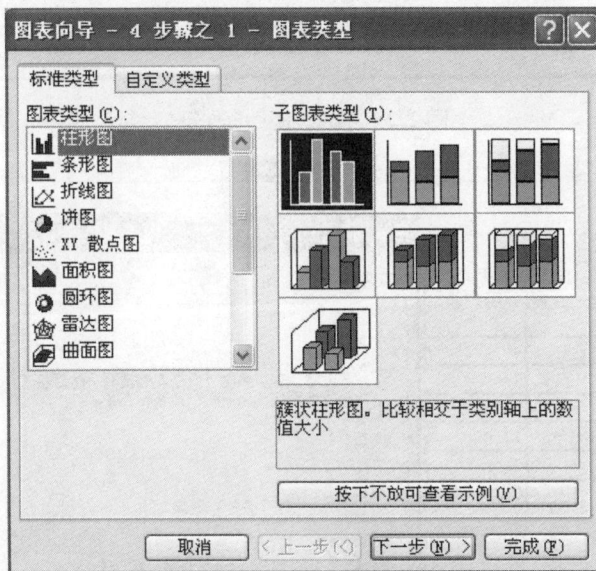

图2.6　"图表类型"窗口

②单击"下一步",打开"图表向导-4步骤之2-图表源数据"窗口(图2.7)。

③单击"列(L)",单击"数据区域(D)",选中在Excel工作簿录入的数据(或在数据区域输入分析数据范围)(图2.8)。

④单击"下一步",打开"图表向导-4步骤之3-图表选项"窗口(图2.9)。

⑤填入标题"按常住人口、家庭劳动力分组 农户次数分布图";填入分类(X)轴区名称"人口、劳动力";填入分类(Y)轴区输入轴的名称"户数"。单击"下一步",打开"图表向导-4步骤之4-图表位置"窗口(图2.10)。

⑥根据绘图存放位置要求确定直方图的存放位置,单击"完成"按钮即可得所绘柱形图(图2.11)。拖动图表调整绘制图表位置。

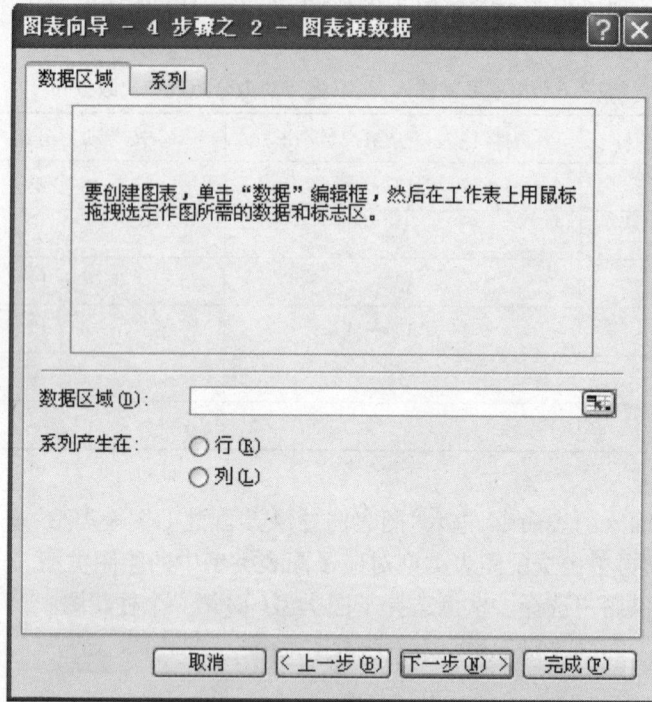

图 2.7 "图表源数据"窗口

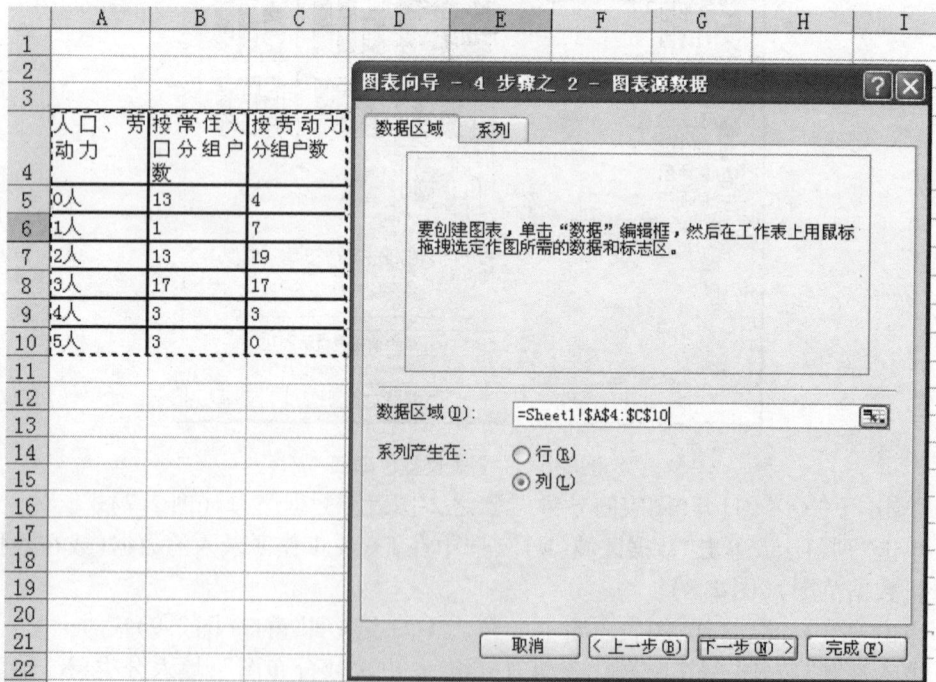

图 2.8 "图表源数据"编辑窗口

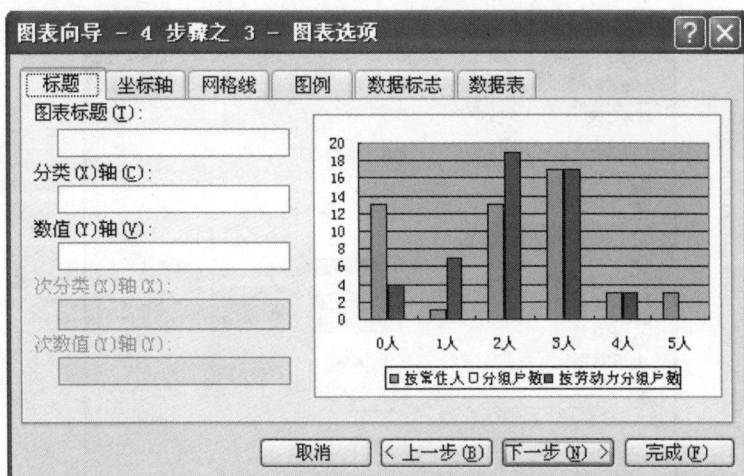

图2.9 "图表选项"窗口

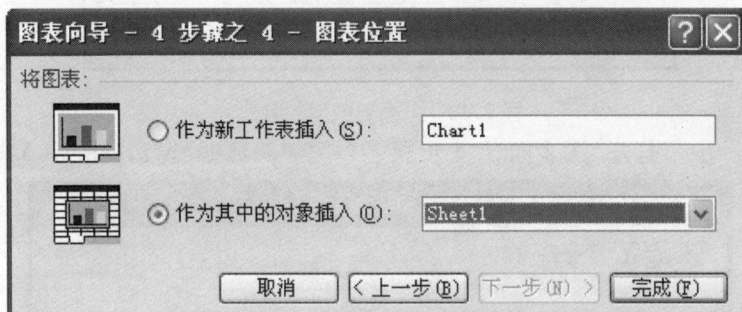

图2.10 设置图表输出位置

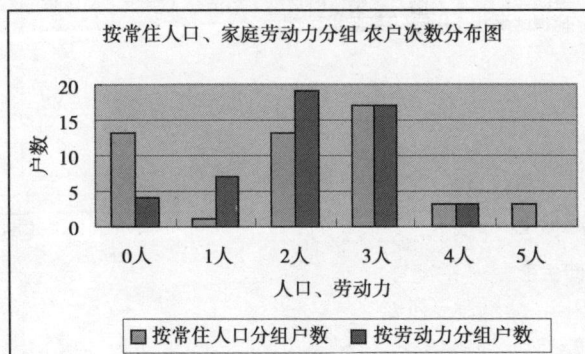

图2.11 人口、劳动力分组柱状图

2.6.4 折线图

折线图是将坐标系表示现象不同特征的点用线段相邻两两连接构成的图形。折线图绘制有两种方法。其一,在直方图绘制的基础上连接各条形顶端的中点形成;其二,坐标系的横轴表示变量,纵轴表示次数(频数)或比率(频率),将各组变量组中值和对应的次数(频数)或比率(频率)构成的点两两连接形成。现仍以表2.6的数据为例绘制折线图。

①单击菜单栏插入图表命令,进入"图表向导-4步骤之1-图表类型"窗口。选择折线图,

再单击"子图表类型"中的绘图类型(图 2.12)。

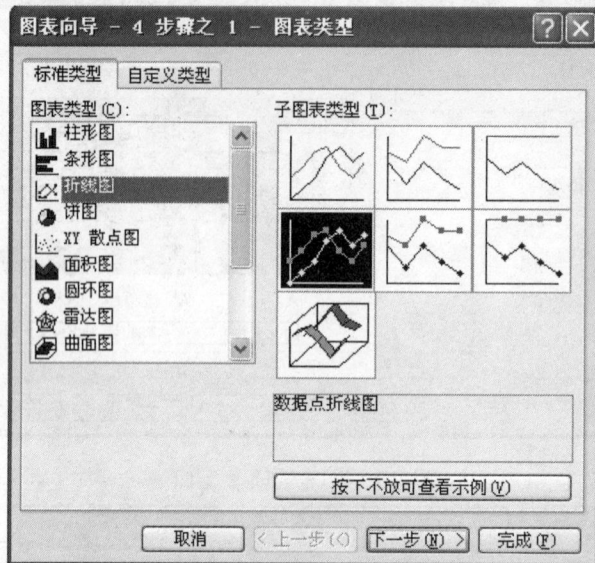

图 2.12 "图表类型"窗口

②单击"下一步",打开"图表向导-4 步骤之 2-图表源数据"窗口(图 2.13)。

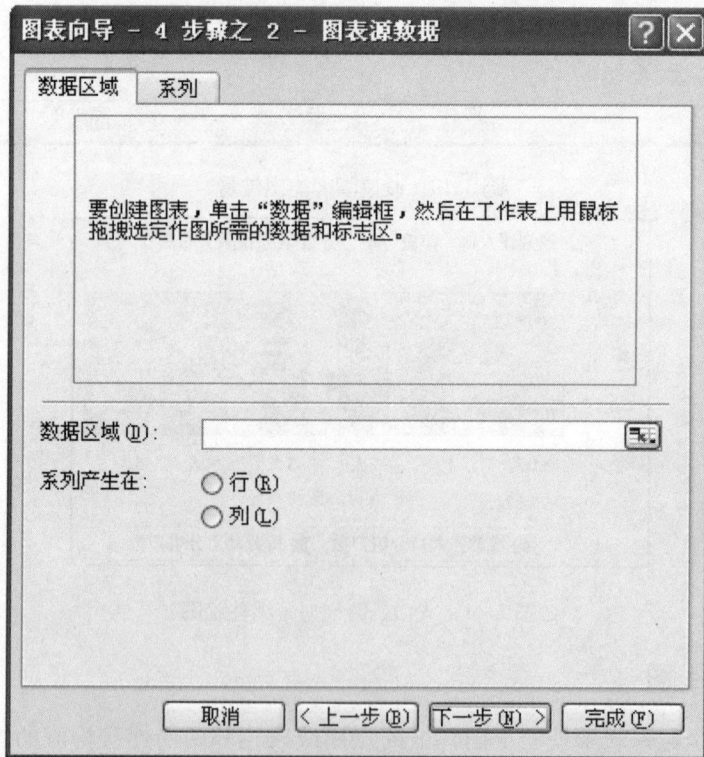

图 2.13 "图表源数据"窗口

③单击"列(L)",单击"数据区域(D)",选中在 Excel 工作簿录入的数据(或在数据区域输入分析数据范围)(图 2.14)。

	A	B	C	D	E	F	G	H	I
1									
2									
3									
4	人口、劳动力	按常住人口分组户数	按劳动力分组户数						
5	0人	13	4						
6	1人	1	7						
7	2人	13	19						
8	3人	17	17						
9	4人	3	3						
10	5人	3	0						

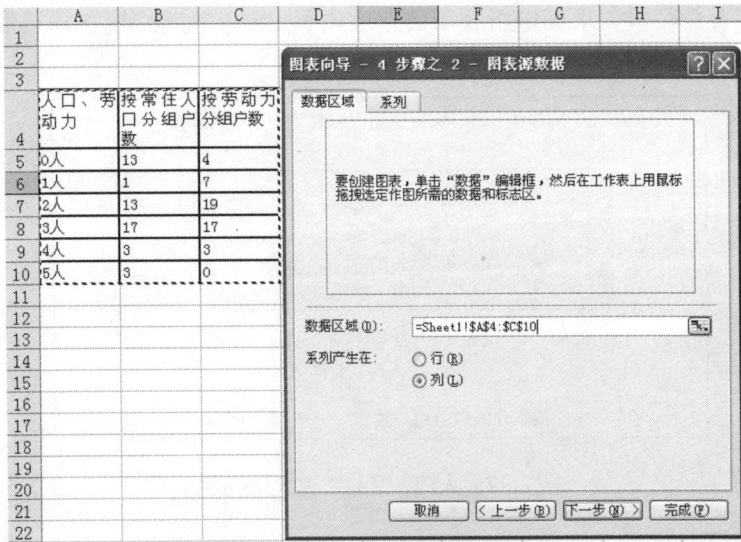

图 2.14 "图表源数据"编辑窗口

④单击"下一步",打开"图表向导-4 步骤之 3-图表选项"窗口(图 2.15)。

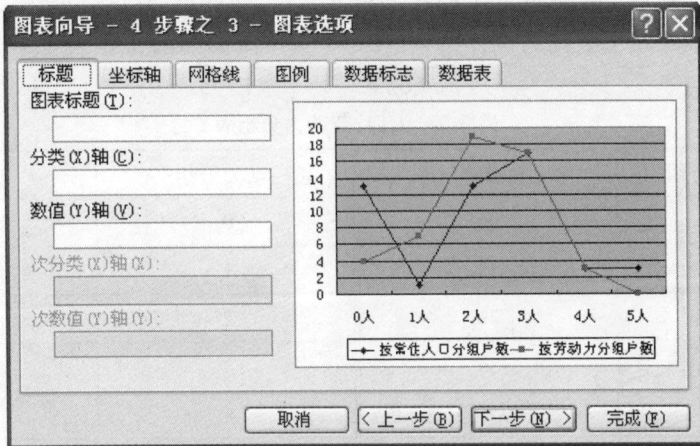

图 2.15 "图表选项"窗口

⑤填入标题"按常住人口、家庭劳动力分组 农户次数分布图";填入分类(X)轴区名称"人口、劳动力";填入分类(Y)轴区输入轴的名称"户数"。单击"下一步",打开"图表向导-4 步骤之 4-图表位置"窗口(图 2.16)。

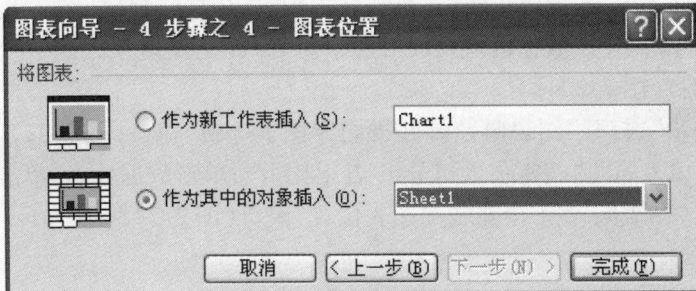

图 2.16 设置图表输出位置

⑥根据绘图存放位置要求确定折线图的存放位置,单击"完成"按钮即得所绘折线图(图2.17)。拖动图表可调整绘制图表位置。

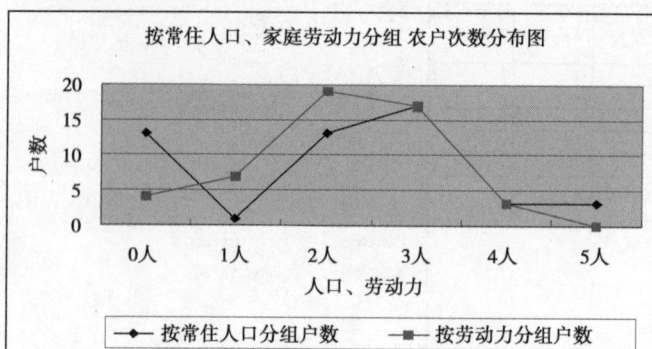

图2.17　人口、劳动力次数分布图

2.6.5　饼图

饼图是用圆形内的不同比例扇形面积表示现象总体内部各组结构的图形,是表现统计次数分布的又一重要图形。圆形内的不同比例扇形面积一般用百分数表示。

现以表2.5中的比重数据为例作图,在Excel工作簿的当前工作表中录入绘图的相应数据资料(表2.7)。

表2.7　人口、劳动力分组表

按常住人口分组	比重/%	按劳动力分组/人	比重/%
0人	26	0	8
1人	2	1	14
2人	26	2	38
3人	34	3	34
4人	6	4	6
5人	6	5	—

①单击菜单栏插入图表命令,进入"图表向导-4步骤之1-图表类型"窗口(图2.18)。选择饼图,再单击子图表类型中的绘图类型。

②单击"下一步",打开"图表向导-4步骤之2-图表源数据"窗口(图2.19)。

③单击"列(L)",单击"数据区域(D)",选中在Excel工作簿录入的数据(或在数据区域输入分析数据范围)(图2.20)。

④单击"下一步",打开"图表向导-4步骤之3-图表选项"窗口(图2.21)。

⑤单击标题,填入标题"按常住人口分组 各组比重";单击数据标志,单击百分比(P)。单击"下一步",打开"图表向导-4步骤之4-图表位置"窗口(图2.22)。

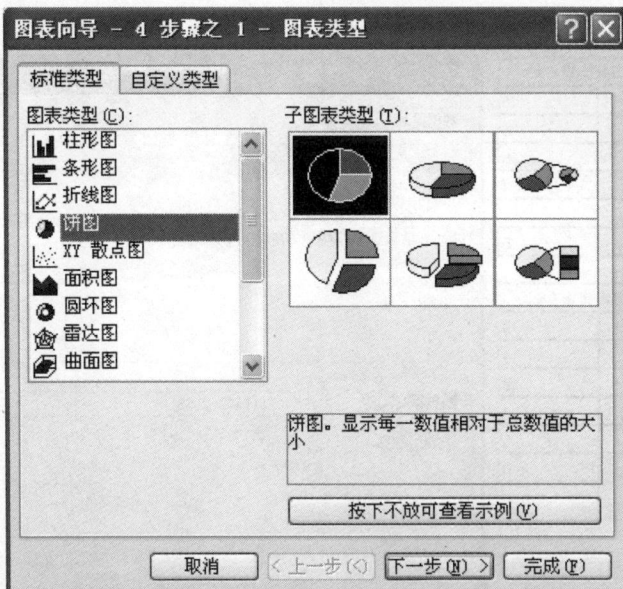

图 2.18　"图表类型"窗口

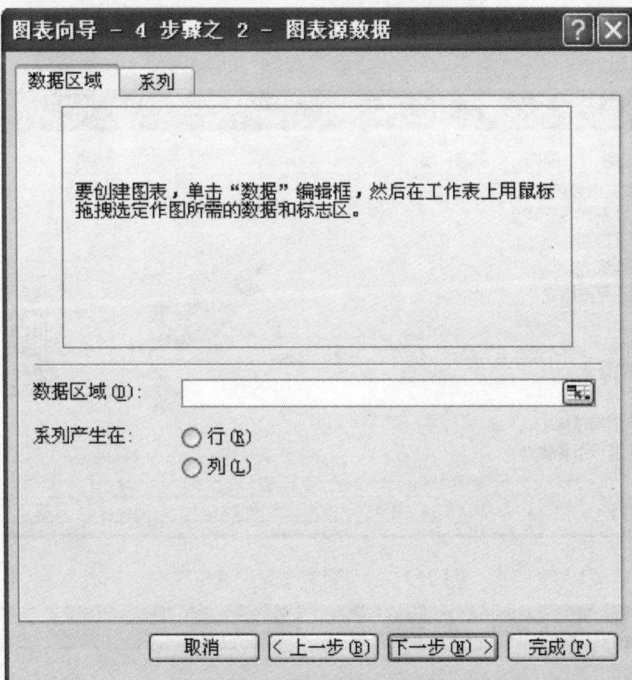

图 2.19　"图表源数据"窗口

	A	B	C	D	E	F	G	H
1								
2	按常住人口分比重（%）							
3	0人	26						
4	1人	2						
5	2人	26						
6	3人	34						
7	4人	6						
8	5人	6						
9								
10	按劳动力分组比重（%）							
11	0人	8						
12	1人	14						
13	2人	38						
14	3人	34						
15	4人	6						
16	5人	0						

图表向导 – 4 步骤之 2 – 图表源数据

数据区域　系列

要创建图表，单击"数据"编辑框，然后在工作表上用鼠标拖拽选定作图所需的数据和标志区。

数据区域(D)：　=Sheet1!$A$2:$B$8

系列产生在：　○ 行(R)　◉ 列(L)

取消　＜ 上一步(B)　下一步(N) ＞　完成(F)

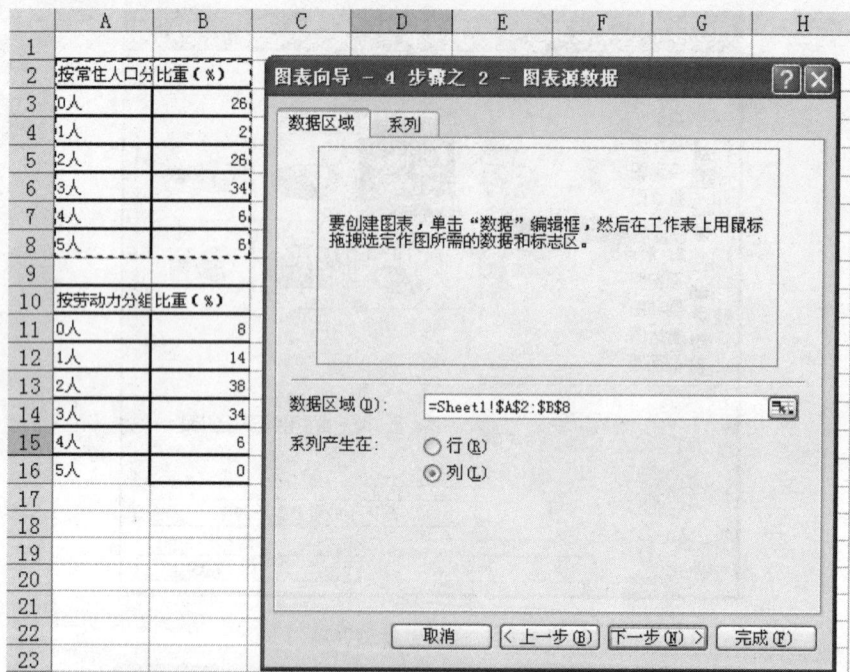

图 2.20　"图表源数据"编辑窗口

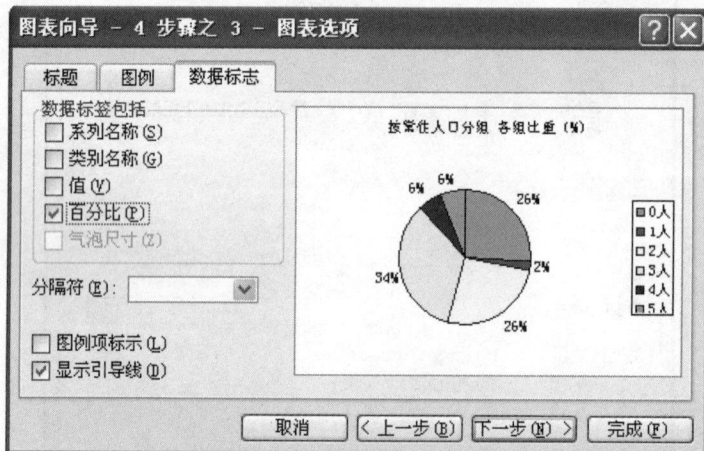

图表向导 – 4 步骤之 3 – 图表选项

标题　图例　数据标志

数据标签包括
□ 系列名称(S)
□ 类别名称(G)
□ 值(V)
☑ 百分比(P)
□ 气泡尺寸(Z)

分隔符(E)：

□ 图例项标示(L)
☑ 显示引导线(D)

按常住人口分组 各组比重（%）

取消　＜ 上一步(B)　下一步(N) ＞　完成(F)

图 2.21　"图表选项"窗口

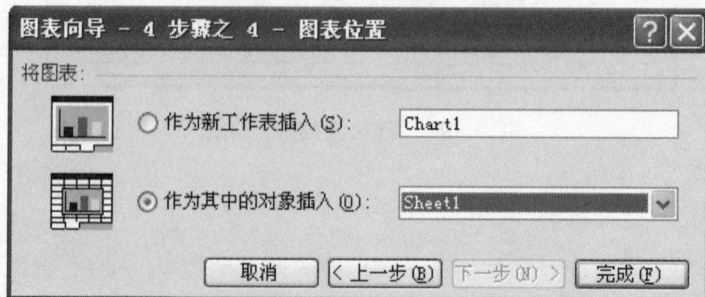

图表向导 – 4 步骤之 4 – 图表位置

将图表：
○ 作为新工作表插入(S)：　Chart1
◉ 作为其中的对象插入(O)：　Sheet1

取消　＜ 上一步(B)　下一步(N) ＞　完成(F)

图 2.22　设置图表输出位置

⑥根据绘图存放位置要求确定饼图的存放位置,单击"完成"按钮即得所绘饼图(图2.23)。拖动图表调整绘制图表位置。

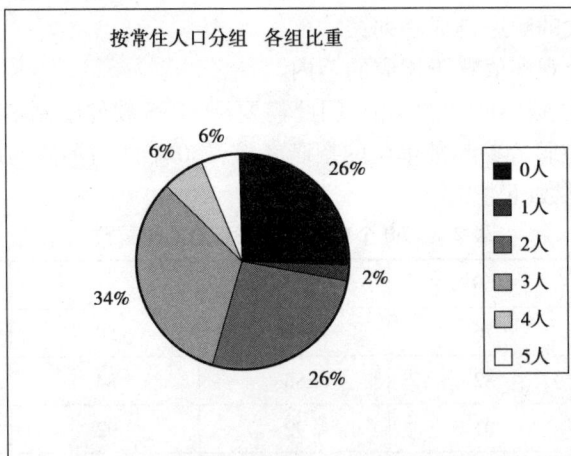

图 2.23　常住人口分组结构图

用同样的方法可作劳动力分组比例图,如图 2.24 所示。

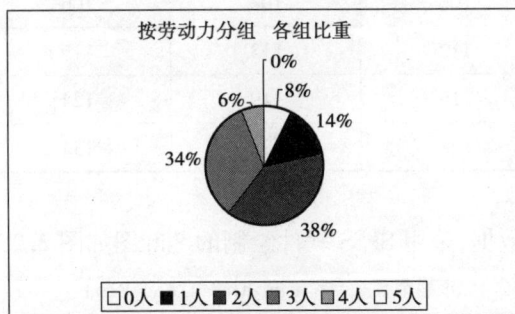

图 2.24　劳力分组结构图

2.6.6　茎叶图

前面介绍的直方图和折线图都是根据分组数据或频数分布绘制的,对于未分组的原始数据可以用茎叶图来观察频数分布。茎叶图又称枝叶图,是由"茎"和"叶"组成的,它把每个数据分解成"茎"和"叶"两个部分,高位数字为"茎",低位数字为"叶";茎数字按列排列,叶数字按行排列。

(1)茎叶图的优点

①将统计分组和频数分布两项工作一次完成,图形直观且保留了原始数据的全部信息,均值、中位数和众数均可依据原始信息方便地计算出来;

②从茎叶图可以看出数据的分布形状以及数据的离散状况,比如,分布是否对称,数据是否集中,是否有极端值等。

(2)茎叶图的缺点

茎叶图在茎的选择上有时灵活性不够。

（3）绘制茎叶图的步骤

①决定茎和叶如何规定；

②将茎按由小到大的顺序排成一列；

③将数据集中每个观察值置于相应的茎内。

Excel 中没有直接生成茎叶图的功能，因此需要用 SPSS 软件绘制茎叶图。

【例2.1】 50 个应聘者参与某单位的招聘考核，150 个能力测验问题的结果见表2.8，数据表示回答正确的问题数（已排序）。

表 2.8　50 个应聘者回答正确的问题数

68	69	72	73	73
75	76	76	80	81
81	82	83	84	85
86	91	92	92	92
94	95	95	96	97
98	98	100	100	102
104	106	106	106	107
108	112	113	115	115
118	119	119	124	126
127	128	132	134	141

解：根据表2.8 中的数据，采用 SPSS 软件绘制的茎叶图如图2.25 所示。

正确个数　　Stem-and-Leaf Plot

```
Frequency    Stem & Leaf

    2.00      6 . 89
    6.00      7 . 233566
    8.00      8 . 01123456
   11.00      9 . 12224556788
    9.00     10 . 002466678
    7.00     11 . 2355899
    4.00     12 . 4678
    2.00     13 . 24
    1.00     14 . 1

Stem width:      10
Each leaf:        1 case(s)
```

图 2.25　回答正确的问题数的茎叶图

从图2.25 可以看出，将茎叶图逆时针旋转 90°，则得到一个以 60～69，70～79，…，140～149 为组限的等距直方图。每一个茎上的叶片数即数据落入该组的频数，由此可以得到频数分布，同时，该茎叶图上保留了所有原始数据信息。从茎叶图可以观察到：50 个应聘者中，回答正确数最多的是 141 题，最少的是 68 题；频数分布为一个右偏分布，其中回答正确数集中在 90～99 题，有 3 人回答正确数均为 92 题（众数），出现次数最多，有 23 人回答正确数大于等于 100 题,有一半的人回答正确数在 97 题(中位数)以下,另一半的人回答正确数在 98 题以上。

(4)茎叶图绘制案例

现以表 2.8 中的数据为例作图,在 SPSS 软件中绘制茎叶图。

第一步,在"数据视图"(data view)下,将表 2.8 的数据录入 SPSS,如图 2.26 所示。

	number	var
1	68.00	
2	69.00	
3	72.00	
4	73.00	
5	73.00	
6	75.00	
......		
46	127.00	
47	128.00	
48	132.00	
49	134.00	
50	141.00	
51		

图 2.26 数据表

第二步,单击 Analyze 下拉菜单,鼠标指向 Descriptive Statistics,选择 Explore 命令,如图 2.27 所示。

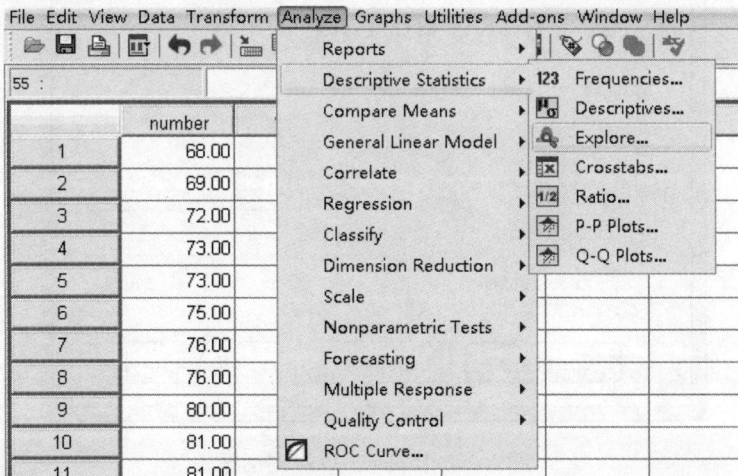

图 2.27 选择命令

第三步,在弹出的 Explore 对话框中将变量选入 Dependent List,在 Display 选项组中选择 Plots 单选按钮,然后单击 Plots 按钮,如图 2.28 所示。

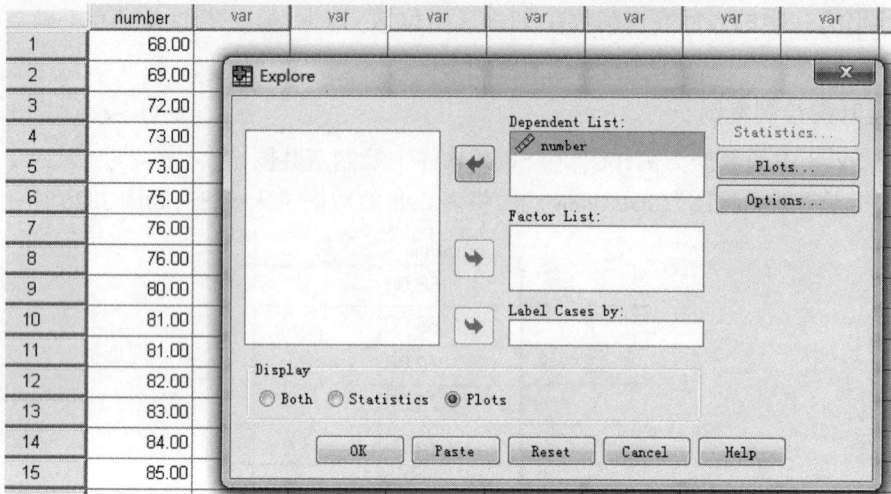

图 2.28　Explore 对话框

　　第四步,在弹出的对话框中,按如图 2.29 所示进行设置。设置完成后,单击 Continue 按钮。

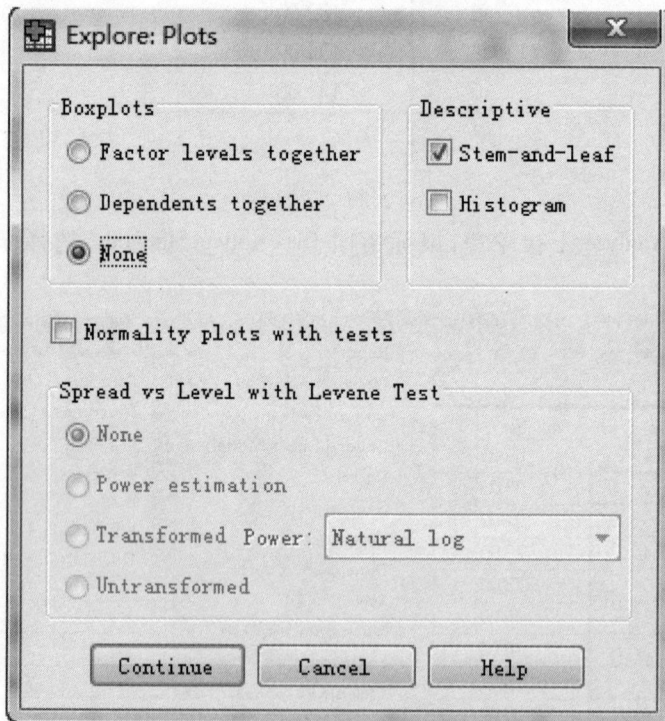

图 2.29　Explore: Plots 对话框

　　第五步,以上各步完成后,会弹出 SPSS Statistics Viewer 窗口,生成的茎叶图便出现在这里面,如图 2.30 所示。

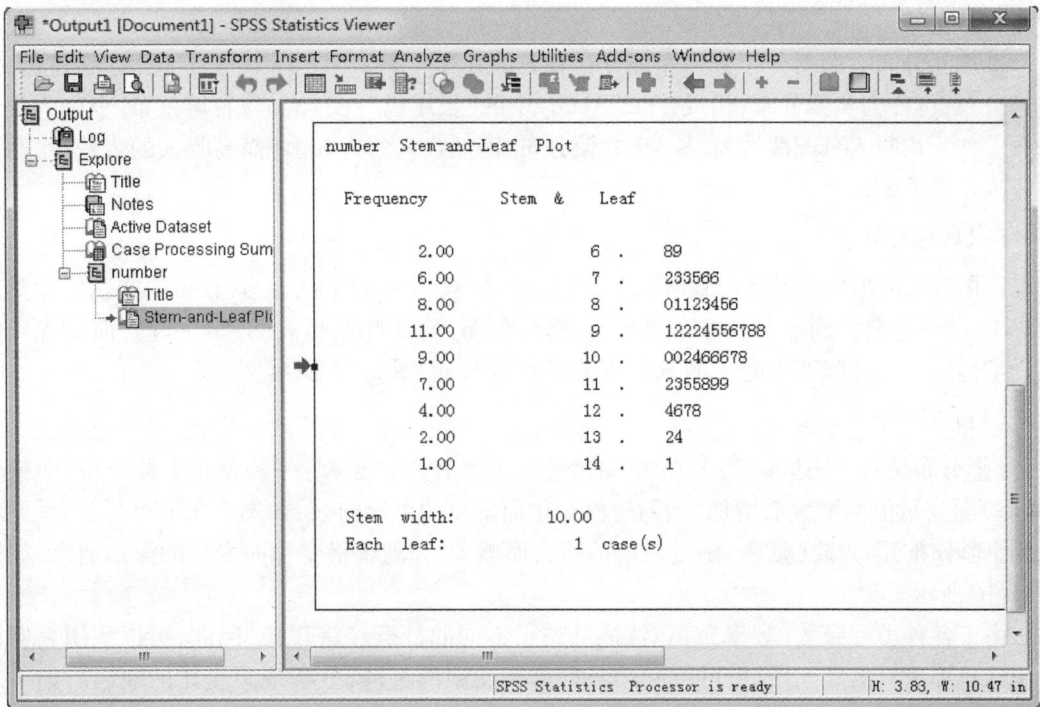

图 2.30 SPSS Statistics Viewer 窗口

2.6.7 频数(频率)分布曲线

在组距分组时,如果所分的组数越来越多,组距就会越来越小,这时所绘制的折线图就会越来越光滑,逐渐形成一条平滑的曲线,这就是频数(频率)分布曲线。频数(频率)分布曲线在统计分析中具有广泛的应用。各种不同性质的社会经济现象的分布曲线的类型,概括起来大致有三种类型:钟形分布、U 形分布和 J 形分布。

(1) 钟形分布

钟形分布的特征是"两头小,中间大",即中间的变量值分布的频数(频率)多,靠近两边的变量值分布的频数(频率)少,其图形宛如一口古钟,故而得名"钟形"分布。

钟形分布可分为对称分布和非对称分布两种,如图 2.31 所示。

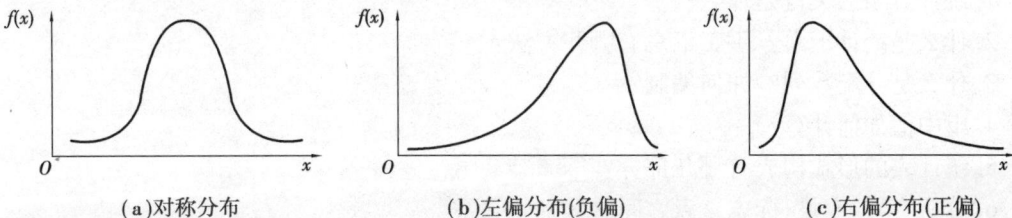

(a)对称分布　　　　　　(b)左偏分布(负偏)　　　　　　(c)右偏分布(正偏)

图 2.31 钟形分布示意图

①对称分布。如图 2.31(a)所示是以变量值分布的均值为中心,左右对称分布的,这种分布称为对称分布。在客观实际中,许多经济现象统计总体的分布都趋于对称分布中的正态分布,正态分布在社会经济分析中具有重要的意义,如人的身高、体重、智力、钢的含碳量、粮

食作物产量等。

②偏斜分布。偏斜分布分为左偏分布和右偏分布。图 2.31(b)中的"长尾巴"在左侧,为左偏分布,也称为负偏分布;相反,图 2.31(c)中的"长尾巴"在右侧,为右偏分布,也称为正偏分布。如人均收入分配曲线就是一个右偏分布,即低收入的人数多,而高收入的人数少,两者的收入水平差距较大。

(2)U 形分布

U 形分布的形状与钟形分布相反,最大特征是"两头大,中间小",其分布曲线图形像英文字母 U,故而得名。例如,人口按年龄死亡率的分布,幼儿和老年人的死亡率高,而中青年的死亡率低。产品故障率随时间的分布也是 U 形分布,如图 2.32 所示。

(3)J 形分布

J 形分布呈现"一边小,另一边大"的特征,主要有两种类型:一种是正 J 形分布,即频数(频率)随变量值的增大而增加,如随价格变化而变化的供给曲线,如图 2.33(a)所示;另一种是反 J 形分布,即频数(频率)随变量值的增大而减少,如随价格变化而变化的需求曲线,如图 2.33(b)所示。

由于各种类型频数(频率)分布特征反映了不同的社会经济现象,因此,可以利用它们检验统计整理资料的准确性,也可以利用各种分布类型的特征,分析现象变化的原因。如果现象总体发生了异常变化,可通过分布特征的变化发现问题。

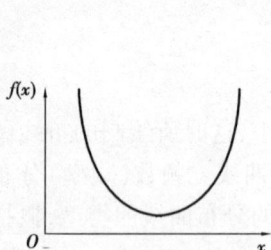

图 2.32　U 形分布　　　　　　图 2.33　J 形分布

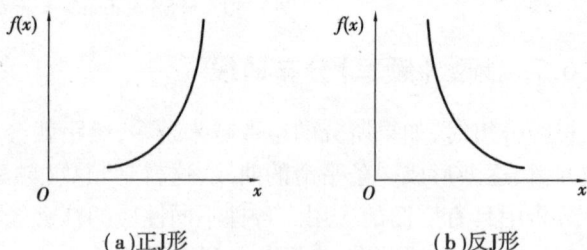

思考题

1. 统计分组的关键是什么?

2. 什么是统计汇总? 手工汇总有哪些方法?

3. 什么是分配数列? 如何编制?

4. 组中值如何计算?

5. 统计表的形式构成有哪几部分?

6. 分析变异、变量、标志三者之间的区别与联系。

7. 分析统计调查与统计资料整理的关系。

第二篇 应用统计描述

　　统计数据资料的搜集整理,取得并显示反映观察现象的数据。对这些数据资料进行综合分析,进一步描述反映客观现象的规律性数量特征,这就是统计描述。统计描述是描绘或总结观察变量的基本情况的统计总称。统计数据是统计描述的基础,统计描述是统计推断的基础,统计描述在统计方法论中起承上启下的作用。统计描述的过程也是统计分析研究的过程——透过分析数据资料,从总体看事物发展的规模、水平(如总量指标、相对指标);从静态看各变量内的观察值集中趋势(如算术平均数、几何平均数、调和平均数、中位数、众数)与离散趋势(如全距、平均差、标准差);从动态看在一定时间、地点、条件下客观现象数量之间的关系和变动规律,看事物发展的速度、比例和效益(如时间序列指标、指数)。通过统计描述,从大量的数据中找到规律,从现象看到本质,真实地反映事物的本来面目,形成直接有用的统计研究成果。本篇重点介绍统计描述的工具——指标(包括时间序列指标)、指数以及指标之间、指数之间、指标与指数之间的关系,贯彻"从现象看本质"的统计思想。通过本篇的学习,掌握统计学的基本原理与方法,增强对数据的理解能力,能够应用统计描述准确地显示客观现象的规律性数量特征。

第3章 总量指标

统计指标简称指标,是说明客观现象总体特征的概念,如国内生产总值、人口数量、耕地面积、财政收入等都称为统计指标。指标包含几大要素——指标名称、指标值、时间限制、空间范围和计量单位,如2018年我国国内生产总值90.03万亿元。通过统计调查和统计整理获得的大量数据,为指标计算提供了"原料",通过指标计算去认识现象的特征和规律。指标从不同角度的分类见表3.1。

表3.1　指标的分类

分类依据	指标类名	作　用	表现形式
总体性质	数量指标	说明总体数量规模大小和数量多少	绝对数
	质量指标	说明现象性质特征	相对数
表现形式	总量指标	说明现象总规模和总水平	绝对数
	相对指标	说明现象内部结构及比较关系	相对数
	平均指标	说明现象某特征的一般水平	平均数
	变异指标	说明现象内部各标志值差异程度	方差等
	时间序列指标	反映现象发展的过程和特点	不定
计量单位	实物指标	反映现象的实物量状态	实物量
	价值指标	反映现象的货币量状态	货币量
	劳动指标	反映现象的劳动消耗量状态	劳动量
指标功能	描述指标	反映现象自然的状态	不定
	评价指标	反映工作质量的状态	不定
	预警指标	反映国民经济运行的风险状态	不定

总量指标是反映现象总体在一定时间、地点、条件下的总规模、总水平或工作总量的统计指标,一般用绝对数表示。它是计算有限总体的指标,其指标值与有限总体的范围成正比,例如,一个城市的国内生产总值小于同时期它所在国家的国内生产总值。

总量指标的作用有以下几个方面:

①总量指标是认识客观现象的起点。例如,对一个国家的国情、国力等状况的了解都是通过总量指标来实现的。要了解一个国家的国情、国力和国民经济基本情况,就必须掌握该国的人口总数、土地面积、国内生产总值等总量指标。

②总量指标是进行经济管理的主要依据。例如,进行国民经济的供给与需求的平衡、物资的收支平衡、财务的借贷平衡与核算,都是应用的总量指标。

③总量指标是基础性指标。总量指标是计算相对指标、平均指标以及各种分析指标的基础指标。

④总量指标可以表现为总量之间的绝对差数。例如,2018年末我国的外汇储备余额为3.072 7万亿美元,比2017年末减少672.37亿美元。

3.1　总量指标的种类与统计要求

3.1.1　总体单位总量和总体标志总量

总体单位总量指总体单位数之和,即总体本身的规模大小。例如,全国国有企业总数、某企业职工总数、一个班级的学生人数等都是总体单位总量指标。

总体标志总量是指总体各单位就某一数量标志的标志值之和。例如,以一个企业全体职工作为总体,工资为数量标志,该企业全部职工工资总额就是标志总量。

总体单位总量与总体标志总量是相对性的,随着研究目的不同和研究对象的变化而定。例如,以全国国有企业总数为总体单位总量,则全国国有企业职工总数为总体标志总量;如果以全国国有企业职工工资总额总体标志总量,则全国国有企业职工总数为总体单位总量。

3.1.2　时期指标与时点指标

(1)时期指标

时期指标是指反映某种现象在一段时间发展变化结果的总量指标,如社会总产值、国内生产总值、利润总额、税收总额等。时期指标的特点:累加性,时期性,连续性。

①累加性:不同时期指标数值纵向相加,表明在更长一段时间内事物发展过程的总数量;同一时期横向相加,表明在某一时期内在更大范围内现象的总数量。

②时期性:时期指标数值的大小与其计算时间间隔有直接关系,时间间隔越长,指标数值也就越大;反之,则越小。例如,某企业一年的销售额多于一季度的销售额。

③连续性:时期指标的数值表现现象在一段时期内连续发生的总量,需要连续登记取得。

(2)时点指标

时点指标是反映现象总体在某一时刻(瞬间)的数量状况。例如,全国总人口数、商品库存数、乡镇企业个数等。时点指标的特点:不具累加性,与时间间隔无关,数值间断性。

①不具累加性:各个时点指标数值相加没有意义,如某企业年末职工总数不是全年职工总数,不能纵向相加。但可横向相加,横向相加表示更大范围的这一指标值,如某类企业的职工总数是该类企业的各个企业职工数之和。

②与时间间隔无关:时点指标的大小与登记时间间隔长短没有直接关系,即时点之间间隔越长,数值不一定大;反之,不一定小。例如,某企业的年末某种物资库存并不一定大于第一季度末该种物资库存数。

③数值间断性:时点指标的数值一般是间断统计取得的。它的每一个数值是表现现象发展到一定时点上达到的水平,如某校年末在校生数表示该校当时的学生规模。

3.1.3　总量指标的统计要求

总量指标不是一个简单的数量总和,而是一定社会经济现象的数量表现。每一个总量指标都具有确定的经济内涵,都具有一定的规律性。因此,为使总量指标资料准确,在进行总量指标统计时有以下两点要求。

(1)明确总量指标的涵义、计算范围

假如要准确地做出第三产业经济状况的统计调查分析,就要明确"第三产业"的含义,就要明确其对象的时间、空间范围。

(2)总量指标必须建立在同度量的基础上

同类物质产品直接反映产品同样的使用价值和经济内容,可以相加计算总量指标;不同类现象、使用价值不同的各种产品的实物量指标不能加总,如粮食产量、钢铁产量等没有直接计量加总的基础。不同的历史条件往往影响总量指标所反映的内容和包括的范围,要进行适当调整使不同时期的总量指标可以直接进行汇总或比较,以便于历史资料的对比研究和分析,如计算农业总产值时,将当年价折合为不变价,以便进行比较。

3.2 总量指标的计量单位

总量指标反映社会经济总体现象的具体数值,用来说明各种具体现象的规模和水平,因此,是有计量单位的有名数。根据总量指标反映的社会经济现象的性质和内容,计量单位一般采用实物单位、价值单位和劳动单位。

3.2.1 实物单位

实物单位是根据事物的自然属性和特点而规定的计量单位,能具体反映现象实际存在的实物数量,体现具体的使用价值量。实物单位一般有自然单位、度量衡单位、双重或多重单位、复合单位和标准实物单位五种。

(1)自然单位

根据被研究现象的自然属性来计算其数量的单位。例如,人口以"人"为单位,汽车以"辆"为单位,电视机以"台"为单位等。

(2)度量衡单位[①]

根据统一的度量衡制度的规定来度量现象数量的一种计量单位。例如,煤炭以"吨"为单位,路程以"千米"为单位,建筑面积以"平方米"为单位。

(3)双重或多重单位

双重或多重单位是同时采用两种或多种计量单位以除式的形式结合在一起,来表明某一事物的数量。例如,电动机以"千瓦/台"表示,船舶以"吨/马力/艘"表示等。

(4)复合单位

将两种计量单位以乘积的形式结合在一起来表明某一事物的数量。例如,货运量以"吨·千米"(t/km)表示,发电量以"千瓦·时"(kW·h)表示等。

(5)标准实物单位

按照统一的折算标准计量被研究现象数量的一种计量单位。这主要是针对那些性质和用途相同而品种规格不同的同类产品的计量而使用的。例如,将不同的牲畜折合为统一的畜

---

① 度制是指衡量物体长度的标准;量制是指衡量物体体积的标准;衡制是指衡量物体重量的标准。

单位(如羊单位、黄牛单位等),将发热量不同的能源按 7 000 大卡/kg 折算为标准煤。

3.2.2 价值单位

价值单位是以货币作为价值尺度来计量社会物质财富和劳动成果的计量单位,如人民币、美元、英镑等。

不同经济用途的实物量不能相加,不能反映多种事物的总规模和总水平。鉴于这一局限性,以货币单位来度量事物的数量,使不能直接相加的经济现象的数量过渡到可以加总,用以综合地说明具有不同使用价值的经济现象的总规模、总水平和总速度。

价值指标具有广泛的综合性,在统计核算中使用广泛,如商品销售额、生产费用、利税额、国民生产总值、增加值等都是用价值单位计量的。

3.2.3 劳动单位

劳动单位是用劳动时间来表示的计量单位,如工日、工时等。借助劳动单位计算的劳动总消耗量指标来确定劳动规模,并作为评价劳动时间利用程度和计算劳动生产率的依据。

劳动量指标具有一定的综合性和概括能力,可以相加,将生产各种产品所消耗的劳动量相加得到的劳动消耗总量,即总工日或总工时,可用来综合反映企业生产各种不同产品的总产量。

在实际工作中,将实物指标、价值指标、劳动指标要综合使用,以便对客观事物进行更全面的分析。

3.2.4 统一计量单位

不同实物单位代表不同类现象,同类现象又可能因历史或习惯的原因采用不同的计量单位,实物的使用价值相同而计量单位可能不同,等等,在实际工作中计算实物指标总量时,如不统一计量单位,可能造成使用混乱和计算差错。不同时期、不同地区、不同国家同一现象的总量指标要注意其计算口径是否一致,如计算口径不一致,在加总、分析时,应根据要求进行适当调整或将不同计量单位换算成统一的计量单位进行汇总,如棉布有的以"米"为单位,有的以"匹"为单位,先折算为统一单位后再汇总。

3.3 国民经济核算总量指标

所谓国民经济,就是在一国(或地区)范围内和一定历史时期中,各社会生产部门、流通部门和其他经济部门的社会经济活动的总和。国民经济核算就是以整个国民经济和社会再生产为对象的宏观核算。国民经济核算从实物资产、金融资产、物质产品和劳务等各个角度,对能反映整个国民经济状况的各种重要指标及其组成部分作系统的测定,并把各种指标组成一个系统来综合描述一国(或地区)国民经济的联系和结构的全貌。国民经济核算从数量上反映国民经济运行状况及社会再生产过程中生产、分配、交换、使用各个环节之间以及国民经济各个部门之间的内在联系,为国家宏观经济管理和决策提供依据。反映我国国民经济运行状况的总量指标主要有社会总产品、社会总产值、增加值、国内生产总值(GDP)、国民生产总值(GNP)等。

3.3.1　社会总产品

社会总产品也称总产出,是指一定时期生产和提供的所有货物和服务价值的总和,它反映社会生产的总成果。社会总产品以货币表现时,即为全部生产活动成果的价值总量。社会总产品是反映一个国家或地区在一定时期内物质生产总成果的重要指标。

全部生产活动包括物质生产部门的生产和非物质生产部门的生产,这两大部门产品之总和就是社会总产品,其产品形式既有实物形态的货物,也有不具实物形态的各种服务或劳务。

物质生产部门的总产出包括货物和直接为货物提供的运输、仓储、供应与销售等有关服务,其价值总量即社会总产值。非物质生产部门的总产出的价值表现称为服务总值或劳务总值。同时期的社会总产值与服务总值(或劳务总值)之和等于该时期的全社会总产出。

$$社会总产值 = 社会总产品 - 服务总值$$

在简单再生产的条件下,社会总产品的一部分用于补偿消耗了的生产资料,以便使社会生产得以继续进行,社会总产品的其余部分则全部用于生活消费。在扩大再生产的条件下,社会总产品除上述两项用途外,还要用作积累,以满足扩大再生产对追加的生产资料和消费资料的需要。

3.3.2　社会总产值

社会总产值是以货币表现的各物质生产部门在一定时期内生产的社会产品总量,它反映一个国家(或地区)在一定时期内物质生产活动的总成果。

社会总产品与社会总产值的区别主要在于核算的范围不同,总产品的核算范围覆盖整个国民经济的各个部门,既包括物质生产部门,也包括非物质生产部门,而社会总产值只计算物质生产部门。两者的联系表现在社会总产值是物质生产部门的总产出,是社会总产品的一个组成部分。

有些行业的总产值与总产品一致,如农业总产品等于农业总产值;建筑业总产品就是建筑业总产值;运输邮电业总产品就是运输邮电业总产值;批发零售贸易业和餐饮业总产品与批发零售贸易业和餐饮业总产值基本相当。

社会总产值的计算方法如下:

①直接把各物质生产部门的总产值相加,即

社会总产值 = 工业总产值 + 农业总产值 + 建筑业总产值 + 货物运输业总产值 + 邮电业
　　　　　　总产值 + 商业和物资供销业的总产值 + 饮食业总产值

②按产品的最终消费价格计算。

消费价格是生产资料或消费品由流通领域进入消费领域用作生产消费或生活消费的价格,货运、商业等其他部门的产值都分摊到工业、农业、建筑业产品价值中。用这种方法计算社会总产值反映社会总产品生产的总成果和实物构成。

社会总产值用现行价格来计算,反映整个社会现实的生产水平。社会总产值用不变价格计算,用以研究不同时期社会产品生产发展的速度和部门构成的变化。

3.3.3　增加值

增加值是企业或部门在一定时期,如一年内从事生产经营活动所增加的价值。它是总产出减去中间投入后的余额,因此,从价值构成看,它包括全部新创造的价值和物质消耗中本期固定资产折旧。

增加值既包括物质生产部门的产值,也包括非物质生产部门提供的劳务价值。物质生产部门的增加值采用净产值加上本期固定资产折旧额计算;非物质生产部门的增加值采用劳务总收入减去总支出的余额计算。

$$增加值 = 总产出 - 中间消耗$$

3.3.4 国内生产总值(GDP)

国内生产总值(GDP)是按市场价格计算的国内生产总值的简称,是一个国家(地区)所有常住单位在一定时期内生产活动的最终产品的市场价值。GDP 综合反映国民经济活动的总量,衡量国民经济发展规模、速度,分析经济结构和宏观经济效益,广泛用于国际间的对比研究。

GDP 是一个生产概念,凡是在本国领土上创造的收入,不管是不是本国国民所创造的,都被计入本国的 GDP。国内生产总值有三种表现形态:价值形态,收入形态,产品形态。

①价值形态:所有常住单位在一定时期内所生产的全部货物和服务价值超过同期投入的全部非固定资产货物和服务价值的差额。从生产的角度计算国内生产总值,国内生产总值等于各部门增加值之和。

②收入形态:所有常住单位在一定时期内所创造并分配给常住单位和非常住单位的初次分配收入之和。从收入的角度计算国内生产总值,首先是各个部门根据生产要素在初次分配中应得到的收入份额来计算增加值,然后再汇总各部门的增加值而得到国内生产总值。增加值计算公式为

$$增加值 = 固定资产折旧 + 劳动者报酬 + 生产税净额 + 营业盈余$$

③产品形态:最终使用的货物和服务减去进口货物和服务。从最终使用的角度计算国内生产总值,国内生产总值 = 总消费 + 总投资 + 净出口。

国内生产总值减去其中的固定资产折旧后,称为国内生产净值,表示一国或地区在一定时期内新创造的全部价值。

3.3.5 国民生产总值(GNP)

国民生产总值(GNP)是按市场价格计算的国民生产总值的简称。它是一个国家所有常住单位在一定时期内收入初次分配的最终成果。一国常住单位从事生产活动所创造的增加值在初次分配过程中主要分配给该国的常住单位,但也有一部分以劳动者报酬和财产收入等形式分配给该国的非常住单位,同时,国外生产所创造的增加值也有一部分以劳动者报酬和财产收入等形式分配给该国的常住单位,从而产生了国民生产总值的概念。

GNP 是一个收入概念,凡是本国国民,包括本国公民以及常驻外国但未加入外国国籍的居民,所创造的收入都计入本国的 GNP。GNP 有三种计算方法:生产法,支出法,收入法。

①生产法:从各部门的总产值(收入)中减去中间产品和劳务消耗,得出增加值。各部门增加值的总和就是国民生产总值。

②支出法:个人消费支出 + 政府消费支出 + 国内资产形成总额(包括固定资本形成和库存净增或净减) + 出口与进口的差额。

③收入法:将国民生产总值看作各种生产要素(资本、土地、劳动)所创造的增加价值总额,以劳动报酬、利息、租金、利润、资本消耗、间接税净额(即间接税减政府补贴)等形式分配给各种生产要素。将全国各部门(物质生产部门和非物质生产部门)的上述各个项目加以汇总,即可计算出国民生产总值。

思考题

1. 指标与标志有何区别与联系?
2. 总量指标在统计工作中有何重要作用?
3. 总体单位总量和总体标志总量有什么区别与联系?
4. 时期指标和时点指标如何区分?
5. 实物单位与标准实物单位有何区别?
6. 价值指标与货币单位有何联系?
7. 劳动指标与劳动单位有何联系?
8. 计算总量指标对单位有哪些要求?
9. 社会总产品与社会总产值有何区别?
10. GDP 与 GNP 有何区别?

第4章 相对指标

总量指标能描述客观现象的发展水平、规模以及绝对效果,但不能描述客观现象之间的相互联系、相互依存、相互影响,要描述客观现象在时间、空间上的数量关系,必须借助相对指标的计算。

相对指标又称相对数,它是将两个有联系的统计指标数值对比求得的比值,用来反映现象的发展程度、结构、强度、普通程度或比例关系。相对指标把两个具体数值抽象化,使人们对现象之间的联系有深刻的认识。相对指标在社会经济领域广泛存在着,借助相对指标对客观现象进行对比分析,是统计分析的基本方法。

4.1 相对指标的作用与表现形式

4.1.1 相对指标的作用

(1)描述客观现象之间的对比关系

相对指标从数量上反映现象内部、现象之间的联系程度和对比关系,便于从数量上进行比较分析。比如,用消费率来描述一个国家生产的产品用于最终消费的比重。

$$消费率 = \frac{消费额}{国内生产总值}$$

(2)使一些不能直接对比的现象找到共同对比的基础

不同的总量指标由于所代表的事物的性质、规模有所不同,直接对比没有什么意义,而相对指标将总量指标进行对比,可以抽象出一些具有可比性的指标,使不同规模的调查对象找到对比的基础。比如,用恩格尔系数来比较国家(或地区)之间的人民生活水平,用利润率或投入产出比等来比较企业之间的效益,等等,这些相对指标都是现象共同对比的基础。

$$恩格尔系数 = \frac{食品消费支出总额}{家庭或个人消费支出总额}$$

(3)便于记忆,易于保密

在一定的情况下,相对指标比总量指标更说明问题,给人印象鲜明,从而便于记忆。在社会经济活动中,有些数量是不便于公布于众的,但为了公布其发展状况,则可以用其发展速度等相对指标。

4.1.2 相对指标的表现形式

(1)有名数

有名数主要是表现强度相对指标的数值,它是将对比的分子指标和分母指标的计量单位结合的双重单位,用以表明事物的强度、密度、普及程度等,如人口密度用"人/km²"、人均粮食产量用"kg/人"等。

(2)无名数

无名数是一种抽象化的数值,常用系数、倍数、百分数、千分数、成数等表示。

1)系数或倍数

系数或倍数是将对比基础抽象为1而计算出来的相对数。两个数对比,当分子数值比分母数值大得多时,常用倍数表示。当分子的数值与分母的数值差别不大时,常用系数表示,系数可以大于 1,也可以小于 1,如固定资产磨损系数、变异系数、相关系数等。

2)百分数

百分数是将对比的基数抽象为 100 而计算出来的相对数。它是相对指标中最常用的一种表现形式。当分子数值与分母数值较接近时,采用百分数较合适,如计划完成程度相对数、价格指数等。

3)千分数

千分数是将对比的基数抽象为 1 000 而计算出来的相对数。它适用于对比的分子的数值比分母的数值小得多的情况,如人口出生率、人口自然增长率、死亡率等。

4)成数

成数是将对比基数抽象为 10 而计算出来的相对数,如 2008 年全国粮食总产量 52 850 万 t,同比增产 2 690 万 t,同比增长 0.5 成。

4.2 相对指标的种类

根据研究的目的和任务不同,相对指标有计划完成程度相对指标、结构相对指标、比例相对指标、比较相对指标、动态相对指标、强度相对指标等六类。

4.2.1 计划完成程度相对指标

计划完成程度相对指标,又称计划完成程度相对数,是在一定时期内的实际完成数值与计划完成数值对比的结果,它是用来检查、监督计划执行情况的相对指标,一般以百分数表示。其计算公式为

$$计划完成程度相对指标 = \frac{实际完成数}{计划完成数} \times 100\% \tag{4.1}$$

(1)计划完成程度相对指标的计算

在实际工作中,不同类型的任务,下达计划数值时有不同的表述,根据计划数值的表现形式不同,计划完成程度相对指标有以下三种不同的计算方法。

1)指标为绝对数

对比的两个数(分子、分母)都是绝对数。比如,某企业计划 2018 年现年产值 8 000 万元,而实际完成 7 000 万元,企业完成计划的 87.5% $\left(\frac{7\ 000}{8\ 000} \times 100\% \right)$。

2)指标为相对数

对比的两个数(分子、分母)都是相对数。比如,某企业销售员计划 2018 年 1—8 月完成全年销售任务的 75%,而实际完成全年销售任务的 69%,计划完成程度为 92% $\left(\frac{69\%}{75\%} \times 100\% \right)$。

$$计划完成程度相对指标 = \frac{实际达到的百分数}{计划规定的百分数} \times 100\%$$

在经济管理中,有些计划任务数值是以提高或降低百分比来规定的,如劳动生产率计划

提高百分之几,成本水平计划降低百分之几等。在这种情况下计算的相对指标有了特殊性。例如,某企业计划今年比去年销售收入增长 10%,而实际销售收入增长了 12%,计划完成程度为 101.82%,说明超额完成计划。

$$计划完成程度相对指标 = \frac{100\% \pm 实际提高(降低)的百分数}{100\% \pm 计划提高(降低)的百分数} \times 100\%$$

实际工作中,也常用差率来检查计划完成情况。这种方法是直接用实际提高率(或降低率)减去计划提高率(或降低率),然后换算成百分点来表示。比如,某企业进行某产品生产的技术改造,计划降低单位成本 5%,而实际降低单位成本 8%,单位成本实际比计划多降低了 3 个百分点:8% - 5% = 3%。

3)指标为平均数

对比的两个数(分子、分母)都是平均数。

$$计划完成程度相对指标 = \frac{实际平均水平}{计划平均水平} \times 100\%$$

它一般适用于考核以平均水平表示的技术经济指标的计划完成程度,如单位产品成本、粮食的平均产量、职工的平均工资等计划完成情况。比如,某地计划今年水稻亩(1 亩 ≈ 666.7 m²)产量 650 kg,由于今年干旱,实际亩产量 580 kg,计划完成程度为 89.23% $\left(\frac{580}{650} \times 100\%\right)$,未完成计划。

(2)计划完成程度相对指标的推广应用

计划完成程度相对指标对定期检查计划的执行情况有着重要的意义。

计划执行进度情况检查。为了及时发现计划执行过程中存在的问题,计划期还没结束就用计划期中某一段时期的实际累计完成数与计划期全期计划数对比。其计算公式为

$$计划执行进度 = \frac{累计完成数}{全期计划数} \times 100\% \tag{4.2}$$

长期计划执行情况检查分水平法和累积法。

①水平法:用计划期末实际达到的水平和计划规定的水平对比,适用于反映生产能力的经济指标,如发电量、煤产量等。其计算公式为

$$计划完成程度相对指标 = \frac{长期计划末期实际达到的水平}{长期计划末期计划达到的水平} \times 100\% \tag{4.3}$$

②累计法:整个计划期内实际完成的累计数与同期规定的累计计划数进行对比,适用于检查计划期内国民财产总量的经济指标,如固定资产总额、住宅建设等计划完成情况。其计算公式为

$$计划完成程度相对指标 = \frac{计划期内实际完成累计数}{计划期规定的累计数} \times 100\% \tag{4.4}$$

4.2.2　结构相对指标

结构相对指标又称结构相对数,它是总体中各组成部分的数值占全部数值之比,又称比重或频率,通常用百分数表示。其计算公式为

$$结构相对指标 = \frac{总体某一部分数值}{总体全部数值} \times 100\% \tag{4.5}$$

例如,我国第六次人口普查大陆人口 1 339 724 852 人,男性 686 852 572 人,占 51.27%;女性 652 872 280 人,占 48.73%。

利用结构相对指标可以反映总体内部的构成情况,从而揭示现象的性质和特征。

结构相对指标可以反映总体的质量和利用程度,如产品合格率、废品率等可以表明生产部门的工作质量。

4.2.3 比例相对指标

比例相对指标又称比例相对数,是同一总体中各组成部分之间数量对比指标。它可以反映总体各组成部分之间数量联系程度和比例关系,通常用百分比或几比几的形式来表现。其计算公式为

$$比例相对指标 = \frac{总体某一部分数值}{总体中另一部分数值} \tag{4.6}$$

例如,我国第六次人口普查,大陆男性人口 686 852 572 人,女性人口 652 872 280 人,男女性别比为 105.20 比 100。

当把总体分成许多部分时,比例相对指标可采用连比形式。例如,按产值计算的农、轻、重比例,生产成本中的料、工、费比例等。为了清晰地反映各组之间的数量关系,连比的组数不宜太多。

4.2.4 比较相对指标

比较相对指标又称比较相对数或类比相对数,它是同一时间不同空间(国家、地区、部门、单位、个人等)同类指标对比而得出的相对数,用以表明两个同类事物在不同条件下的数量对比关系和差异程度,通常用百分数和倍数表示。其计算公式为

$$比较相对指标 = \frac{某地区(或单位)某现象的指标值}{另一地区(或单位)同类现象的指标值} \times 100\% \tag{4.7}$$

例如,2018 年中国的国内生产总值为 90.03 万亿人民币(折算美元约 13.2 万亿美元),美国国内生产总值为 20.5 万亿美元,则美国是中国的 1.55 倍。

对比的两个同类指标数值,必须具有可比性,即指标含义、口径、计算方法、计量单位、所属时间等要一致。

4.2.5 动态相对指标

动态相对指标又称动态相对数,是在同一空间内某种社会经济现象在不同时间上的两个数值之比,用以说明同一现象在不同时间上发展变化的相对程度,一般用百分数或倍数表示。通常将作为对比基础的时期叫作基期,所研究的时期叫作报告期。其计算公式为

$$动态相对指标 = \frac{报告期水平}{基期水平} \times 100\% \tag{4.8}$$

例如,我国大陆第六次人口普查与第五次人口普查总人数之比(动态相对指标)为 105.84% $\left(\frac{1\ 339\ 724\ 852}{1\ 265\ 825\ 048} \times 100\% \right)$。

动态相对指标在统计中应用相当广泛,可以研究现象在不同时期上的发展变化,以便于人们认识现象的发展变化趋势及其规律性。关于动态相对指标,我们在时间数列指标一章中

将详细阐述。

4.2.6 强度相对指标

强度相对指标是指两个性质不同,但有一定联系的两个指标(相比较的分子分母在时期上和范围上相一致)对比得到的相对指标。它反映现象的强度、密度和普及程度。其计算公式为

$$强度相对指标 = \frac{某一现象的总量指标}{另一有联系的总量指标} \tag{4.9}$$

例如,对外贸易系数(进口总额/GDP)表示国家进口依存度,政府公共教育经费占 GNP 的比重(政府公共教育支出/GNP),表示政府对教育的支持力度,等等。

强度相对指标的计量单位大多采用有名数,即由相对指标的分子项与分母项的计量单位形成的双重单位来表示,如人口密度用"人/km²"表示,人均粮食产量用"kg/人"表示等。

少数强度相对指标相比较的分子分母不是总量指标,如基尼系数表示社会财富分配的不公平程度,能源消费弹性系数表示能源有效利用程度。

有些强度相对指标的分子和分母可以互换位置,这就形成了正指标和逆指标。

4.3 常用的国民经济相对指标

4.3.1 基尼系数

基尼系数是在对居民按照收入水平高低进行排队和等分的基础上,绘制洛伦兹曲线图,然后根据图中的有关部分面积进行计算的一个反映社会财富分配情况的指标,如图 4.1 所示。

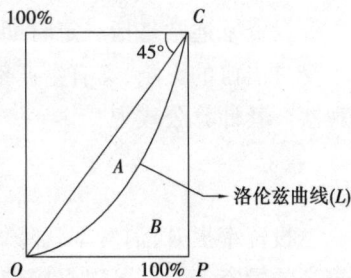

图4.1 洛伦兹曲线

横轴是积累的人口百分比,纵轴是积累的收入百分比。对角线是 45°线,称为绝对平等线。下横轴和右纵轴称为绝对不平等线。曲线是洛伦兹曲线,是人口累计百分比与收入累计百分比的有序实数对所组成的集合,表示收入分配曲线。这条曲线越趋近于 45°线,收入分配就越公平,如果这条曲线与 45°线重合,表示收入按人口绝对平均分配。这条曲线越远离与 45°线,收入分配就越不公平,如果这条曲线靠近下横轴和右纵轴,表示大部分的人获得少部分的收入,少部分的人获得大部分的收入。用图中 A 区的面积比上 $(A + B)$ 区的面积表示收入分配不平等程度,这个比值称为基尼系数(G)。

$$G = \frac{A}{A + B} \tag{4.10}$$

式中,A 表示实际收入分配曲线与绝对平等线之间的面积;B 表示实际收入分配曲线与绝对不平等线之间的面积。

基尼系数大于 0 小于 1。基尼系数越大,表示收入分配越不平等;基尼系数越小,表示收入分配越平等。通常把 0.4 作为收入分配差距的"警戒线",根据黄金分割律,其准确值应为

0.382。一般发达国家的基尼系数在 0.24 ~ 0.36,美国偏高,为 0.4。

4.3.2 消费率

消费率是指一个国家或地区在一定时期内(通常为 1 年)用于居民个人消费和社会消费的总额占当年国民支出总额或国民收入使用额的比率。它反映了一个国家生产的产品用于最终消费的比重,是衡量国民经济中消费比重的重要指标。一般按现行价格计算。其计算公式为

$$消费率 = \frac{消费额}{国内生产总值} \times 100\% \tag{4.11}$$

式中,消费额包括居民消费和政府消费。

4.3.3 恩格尔系数

恩格尔系数反映家庭收入中(或总支出中)用来购买食物的支出所占的比例。随着家庭收入的增加,家庭收入中(或总支出中)用来购买食物的支出比例则会下降。

$$恩格尔系数 = \frac{食品支出总额}{家庭或个人消费支出总额} \times 100\% \tag{4.12}$$

国际上常常用恩格尔系数来衡量一个国家和地区人民生活水平的状况。根据联合国粮农组织提出的标准,恩格尔系数在 59% 以上为贫困,50% ~ 59% 为温饱,40% ~ 50% 为小康,30% ~ 40% 为富裕,低于 30% 为最富裕。

4.3.4 投资率

投资率通常是指一定时期(年度)内总投资占国内生产总值的比率。但国内生产总值由于受进出口的影响,又有生产额和使用额的区分,因此,投资率也可以从两个不同的角度进行观察。其计算公式为

$$投资率 = \frac{资本形成总额}{国内生产总值} \times 100\% \tag{4.13}$$

投资率提升,消费率就降低。一般来说,投资是扩大再生产、提高生产能力的重要手段,较高的投资率不仅可以直接带动生产的增长,还会带动居民消费的增长。当经济发展到一定水平后,投资率会逐步趋缓,消费率逐步提升。

4.3.5 对外贸易系数

对外贸易系数是指一国进出口总额与其国内生产总值或国民生产总值之比,反映一国对国际市场的依赖程度,也反映一国对外开放程度,进口总额占 GNP 或 GDP 的比重称为进口依存度,出口总额占 GNP 或 GDP 的比重称为出口依存度。

4.3.6 财政收入占 GDP 的比重

该指标是反映财政收入规模的一个重要指标。一般来说,一个国家财政收入占 GDP 比重的高低,最根本取决于经济发展水平和政府职能范围的大小,经济发展水平越高、政府职能越大的国家,财政收入占 GDP 比重越高。

$$财政收入占 GDP 的比重 = \frac{财政收入}{GDP} \times 100\% \qquad (4.14)$$

4.3.7 教育投入占 GNP 的比重

教育是社会发展的基础性事业,是非营利性生产部门,主要由政府投资。测度政府对教育的支持力度用指标——政府公共教育经费占 GNP 的比重。

$$政府公共教育经费占 GNP 的比重 = \frac{政府公共教育支出}{GNP} \times 100\% \qquad (4.15)$$

4.3.8 科技投入占 GDP 的比重

科技投入占 GDP 的比重用"研究与发展的经费"的投入力度来反映。

$$研究与发展的经费支出占 GDP 的比重 = \frac{研究与发展的经费支出}{GDP} \times 100\% \qquad (4.16)$$

4.3.9 单位 GDP 能耗

单位 GDP 能耗是指用每产生万元 GDP(国内生产总值)所消耗掉的能源,说明一个国家经济活动中对能源的利用程度。

$$单位 GDP 能耗 = \frac{能源消耗总量}{GDP} \qquad (4.17)$$

能源消费总量采用等价热值原则,换算成标准煤或标准油计算。

4.3.10 能源消费弹性系数

能源消费弹性系数反映能源消费增长速度与国民经济增长速度之间的比例关系。

$$能源消费弹性系数 = \frac{GDP 增长率}{能源消费增长率} \qquad (4.18)$$

从世界各国的比较来看,我国国民经济的能源使用效率还处于较低的水平。

4.3.11 相对指标的计算要求

①正确地选择对比的基期。基期指标作为对比的分母项,选择的合理与否,直接影响相对指标能否真实地反映现象之间的联系。

②保持对比指标的可比性,对于计算相对指标至关重要。指标的可比性主要涉及经济内容、统计范围、计算方法、计算时间、计量单位等。例如,分析两个同类企业劳动生产率高低,一定注意要么都计算全员劳动生产率,要么都只计算生产工人劳动生产率。

③相对指标和总量指标结合运用,不能只凭相对数的大小来判断事物,要克服认识上的片面性,要全面地认识客观事物。

④多种相对指标结合运用,每种相对指标只能说明现象的某一方面,把各种相对指标结合起来运用,从而全面正确地认识事物。

思考题

1. 什么是相对指标?

2. 比较动态相对指标与计划完成相对指标的异同点。

3. 比较结构相对指标与比例相对指标的异同点。

4. 比较强度相对指标与比较相对指标的异同点。

5. 为什么相对指标与总量指标要结合运用?

6. 人口出生率、人口死亡率、人口自然增长率、按全国人口计算的人均国内生产总值、人均钢产量、人均消费粮食、人均占有钢材、森林覆盖率等指标哪些属于强度相对指标?

7. 查找有关统计资料,对比美国、日本、英国、加拿大、中国的居民消费在 2018 年的恩格尔系数。

8. 设图 4.1 中的横轴为 x,纵轴为 $f(x)$,根据式(4.10) 和图 4.1 证明基尼系数 $G = 1 - 2\int_0^1 f(x)\,\mathrm{d}x$。

第5章 平均指标

平均指标是总体各单位数量标志值的一般水平的代表值,说明同质总体内某一标志值在一定时间、地点等条件下所达到的一般水平,反映总体变量值的集中趋势,又称集中趋势指标。客观现象中很多变量的分布都表现为接近平均数,以平均数为中心紧密地分布在它的两侧,呈现出向心力作用下的集中趋势。平均指标将总体单位标志值的差异抽象化,说明总体的一般水平,反映总体变量分布的数量特征。平均指标只能在同质总体中计算,构成总体的各个单位必须具有某一共同的标志表现。

平均指标既是总体的代表值,又是总体分布的特征值,在统计工作和统计研究中的重要作用和重要地位主要表现在:

①平均指标可以作为评价事物的标准或依据。例如,以某人所在公司或所在地区的平均收入作为标准来评价某人收入的高、低。

②平均指标可以用来分析现象之间的依存关系。例如,根据商品流通额对各商业企业进行分组,对比分析各组的商品流通费用率就可看出商业企业规模的大小和商品流通费用率之间的依存关系。

③平均指标具有比较分析作用,用来比较不同规模的总体水平。例如,两个地区由于播种面积的差异使粮食总产量难以比较两地区生产水平,但对比亩产量则可评价生产水平。

④平均指标是统计推断的基础。例如,用样本平均数推断总体平均数,或者以总体平均数来推算总体标志总量。

平均指标从计算方法来看,可以分为数值平均数和位置平均数。数值平均数是依据分配数列中的各单位的标志值计算的平均数,常用的数值平均数有算术平均数、调和平均数、几何平均数。位置平均数是根据分布数列中某些标志值所处的位置来确定的平均数,常用的位置平均数有中位数和众数。

5.1 算术平均数

算术平均数是变量数列中所有标志值的总和(总体标志总量)除以全部单位数(总体单位总量)所得之商。其计算公式为

$$算术平均数 = \frac{总体标志总量}{总量单位总量} \tag{5.1}$$

在公式中,分子和分母在内容上有着从属关系,即分子数值是各分母单位特征值的总和,两者在总体范围上是一致的,这也是平均数和强度相对数的区别所在。

5.1.1 简单算术平均数

简单算术平均数就是未经分组的总体各单位的标志值之和除以总体单位数所得到的平均数。其计算公式为

$$\bar{x} = \frac{x_1 + x_2 + \cdots + x_n}{n} = \frac{\sum_{i=1}^{n} x_i}{n} \tag{5.2}$$

式中,$\bar{x}$ 代表算术平均数,x_i 代表第 i 个标志值,$\sum$ 代表求和,n 代表总体单位数。在计算加权平均数时,n 代表分组的组数,下同。

【例 5.1】 某生产车间 8 名工人,在一个星期内分别加工零件 68 个、70 个、80 个、75 个、86 个、82 个、84 个、78 个,该车间平均每人在一个星期内加工多少个零件?

用 Excel 计算平均数,先将数据输入 Excel 工作表(图 5.1),用鼠标选中 B3—B11,查找工具栏的自动求和下拉图标,单击,出现下拉菜单,单击"平均数值(A)",则 B11 的数据是所计算的平均数,即

$$\bar{x} = \frac{\sum\limits_{i=1}^{8} x_i}{8} = 77.875$$

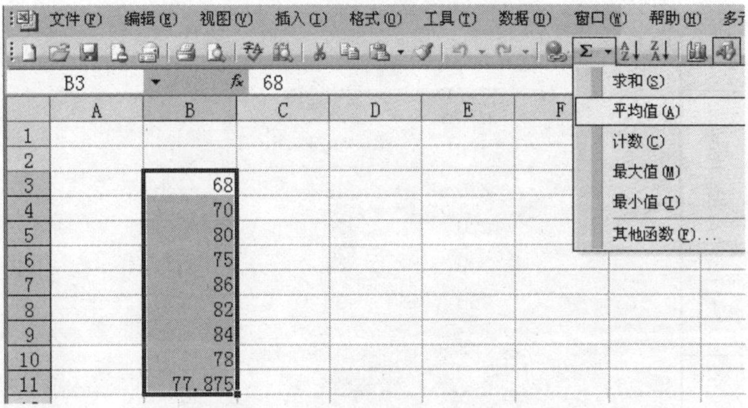

图 5.1 简单算术平均数的计算

5.1.2 加权算术平均数

将总体按数量标志分组编制变量分配数列,组中值(或组平均值)作为该组的标志值,各组标志值出现的次数称为权数。将第 i 组的标志值(x_i)乘以第 i 组的权数(f_i)求得第 i 组的标志总量($x_i \cdot f_i$),并加总得到总体标志总量$\left(\sum\limits_{i=1}^{n} x_i \cdot f_i\right)$,将各组的权数加总得到总体单位总数$\left(\sum\limits_{i=1}^{n} f_i\right)$,用总体标志总量除以总体单位总数所得到的算术平均数称为加权算术平均数。把变量值乘以次数的过程叫作加权,以加权的方法求得的平均数是加权算术平均数。其计算公式为

$$\bar{x} = \frac{\sum\limits_{i=1}^{n} x_i \cdot f_i}{\sum\limits_{i=1}^{n} f_i} \tag{5.3}$$

(1)单项式数列的加权算术平均数

单项式数列的加权算术平均数的计算方法是,用标志值乘以相应的各组单位数,求出各组标志总量,再除以总体单位总数。

【例 5.2】 某纺织厂织布车间工人人数和日产量见表 5.1,计算该纺织厂织布车间工人的平均日产量。

表 5.1　某纺织厂织布车间工人人数和日产量

日产量 x/m	200	220	240	260	300
工人数 f/人	12	10	35	30	15

用 Excel 计算平均数。

第一步，输入数据(图 5.2)。

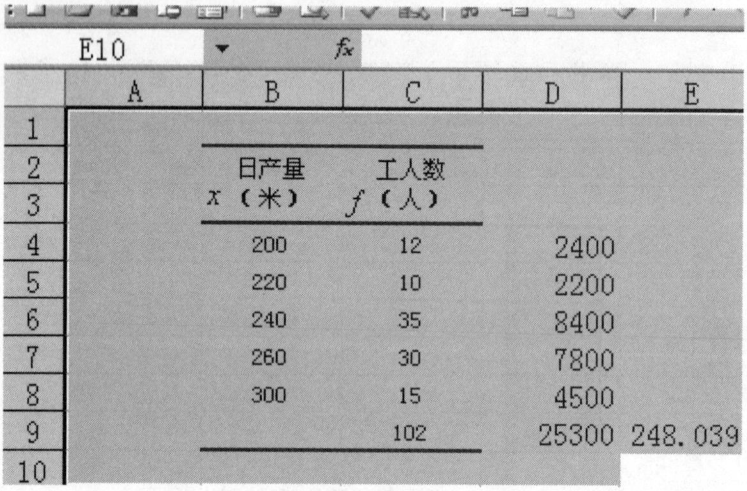

	A	B	C	D	E
1					
2		日产量	工人数		
3		x（米）	f（人）		
4		200	12	2400	
5		220	10	2200	
6		240	35	8400	
7		260	30	7800	
8		300	15	4500	
9			102	25300	248.039
10					

图 5.2　加权算术平均数的计算

第二步，单击 D4，键入“=”，单击 B4，键入“*”，单击 C4，按 Enter 键，得 2400。

第三步，单击 2400，按鼠标右键，选复制，用鼠标选中 D5 ~ D8，按鼠标右键，选粘贴。

第四步，用鼠标选中 C4 ~ D9，单击自动求和。

第五步，单击 E9，键入“=”，单击 D9，键入“/”，单击 C9，得加权算术平均数。

即

$$\bar{x} = \frac{\sum_{i=1}^{n} x_i \cdot f_i}{\sum_{i=1}^{n} f_i} = 248.039$$

(2)组距数列的加权算术平均数

根据组距数列计算加权算术平均数，先算出组距数列各组的组中值，以各组的组中值代表该组的标志值，然后再来计算加权算术平均数。

利用组中值作为各组标志值计算出来的算术平均数是近似值，因为用组中值作为代表值是假定各单位的标志值在组内是完全均匀分配的，但实际上是不可能的。

根据组距数列计算算术平均数时，有时往往会遇到开口值，这时我们一般就假定它们同邻组组限相仿来计算组中值。

5.1.3　算术平均数的数学性质

①各标志值与算术平均数的离差之和等于零。

$$\sum_{i=1}^{n} (x_i - \bar{x}) = 0 \tag{5.4}$$

②各标志值与算术平均数的离差平方之和为最小值。

$$\sum_{i=1}^{n} (x_i - \bar{x})^2 = 最小值 \tag{5.5}$$

或

$$\sum_{i=1}^{n} (x_i - \bar{x})^2 \cdot f_i = 最小值 \tag{5.6}$$

③各标志值加或减任意数 a，则平均数也相应增加或减少 a。

$$\frac{\sum_{i=1}^{n} (x_i \pm a)}{n} = \bar{x} \pm a \tag{5.7}$$

或

$$\frac{\sum_{i=1}^{n} (x_i \pm a) f_i}{\sum f_i} = \bar{x} \pm a \tag{5.8}$$

④各标志值都乘以或除以一个不等于零的任意数值 a，则平均数也乘以或除以这个数 a。

$$\frac{\sum_{i=1}^{n} a x_i}{n} = a\bar{x} \tag{5.9}$$

$$\frac{\sum_{i=1}^{n} \left(\dfrac{x_i}{a}\right)}{n} = \frac{\bar{x}}{a} \tag{5.10}$$

或

$$\frac{\sum_{i=1}^{n} (a \cdot x_i) \cdot f_i}{\sum_{i=1}^{n} f_i} = a\bar{x} \tag{5.11}$$

$$\frac{\sum_{i=1}^{n} \left(\dfrac{x_i}{a}\right) f_i}{\sum_{i=1}^{n} f_i} = \frac{\bar{x}}{a} \tag{5.12}$$

5.1.4 算术平均数的特点

①算术平均数易受极端变量值的影响，使 $\bar{x}$ 的代表性变小，而且受极大值的影响大于受极小值的影响。

②当组距数列为开口组时，由于组中值不易确定，使 $\bar{x}$ 的代表性也不很可靠。

③算术平均数只适合于正态分布，当分配数列呈 U 形分布或 J 形分布时，则计算算术平均数就缺乏代表性了。

5.2 调和平均数

调和平均数是各个标志值倒数的算术平均数的倒数，用 x_H 表示。

5.2.1 简单调和平均数

如果掌握的资料是未分组的总体各单位的标志值和标志总量,则用简单调和平均法计算平均指标。其计算公式为

$$x_H = \cfrac{1}{\cfrac{\dfrac{1}{x_1} + \dfrac{1}{x_2} + \dfrac{1}{x_3} + \cdots + \dfrac{1}{x_n}}{n}} = \cfrac{n}{\displaystyle\sum_{i=1}^{n} \dfrac{1}{x_i}} \tag{5.13}$$

同一商品的平均价格、同一产品的平均单位成本、平均劳动生产率、其他平均比率等不能直接相加,当求其平均数时只能求其调和平均数。例如,分别用 1 万元三次购买某种商品,其价格分别为 30 元、40 元、50 元,购买这种商品的平均价格是

$$x_H = \cfrac{3}{\dfrac{1}{30} + \dfrac{1}{40} + \dfrac{1}{50}} = 38.30$$

5.2.2 加权调和平均数

在许多情况下,各变量值对于平均数的作用是不同的,这时就需要计算加权调和平均数。其计算公式为

$$x_H = \cfrac{1}{\cfrac{\dfrac{f_1}{x_1} + \dfrac{f_2}{x_2} + \dfrac{f_3}{x_3} + \cdots + \dfrac{f_n}{x_n}}{f_1 + f_2 + \cdots + f_n}} = \cfrac{\displaystyle\sum_{i=1}^{n} f_i}{\displaystyle\sum_{i=1}^{n} \dfrac{f_i}{x_i}} \tag{5.14}$$

分布数列中没有直接给出被平均的标志值的次数资料,只给出被平均标志值所对应的各组标志值总量或所有标志值总值,这时只能计算调和平均数。例如,根据表 5.2 的资料求平均劳动生产率,以劳动生产率分组的组中值为标志值,各组的产量为权数,代入式(5.14)得平均劳动生产率为 6.2 件/人。

表 5.2 某厂生产同种产品按工人劳动生产率分组

劳动生产率/(件·人$^{-1}$)	5~6	6~7	7~8	8~9	9~10
各组产量/件	8 250	5 200	1 500	1 785	950

5.2.3 调和平均数的特点

①调和平均数易受极端值的影响,而且受极小值的影响比受极大值的影响更大。

②只要有一个变量值为零,就不能计算调和平均数。

③调和平均数是根据总体(或样本)的变量值计算的结果,在统计调查资料缺损的情况下,仍然无法计算。

5.3 几何平均数

几何平均数是 n 个变量值乘积的 n 次方根,是计算平均比率和平均速度时比较适用的一种方法,用 x_G 表示。

5.3.1 简单几何平均

如果掌握的是未分组资料,计算几何平均数应采用简单几何平均法,其计算公式为

$$x_G = \sqrt[n]{x_1 \cdot x_2 \cdot x_3 \cdots \cdot x_n} = \sqrt[n]{\prod x_i} \qquad (5.15)$$

动态分布数列中各期变量值环比得到比率,如发展速度、生产流水线各道工序的产品合格率、按福利计息的各年本利率等,对这样的比率求平均比率只能求几何平均数。

【例5.3】 某车间生产某产品,要经过三道工序,各工序合格率见表5.3,求平均每道工序的合格率。

表5.3 某车间某产品合格率

工 序	产品合格率/%
第一道工序	95.0
第二道工序	95.8
第三道工序	93.0

用 Excel 计算几何平均数,步骤如下:

第一步,将数据输入 Excel 工作表(图5.3)。

第二步,单击一个空白单元格存放结果数据,如 C4。

第三步,单击函数 f_x 图标,在下拉菜单的类别栏选择"统计"(图5.4),鼠标拖动滚动条选择函数"GEOMEAN",单击"确定"。

图5.3 Excel 工作表

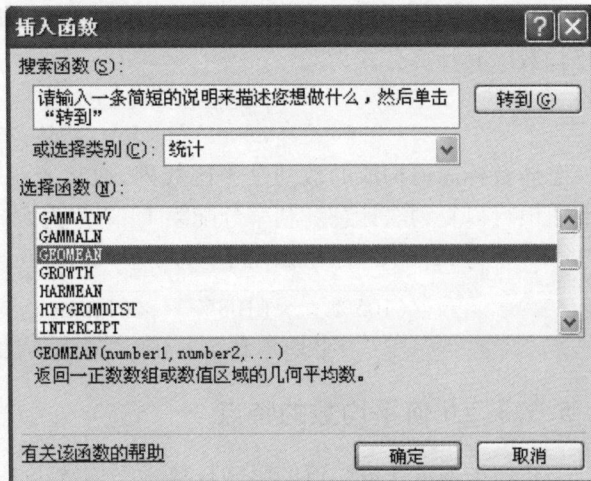

图5.4 插入函数

第四步,单击"Number1"数据框,在 Excel 工作表选中要计算的数据区域,如 B3:B5,单击"确定",在 C4 单元格存放结果"94.59264172"(图 5.5)。

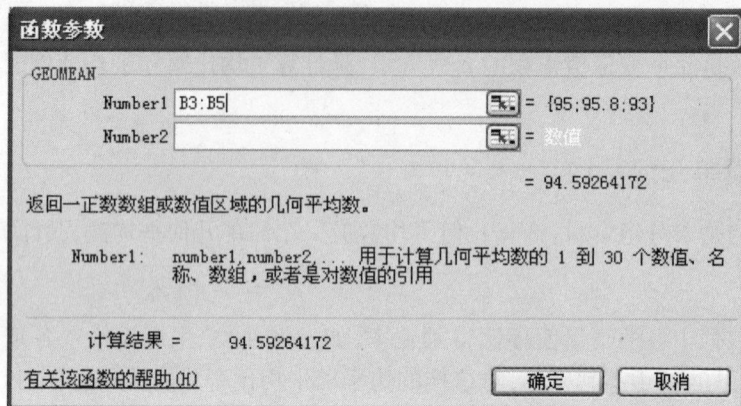

图 5.5 函数参数

用同样的方法还可以计算其他类型的平均数,各类平均数计算所用的函数见表 5.4。

表 5.4 常用计算平均指标的函数

平均数类型	调用 Excel 函数	参数说明
算术平均数	AVERAGE	number1,number2,…是用于计算平均值的 1 到 30 个参数,也可以不使用这种用逗号分隔参数的形式,而用单个数组或数组引用的形式
调和平均数	HARMEAN	
几何平均数	GEOMEAN	
中位数	MEDIAN	
众 数	MODE	

5.3.2 加权几何平均数

与算术平均数一样,当计算几何平均数的每个变量值(比率)的次数不相同时,则应用加权平均数。其计算公式为

$$x_{\mathrm{G}} = \sqrt[\sum_{i=1}^{n} f_i]{x_1^{f_1} \cdot x_2^{f_2} \cdot x_3^{f_3} \cdot \cdots \cdot x_n^{f_n}} = \sqrt[\sum_{i=1}^{n} f_i]{\prod x_i^{f_i}} \tag{5.16}$$

总体各标志值构成的数列是等比数列,通常要使用几何平均数公式计算平均数。例如,某商业银行以复利法计息。利率分配第 1~2 年为 5%、第 3~5 年为 8%、第 6~8 年为 10%、第 9~10 年为 12%,则平均年本利率为

$$\sqrt[10]{(105\%)^2 \times (108\%)^3 \times (110\%)^3 \times (112\%)^2} = 108.773\%$$

$$平均年利率 = 108.773\% - 100\% = 8.773\%$$

5.3.3 几何平均数的特点

①几何平均数受极端值的影响较算术平均数小。

②几何平均数的变量值中不能有零,否则就不能计算;变量值中如有负数,计算出的几何平均数就会成为负数或虚数,其结果失去意义。

③几何平均数仅适用于具有等比或近似等比关系的数据。

5.3.4 算术平均数、几何平均数和调和平均数之间的关系

各种平均数的计算要符合客观现象本身的数量特征。一般情况下,数量变化大致呈算术级数的变化,宜用算术平均方法;数量变化大致呈调和级数变化,宜用调和平均方法;数量变化大致呈几何级数变化,宜用几何平均方法。单纯从数量关系上考察同一资料计算算术平均数、几何平均数和调和平均数可用不等式表示为

$$\bar{x} \geqslant x_G \geqslant x_H \quad (证明见附录一) \tag{5.17}$$

当所有变量值都相等时,三种平均数相等。实际生活中,对同一组数据资料同时计算三种平均数是没有意义的,我们必须对所掌握的资料进行分析,选择最能反映其平均特点的平均指标来计算。

5.4 众 数

众数是总体中出现次数最多或最普遍的标志值。分布数列中最常出现的标志值说明该标志值最突出,最能反映标志值群体特征,最具有变量数列的代表性。众数反映变量分布的集中趋势,只有集中趋势显著时,才能用众数作为总体的代表值。如果总体单位数很少,尽管次数分配较集中,那么计算出来的众数意义也不大;如果总体单位数较多,但次数分配不集中,即各单位的标志值在总体中出现的比重较均匀,那么也无所谓众数。众数一般以 M_o 表示。

5.4.1 单项数列的众数确定

确定单项数列的众数,方法比较简单,直接通过观察找到数列中次数最多的那个组,然后找到该组的标志值即为众数,这种方法称为观察法。例如,观察某商场衣服销售情况,见表 5.5。

表 5.5 某商场衣服销售情况

服装号码/cm	90	95	100	105	110	115
销售量/件	12	16	96	60	24	12

通过观察,可以发现次数列中最大的为 96 件,该组的标志值为 100 cm,则衣服尺码的众数 $M_o = 100$ cm。

如果在较多个组中,有两个或两个以上的变量值出现次数居多,应把这些变量都视为众数。若要将多众数转换成一个众数值,方法一是取次数最多的众数为最终众数,方法二是用加权平均法确定唯一众数。

5.4.2 组距式数列众数的确定

由于组距数列的每组是一个数据段,而众数只是一个数据点。要找到众数,首先要找到众数所在的组(众数组),在众数组里面找众数。确定众数组的方法用观察法,以次数最多的

组为众数组。确定众数的方法之一,以众数组的组中值作为众数;确定众数的方法之二,用众数组的次数与相邻两组次数之差的比例来推算。方法一较简单,方法二的计算公式为

下限公式　$M_o = x_L + \dfrac{\Delta f_1}{\Delta f_1 + \Delta f_2} \times d$　(证明见附录二)　　　　　(5.18)

上限公式　$M_o = x_U - \dfrac{\Delta f_2}{\Delta f_1 + \Delta f_2} \times d$　　　　　　　　　　　　(5.19)

以上两式中,x_L 和 x_U 分别表示众数组的下限和上限;

$\Delta f_1 =$ 众数组的次数(f_m) - 众数组前一组的次数(f_{m-1});

$\Delta f_2 =$ 众数组的次数(f_m) - 众数组后一组的次数(f_{m+1});

d 表示众数组的组距。

以上两个公式都是假定众数组的标志值为均匀分配,将该组按次数比例分割:

$$\frac{\Delta f_1}{\Delta f_1 + \Delta f_2}, \frac{\Delta f_2}{\Delta f_1 + \Delta f_2}$$

再将这两个比例分别乘以组距 d,则得到众数到众数组下限的距离和众数到众数组上限的距离,如图 5.6 所示。

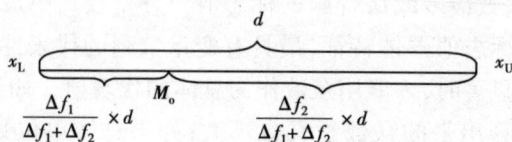

图 5.6　一种众数计算的方法图示

【例 5.4】　调查某企业 100 名职工的月工资资料,见表 5.6,试计算职工月工资的众数。

表 5.6　职工工资分组

月工资/元	4 000 以下	4 000 ~ 5 000	5 000 ~ 6 000	6 000 ~ 7 000	7 000 ~ 8 000	合　计
人数/人	10	20	40	25	5	100

首先确定众数组:次数为 40(人)的组次数最多,则 40(人)对应的组 5 000 ~ 6 000 就是众数组。

按下限公式①计算:

$$M_o = x_L + \frac{\Delta f_1}{\Delta f_1 + \Delta f_2} \times d = 5\,000 + \frac{40 - 20}{(40 - 20) + (40 - 25)} \times 1\,000 = 5\,571.43$$

5.4.3　众数的特点

①众数是一种位置平均数,它是以组内单位均匀分布为研究前提条件的,它不受数列中各个标志值大小的影响。

②当分配数列没有明显的集中趋势而趋向均匀分布时则无众数。

③如果众数组相比邻的上下两组的次数相等,则众数组的组中值就是众数值;如果众数组相比邻的上一组的次数多于相比邻的下一组的次数,则众数小于众数组的组中值;如果众

---

① 利用上限公式和下限公式计算的结果一样。利用组距数列计算众数,各组的组距必须相等。

数组相比邻的上一组的次数少于相比邻的下一组的次数,则众数大于众数组的组中值(证明见附录三)。

④缺乏敏感性。

5.5 中位数

将研究总体中各单位的标志值以其大小顺序排列,位于中间位置的标志值就是中位数,用 M_e 表示。用中位数来表示现象的一般水平具有代表性。

5.5.1 未分组数列中位数的确定

先把各单位的标志值按由大到小(或由小到大)的顺序排列;然后确定中位数位置。中位数位置为 $\frac{n+1}{2}$。

如果所研究总体的单位数是奇数,则属于中间位置的标志值就是中位数。例如,某生产小组 5 个工人生产的某种产品数量依次排序为 18 件、20 件、20 件、22 件、23 件,则中位数是第三个位置上的数,即 $M_e=20$ 件。

如果总体单位数是偶数,则属于中间位置的两项数值的算术平均数是中位数。例如,某生产小组 6 个工人生产的某种产品数量依次排序为 18 件、20 件、20 件、22 件、23 件、25 件,则中位数位置 $=\frac{6+1}{2}=3.5$。这个位置介于第三、第四个位置之间,所以应把第三、第四个位置上的数求简单算术平均数,即 $M_e=\frac{20\ 件+22\ 件}{2}=21$ 件。

5.5.2 单项数列中位数的确定

计算中位数位置 $\frac{1}{2}\sum_{i=1}^{n}f_i$,根据中位数位置找到中位数所在组,该组的标志值即为中位数。例如,某住宅小区家庭人口数见表5.7。

表 5.7 某小区家庭人口数

家庭人口/人	1	2	3	4	5	合 计
家庭数/户	10	50	200	80	20	360

$$中位数位置\ M_e=\frac{\sum_{i=1}^{n}f_i}{2}=\frac{360}{2}=180$$

即中位数应在 180 户的位置上,它所对应的标志值就是中位数。通过向上或向下累计次数可知,中位数均在第三组,该组的标志值 3 为中位数,即 $M_e=3$。

5.5.3 组距数列中位数的确定

组距数列中位数的公式如下(公式证明见附录四):

下限计算公式：
$$M_e = x_L + \frac{\frac{1}{2}\sum_{i=1}^{n} f_i - S_{m-1}}{f_m} \times d \qquad (5.20)$$

上限计算公式：
$$M_e = x_U + \frac{\frac{1}{2}\sum_{i=1}^{n} f_i - S_{m+1}}{f_m} \times d \qquad (5.21)$$

式中，S_{m-1} 表示中位数所在组下限以上累计次数；S_{m+1} 表示中位数所在组上限以下累计次数；f_m 表示中位数所在组的次数；d 表示组距。

以上两个公式都假定中位数组的标志值是均匀分配的，将该组按次数比例分割：

$$\frac{\frac{1}{2}\sum_{i=1}^{n} f_i - S_{m-1}}{f_m}, \frac{\frac{1}{2}\sum_{i=1}^{n} f_i - S_{m+1}}{f_m}$$

再将这两个比例分别乘以组距 d，表示距中位数所在组的下限和上限的距离，如图 5.7 所示。

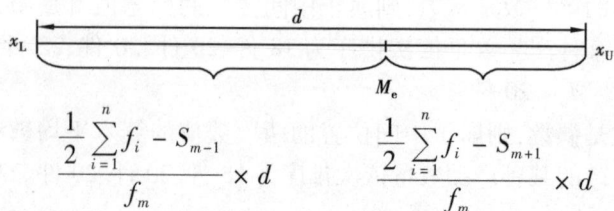

图 5.7　组距数列中位数的计算方法图示

【例 5.5】　某地农村家庭人均收入情况见表 5.8，计算中位数。

表 5.8　某地农村家庭人均收入情况

年收入水平/元	居民户数/户	向上累计	向下累计
10 000 以下	10	10	660
10 000～15 000	20	30	650
15 000～20 000	40	70	630
20 000～25 000	100	170	590
25 000～30 000	200	370	490
30 000～35 000	160	530	290
35 000～40 000	80	610	130
40 000 以上	50	660	50
合　计	660	—	—

第一步，确定中位数位置。

中位数位置 $= \frac{1}{2}\sum_{i=1}^{n} f_i = \frac{660}{2} = 330$。

第二步，确定中位数组。根据向上累计或向下累计确定中位数组：25 000～30 000。

第三步,利用式(5.20)或式(5.21)①求出中位数的近似值。

$$M_e = x_L + \frac{\frac{1}{2}\sum_{i=1}^{n}f_i - S_{m-1}}{f_m} \times d = 25\,000 + \frac{\frac{660}{2} - 170}{200} \times 5\,000 = 29\,000$$

5.5.4 中位数的特点

①中位数是一种位置平均数,它不受极大值和极小值的影响,具有稳定性。
②各单位标志值与中位数离差的绝对值之和为最小值。
③对某些不具有数学特点或不能用数字测定的现象,可用中位数求其一般水平。

5.5.5 算术平均数与众数、中位数之间的关系

算术平均数和中位数、众数的关系取决于资料的次数分布状态。
①当总体分布呈对称状态时,三者合而为一,即$\bar{x} = M_e = M_o$,如图5.8(a)所示。
②当总体分布呈左偏时,则$\bar{x} < M_e < M_o$,如图5.8(b)所示。
③当总体分布呈右偏时,则$M_o < M_e < \bar{x}$,如图5.8(c)所示。

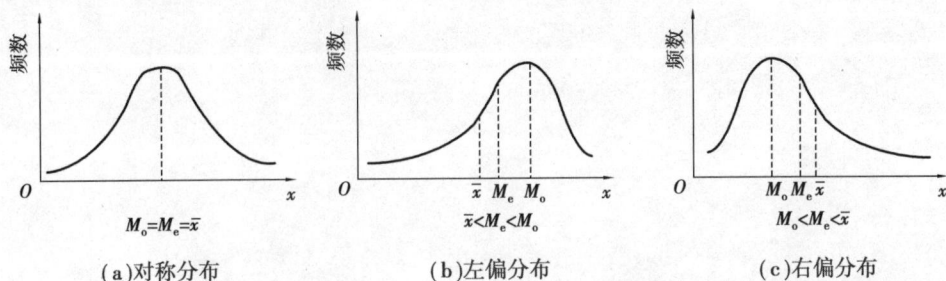

图5.8 算术平均数与众数、中位数之间的关系

钟形分布只存在适度或轻微偏斜的情形下,中位数一般介于众数与算术平均数之间,且中位数与算术平均数的距离是众数与算术平均数距离的$\frac{1}{3}$,即

$$|\bar{x} - M_o| = 3|\bar{x} - M_e| \tag{5.22}$$

如果三者之中两者为已知时,就可以近似地估计出第三者。

$$M_o = 3M_e - 2\bar{x} \tag{5.23}$$

$$M_e = \frac{1}{3}(M_o + 2\bar{x}) \tag{5.24}$$

$$\bar{x} = \frac{1}{2}(3M_e - M_o) \tag{5.25}$$

---

① 上限公式与下限公式计算的结果是一致的。

思考题

1. 为什么说简单算术平均数是加权算术平均数的特例?
2. 证明各组标志值与相应的频率之积之和等于加权算术平均数。
3. 加权算术平均数与简单算术平均数有何异同点。
4. 证明算术平均数的数学性质1、性质2、性质3、性质4。
5. 平均指标与强度指标有什么区别?
6. 分析总量指标、相对指标、平均指标的区别与联系。
7. 分析数值平均数与位置平均数的区别与联系。

第6章　变异指标

我们对现象总体一般水平的认识可以借助于平均指标,但平均指标不能反映同质总体内各单位标志值的差别,统计上用变异指标反映各单位的差异情况。平均指标是集中趋势指标,变异指标是离散趋势指标,从数据的集中趋势与离散趋势两方面来描述数据分布的特征,是人们了解和掌握数据分布性质的基本着眼点。

变异指标又称标志变异指标,是用来说明总体各单位标志值变异程度和离散趋势的指标。它反映分配数列中以平均数为中心各标志值的变动范围或差异程度,是说明总体分布特征的一个重要综合指标。

变异指标的作用:

①变异指标可以测定平均指标的代表性高低程度。总体的变异指标越大,平均指标的代表性越差;反之,变异指标越小,平均指标的代表性越好。

②变异指标可以测定数量现象的均衡性、稳定性、整齐性,为有效地组织生产、提高经济管理工作的质量提供依据。

6.1　变异指标的计算

变异指标主要有全距、平均差、方差和标准差、离散系数等,这些指标的计算方法不同,优缺点各异,应用场合和应用范围也不同。

6.1.1　全距

全距是总体各单位标志中最大标志值(X_{max})与最小标志值(X_{min})之差。若将研究总体中各个单位,按某一数量标志值的大小顺序排列起来,则最大值与最小值分别处于数列的两极,所以全距也称极差。它表明标志值的变动幅度或范围,通常用 R 表示。

$$R = X_{max} - X_{min} \tag{6.1}$$

(1)全距的计算

全距数值越小,反映变量值越集中,变动度越小,平均指标代表性好;全距数值越大,反映变量值越分散,则变动度越大,平均指标代表性差。

1)未分组资料计算全距

先把所有数值按从小到大排序,找到数列中的最大值与最小值,代入式(6.1)计算即可算出。

2)组距数列的全距

用最高组的上限(U_{max})与最低组的下限(L_{min})之差,求全距的近似值。全距的计算公式为

$$R = U_{max} - L_{min} \tag{6.2}$$

【例6.1】　计算表6.1中职工工资的差距。

解:　　　　　　　　　$R = 3\ 000\ 元 - 1\ 000\ 元 = 2\ 000\ 元$

当有开口值时,先求最低组的下限(当向下开口时),或求最高组的上限(当向上开口时),或既求最低组的下限又求最高组的上限(当分组数列两端开口时),再求全距。

表 6.1　按职工工资分组

按月工资分组/元	职工人数/人
1 000 ~ 1 500	5
1 500 ~ 2 000	18
2 000 ~ 2 500	20
2 500 ~ 3 000	5

（2）全距的特点

全距的优点在于计算简便，也易于理解。它是粗略地测定变异度的简单方法。但全距这个指标很粗略，它只考虑数列两端数值差异，而不管中间数值的差异情况，也不受次数分配的影响，因而不能全面反映总体各单位标志的变异程度。

（3）全距的应用

在工业生产过程中，全距经常被用来检查产品质量的稳定性和进行质量控制。在正常生产条件下，产品的质量性能指标（如强度、浓度、长度等）的误差总在一定范围内波动，如果误差超出了一定范围，就说明生产可能出现毛病。利用全距指标可以及时发现生产中存在的问题，采取相应的措施，保证产品的质量。

6.1.2　平均差

平均差是总体各单位标志值与其算术平均数的离差的绝对值的算术平均数，反映各标志值与算术平均数之间的平均差异，通常用 *A. D.* 表示。

平均差越大，表明标志变异程度越大；反之，平均差越小，表明其变动程度越小。

（1）简单平均差

简单平均差适用于未分组资料，其计算公式为

$$A.\ D.\ =\ \frac{\sum\limits_{i=1}^{n}|x_i-\bar{x}|}{n} \tag{6.3}$$

用 Excel 计算某车间 10 个工人生产零件数的平均差，步骤如下：

第一步，将数据输入 Excel 工作表（图 6.1）。

第二步，单击一个空白单元格存放结果数据，如 C6。

第三步，单击函数 f_x 图标，在下拉菜单的类别栏选择"统计"，鼠标拖动滚动条选择函数"AVEDEV"，单击确定。

第四步，单击 Number1 数据框，在 Excel 工作表选中要计算的数据区域，如 B2：B11，单击确定，在 C6 单元格存放结果"3.2"。

（2）加权平均差

加权平均差适用于分组数列资料，其计算公式为

$$A. \, D. \, = \frac{\sum_{i=1}^{n} |x_i - \bar{x}| f_i}{\sum_{i=1}^{n} f_i} \tag{6.4}$$

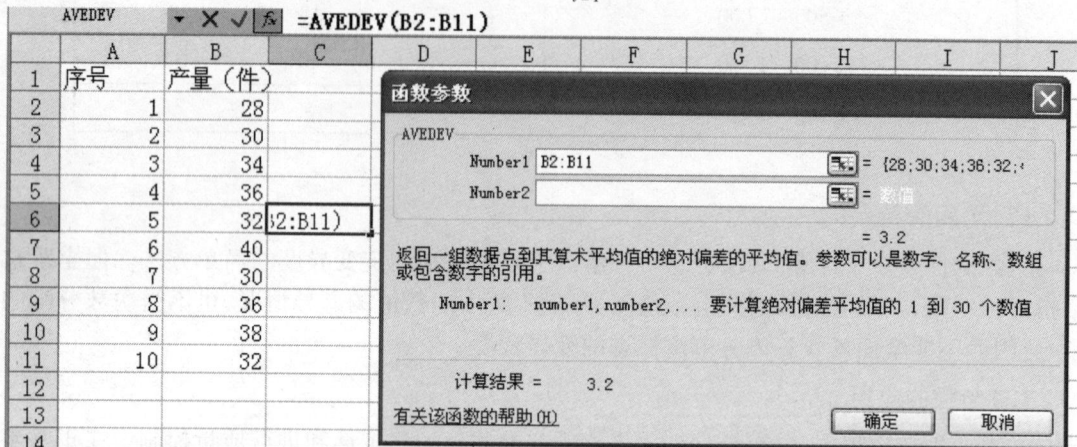

图 6.1　Excel 计算简单平均差

（3）平均差的特点

平均差是根据全部变量值计算出来的，因此对整个变量值的离散趋势有较充分的代表性。由于平均差计算采用取离差绝对值的方法来消除正负离差，因而不适合于代数方法的演算，使其应用受到限制。

平均差计算公式中算术平均数 $\bar{x}$ 在实际中可用中位数 M_e 代替。

6.1.3　方差和标准差

数组中各单位标志值与其算术平均数的离差的平方称为方差（variance），用 σ^2 表示。

方差的平方根称为标准差（standard deviation），也称为均方差，用 σ 表示。标准差反映分布数列中各单位标志值的一般离散水平。

（1）简单标准差

简单标准差适用于未分组资料，其计算公式为

$$\sigma^2 = \frac{\sum_{i=1}^{n} (x_i - \bar{x})^2}{n} \tag{6.5}$$

$$\sigma = \sqrt{\frac{\sum_{i=1}^{n} (x_i - \bar{x})^2}{n}} \tag{6.6}$$

（2）加权标准差

加权标准差适用于分组资料情况，其计算公式为

$$\sigma^2 = \frac{\sum_{i=1}^{n} (x_i - \bar{x})^2 f_i}{\sum_{i=1}^{n} f_i} \tag{6.7}$$

$$\sigma = \sqrt{\frac{\sum_{i=1}^{n} (x_i - \bar{x})^2 f_i}{\sum_{i=1}^{n} f_i}} \tag{6.8}$$

(3)标准差的特点

①便于代数运算;

②离差平方和最小;

③灵敏度高;

④夸大差异程度。

(4)标准差的性质(证明见附录五)

①变量值的方差等于变量值平方的平均数减变量值平均数的平方,即

$$\sigma^2 = \overline{x^2} - \bar{x}^2 \tag{6.9}$$

②离差平方和最小,即变量值对算术平均数的方差小于任意数的方差。

③同性质的 k 列变量数列对应项之和构成新数列。

$$\{x_{1i} + x_{2i} + \cdots + x_{ki}\} \, (i = 1, 2, \cdots, n)$$

其方差等于各变量数列的方差之和,即

$$\sigma^2 = \sigma_1^2 + \sigma_2^2 + \cdots + \sigma_k^2 \tag{6.10}$$

④同性质的 k 列变量数列对应项的算术平均构成新数列

$$\left\{ \frac{x_{1i} + x_{2i} + \cdots + x_{ki}}{k} \right\} \, (i = 1, 2, \cdots, n)$$

其方差等于各变量数列方差之和的 $\frac{1}{k^2}$,即

$$\sigma^2 = \frac{1}{k^2} (\sigma_1^2 + \sigma_2^2 + \cdots + \sigma_k^2) \tag{6.11}$$

(5)Excel 计算标准差、方差

用 Excel 计算标准差仿照平均差的计算方法与步骤,选用的函数见表6.2。

表 6.2 函数的种类

函 数	功 能
STDEV.S 样本标准差	估算样本的标准偏差。标准偏差反映相对于平均值(mean)的离散程度
STDEV.P 总体标准差	返回以参数形式给出的整个样本总体的标准偏差。标准偏差反映相对于平均值的离散程度
VAR.S 样本方差	计算基于给定样本的方差
VAR.P 总体方差	计算基于整个样本总体的方差

【例6.2】 自动打包机打包的袋装食品质量服从正态分布,现随机抽取一个样本测其质量(g)分别为:1 001、1 004、1 003、997、999、1 000、1 004、1 000、996、1 002、998、999。计算其标准差和方差。

解:用 Excel 中的函数计算,步骤如下:

将测得的数据输入 Excel 工作表,将数据区域命名为"Data"。

在任意单元格输入" = AVERAGE(Data)",按回车键,得样本均值"1 000.25";在任意单元格输入" = COUNT(Data)",按回车键,得样本容量"12";在任意单元格输入" = STDEV. S (Data)",按回车键,得样本标准差"2.632 835";在任意单元格输入" = VAR. S(Data)",按回车键,得样本方差"6.931 818"。

6.1.4　离散系数

如果两个总体或数列性质不同,计量单位不同或平均水平不同,就不能采用前述的某一变异指标直接比较其离差的大小,而应分析变异指标的相对指标,即离散系数。

离散系数也称标志变动系数,是变异指标与平均指标之比所得的相对数,反映总体各单位标志值的相对离散程度。最常用的是标准差与算术平均数对比所得的离散系数,称作标准差系数[①],用 V_σ 表示。其计算公式为

$$V_\sigma = \frac{\sigma}{\bar{x}} \times 100\% \tag{6.12}$$

式中,V_σ 代表离散系数。

离散系数越大,总体各单位离散的相对程度越大,平均数的代表性越差;离散系数越小,总体各单位离散的相对程度越小,平均数的代表性越好。

【例6.3】 从某校一年级大学生中随机抽取 100 人,测得他们的身高和体重的平均值分别是 168 cm 和 52 kg,相应的标准差为 9 cm 和 5 kg,问身高和体重的差异哪一个大。

解:由于身高和体重不是同一类性质的测量,不能用标准差进行直接比较,必须用相对数——离散系数。

$$V_{\sigma身高} = \frac{9}{168} \times 100\% = 5.36\%$$

$$V_{\sigma体重} = \frac{5}{52} \times 100\% = 9.62\%$$

由于 5.36% < 9.62%,表明体重的差异比较大。

6.2　是非标志指标

是非标志是指总体中所有单位按某种变异标志划分为具有某种属性和不具有某种属性两类,即"是"与"非"两类。例如,将企业的全部产品划分为合格品与不合格品两类;将学生的成绩分为及格与不及格两类;将全部人口分为男性、女性两组等。是非标志值只取两个值——"是"取"1","非"取"0"。

[①] 与此同样的还有平均差系数、极差系数和以中位数、众数为母项的离散系数。

$$x = \begin{cases} 1, \text{具有某种属性的单位标志值} \\ 0, \text{不具有某种属性的单位标志值} \end{cases}$$

6.2.1 是非标志值的总体单位数和频率

总体单位数为 n，取值为"1"的总体单位数用 n_1 表示，其比重(又称成数)用 p 表示；取值为"0"的单位数用 n_0 表示，其比重用 q 表示，则

$$n = n_0 + n_1 ; p = \frac{n_1}{n} ; q = \frac{n_0}{n} ; p + q = 1$$

6.2.2 是非标志值的平均数、方差的计算

是非标志值的平均数、方差的计算方法见表 6.3。

表 6.3 是非标志值的平均数、方差的计算

是非标志值 x_i	比重 $\frac{n_i}{n}$	$x_i \cdot \frac{n_i}{n}$	$(x_i - \bar{x})^2$	$(x_i - \bar{x})^2 \cdot \frac{n_i}{n}$
1	p	$1 \times p$	$(1 - p)^2$	$(1 - p)^2 \cdot p$
0	q	$0 \times q = 0$	$(0 - p)^2$	$(0 - p)^2 \cdot q$
$\sum$	1	p	—	$q^2 p + p^2 q$

例如，抽检 100 件产品，有 90 件合格品，10 件不合格品，则这批产品的平均数为

$$\bar{x} = \frac{\sum_{i=0}^{1} x_i \cdot n_i}{n} = \frac{0 \times 10 + 1 \times 90}{90 + 10} = 0.90$$

$$\bar{x} = 1 \times p + 0 \times q = p \qquad (6.13)$$

$$\sigma^2 = \frac{\sum_{i=0}^{1} (x_i - \bar{x})^2 n_i}{n} = p^2 q + q^2 p = pq$$

是非标志值的标准差

$$\sigma = \sqrt{pq} \qquad (6.14)$$

例如，抽检 100 件产品，有 85 件合格，则该批产品的标准差为

$$\sigma = \sqrt{p(1-p)} = \sqrt{85\% \times 15\%} = 35.71\%$$

6.2.3 用 Excel 计算是非标志值

用 Excel 计算是非标志值选用的函数见表 6.4。

表 6.4 Excel 计算是非标志值的函数

函　数	功　能
STDEVA 样本标准差	估算基于给定样本的标准偏差。标准偏差反映数值相对于平均值的离散程度，文本值和逻辑值(如 TRUE 或 FALSE)也将计算在内

续表

函　数	功　能
STDEVPA 总体标准差	返回以参数形式给出的整个样本总体的标准偏差,包含文本和逻辑值。标准偏差反映数值相对于平均值的离散程度
VARA 样本方差	计算基于给定样本的方差,不仅数字,文本值和逻辑值(如 TRUE 和 FALSE)也将计算在内
VARPA 总体方差	计算基于整个样本总体的方差,不仅数字,文本值和逻辑值(如 TRUE 和 FALSE)也将计算在内

6.3　分布的偏度和峰度

平均指标和变异指标是次数分布的重要指标,通过它们可以反映次数分布的集中趋势和离中趋势。在此基础上,还应研究各标志值次数分布的对称程度和尖峭程度——偏度和峰度。偏度、峰度是与正态分布相比较来描述次数分布特征的分析指标,主要用于检查样本的分布是否正态来判断总体的分布是否接近于正态分布,在企业产品的质量管理中有广泛的用途。

6.3.1　偏度

偏度就是次数分布的相对偏斜程度,也是总体各标志值次数分布的非对称程度,记作 SK_p。在次数分布完全对称的情况下,算术平均数、中位数和众数三者相等;而在偏态分布中,算术平均数、中位数和众数的数值存在差异。如果次数分布在中位数两边并不完全对称,称为偏态分布。偏态分布分为右偏分布和左偏分布。右偏分布,算术平均数大于众数,称正偏分布。左偏分布,算术平均数小于众数,称负偏分布(图 5.8)。

(1)测定偏度的算术平均数与众数比较法

算术平均数与众数比较法是利用算术平均数与众数、中位数之间的关系来测定偏度的一种方法。用算术平均数与众数之间的距离作为测定次数分布偏态的一个尺度,即

$$偏态绝对量 = 算术平均数(\bar{x}) - 众数(M_o) \tag{6.15}$$

算术平均数与众数之间的距离越大,偏态的绝对量越大,表示次数分布的非对称程度越大;算术平均数与众数之间的距离越小,偏态的绝对量越小,表示次数分布的非对称程度越小。

为了使不同数列的偏态数值能够相互对比,就需要计算偏态的相对数,偏态的相对数是偏态的绝对量与其标准差之比,称为偏态系数,用 SK_p 表示。偏态系数是从相对数上表明偏态程度,简称偏度,其计算公式为

$$SK_p = \frac{\bar{x} - M_o}{\sigma} \tag{6.16}$$

偏态系数是以标准差为单位的算术平均数与众数的离差。SK_p 绝对值越大,表示偏度越

大;SK_p 绝对值越小,表示偏度越小。偏态系数还可以说明偏态的方向,偏态系数 SK_p 为正值,属于正偏;偏态系数 SK_p 为负值,属于负偏。偏态系数的数值在 $[-3,3]$,0 表示对称分布,+3表示极右偏态,-3 表示极左偏态。

【例6.4】 某乡改革开放初农民家庭年纯收入的资料见表6.5,用比较法求该乡农民家庭年纯收入的偏态系数。

表6.5　某乡农民家庭按年人均纯收入分组

农民家庭按年人均纯收入分组/元	农民家庭数/户
1 000 ~ 1 200	240
1 200 ~ 1 400	480
1 400 ~ 1 600	1 050
1 600 ~ 1 800	600
1 800 ~ 2 000	270
2 000 ~ 2 200	210
2 200 ~ 2 400	120
2 400 ~ 2 600	30
合　计	3 000

解:先计算各组的组中值作为该组的标志值,计算加权算术平均数和标准差

$$\bar{x} = \frac{\sum_{i=1}^{n} x_i f_i}{\sum_{i=1}^{n} f_i} = 1\ 596\ 元$$

$$\sigma = \sqrt{\frac{\sum_{i=1}^{n} (x_i - \bar{x})^2 f_i}{\sum_{i=1}^{n} f_i}} = 305.260\ 5$$

$$M_o = 1\ 511.764\ 7\ 元$$

$$SK_p = \frac{\bar{x} - M_o}{\sigma} = \frac{1\ 596 - 1\ 511.764\ 7}{305.260\ 5} = 0.275\ 946$$

计算结果表明,该乡 3 000 户农民家庭年纯收入的分布数列属于正偏分布;众数对算术平均数的正偏程度为 0.275 946。

(2)动差法

以任意数 x_0 为中心,变量值 x 与任意数 x_0 之差的 k 次方的平均数,称为变量值 x 关于 x_0 的 k 阶(次)动差,用 M_k 表示。其计算公式为

$$M_k = \frac{\sum_{i=1}^{n} (x_i - x_0)^k f_i}{\sum_{i=1}^{n} f_i} \tag{6.17}$$

当一般动差公式中的 $x_0 = \bar{x}$ 时,即所有变量值以算术平均数为中心,可得出一个以次数分

布中各组标志值 x 对算术平均数 $\bar{x}$ 的 k 阶动差,统计学上称为 k 阶(次)中心动差。其计算公式为

$$M_k = \frac{\sum_{i=1}^{n}(x_i - \bar{x})^k f_i}{\sum_{i=1}^{n} f_i} \tag{6.18}$$

$k=1$ 时为一阶中心动差, $k=2$ 时为二阶中心动差(方差),……

当一般动差公式中的 $x_0=0$ 时,即所有变量值以原点为中心时,可得出一个以次数分布中各组标志值 x_i 对原点(0)的 k 阶动差,统计学上称为 k 阶原点动差。其计算公式为

$$M_k' = \frac{\sum_{i=1}^{n} x_i^k f_i}{\sum_{i=1}^{n} f_i} \tag{6.19}$$

式中, M_k' 代表 k 阶原点动差。

$k=1$ 时为一阶原点动差(算术平均数), $k=2$ 时为二阶原点动差(平方平均数), $k=3$ 时为三阶原点动差,……

统计学上经常使用中心动差来测定次数分布的偏斜或尖峭程度。三阶中心动差 M_3 通常是测定偏态系数的一个重要指标,其计算公式为

$$\alpha = \frac{M_3}{\sigma^3} \tag{6.20}$$

式中, α 代表动差法的偏态系数,即偏度。$|\alpha|$ 越大,表示偏度越大;$|\alpha|$ 越小,表示偏度越小。当 $\alpha=0$ 时是对称分布;当 $\alpha<0$ 时,分布呈左偏态或负偏态(值越小,说明负偏的程度越大);当 $\alpha>0$ 时分布呈右偏态或正偏态(值越大,说明正偏的程度越大)。

【例 6.5】 某乡农民家庭年纯收入的资料见表 6.5,用动差法求该乡这年农民家庭年纯收入的偏态系数。

解: $\bar{x} = 1\,596$

$$\sigma^3 = \left(\sqrt{\frac{\sum_{i=1}^{n}(x_i - \bar{x})^2 f_i}{\sum_{i=1}^{n} f_i}} \right)^3 = 28\,445\,386.15 \text{ 元}$$

$$M_3 = \frac{\sum_{i=1}^{n}(x_i - \bar{x})^3 f_i}{\sum_{i=1}^{n} f_i} = \frac{5.651\,481\,6 \times 10^{10}}{3\,000} \text{ 元} = 18\,838\,272 \text{ 元}$$

$$\alpha = \frac{M_3}{\sigma^3} = \frac{18\,838\,272}{28\,445\,386.15} = 0.66$$

计算表明,动差法计算的偏态系数 α 为正值,说明该乡这年 3\,000 户农民家庭年纯收入的分布数列属于正偏分布,由于 α 接近于 0,因而可以判断这种分布接近于正态分布。

6.3.2 峰度

峰度就是测定次数分布曲线顶端的尖峭或扁平程度的指标。它表明某种次数分布曲线

与正态分布曲线相比较,是尖顶,还是平顶,其尖顶或平顶的程度如何。

当次数分布数列的次数比较集中于众数的位置,使次数分布曲线的顶部较正态分布曲线更为陡峭,属于尖顶峰度;当次数分布数列的次数在众数的位置比较分散,使分布曲线的峰顶较正态分布曲线更为平滑的,属于平顶峰度;当次数分布曲线与正态分布曲线完全相同的,属于正态峰度。

峰度的公式为

$$\beta = \frac{M_4}{\sigma^4} = \frac{M_4}{\sqrt{M_2^2}} = \frac{M_4}{M_2} \tag{6.21}$$

当 $\beta = 3$ 时,次数分布曲线为正态曲线;当 $\beta < 3$ 时,次数分布曲线为平顶曲线;当 $\beta > 3$ 时,次数分布曲线为尖顶曲线。β 值越小,次数分布曲线顶端越平坦;β 值越大,次数分布曲线顶端越尖峭。

【例6.6】 某乡农民家庭年纯收入的资料见表6.5,用动差法求该乡这年农民家庭年纯收入的峰度。

解： $\bar{x} = 1\,596$

$$\sigma^4 = \left(\sqrt{\frac{\sum\limits_{i=1}^{n}(x_i - \bar{x})^2 f_i}{\sum\limits_{i=1}^{n} f_i}} \right)^4 = 8\,683\,252\,798 \text{ 元}$$

$$M_4 = \frac{\sum\limits_{i=1}^{n}(x_i - \bar{x})^4 f_i}{\sum\limits_{i=1}^{n} f_i} = \frac{8.373\,739\,8 \times 10^{13}}{3\,000} \text{ 元} = 2.791\,246\,6 \times 10^{10} \text{ 元}$$

$$\beta = \frac{M_4}{\sigma^4} = \frac{2.791\,246\,6 \times 10^{10}}{8\,683\,252\,798} = 3.21$$

计算表明,峰度 $\beta > 3$,说明该乡这年 3 000 户农民家庭年纯收入的分布数列属于尖顶分布,由于 β 接近于 3,因而可以判断这种分布接近于正态分布。

6.3.3 Excel 中"描述统计"工具的应用

前面的例题除了使用上述函数按照统计学原理的公式进行计算之外,Excel 有一个简单方便的统计分析工具即"描述统计",可以直接用来计算。例如,对某车间 10 个工人的日产量进行统计描述的操作步骤如下:

首先将 10 个工人的日产量输入 Excel 工作表,如 A1:A11,B1:B11,然后在"工具"菜单中选择"数据分析"命令,弹出"数据分析"对话框,如图 6.2 所示。

双击"描述统计",显示对话框,它带有输入、输出和有关测定项目的选择框(图 6.3)。在对话框单击"输入区域",选中要引入的数据,如 A1:A11。分组方式单击"逐列",单击"标志位于第一行(L)"。单击"输出区域",填上"D1",表示分析结果放在 D1 单元格。单击"汇总统计(S)"。单击"平均数置信度(N)",填上 95,表示要求 95% 的把握度。单击"第 K 大值(A)",填上"1"。单击"第 K 小值(M)",填上"1"。

单击"确定"按钮后,输出结果如图 6.4 所示。

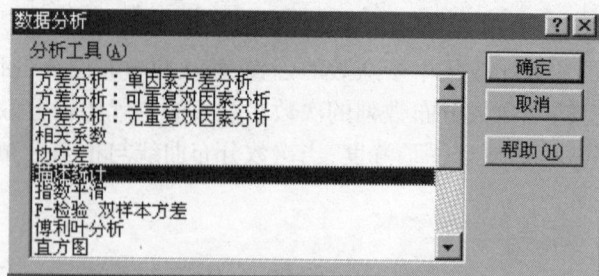

图 6.2　"数据分析"对话框

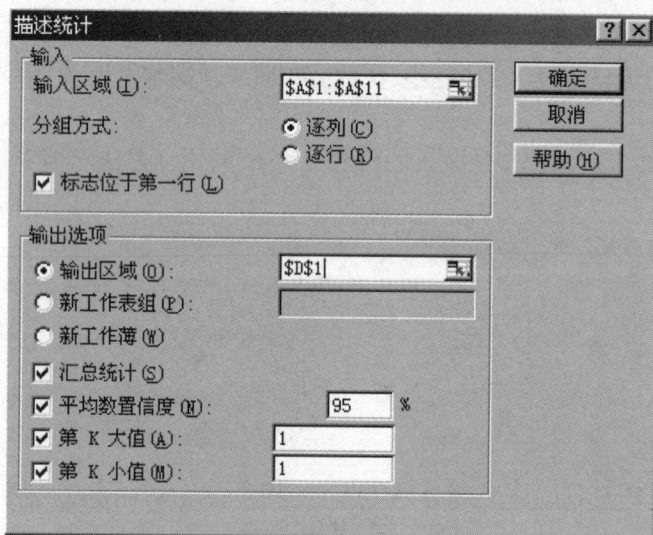

图 6.3　"描述统计"对话框

	A	B	C	D	E
1	日产量（件）	工人工号		日产量（件）	
2	14	1			
3	15	2		平均	16.8
4	17	3		标准误差	0.61101
5	18	4		中值	16.5
6	16	5		模式	15
7	20	6		标准偏差	1.932184
8	15	7		样本方差	3.733333
9	18	8		峰值	-0.96142
10	19	9		偏斜度	0.23567
11	16	10		区域	6
12				最小值	14
13				最大值	20
14				求和	168
15				计数	10
16				最大(1)	20
17				最小(1)	14
18				置信度(95	1.382202
19					

图 6.4　"描述统计"计算工具的输出结果

思考题

1. 计算平均差指标为什么要用离差的绝对值($|x_i - \bar{x}|$)求平均而不用离差($x_i - \bar{x}$)求平均。

2. 变异指标的意义与作用是什么?

3. 什么是标准差系数? 在什么情况下要计算标准差系数以比较不同总体平均数的代表性高低?

4. 平均差与标准差各有什么特点?

5. 分析变异指标与平均指标的联系。

6. 证明是非标志值方差 σ^2 的最大值等于 0.25。

7. 证明当 $\alpha = 0$ 时,是对称分布。

8. 什么是偏度? 什么是峰度?

第7章 时间序列指标

统计不仅从静态上研究客观事物数量方面的特征和相互联系,而且还从动态上研究客观事物的发展过程和规律性,并预见其发展变化的趋势。时间序列指标就是研究客观事物动态发展变化规律的有效武器。时间序列也称动态数列,是统计数据按时间先后顺序排列而形成的一种数列。例如,按2011—2019年时间先后顺序排列的国内生产总值就是时间序列。时间序列由两个要素构成,即现象所属的时间和反映客观现象在各个时间上的统计指标值。时间序列可以反映事物发展变化的过程和特点,是研究现象发展变化的规律和对未来状态进行科学预测的重要依据。

7.1 时间序列的作用、种类和编制原则

7.1.1 时间序列的作用

时间序列描述客观现象的发展过程和结果,为研究客观事物的动态发展提供依据,其作用如下:

①描述社会客观现象在不同时间的发展状态和过程。

②说明事物的比例关系,揭示事物变动的程度。

③考察社会经济现象发展变化的方向、速度、趋势及其变化的规律。

④预测社会经济现象未来的变化状态。

⑤时间序列是历史资料的积累,可以系统地保存资料。

7.1.2 时间序列的种类

根据统计指标的性质将时间序列分为绝对数时间序列、相对数时间序列、平均数时间序列。

(1)绝对数时间序列

绝对数时间序列是由一系列同类总量指标(绝对数)按时间先后顺序排列而形成的数列,反映某种现象在各个不同时期所达到的绝对水平及其发展变化的情况。按其反映的社会现象性质不同,又分为时期序列和时点序列。

1)时期序列

时期序列是以时期数指标值排列而成的绝对数时间序列,反映某种现象在一段时期内的累计量。例如,按时间先后顺序排列的我国历年的国内生产总值就是一个时期序列,序列中的每一个指标值都是汇总了一整年国内生产总值,是一个连续生产过程创造的工作成果总量。

时期序列有以下几个特点:

①可加性。序列中各指标值相加,其结果表示研究现象在更长时期内发展的总量。例如,一月、二月、三月的产值加起来,表示第一季度的总产值。

②与时期相关性。在时期序列中每一个指标所包括的时间长度叫作"时期"。一般而言,时期越长,指标数值也越大;反之,则越小。例如,某企业一年的产值要大于该年内某个月的产值。

③连续性。时期序列中的各指标值是反映现象在一段时间内发展的累计总量,必须在这

段时间内把所发生的数量逐一登记后进行累计。

2）时点序列

时点序列是以时点数指标值排列而成的绝对数时间序列,反映某种现象在一定时点(瞬间)上的发展状况。例如,我国 1949 年到 2019 年各年年末人口数所排列成的数列,就是一个时点序列,反映我国从 1949 年到 2019 年各年人口状况。

时点序列中,每一个时点只是一个瞬间,因此无时点长度之说。相邻两个时点的间隔,称为时点间隔。在进行统计调查时,对于变动频率慢的,宜选择的间隔长些,反之,可选择的间隔短些。例如,全国人口数,可选择间隔一年以上的时点间隔,而企业商品的库存量则可每月末统计一次。

时点序列有以下几个特点:

①不可加性。构成时点序列的数值相加没有实际意义。

②与时点间隔无关性。时点序列中的指标值反映某一具体时刻(瞬间)上的时点现象,其大小不受间隔长短影响。例如,某企业产品当月末的库存数比当年末库存数可能大也可能小。

③间断性。时点指标反映现象在某一时刻上的数量,只需在某一时点上进行统计该时点资料,不必连续进行登记。

(2) 相对数时间序列

相对数时间序列是指由一系列同类的相对指标数值所构成的时间序列,反映客观现象之间相互联系程度的发展过程。例如,我国 1949 年到 2010 年各年农业生产总值占国内生产总值的比重所排成的数列就是一个相对数时间序列,反映我国从 1949 年到 2010 年各年产业结构状况及产业结构变化过程。

相对数时间序列是两个总量指标时间序列对比而得的派生数列,由于对比的分子分母性质不同,又分为两个时期对比序列,两个时点对比序列和一个时期序列与一个时点序列对比序列三种。在相对数时间序列中,各个指标值是不能相加的。

(3) 平均数时间序列

平均数时间序列是由一系列同种平均指标按时间先后顺序排列而成的时间序列,反映客观事物不同时期一般水平的发展变化过程。例如,各个时期职工的平均工资所形成的动态数列就是平均数时间数列。

无论是哪一种平均时间序列,都是由绝对数时间按序列派生而来的,其各项指标数值不能相加。

7.1.3 时间序列的编制原则

编制时间序列的基本要求就是要保证数列中各项指标值的可比性,在编制时间序列时要遵循以下原则:

(1) 时间长短要统一

时期序列各项指标数值大小与时期长短有关,各指标值包括的时期长短相等,序列中各指标值具有可比性。有时为了特殊的研究目的(如研究现象在各个历史阶段的发展变化情况),也可编制时期长短不等的时间序列。虽然时点序列中各指标值不涉及时期长短的问题,但是时点序列指标数值间的时间间隔相等便于分析对比。

（2）总体范围统一

时间序列中各时期指标值的大小，与其包括的总体范围有直接关系，如果总体范围发生了变化，前后时期的指标值就不能直接对比。例如，直辖后的重庆市与直辖前的重庆市总体范围不一样，要编好时间序列进行前后对比，就要进行调整，把直辖后属重庆市而直辖前属于四川的那部分数值补充以后，方能对重庆市历年的统计资料进行对比分析。

（3）含义要统一

时间序列中各个指标内容的同质性，要求指标值反映的内容一致，不能只看指标名称而不了解它们的内容在历史上的变化。

（4）计算方法要统一

采用什么方法计算，按照何种价格或单位进行计量，编制时间序列时要有明确指示，保证前后各期统一，各个指标值都要保持前后一致。

7.2　水平指标

编制时间序列做动态分析，包括对现象发展水平的分析和对现象发展速度的分析。发展水平的指标包括：发展水平、增长量、平均发展水平、平均增长量。

7.2.1　发展水平

发展水平是时间序列的每一项具体指标值（指标一般用总量指标，也可用相对指标，还可用平均指标），反映客观现象在一定时期或时点上所达到的规模或水平，是计算其他动态分析指标的基础。

时间序列中第一项水平是最初水平，最后一项水平是最末水平，除了最初水平和最末水平以外的各项水平称为中间水平。设时间序列为 $a_0, a_1, a_2, a_3, \cdots, a_{n-1}, a_n$，其中 a_0 为最初水平，a_n 为最末水平，$a_1, a_2, a_3, \cdots, a_{n-1}$ 为中间水平。

作为比较基础时期的发展水平称为基期水平，所要分析研究的那个时期的发展水平称为报告期水平。例如我国 2000—2006 年能源生产总量，见表 7.1。

表 7.1　我国 2000—2006 年能源生产总量

年　份		2000	2001	2002	2003	2004	2005	2006
发展水平/万 t 标准煤		128 978	137 445	143 810	163 842	187 341	205 876	221 056
增长量/万 t 标准煤	累计	—	8 467	14 832	34 864	58 363	76 898	92 078
	逐期	—	8 467	6 365	20 032	23 499	18 535	15 180
发展速度/%	定基	—	106.6	111.5	127.0	145.3	159.6	171.4
	环比	—	106.6	104.6	113.9	114.3	109.9	107.4
增长速度/%	定基	—	6.6	11.5	27.0	45.3	59.6	71.4
	环比	—	6.6	4.6	13.9	14.3	9.9	7.4
增长 1% 的绝对值		—	1 289.8	1 374.5	1 438.1	1 638.4	1 873.4	2 058.8

在该时间序列中,2000 年为最初水平,即 $a_0 = 128\ 978$,2006 年为最末水平,即 $a_n = 221\ 056$,如果 2001 年和 2005 年对比,2005 年是报告期,2001 年是基期;如果 2006 年和 2000 年对比,则 2006 年为报告期,2000 年为基期。

可见,发展水平的概念不是固定不变的,它们随着研究目的改变而改变。今年的报告期水平可以是将来的基期水平,这个序列的最末水平可能是另一序列的最初水平。发展水平在文字说明上,一般用"增加到""增加为"或"降低到""降低为"来表示。如我国 2007 年的国内生产总值为 24.95 万亿元,2018 年增加到 90.03 万亿元。

7.2.2 增长量

增长量是说明时间序列水平在一定时期内增长的绝对数量的指标。其计算公式为

$$增长量 = 报告期发展水平 - 基期发展水平 \tag{7.1}$$

增长量可为正值,也可为负值。增加时为正,减少时为负。根据研究目的不同,选择基期也有所不同,因而增长量可分为累计增长量和逐期增长量两种。

(1)累计增长量

累计增长量是报告期发展水平与某一固定时期发展水平(通常为最初水平)之差,说明现象在一定时期内的总的增长量(或减少量),通常将固定时期水平选为时间序列的最初水平,则累计增长量可分别表示为

$$a_1 - a_0, a_2 - a_0, a_3 - a_0, \cdots, a_{n-1} - a_0, a_n - a_0$$

例如,表 7.1 中的累计增长量是选择 2000 年为固定基期。

(2)逐期增长量

逐期增长量是报告期水平与其前一期水平之差,说明报告期比前一期增长或减少的绝对数量,用符号表示为

$$a_1 - a_0, a_2 - a_1, a_3 - a_2, \cdots, a_n - a_{n-1}$$

如表 7.1 的逐期增长量是选择前一年为基期。

累计增长量和逐期增长量之间的关系:

累计增长量等于相应时期的逐期增长量之和,即

$$a_n - a_0 = (a_1 - a_0) + (a_2 - a_1) + \cdots + (a_n - a_{n-1}) \tag{7.2}$$

逐期增长量等于相应时期的累计增长量与前一期累计增长量的差额,即

$$a_n - a_{n-1} = (a_n - a_0) - (a_{n-1} - a_0) \tag{7.3}$$

(3)年距增长量

年距增长量又称同比增长量。在实际工作中,为了消除季节差异的影响,经常以计算可比口径的年距增长量来反映不同年份相同季节实际变动状况。其计算公式为

$$年距增长量 = 本期发展水平 - 去年同期发展水平 \tag{7.4}$$

例如,某工厂 2018 年 10 月羊毛衫的销售量为 15 万件,而羊毛衫在一年内的销售量存在着明显的季节性,夏季销售量少,秋冬季销售量多,所以用 2019 年 6 月的销售量和 2018 年 10 月的销售量比较是不具有可比性的,而应采用年距增长量,即 2019 年 10 月和 2018 年 10 月进行比较才合理。

7.2.3 平均发展水平——序时平均数

平均发展水平是对时间序列中不同时间上的指标值加以平均所得的平均数,又称序时平均数,反映现象在一定时间上的一般水平。序时平均数消除现象在短时间内波动的影响,便于在各段时间之间进行比较,便于对同一现象在不同历史阶段的变化状况进行比较,便于对不同单位、不同地区、不同部门或不同国家在某一时间内某一现象发展的一般水平进行比较。序时平均数属于动态平均数,它与前面介绍的静态平均数之间,既有共同之处,又有区别。

(1)绝对数时间序列的序时平均数

1)时期序列的序时平均数

时期序列中的各项指标反映事物在一段时期内发展过程的结果,其序列中各项指标数值相加等于全部时期的总量,直接用序列中各时期指标值之和除以时期项数即得序时平均数。其计算公式为

$$\bar{a} = \frac{\sum\limits_{i=1}^{n} a_i}{n} \tag{7.5}$$

式中,$\bar{a}$ 表示平均发展水平,即序时平均数;a_i 表示各个时期的发展水平;n 表示时期序列的项数。

2)时点序列的序时平均数

通常把间隔用"日""天"表示的时间序列称为连续时点序列;否则就称作间断时点序列。无论是连续时点序列,还是间断时点序列,都存在时间间隔相等与不相等的情况,所以时点序列的序时平均数的计算分以下四种情况:

①间隔相等的连续时点序列序时平均数的计算。

②间隔不相等的连续时点序列序时平均数的计算。

③间隔相等的间断时点序列序时平均数计算。

④间隔不相等的间断时点序列序时平均数的计算。

不同类型的时点序列,计算方法也有所不同,见表7.2。

表7.2 各类型时点序列的序时平均数的计算方法

间隔是否相等	连续性	计算公式	说 明
间隔相等	连续	$\bar{a} = \dfrac{\sum\limits_{i=1}^{n} a_i}{n}$	时点序列的资料是逐日记录的
间隔不相等	连续	$\bar{a} = \dfrac{\sum\limits_{i=1}^{n} a_i f_i}{\sum\limits_{i=1}^{n} f_i}$	时点序列的资料间隔用"天""日"表示,相邻两个时点的间隔日数不相等
间隔相等	间断	$\bar{a} = \dfrac{\dfrac{a_1 + a_n}{2} + \sum\limits_{i=2}^{n-1} a_i}{n-1}$	两个相邻时点之间的变动是均匀
间隔不相等	间断	$\bar{a} = \dfrac{\sum\limits_{i=1}^{n-1} \dfrac{a_i + a_{i+1}}{2} \cdot f_i}{\sum\limits_{i=1}^{n-1} f_i}$	指标值在两个时点之间的变化是均匀的

（2）相对数时间序列的序时平均数

相对数时间序列属于派生序列，它是由两个具有密切联系的绝对数时间数列相对比而形成的，一般不宜直接将数列中的相对数简单加总平均，而应分别计算出构成相对数时间序列的分子序列与分母序列的平均发展水平，然后进行对比，求得相对数时间序列的序时平均数。其计算公式为

$$\bar{c} = \frac{\bar{a}}{\bar{b}} \tag{7.6}$$

式中，$\bar{c}$ 表示相对数时间序列的序时平均数；$\bar{a}$ 表示分子项总量指标时间序列的序时平均数；$\bar{b}$ 表示分母项总量指标时间序列的序时平均数。

相对数时间序列序时平均数可分为两个时期序列对比而形成的序时平均数、两个时点序列对比而形成的序时平均数、一个时期数列与一个时点序列对比而形成的序时平均数等三种类型，见表7.3。时点序列又分为连续和间断、间隔相等和间隔不相等，这样相对数时间序列序时平均数又可细分为很多种。

表7.3　相对数时间序列的序时平均数计算

类　型	公　式	说　明
由两个时期序列对比而成的相对数时间序列的序时平均数	$\bar{c} = \dfrac{\sum\limits_{i=1}^{n} a_i}{\sum\limits_{i=1}^{n} b_i}$	可以先分别求出两个时期数列的序时平均数，然后再对比求得
由两个时点序列对比而成的相对数时间序列的序时平均数	$\bar{c} = \dfrac{\dfrac{a_1 + a_n}{2} + \sum\limits_{i=2}^{n-1} a_i}{\dfrac{b_1 + b_n}{2} + \sum\limits_{i=2}^{n-1} b_i}$	分子分母两序列是间断序列、时点间隔相同
由一个时期序列和一个时点序列对比而成的相对数时间序列的序时平均数	$\bar{c} = \dfrac{\sum\limits_{i=1}^{n} a_i}{\dfrac{b_1 + b_n}{2} + \sum\limits_{i=2}^{n-1} b_i} \cdot \dfrac{n-1}{n}$	分子是时期序列，分母是时点序列（间断、相等）

（3）平均数时间序列的序时平均数

一般平均数所组成的平均数时间序列计算序时平均数，其计算方法仿照相对数时间序列序时平均数的计算方法。

【例7.1】　某企业今年初有生产工人200人，今年一、二、三季度末分别有生产工人188人、126人、102人，劳动生产率分别为178件/人、176件/人、174件/人，求平均劳动生产率。

解：求平均劳动生产率，不能将劳动生产率相加除以3。

子项的序时平均数为 $\bar{a} = \dfrac{\sum\limits_{i=1}^{n} a_i}{n}$，$a_i$ 没有直接的数据，可以通过 $a_i = c_i b_i$ 求得。

因为生产工人数 b_i 是时点数，所以

$$a_i = c_i \frac{b_{i-1} + b_i}{2}$$

$$\bar{a} = \frac{\sum_{i=1}^{n} c_i \frac{b_{i-1} + b_i}{2}}{n} = 27\,333.333$$

母项的序时平均数为

$$\bar{b} = \frac{\frac{b_1 + b_n}{2} + \sum_{i=2}^{n-1} b_i}{n-1} = 155$$

故

$$\frac{\bar{a}}{\bar{b}} \approx 176.34 \text{ 件/人}$$

间隔相等的序时平均数时间序列的平均数的计算,可直接用简单算术平均的方法。

间隔不等的序时平均数时间序列的平均数的计算,可以用间隔作为权数,采用加权算术平均数的计算方法。

【例7.2】 某企业职工1月平均人数为450,2—3月的职工平均人数为455,4—6月职工平均人数为405,求上半年平均每月的职工人数。

解:

$$\bar{a} = \frac{\sum_{i=1}^{n} a_i f_i}{\sum_{i=1}^{n} f_i} = \frac{450 \times 1 + 455 \times 2 + 405 \times 3}{1 + 2 + 3} = 429.17$$

7.2.4 平均增长量

平均增长量是说明客观现象在一定时期内平均每期增长的数量,从广义来说,它也是一种序时平均数,即逐期增长量动态序列的序时平均数。

(1)水平法计算平均增长量

以基数水平(a_0)为基础,每期按平均增长量(Δ)增长,其计算公式为

$$\Delta = \frac{a_n - a_0}{n} \tag{7.7}$$

【例7.3】 我国2002年末移动电话用户有2.06亿户,2018年末年移动电话用户有15.7亿户。求2002—2018年移动电话年平均增长量。

$$\text{移动电话年平均增长量} = \frac{15.7 \text{亿户} - 2.06 \text{亿户}}{16} \approx 0.85 \text{ 亿户}$$

水平法平均增长量只与期末水平(a_n)和期初水平(a_0)有关,而同中间各期水平无关。因此,用它所计算的平均增长量来推算各期水平,与实际水平可能有很大的差异。

(2)累计法计算平均增长量

按平均增长量逐期递增,经过n期以后,可以达到n期实际发展水平。

$$(a_0 + \Delta) + (a_0 + 2\Delta) + \cdots + (a_0 + n\Delta) = \sum_{i=1}^{n} a_i$$

则平均增长量计算公式为

$$\Delta = \frac{\sum_{i=1}^{n} a_i - na_0}{1 + 2 + 3 + \cdots + n} = \frac{2\left(\sum_{i=1}^{n} a_i - na_0\right)}{n(n+1)} \tag{7.8}$$

【例 7.4】 从 2002 年到 2007 年的全国移动电话用户分别为 20 600.5 万户、26 995.3 万户、33 482.4 万户、39 340.6 万户、46 105.8 万户、54 728.6 万户,求平均增长量。

解:将数据代入式(7.8),得

$$平均增长量(\Delta) = \frac{2\left(\sum_{i=1}^{n} a_i - na_0\right)}{n(n+1)} = 6\ 510.01\ 万户$$

用水平法与累计法计算的结果可能不一样,究竟应用哪种方法,视具体情况选择。

7.3　速度指标

速度指标是动态分析指标,可用来分析和比较某现象在不同发展时期、不同地区、不同部门和不同国家之间的发展变化程度。时间序列的速度分析主要研究发展速度、增长速度、平均发展速度和平均增长速度、增长百分之一的绝对值。

7.3.1　发展速度

发展速度是以相对数形式表示的两个不同时期发展水平的比率,它用来反映现象在一定时期的发展方向和变化速度。发展速度一般用百分数表示,若对比结果数值很大时,可以用倍数表示。其计算公式为

$$发展速度 = \frac{报告期水平}{基期水平} \tag{7.9}$$

发展速度由于采用的基期不同,可分为环比发展速度和定基发展速度两种。

(1)环比发展速度

环比发展速度是报告期水平与前一期水平对比所得的动态相对数。它说明报告期水平已经发展到了前一期水平的百分之几(或多少倍),表明这种现象逐期的发展程度。其计算公式为

$$环比发展速度 = \frac{报告期水平}{报告期前一期水平} \tag{7.10}$$

或环比发展速度:$\frac{a_1}{a_0}, \frac{a_2}{a_1}, \frac{a_3}{a_2}, \cdots, \frac{a_n}{a_{n-1}}$

如果计算的单位时期为一年,这个指标也可以叫作"年距发展速度",年距发展速度主要是为了消除季节变动的影响。

(2)定基发展速度

定基发展速度是用报告期水平与某一固定基期水平对比所得的动态相对数。它说明报告期水平对某一固定时期水平的变动程度,表明这种现象在较长时期内总的发展速度。其计算公式为

$$定基发展速度 = \frac{报告期水平}{某一固定基期水平} \tag{7.11}$$

或定基发展速度：$\dfrac{a_1}{a_0},\dfrac{a_2}{a_0},\dfrac{a_3}{a_0},\cdots,\dfrac{a_n}{a_0}$

公式中的固定基期,可结合具体的研究目的来定,如为了研究特定的五年计划时期发展变化的程度,就可以选择"五年计划时期前一年"为基期来计算定基发展速度;再如分析改革开放 40 年来的变化,要以改革开放初期 1978 年为固定基期。

(3)环比发展速度与定基发展速度之间的关系

定基发展速度等于相应各个环比发展速度的连乘积。其计算公式为

$$\frac{a_1}{a_0}\times\frac{a_2}{a_1}\times\frac{a_3}{a_2}\times\cdots\times\frac{a_n}{a_{n-1}}=\frac{a_n}{a_0} \tag{7.12}$$

相邻两个时期定基发展速度之比等于相应时期的环比发展速度。其计算公式为

$$\frac{a_n}{a_0}:\frac{a_{n-1}}{a_0}=\frac{a_n}{a_{n-1}} \tag{7.13}$$

7.3.2　增长速度

增长速度是反映社会经济现象增长程度的动态相对数,它可以根据增长量与基期水平对比求得,用以说明报告期水平比基期水平增加了多少倍(或百分之几)。其计算公式为

$$增长速度=\frac{报告期水平-基期水平}{基期水平}=发展速度-1 \tag{7.14}$$

显然,当发展速度大于 1 或 100% 时,相应的增长速度就大于 0,表明现象正增长;当发展速度小于 1 或 100% 时,相应的增长速度就小于 0,表明现象负增长。

增长速度根据采用的基期不同,可以分为环比增长速度和定基增长速度两种。

(1)环比增长速度

环比增长速度是逐期增长量与前一期水平对比得到的动态相对数,用来反映现象逐期增长的程度。其计算公式为

$$环比增长速度=\frac{逐期增长量}{前一期水平}=环比发展速度-1 \tag{7.15}$$

或环比增长速度为

$$\frac{a_1-a_0}{a_0},\frac{a_2-a_1}{a_1},\frac{a_3-a_2}{a_2},\cdots,\frac{a_n-a_{n-1}}{a_{n-1}}$$

或

$$\frac{a_1}{a_0}-1,\frac{a_2}{a_1}-1,\frac{a_3}{a_2}-1,\cdots,\frac{a_n}{a_{n-1}}-1$$

(2)定基增长速度

定基增长速度是报告期的累计增长量与某一固定基期水平(通常为最初水平 a_0)对比得到的动态相对数,用来反映现象在一段时期内总的增长速度。其计算公式为

$$定基增长速度=\frac{累计增长量}{固定基期水平}=定基发展速度-1 \tag{7.16}$$

或

$$\frac{a_1 - a_0}{a_0}, \frac{a_2 - a_0}{a_0}, \frac{a_3 - a_0}{a_0}, \cdots, \frac{a_n - a_0}{a_0}$$

或

$$\frac{a_1}{a_0} - 1, \frac{a_2}{a_0} - 1, \frac{a_3}{a_0} - 1, \cdots, \frac{a_n}{a_0} - 1$$

此外,在实际工作中通常还计算年距增长速度,其作用与年距发展速度相似。其计算公式为

$$年距增长速度 = \frac{年距增长量}{上年同期发展水平} = 年距发展速度 - 1 \qquad (7.17)$$

定基增长速度和环比增长速度都是发展速度的派生指标,它们只反映现象增长部分的相对程度。环比增长速度与定基增长速度这两个指标之间没有直接的换算关系。如果进行换算,先要将环比增长速度加"1"转化为环比发展速度后,再连乘得定基发展速度,然后减"1",才能求得定基增长速度。

7.3.3 平均发展速度和平均增长速度

为了从更长一段时期观察现象的规律性,常常使用平均速度指标,把不同时间现象在具体条件下形成的速度上的差异抽象掉,揭示一段时期内现象发展变化的一般水平。

(1)平均发展速度

平均发展速度是各个环比发展速度的动态平均数,说明某种现象在一个较长时期中逐年平均发展变化的程度,也是一种动态平均数,但它不能用计算序时平均数的方法计算,而用几何平均法计算。计算平均发展速度的公式为

$$\bar{v} = \sqrt[n]{\frac{a_1}{a_0} \times \frac{a_2}{a_1} \times \cdots \times \frac{a_n}{a_{n-1}}} = \sqrt[n]{\frac{a_n}{a_0}} \qquad (7.18)$$

(2)平均增长速度

平均增长速度又称平均递增速率,平均增长速度是各个环比增长速度的动态平均数,说明某种现象在一个较长时期中逐年平均增长变化的程度。

由平均发展速度减1或减100%求得,即

$$平均增长速度 = 平均发展速度 - 1(或100\%) \qquad (7.19)$$

平均增长速度有正负之分,正值表明现象在一定时期内逐期平均递增的程度,负值表示现象逐期平均递减的程度。

【例7.5】 某地区2015—2019年农村家庭收入的环比增长速度分别为15.6%、7.8%、5.6%、3.6%、7.2%,试计算平均增长速度。

解:因为平均增长速度不能以各个环比增长速度求平均直接得出,所以须先将环比增长速度换算成环比发展速度,再求平均发展速度。

平均发展速度:

$$\bar{v} = \sqrt[5]{115.6\% \times 107.8\% \times 105.6\% \times 103.6\% \times 107.2\%} = 108\%$$

平均增长速度 = 108% - 100% = 8%

7.3.4 增长百分之一的绝对值

速度指标是相对指标,它只能表明现象增长或发展的程度,它抽象了现象的绝对水平。但我们在分析现象的发展情况时,不能只考察发展速度和增长速度,还必须联系增长百分数中包含的绝对值进行分析,即报告期水平与基期水平的对比中,报告期比基期每增长百分之一所包含的绝对值是多少。其计算公式为

$$增长百分之一的绝对值 = \frac{逐期增长量}{环比增长速度 \times 100} = \frac{上期水平}{100} \qquad (7.20)$$

在对现象进行分析时,我们不能只注意速度指标,还必须注意每增长百分之一所包含的绝对数值,需要把速度指标和水平指标结合起来分析,才能对现象的发展情况有比较全面的认识。

在增长速度和增长量都是负数时,增长百分之一的绝对值是说明每降低百分之一的绝对数值。

增长百分之一的绝对值和动态数列的水平指标的计量单位是相同的。

思考题

1. 分析动态平均数与静态平均数相同点与不同点。
2. 为什么计算平均发展速度不能用算术平均数计算?
3. 什么是时间序列? 编制时间序列应注意哪些基本要求?
4. 由时期序列和时点序列计算序时平均数有什么不同?
5. 环比发展速度和定基发展速度二者有什么关系?
6. 什么是增长量? 逐期增长量和累计增长量二者有什么关系?
7. 什么是序时平均数? 序时平均数与一般平均数有什么区别?

第8章　统计指数

统计指数是一种对比性的分析指标,具有相对数的表现形式,用以研究社会经济现象时间变动和空间对比关系。广义地讲,两个数值对比形成的相对数都可以称为指数,是说明同类现象对比的相对数,例如,静态对比中的相对指标和动态对比中的时间序列指标都可以称为指数;狭义地讲,指数是反映所研究的不同事物综合变动的一种特殊相对数,是综合反映不能直接相加的社会经济现象总体总动态的相对数,例如,反映多种商品价格变动的物价指数。本书讨论的指数主要是狭义的指数。

8.1 综合指数

综合指数是由两个总量指标进行对比所得的动态相对数。综合指数是编制和计算总指数的一种基本形式。当研究的总量指标受到两个或两个以上因素影响时,要分析其中某一个因素对该总量指标的影响程度和影响方向,可以把其他因素固定下来,仅观察这一个因素的变动对总量指标造成的影响,这样编制出来的总指数就是综合指数,并且把要研究的这一因素称为指数化因素或指数化指标。

8.1.1 个体指数

$$K_{\mathrm{p}} = \frac{p_1}{p_0} \tag{8.1}$$

式中,K_{p} 为个体质量指标指数;p_1 为报告期质量指标;p_0 为基期质量指标。

$$K_{\mathrm{q}} = \frac{q_1}{q_0} \tag{8.2}$$

式中,K_{q} 为个体数量指标指数;q_1 为报告期数量指标;q_0 为基期数量指标。

【例8.1】 已知某小型超市 2018 年及 2019 年销售的三种商品的价格和销售量见表 8.1。计算各种商品的价格指数和销售量指数。

解:计算结果见表 8.1。

表 8.1 某超市三种商品的价格及销售量资料

商 品	商品价格/元		价格指数 /%	销售量			销售量指数 /%
	基期 p_0	报告期 p_1		单 位	基期 q_0	报告期 q_1	
食用油	8.081	10.714	132.6	kg	2 500	2 650	106
服装	85	60	70.6	件	750	800	107
面粉	1.64	1.96	19.5	kg	1 000	920	92

8.1.2 综合指数编制

为了综合反映多种商品销售量的变动情况,可以把价格因素固定下来(固定在基期或报告期),用固定价格去分别乘以报告期、基期相对应的销售量得出销售额,销售额可以相加,报告期的总销售额比基期的总销售额就可以反映多种商品销售量的综合变动了。同样的道理,为了反映多种商品价格的综合变动,可以把销售量相对固定不变(固定在基期或报告期),用固定销售量去分别乘以报告期、基期相对应的价格得出销售额，销售额可以相加，报告期的总销售额比基期的总销售额就可以反映多种商品价格的综合变动了。这样先综合后对比，可以解决总体中的各个个体由于使用价值、计量单位等不同而不能直接相加对比的问题。以价格不变去度量销售量的变化，以销售量不变去度量价格的变化，这个不变的价格和不变的销售量是引入的一个媒介因素，称为同度量因素。同度量因素使不能直接相加对比的现象变成能够直接相加对比的现象。

同度量因素是固定在基期还是报告期呢？用不同时期的同度量因素计算，会得到不同的综合指数编制方法，要从实际出发，根据编制指数和统计研究的目的来确定同度量因素所属的时期。

（1）数量综合指数

$$\overline{K_q} = \frac{\sum q_1 p_0}{\sum q_0 p_0} \tag{8.3}$$

$$\overline{K_q} = \frac{\sum q_1 p_1}{\sum q_0 p_1} \tag{8.4}$$

式中，$\overline{K_q}$ 表示数量指标指数。

【例 8.2】 利用表 8.1 数据，计算三种商品的销售量总指数。

解：从理论上讲，两个公式都是正确的，但为了纯粹反映销售量的变动，最好完全剔除价格变动的影响，因此选择将价格固定在基期的公式。

$$\overline{K_q} = \frac{\sum q_1 p_0}{\sum q_0 p_0} = \frac{8.081 \times 2\,650 + 85 \times 800 + 1.64 \times 920}{8.081 \times 2\,500 + 85 \times 750 + 1.64 \times 1\,000} \times 100\% = 106.23\%$$

$$\sum q_1 p_0 - \sum q_0 p_0 = 5\,330.95\ 元$$

计算结果表明，由于三种商品销售量平均增长 6.23%，从而使销售额增加 5 330.95 元。

（2）质量综合指数

$$\overline{K_p} = \frac{\sum p_1 q_0}{\sum p_0 q_0} \tag{8.5}$$

$$\overline{K_p} = \frac{\sum p_1 q_1}{\sum p_0 q_1} \tag{8.6}$$

式中，$\overline{K_p}$ 表示质量指标指数。

【例 8.3】 利用表 8.1 数据，计算三种商品的价格总指数。

解：

$$\overline{K_p} = \frac{\sum p_1 q_1}{\sum p_0 q_1} = \frac{10.714 \times 2\,650 + 60 \times 800 + 1.96 \times 920}{8.081 \times 2\,650 + 85 \times 800 + 1.64 \times 920} \times 100\% = 86\%$$

$$\sum p_1 q_1 - \sum p_0 q_1 = -12\,728.15\ 元$$

计算结果表明，由于三种商品价格报告期比基期降低了 14%（1 - 86%），从而使销售额减少 12 728.15 元。

8.1.3 综合指数编制的其他方法

(1) 拉氏综合指数

拉氏综合指数是指无论是编制数量指标指数还是质量指标指数,都将同度量因素固定在基期的指数(又称为"基期加权综合指数")。其具体编制如下:

拉氏质量指标综合指数,同式(8.5):

$$\overline{K_p} = \frac{\sum p_1 q_0}{\sum p_0 q_0}$$

拉氏数量指标综合指数,同式(8.3):

$$\overline{K_q} = \frac{\sum q_1 p_0}{\sum q_0 p_0}$$

(2) 帕氏综合指数

帕氏综合指数是指无论是编制数量指标指数还是质量指标指数,都将同度量因素固定在报告期的指数(又称为"报告期加权综合指数")。其具体编制如下:

帕氏质量指标综合指数,同式(8.6):

$$\overline{K_p} = \frac{\sum p_1 q_1}{\sum p_0 q_1}$$

帕氏数量指标综合指数,同式(8.4):

$$\overline{K_q} = \frac{\sum q_1 p_1}{\sum q_0 p_1}$$

在计算数量指标指数时,多采用拉氏指数,在计算质量指标指数时,多采用帕氏指数。拉氏指数与帕氏指数由于同度量因素固定时期不同,所以计算结果存在偏差。

(3) 马歇尔-埃奇沃斯指数

马歇尔-埃奇沃斯指数是指以基期和报告期同度量因素的平均值作为权数的指数。其具体编制如下:

质量指数公式:

$$\overline{K_p} = \frac{\sum p_1 (q_0 + q_1)/2}{\sum p_0 (q_0 + q_1)/2} = \frac{\sum p_1 q_0 + \sum p_1 q_1}{\sum p_0 q_0 + \sum p_0 q_1} \tag{8.7}$$

数量指数公式:

$$\overline{K_q} = \frac{\sum q_1 (p_0 + p_1)/2}{\sum q_0 (p_0 + p_1)/2} = \frac{\sum q_1 p_0 + \sum q_1 p_1}{\sum q_0 p_0 + \sum q_0 p_1} \tag{8.8}$$

(4) 费雪理想指数

费雪理想指数是用交叉法将拉氏指数和帕氏指数相乘,并用几何法将其乘积开平方,调和两者的偏误,得出的优良指数数值。其具体编制如下:

质量指数公式：

$$\overline{K_{\mathrm{p}}} = \sqrt{\frac{\sum p_1 q_0}{\sum p_0 q_0} \times \frac{\sum p_1 q_1}{\sum p_0 q_1}} \tag{8.9}$$

数量指数公式：

$$\overline{K_{\mathrm{q}}} = \sqrt{\frac{\sum p_0 q_1}{\sum p_0 q_0} \times \frac{\sum p_1 q_1}{\sum p_1 q_0}} \tag{8.10}$$

(5)成本计划完成指数

成本计划完成指数是考察实际成本较计划成本的变动的指数。其具体编制如下：

$$\overline{K_{\mathrm{z}}} = \frac{\sum z_1 q_n}{\sum z_0 q_n} \tag{8.11}$$

式中，z_1 为实际单位成本，z_0 为计划单位成本，q_n 为计划产品产量。

注意同度量因素是计划产量而不是实际产量，主要是考虑实际产品构成与计划产品构成不同所产生的影响，其一可使全部产品可比，其二可以防止通过改变产品的品种计划来完成计划任务的目的。因此该指数表示的是按照计划规定的产量结构实际总成本比计划总成本提高或降低的幅度。

以上介绍的综合指数公式都各有优劣，在具体应用中，既要强调经济含义，又要根据实际掌握的资料信息和各公式适用条件进行选择取舍。

8.2 平均指数

以个体指数为基础，通过对个体指数进行加权平均而得到的总指数就是平均指数。平均指数是在个体指数的基础上计算总指数，即先对比后综合。

按采用平均方法的不同，平均指数分为加权算术平均指数和加权调和平均指数；按不同的权数，平均指数分为基期价值总量权数平均指数（又称"数量指标平均指数"）、报告期价值总量权数平均指数（又称"质量指标平均指数"）和固定权数平均指数三种。

8.2.1 数量指标平均指数

由数量指标综合指数公式 $\overline{K_{\mathrm{q}}} = \dfrac{\sum q_1 p_0}{\sum q_0 p_0}$ 作如下推导：

由 $K_{\mathrm{q}} = \dfrac{q_1}{q_0}$ 得 $q_1 = K_{\mathrm{q}} q_0$，代入上式得

$$\overline{K_{\mathrm{q}}} = \frac{\sum K_{\mathrm{q}} q_0 p_0}{\sum q_0 p_0} = \sum K_{\mathrm{q}} \frac{q_0 p_0}{\sum q_0 p_0} \tag{8.12}$$

可见该公式是以个体指数 K_{q} 为变量，以基期价值 $\dfrac{q_0 p_0}{\sum q_0 p_0}$ 为权数计算的加权算术平均指数，也就是数量指标综合指数的变形。虽然其公式的形式与综合指数的形式不同，但其实质内

容和计算结果应该是相同的。

【例8.4】 根据表8.1的有关数据作如下修改,假设我们只知道三种商品销售量个体指数和基期的价值总量 p_0q_0,见表8.2,计算销售量总指数。

表8.2 销售量的个体指数、基期销售额

商　品	$K_q = \dfrac{q_1}{q_0}$	p_0q_0
食用油	106%	20 202.5
服装	106.67%	63 750
面粉	92%	1 640

解:将相关数据代入公式得

$$\overline{K_q} = \frac{\sum K_q p_0 q_0}{\sum p_0 q_0} = \frac{1.06 \times 20\,202.5 + 1.066\,7 \times 63\,750 + 0.92 \times 1\,640}{20\,202.5 + 63\,750 + 1\,640} \times 100\% = 106.23\%$$

8.2.2 质量指标平均法指数

由质量指标综合指数公式 $\overline{K_p} = \dfrac{\sum p_1 q_1}{\sum p_0 q_1}$ 作如下推导:

由 $K_p = \dfrac{p_1}{p_0}$ 得 $p_0 = \dfrac{p_1}{K_p}$,代入上式得

$$\overline{K_p} = \frac{\sum p_1 q_1}{\sum p_0 q_1} = \frac{\sum p_1 q_1}{\sum \dfrac{1}{K_p} p_1 q_1} \tag{8.13}$$

可见该公式是以个体指数 K_p 为变量,以报告期价值总量 $p_1 q_1$ 为权数计算的加权调和平均指数,也是质量指标综合指数的变形。虽然其公式的形式与综合指数的形式不同,但其实质内容和计算结果应该是相同的。

【例8.5】 根据表8.1的有关数据作如下修改,现假设我们只知道三种商品的价格个体指数和报告期的价值总量 $p_1 q_1$,见表8.3,计算价格总指数。

表8.3 价格个体指数、报告期价值总量

商　品	$K_p = \dfrac{p_1}{p_0}$	$p_1 q_1$
食用油	132.58%	28 392.1
服装	70.59%	48 000
面粉	119.51%	1 803.2

解:将相关数据代入公式得

$$\overline{K_p} = \frac{\sum p_1 q_1}{\sum \dfrac{1}{K_p} p_1 q_1} = \frac{28\,392.1 + 48\,000 + 1\,803.2}{\dfrac{28\,392.1}{1.325\,8} + \dfrac{48\,000}{0.705\,9} + \dfrac{1\,803.2}{1.195\,1}} \times 100\% = 86\%$$

综上所述,数量指标平均指数以 $\dfrac{p_0 q_0}{\sum p_0 q_0}$ 为权数,对数量指标个体指数进行加权算术平均

得到;质量指标平均指数以 $\dfrac{\sum p_1 q_1}{p_1 q_1}$ 为权数,对质量指标个体指数进行加权调和平均得到;其编制原则与综合指数编制的一般原则相一致,且最终都可转化为综合指数公式。

8.2.3　固定权数平均指数

固定权数的平均指数采用固定权数对个体指数进行加权平均计算,平均指数就已经不再是"综合指数的变形"了,其权数可以在一定时期内相对固定下来,连续使用几年,且权数的表现形式多采用比重相对数,在平均的形式上主要以算术平均为主。其标准公式为

$$\overline{K} = \frac{\sum KW}{\sum W} \tag{8.14}$$

式中,K 是个体指数;W 为固定权数,它通常是在过去资料的基础上调整而成的。

固定权数平均指数在国内外的指数实践中得到了广泛应用,如生活中常见的零售物价指数、居民消费价格指数、工业生产指数等,都属于这种形式的指数。它往往采用经济发展比较稳定的某一时期的价值总量结构作为固定的权数,一经确定便沿用 5 ~ 10 年不变,这就大大减少了工作量。同时,在不同时期内采用同样的权数,可比性强,有利于从时间上纵向分析经济现象的发展。

【例 8.6】　某地区某年粮食价格和固定权重见表 8.4,计算价格总指数。

解:计算结果见表 8.4。

表 8.4　某地区年零售商品食品类价格指数计算表

商品类型及项目	平均价格/(元·kg⁻¹)		个体指数 /% $K_P = \dfrac{p_1}{p_0}$	权数 W/%	细粮类指数 /% $\overline{K}_P = \dfrac{\sum K_P W}{\sum W}$	粮食类指数 /% $\overline{K}_P = \dfrac{\sum K_P W}{\sum W}$
	基期 p_0	报告期 p_1				
(1)细粮				60		
大米	1.78	2.03	114.04	80	110.86	106.52
面粉	2.16	2.12	98.15	20		
(2)粗粮	1.50	1.50	100	40		

现实中,计算价格指数往往要根据多层次、多类别来计算综合指数,其方法可仿照以上步骤,先计算个体指数、小类指数、中类指数,再根据各中类指数及相应的权数计算出各大类的指数,最后根据各大类指数及相应的权数,加权平均求出反映全部商品价格变动的零售物价总指数。

8.3　指数体系与因素分析

社会经济现象之间的相互联系可以通过相应的指标体系表现出来,例如,

商品销售额 = 商品销售量 × 商品销售价格

工业总产值 = 职工人数 × 劳动生产率

产品总成本 = 产品产量 × 产品单位成本

销售利润 = 销售量 × 销售价格 × 销售利润率

对这种静态上的数量关系,在应用指数进行动态分析时,数量关系仍然成立,即

商品销售额指数 = 商品销售量指数 × 商品销售价格指数

工业总产值指数 = 职工人数指数 × 劳动生产率指数

产品总成本指数 = 产品产量指数 × 产品单位成本指数

销售利润指数 = 销售量指数 × 销售价格指数 × 销售利润率指数

把这种经济上有联系、数量上保持一定关系的三个或三个以上的指数称为指数体系。等式左边被说明的指数(如商品销售额指数、工业总产值指数等)称为总变动指数;等式右边用来说明总变动指数的指数称为因素指数(因素指数可以不止两个)。

编制指数体系时,应以编制综合指数的一般原则为依据。例如,商品销售额指数 = 商品销售量指数 × 商品销售价格指数,即

$$\frac{\sum p_1 q_1}{\sum p_0 q_0} = \frac{\sum p_0 q_1}{\sum p_0 q_0} \times \frac{\sum p_1 q_1}{\sum p_0 q_1} \tag{8.15}$$

这种数量上的对应关系,不仅表现在相对数之间,也表现在绝对数之间,即

销售额的总变动量 = 销售量变动引起的增减额 + 价格变动引起的增减额

$$\sum p_1 q_1 - \sum p_0 q_0 = \left(\sum p_0 q_1 - \sum p_0 q_0 \right) + \left(\sum p_1 q_1 - \sum p_0 q_1 \right) \tag{8.16}$$

指数体系是因素分析的基础和依据。所谓因素分析,就是利用指数体系对多因素现象进行动态对比分析,从相对数和绝对数方面来测定各个因素在总变动中的影响程度。这种分析可以深刻揭露复杂经济现象背后的本质,有助于我们更好地掌握现象的规律和特征,以便做出正确的决策。

8.3.1 总量指标变动的两因素分析

总量指标变动的两因素分析法就是将总量指标分解为数量指标和质量指标两个因素,通过建立指标体系,分别从相对数方面测定各影响因素的变动程度,从绝对数方面测定各影响因素所引起的总量指标变动额。

【例8.7】 某企业成本资料见表8.5,分析总成本变动因素。

表8.5 某企业总成本资料

产品名称	计量单位	产量		单位产品成本/元		成本总额/元		
		报告期 q_1	基期 q_0	报告期 z_1	基期 z_0	$z_0 q_0$	$z_1 q_1$	$z_0 q_1$
甲	件	13 500	15 000	8	8.8	132 000	108 000	118 800
乙	kg	11 100	10 350	10	15	155 250	111 000	166 500
丙	m	4 050	4 700	6	4	18 800	24 300	16 200
合计	—					306 050	243 300	301 500

解：(1)成本总额变动分析：

$$成本总额变动指数 = \frac{\sum z_1 q_1}{\sum z_0 q_0} = \frac{243\ 300}{306\ 050} \times 100\% = 79.5\%$$

$$成本总额变动的绝对量 = \sum z_1 q_1 - \sum z_0 q_0 = -62\ 750\ 元$$

(2)产量变动影响分析：

$$产量变动影响程度 = \frac{\sum z_0 q_1}{\sum z_0 q_0} = \frac{301\ 500}{306\ 050} \times 100\% = 98.51\%$$

$$产量变动影响绝对量 = \sum z_0 q_1 - \sum z_0 q_0 = -4\ 550\ 元$$

(3)单位产品成本影响分析：

$$单位产品成本变动影响程度 = \frac{\sum z_1 q_1}{\sum z_0 q_1} = \frac{243\ 300}{301\ 500} \times 100\% = 80.7\%$$

$$单位产品成本变动影响绝对量 = \sum z_1 q_1 - \sum z_0 q_1 = -58\ 200\ 元$$

(4)影响因素综合分析：

$$\frac{\sum z_1 q_1}{\sum z_0 q_0} = \frac{\sum z_0 q_1}{\sum z_0 q_0} \times \frac{\sum z_1 q_1}{\sum z_0 q_1}$$

$$79.5\% = 98.51\% \times 80.7\%$$

$$\sum z_1 q_1 - \sum z_0 q_0 = \left(\sum z_0 q_1 - \sum z_0 q_0 \right) + \left(\sum z_1 q_1 - \sum z_0 q_1 \right)$$

$$-62\ 750\ 元 = -4\ 550\ 元 + (-58\ 200)\ 元$$

分析结果表明：从相对数方面看，该企业的成本总额报告期比基期减少20.5%，是由于产量降低1.49%和产品单位成本降低19.3%这两个因素共同作用的结果。从绝对数方面看，该企业成本总额报告期比基期减少62 750元，是由于产量下降使成本总额减少4 550元和单位成本下降使成本总额减少58 200元共同作用的结果。

上面因素分析中成本总额的差额是由产量变动带来的差额$\sum (q_1 - q_0) z_1$和单位产品成本变动带来的差额$\sum (z_1 - z_0) q_1$组成。而其中单位成本变动引起$\sum (z_1 - z_0) q_1$的差额除了单位成本本身的变动影响外，还包含了单位成本和产量同时变动的影响，这是因为产量因素固定在报告期，就意味着其中隐含了产量从基期到报告期的变化，这两个因素同时变动的影响我们称为共变因素的影响。

8.3.2　平均指标变动的两因素分析

将两个不同时期的同一经济内容的平均指标对比，所计算的动态对比关系的相对数，称为平均指标指数，如劳动生产率指数(报告期的劳动生产率比基期的劳动生产率)、平均工资指数(报告期的平均工资比基期的平均工资)等。分子分母的平均指标是针对分组资料计算的，是对各组平均数的加权平均，其权数是各组单位数占总体单位数的比重。

平均指标指数的变动受两个因素的影响：一个是各组平均水平变动的影响，另一个是各组单位数在总体中所占比重的影响。例如，劳动生产率的变动，既受各组劳动生产率水平变动的影响,也受不同劳动生产率的工人在总体中所占比重的影响。

$$\frac{报告期平均数}{基期平均数} = \frac{\dfrac{\sum x_1 f_1}{\sum f_1}}{\dfrac{\sum x_0 f_0}{\sum f_0}} = \frac{\dfrac{\sum x_1 f_1}{\sum f_1}}{\dfrac{\sum x_0 f_1}{\sum f_1}} \times \frac{\dfrac{\sum x_0 f_1}{\sum f_1}}{\dfrac{\sum x_0 f_0}{\sum f_0}} \qquad (8.17)$$

平均指标指数体系的因素分解见表8.6。

表 8.6　平均指标指数体系的因素分解

因　素	表达式	意　义	作　用
可变构成指数	$\dfrac{\dfrac{\sum x_1 f_1}{\sum f_1}}{\dfrac{\sum x_0 f_0}{\sum f_0}}$	同一经济内容的平均指标在不同时期的对比	综合反映各组平均水平和各组所占比重这两个因素变动对平均指标变动的影响程度。在结构影响较大的情况下,可变构成指数的数值可能超出各组的变动程度范围
固定构成指数	$\dfrac{\dfrac{\sum x_1 f_1}{\sum f_1}}{\dfrac{\sum x_0 f_1}{\sum f_1}}$	将总体内部结构固定起来计算的平均指标指数	单纯反映各组水平变动对总体平均指标变动的影响。将总体的结构固定在报告期来反映各组平均水平对总平均指标变动的影响。在数值上,它总是介于各组指数的范围内
结构影响指数	$\dfrac{\dfrac{\sum x_0 f_1}{\sum f_1}}{\dfrac{\sum x_0 f_0}{\sum f_0}}$	将各组平均水平固定起来计算的平均指标指数	单纯反映总体结构变动的影响。将各组平均水平固定在基期,以纯粹反映单位结构变动对总平均指标变动的影响程度

平均指标指数体系绝对数变动的关系

$$\frac{\sum x_1 f_1}{\sum f_0} - \frac{\sum x_0 f_0}{\sum f_0} = \left(\frac{\sum x_1 f_1}{\sum f_1} - \frac{\sum x_0 f_1}{\sum f_1} \right) + \left(\frac{\sum x_0 f_1}{\sum f_1} - \frac{\sum x_0 f_0}{\sum f_0} \right) \qquad (8.18)$$

【例8.8】　某企业各车间的劳动生产率和人数资料见表8.7,分析由于劳动生产率水平和人数结构变动对企业平均劳动生产率的影响。

表 8.7　某企业劳动生产率数据资料

车　间	劳动生产率/(元·人⁻¹)		人数/人		总产值/万元		
	x_0	x_1	f_0	f_1	$x_0 f_0$	$x_1 f_1$	$x_0 f_1$
甲车间	7 000	7 500	80	60	56	45	42
乙车间	7 500	8 200	70	90	52.5	73.8	67.5
丙车间	8 000	8 300	50	100	40	83	80
合　计			200	250	148.5	201.8	189.5

解:（1）计算平均劳动生产率变动指数

$$可变构成指数 = \frac{\sum x_1 f_1}{\sum f_1} \div \frac{\sum x_0 f_0}{\sum f_0} = \frac{8\,072}{7\,425} = 108.71\%$$

$$变动绝对额 = \frac{\sum x_1 f_1}{\sum f_1} - \frac{\sum x_0 f_0}{\sum f_0} = 8\,072\,元 - 7\,425\,元 = 647\,元$$

（2）计算各车间劳动生产率变动影响指数

$$固定构成指数 = \frac{\sum x_1 f_1}{\sum f_1} \div \frac{\sum x_0 f_1}{\sum f_1} = \frac{8\,072\,元}{7\,580\,元} \times 100\% = 106.49\%$$

$$各车间劳动生产率水平变动绝对额 = \frac{\sum x_1 f_1}{\sum f_1} - \frac{\sum x_0 f_1}{\sum f_1} = 8\,072\,元 - 7\,580\,元 = 492\,元$$

（3）计算结构变动影响指数

$$结构影响指数 = \frac{\sum x_0 f_1}{\sum f_1} \div \frac{\sum x_0 f_0}{\sum f_0} = \frac{7\,580\,元}{7\,425\,元} \times 100\% = 102.09\%$$

$$结构影响变动绝对额 = \frac{\sum x_0 f_1}{\sum f_1} - \frac{\sum x_0 f_0}{\sum f_0} = 7\,580\,元 - 7\,425\,元 = 155\,元$$

（4）影响因素综合分析

总平均劳动生产率指数 = 结构变动影响指数 × 各车间平均劳动生产率变动影响指数

$$108.71\% = 106.49\% \times 102.09\%$$

总平均劳动生产率变动绝对额 = 结构变动影响额 + 各车间劳动生产率变动影响额

$$\frac{\sum x_1 f_1}{\sum f_1} - \frac{\sum x_0 f_0}{\sum f_0} = \left(\frac{\sum x_0 f_1}{\sum f_1} - \frac{\sum x_0 f_0}{\sum f_0} \right) + \left(\frac{\sum x_1 f_1}{\sum f_1} - \frac{\sum x_0 f_1}{\sum f_1} \right)$$

$$8\,072\,元 - 7\,425\,元 = (7\,580\,元 - 7\,425\,元) + (8\,072\,元 - 7\,580\,元)$$

$$647\,元 = 155\,元 + 492\,元$$

分析结果表明：从相对数方面看，该企业总平均劳动生产率报告期比基期上涨了8.71%，这是因为各车间劳动生产率水平变动使总平均劳动生产率上升6.49%，职工结构变动影响使总平均劳动生产率上涨2.09%，二者共同作用的结果；从绝对数方面看，该企业总平均劳动生产率报告期比基期增加647元，这是因为各车间职工劳动生产率水平变动使总平均工资增加492元，职工结构变动影响使总平均增加155元的共同结果。

8.3.3 总量指标变动的多因素分析

总量指标变动的多因素分析就是将反映复杂经济现象的总量指标分解为三个或三个以上的影响因素，分别测定各影响因素对该现象的影响程度和影响的绝对额。例如，销售利润 = 销售量 × 销售价格 × 销售利润率。

多因素分析的原理和方法与前面讲的两因素分析一致。

【例8.9】 某企业的销售情况见表8.8，分析利润总额的变动因素。

表8.8　某企业销售相关资料

产品名称	计量单位	销售量		单位商品价格/元		利润率/%	
		q_0	q_1	p_0	p_1	r_0	r_1
甲	台	4 500	5 000	60	65	8	7
乙	个	230	220	200	180	29	34
丙	件	140	150	300	280	10	15

解:(1)利润总额变动分析

利润总额变动指数

$$= \frac{\sum q_1 p_1 r_1}{\sum q_0 p_0 r_0} = \frac{5\,000 \times 65 \times 7 + 220 \times 180 \times 34 + 150 \times 280 \times 15}{4\,500 \times 60 \times 8 + 230 \times 200 \times 29 + 140 \times 300 \times 10} \times 100\% = 108.62\%$$

利润总额变动的绝对量

$$= \sum q_1 p_1 r_1 - \sum q_0 p_0 r_0 = 425.14\,万元 - 391.4\,万元 = 33.74\,万元$$

(2)销售量变动影响分析

$$销售量变动影响程度 = \frac{\sum q_1 p_0 r_0}{\sum q_0 p_0 r_0} = \frac{5\,000 \times 60 \times 8 + 220 \times 200 \times 29 + 150 \times 300 \times 10}{4\,500 \times 60 \times 8 + 230 \times 200 \times 29 + 140 \times 300 \times 10} \times$$

$100\% = 105.42\%$

销售量变动影响绝对量 $= \sum q_1 p_0 r_0 - \sum q_0 p_0 r_0 = 412.6\,万元 - 391.4\,万元 = 21.2\,万元$

(3)单位产品价格影响分析

$$单位产品价格变动影响程度 = \frac{\sum q_1 p_1 r_0}{\sum q_1 p_0 r_0} = \frac{5\,000 \times 65 \times 8 + 220 \times 180 \times 29 + 150 \times 280 \times 10}{5\,000 \times 60 \times 8 + 220 \times 200 \times 29 + 150 \times 300 \times 10} \times$$

$100\% = 101.03\%$

单位产品价格变动影响绝对量 $= \sum q_1 p_1 r_0 - \sum q_1 p_0 r_0 = 416.84\,万元 - 412.6\,万元 =$

$4.24\,万元$

(4)利润率影响分析

$$利润率变动影响程度 = \frac{\sum q_1 p_1 r_1}{\sum q_1 p_1 r_0} = \frac{5\,000 \times 65 \times 7 + 220 \times 180 \times 34 + 150 \times 280 \times 15}{5\,000 \times 65 \times 8 + 220 \times 180 \times 29 + 150 \times 280 \times 10} \times$$

$100\% = 101.99\%$

利润率变动影响绝对量 $= \sum q_1 p_1 r_1 - \sum q_1 p_1 r_0 = 8.3\,万元$

(5)影响因素综合分析

$$\frac{\sum q_1 p_1 r_1}{\sum q_0 p_0 r_0} = \frac{\sum q_1 p_0 r_0}{\sum q_0 p_0 r_0} \times \frac{\sum q_1 p_1 r_0}{\sum q_1 p_0 r_0} \times \frac{\sum q_1 p_1 r_1}{\sum q_1 p_1 r_0}$$

即 $108.62\% = 105.42\% \times 101.03\% \times 101.99\%$

$$\sum q_1 p_1 r_1 - \sum q_0 p_0 r_0 = \left(\sum q_1 p_0 r_0 - \sum q_0 p_0 r_0 \right) + \left(\sum q_1 p_1 r_0 - \sum q_1 p_0 r_0 \right) + \left(\sum q_1 p_1 r_1 - \right.$$

$$\sum q_1 p_1 r_0)$$

即 33. 74 万元 = 21. 2 万元 + 4. 24 万元 + 8. 3 万元

分析结果表明:从相对数方面看,该企业的利润总额报告期比基期增 8. 62% ,是由于销售量增长 5. 42% 、产品单位价格上涨 1. 03% 和利润率上涨 1. 99% 这三个因素共同作用的结果;从绝对数方面看,该企业利润总额报告期比基期增加 33. 74 万元,是由于销售量上升使利润总额增加 21. 2 万元、单位产品价格上涨使利润额增加 4. 24 万元和利润率增加使利润总额增加 8. 3 万元共同作用的结果。

8.4 经济指数与综合评价指数

8.4.1 常见的经济指数

(1)居民消费价格指数

居民消费价格指数(CPI)是反映城乡居民所购买的消费品价格、生活服务价格的变动趋势和变动程度的指数,是市场经济活动与政府货币政策的一个重要参考指标。

CPI 的编制方法与商品零售价格指数的编制大体一致,都是采用抽样方法定人、定时、定点调查登记代表规格品种和服务项目的价格,在计算平均价格的单项价格指数基础上,按加权算术平均数指数公式 $\left(\text{CPI} = \dfrac{\sum K_P W}{\sum W} \right)$ 计算。

CPI 不仅可以实时监控居民生活消费品和服务项目价格水平的变动,还可以此为依据间接反映经济生活领域其他指标的变动,派生出其他一些指数。

1)反映通货膨胀程度

通货膨胀的严重程度是用通货膨胀率来反映的,它说明了一定时期内商品价格持续上涨的幅度。计算通货膨胀率用居民消费价格指数来计算

$$\text{通货膨胀率} = \frac{\text{报告期 CPI} - \text{基数 CPI}}{\text{基数 CPI}} \times 100\% \tag{8.19}$$

如果计算结果大于 100% ,表示存在通货膨胀现象,若计算结果小于 100% ,则表明出现通货紧缩现象,即物价下跌,币值提高。通货膨胀率通常选择上一年为基期。

2)反映货币购买力的变动

居民消费价格指数除了能够反映通货膨胀状况,还用于反映货币购买力变动。货币购买力指数是反映货币购买力变动情况的相对数,而货币购买力是指单位货币所能买到的商品和服务的数量。它的大小直接受商品和服务价格的影响。商品和服务价格上涨,单位货币购买力就下降,居民以货币购买的商品和服务的数量就减少,生活水平就会下降。显然它与 CPI 呈反比关系。CPI 上涨,货币购买力下降,反之则上升。因此,货币购买力指数可以由价格指数的倒数表示。其计算公式为

$$\text{货币购买力指数} = \frac{1}{\text{CPI}} \times 100\% \tag{8.20}$$

3）反映职工实际工资的变动

实际工资指工人用货币工资实际买到的各类生活资料和服务的数量。CPI 提高意味着实际工资的减少，消费价格指数下降则意味着实际工资的提高。其计算公式为

$$职工实际工资指数 = \frac{职工平均工资指数}{CPI} \times 100\% \tag{8.21}$$

（2）工业生产指数

工业生产指数概括反映一个国家或地区各种工业产品产量的综合变动程度。工业生产指数是通过计算各种工业产品的不变价产值来加以编制的。首先，对各种工业产品分别制订相应的不变价标准（p_c）；其次，逐项计算各种产品的不变价产值，加总起来就得到全部工业产品的不变价总产值；最后，将不同时期的不变价总产值加以对比，就得到相应时期的工业生产指数。

$$\overline{K_q} = \frac{\sum q_t p_c}{\sum q_0 p_c} 或 \overline{K_q} = \frac{\sum K_q p_0 q_0}{\sum p_0 q_0}$$

（3）产品成本指数

产品成本指数反映生产各种产品的单位成本水平的综合变动程度。采用帕氏公式来编制。

$$\overline{K_P} = \frac{\sum p_1 q_1}{\sum p_0 q_1}$$

类似地，还可以编制成本计划完成情况指数，用以检查有关成本计划的执行情况，用 p_n 表示计划单位成本水平，则

$$\overline{K_P} = \frac{\sum p_1 q_1}{\sum p_n q_1}$$

（4）空间价格指数

空间价格指数用于比较不同地区或不同国家各种商品价格的综合差异程度。以报告期和基期的数量为同度量因素，比较 A、B 两地区的价格，编制空间价格指数，其计算公式为

$$\overline{K_P} = \frac{\sum p_A(q_A + q_B)}{\sum p_B(q_A + q_B)}$$

（5）股票价格指数

股票价格指数是描述股票市场总的价格水平变化的指标。股票价格指数由一些有影响的金融机构或金融研究组织编制，并定期发布。股价指数的单位一般用"点"表示，通常以某年某月为基期，以这个基期的股票价格作为 100，每上升或下降一个单位称为 1 点。通常一个股票市场中不只有一个股票价格指数。股票价格指数是选取有代表性的一组股票的价格通过一定的计算得到的，各种指数具体的股票选取和计算方法是不同的。

1）编制股价指数方法

编制股价指数时通常采用过去某一时刻（基期）部分有代表性的或全部上市公司的股票行情状况为标准参照值，将当期部分有代表性的或全部上市公司的股票行情与标准参照值相

比的方法。具体计算方法有综合法、相对法、加权法等三种。

①综合法:先将样本股票的基期和报告期价格分别加总,然后相比求出股价指数。其计算公式为:股价指数 $= \dfrac{\sum P_1}{\sum P_0}$。

②相对法:先计算各样本股票的个体股价指数,再按简单算术平均法求得总体股价指数。其计算公式为:股价指数 $= \dfrac{1}{n} \sum \dfrac{P_1}{P_0}$。

③加权法:以样本股票的发行量或交易量为同度量因素来计算股价指数。其计算公式为:股价指数 $= \dfrac{\sum p_1 q_1}{\sum p_0 q_1}$。

2)常见的股票价格指数

世界各地的股票交易市场星罗棋布,已经成为一般资本市场的代表,股市行情不仅集中反映资本市场的动态,也是分析、预测发展趋势进而决定投资行为的主要依据,更是国家经济波动的晴雨表。常见的几种股票价格指数如下:

①道·琼斯股票价格指数。道琼斯指数(Dow Jones Indexes)是一种算术平均股价指数,是显示纽约股票交易所的价格趋势与动态的一种综合指数,是世界上历史最为悠久的股票指数。道·琼斯股票价格平均指数共分四组:第一组是工业股票价格平均指数;第二组是运输业股票价格平均指数;第三组是公用事业股票价格平均指数;第四组是综合股价指数。

②标准·普尔股票价格指数。美国最大的证券研究机构标准·普尔公司编制的股票价格指数称为标准·普尔股票价格指数。标准·普尔公司股票价格指数以 1941—1943 年抽样股票的平均市价为基期,以上市股票数为权数,按基期进行加权计算,其基点数为 10。以目前的股票市场价格乘以股票市场上发行的股票数量作为分子,用基期的股票市场价格乘以基期股票数作为分母,相除之后再乘以 10 就是股票价格指数。

③香港恒生指数。香港恒生指数是由香港恒生银行于 1969 年 11 月 24 日开始编制的用以反映香港股市行情的一种股票指数,是香港股票市场上历史最久、影响最大的股票价格指数。恒生股票价格指数是从香港 500 多家上市公司中挑选出来的 33 家有代表性的股票(成分股)作为计算的对象,以采样股在基期的发行量为权数加权平均计算的,该指数每天计算 3 次。选出的 33 种成分股中金融业占 4 种、公用事业占 6 种、地产业占 9 种,其他工商业包括航运及酒店占 14 种。这些股票占香港股票市值的 63.8%,故恒生指数是目前香港股票市场最具权威性和代表性的股票价格指数。

④上证股价指数。"上证指数"全称"上海证券交易所综合股价指数",它是上海证券交易所编制的,以 1990 年 12 月 19 日为基期,以上海证交所挂牌上市的包括 A 股和 B 股在内的全部股票为计算范围,以报告期股票发行量为权数进行编制。其计算公式为

$$今日股价指数 = \frac{今日市价总值}{基日市价总值} \times 100\%$$

具体计算方法是以基期和计算日的股票收盘价(如当日无成交,则延用上一日收盘价)分别乘以该股票的发行股数,从而求得每一只股票的本日市值和基期股票市值,然后将所有样本股的本日市值和基期市值分别相加,求得基期和计算日市价总值,两者相除后再乘以基数

100 即得股价指数。如遇上市股票增资扩股或新增(删除)时,则需采用"除数修正法"修正原固定除数,以维持指数的连续性。其修正公式为

$$修正后的除数 = \frac{修正后的市价总值}{修正前的市价总值} \times 原除数$$

8.4.2 综合评价指数

根据指数分析的原理,将多个指标转化为一个能够反映综合情况的指标来进行评价,这种分析方法称为综合评价指数法。

(1)综合评价的步骤

①确定综合评价指标体系,这是综合评价的基础和依据。

②对不同计量单位的指标数据进行同度量处理。一是使所有指标方向一致,二是解决各指标的无量纲化问题。

③确定指标体系中各指标的权数,以保证评价的科学性。权数确定的客观方法有主成分分析法、聚类分析法及模糊综合评价法等,权数确定的主观方法有德尔菲法等。

④对经过处理后的指标再进行汇总计算出综合评价指数或综合评价分值。

⑤根据评价指数或分值对参评单位进行排序,并由此得出结论。

(2)标准比值法构建综合评价指数

通过对各项参评指标分别确定单一的对比标准来计算个体指数,然后将各个体指数加权平均得到综合评价指数。其个体指数的计算公式为

$$I_i = \frac{x_i}{x_m} \tag{8.22}$$

式中,I_i 为第 i 项指标的个体指数;x_i 为第 i 项指标的实际值;x_m 为第 i 项指标的标准值。

在消除了不同指标的量纲问题后,还必须处理所有指标的同向性问题,即将逆指标正向化,具体方法是直接对逆指标求倒数,使其成为正向指标。

【例8.10】 有5个工业企业的六项经济效益指标见表8.9,按综合效益对5个企业进行排序。

表8.9 5个工业企业的经济效益表

指 标	单 位	标 准	权 重	经济效益实际值				
				A	B	C	D	E
产品销售率	%	97.5	14	98.5	97	99	90.4	85.2
资金利税率	%	13.6	30	14.2	13.6	13.8	12.5	10.3
利润率	%	8.4	15	7.4	8.5	9.4	8.1	6.8
增加值率	%	29	11	26	27	30	25.5	26.2
劳动生产率	元/人	6 210	10	6 850	6 450	7 200	5 800	5 500
资金周转率	次/年	1.8	20	1.95	1.8	2	1.5	1.7

解:先计算个体指数权值,比如,计算 A 企业产品销售率指数权值:

$$(98.5 \div 97.5) \times 14 = 14.143\,59$$

同样的方法计算出其他个体指数,再将每一个企业的个体指数权值求和得综合指数,最后按综合指数的大小排序,计算结果见表 8.10。

表 8.10　综合指数计算

指　标	A	B	C	D	E
产品销售率	14.143 59	13.928 21	14.215 38	12.980 51	12.233 85
资金利税率	31.323 53	30	30.441 18	27.573 53	22.720 59
利润率	13.214 29	15.178 57	16.785 71	14.464 29	12.142 86
增加值率	9.862 069	10.241 38	11.379 31	9.672 414	9.937 931
劳动生产率	11.030 6	10.386 47	11.594 2	9.339 775	8.856 683
资金周转率	21.666 67	20	22.222 22	16.666 67	18.888 89
综合指数	101.240 7	99.734 63	106.638	90.697 18	84.780 79
排名	2	3	1	4	5

(3) 功效系数法构建综合评价指数

通过对各项参评指标分别确定阈值,包括一个上限值(满意值)和一个下限值(不允许值),并运用特定的函数处理方法计算出个体指数,然后将各个体指数加权平均得到综合评价指数。其个体指数的计算公式为

$$I_i = \frac{x_i - x_s}{x_h - x_s} \tag{8.23}$$

式中,I_i 称为第 i 项指标的功效系数,$I_i \in (0,1)$;x_i 为第 i 项指标的实际值;x_s 为第 i 项指标的不允许值;x_h 为第 i 项指标的满意值。

将各指标的功效系数适当加权,就可以得到最后的综合指数。

在实际应用中,为了避免个体指数为零的情况,同时又符合习惯的百分制评分方法,通常对个体指数的计算做如下改进,也称为改进的功效系数,即

$$I_i = \frac{x_i - x_s}{x_h - x_s} \times 40 + 60 \tag{8.24}$$

显然,这时计算出来的 I_i 取值一般在 $60 \sim 100$。当 $x_i = x_s$,则 $I_i = 60$ 分,恰好及格;当 $x_i = x_h$,则 $I_i = 100$ 分,是最好的情况。

8.4.3　运用 Excel 计算统计指数

统计指数在 Excel 中的计算简单易掌握,主要是利用各种指数公式在 Excel 的各单元格间进行算术运算,下面举例说明。

【例 8.11】　今有某企业生产费用资料见表 8.11,试利用 Excel 计算产量总指数。

表 8.11　某企业生产费用资料

产品种类	产品生产总费用/千元		产量个体指数
	基　期	报告期	
甲	7.9	8.5	1.08
乙	16.0	17.0	1.05
丙	5.9	6.0	1.02

解:具体操作过程如图 8.1 所示。

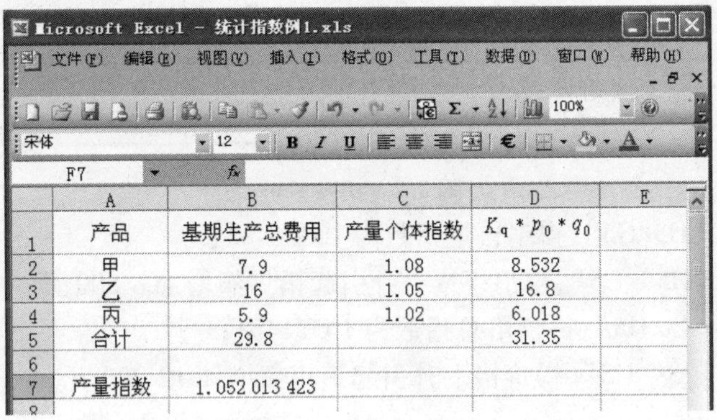

	A	B	C	D	E
1	产品	基期生产总费用	产量个体指数	$K_q*p_0*q_0$	
2	甲	7.9	1.08	8.532	
3	乙	16	1.05	16.8	
4	丙	5.9	1.02	6.018	
5	合计	29.8		31.35	
6					
7	产量指数	1.052 013 423			

图 8.1　产量指数计算

首先,在 B2:B4 和 C2:C4 中分别输入生产总费用的基期数据 p_0q_0 和产量个体指数 K_q。

其次,在 D2 单元格输入公式"=B2 * C2",按回车键,并用鼠标拖拽将公式复制到 D2:D4 区域,得到 $K_qp_0q_0$。

再次,在 B5 单元格输入"=SUM(B2:B4)",得到 $\sum p_0q_0 = 29.8$,在 D5 单元格输入"=SUM(D2:D4)",得到 $\sum K_qp_0q_0 = 31.35$。

最后,在 B7 单元格输入"=D5/B5",即得到产量总指数 $\dfrac{\sum K_qp_0q_0}{\sum p_0q_0} = 105.201\%$。

【例 8.12】　根据某厂三种产品的销售量资料,利用 Excel 进行因素分析,相关数据及操作过程如图 8.2 所示。

解:

首先,在 C2:C4 和 E2:E4 中分别输入基期和报告期价格,在 D2:D4 和 F2:F4 中分别输入基期和报告期销售量。

其次,在 G2 单元格输入"=C2 * D2",并将公式复制到 G3、G4 单元格,选定区域 G2:G4,单击工具栏上的"$\sum$"按钮(或用 SUM 函数),在 G5 单元格计算出 $\sum p_0q_0$ 的值。同理,在 H2 中输入"=C2 * F2",并复制到 H3、H4 中,再单击"$\sum$",在 H5 中得到 $\sum p_0q_1$ 的值;在 I2 中输入"=E2 * F2",复制公式到 I3、I4,单击"$\sum$"按钮对 I2:I4 求和,在 I5 中得到 $\sum p_1q_1$ 的值。

最后,在 C7 中输入"=I5/G5",求得销售额总指数为 108.97%;

在 F7 中输入"=I5−G5",得销售额总变动为 21 700 元;

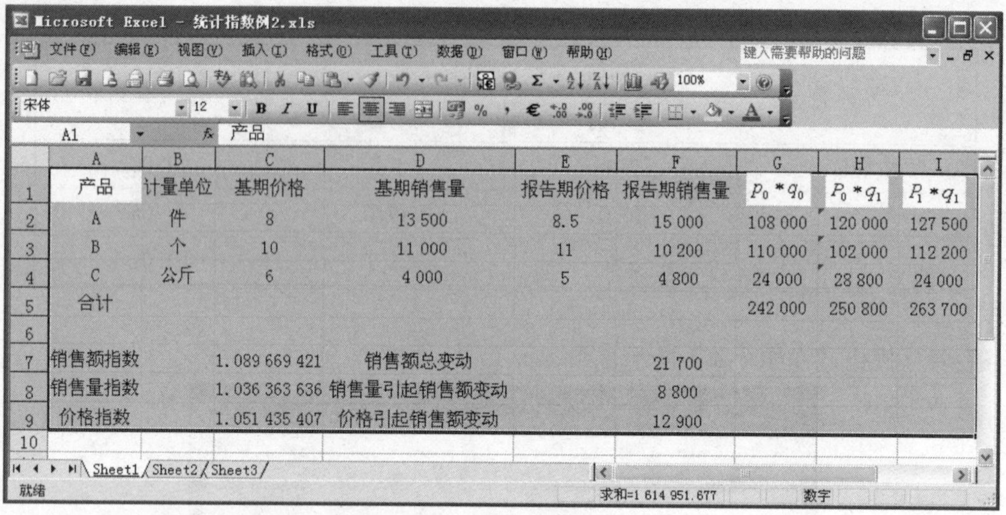

图 8.2　指数分析

在 C8 中输入"＝H5/G5",得销售量指数为 103.64%;

在 F8 中输入"＝H5－G5",得销售量上升引起销售额增加 8 800 元;

在 C9 中输入"＝I5/H5",得价格总指数为 105.14%;

在 F9 中输入"＝I5－H5",得价格上升引起销售额增加 12 900 元。

思考题

1. 数量综合指数和质量综合指数的特点是什么?

2. 平均指数与综合指数有何关系?

3. 简述综合指数的主要特点和编制的一般原则?

4. 评价拉氏、帕氏指数,马歇尔-埃奇沃斯指数和费雪理想指数?

5. 同度量因素有何意义、有何作用?

6. 比较综合指数与平均指数的区别与联系。

7. 什么是指数体系与因素分析,它们的作用是什么?

8. 指出平均指标与总量指标综合的指数体系如何进行因素分析?

9. 分析平均数指数与平均指标指数的区别与联系。

第三篇 应用统计推断

统计描述反映了客观现象的数量特征,根据这些特征进行推测——从局部推测总体,从事物发展的过去、现在推断事物发展的将来,从一事物推断他事物。从局部推测总体就是运用样本资料对总体的某一数量特征做出估计和推断,包括参数估计、假设检验和方差分析。参数估计是直接用样本数据估计总体数量特征,而假设检验是先对总体数量特征做出一定假设,再通过对样本数据的分析来判断这一假设的真伪,方差分析是假设检验进一步推广到两个以上总体均值的比较。从事物发展的过去、现在推断事物发展的将来,就是根据时间序列数据建立回归方程对未来进行预测。从一事物推断他事物就是根据样本间的相关关系建立回归方程去推测相应的总体之间的关系及回归方程。通过统计推断,从已知的数据信息挖掘出现象背后的数据信息,从显变量挖掘出潜变量,找到规律,从现象看到本质。本篇重点介绍参数估计、假设检验、方差分析、相关分析、回归分析,贯彻从已知推断未知的统计推断思想。通过本篇的学习,要掌握统计推断的基本原理与方法,能够根据部分数据信息挖掘出总体的规律性及数量特征。

第9章 参数估计

参数估计是从总体中抽取的样本来估计总体分布中包含的未知参数的方法。参数是描述总体特征的数值,统计学中把总体的指标统称为参数,参数一般是确定而未知的。从总体中随机抽样获得样本,由样本算得的相应的总体指标称为样本统计量,样本统计量是变化而可知的。参数估计就是用样本统计量来估计总体参数。

统计量不含未知参数,是样本的函数,是随机变量。例如,样本平均数、样本标准差等都是统计量。所抽取的样本不同,统计量也不同。因此,样本统计量是随机变量。总体参数真值是一个确定的数,但这个数我们不知道,需要用样本统计量来估计。在总体中抽取一个样本,根据样本计算一个估计值,用这个估计值去估计总体参数的值,称为参数估计。

设总体为 X,在总体中随机抽取的样本为 $x_1, x_2, \cdots, x_n$,由样本计算的统计量为 $\hat{\theta} = \hat{\theta}(x_1, x_2, \cdots, x_n)$,总体参数为 θ;则用 $\hat{\theta} = \hat{\theta}(x_1, x_2, \cdots, x_n)$ 的值作为总体参数 θ 的估计量称为参数估计。例如,用样本的均值 $\bar{x}$ 作为总体均值 μ 的估计量,用样本方差 S^2 作为总体方差 σ^2 的估计量等,都是参数估计。

9.1 总体参数的点估计

点估计也称定值估计,它是用抽样得到的样本指标数值直接作为总体参数估计值的一种推断方法。点估计计算方法简单,能以一个确定的值作为总体参数的估计值,一般适用于对估计的精确程度和可靠程度要求不高的情况。点估计值不可能准确无误地等于被估计的总体参数,点估计忽略了抽样误差和估计的可靠程度。

9.1.1 点估计的概念

从一批产品中随机抽取 100 件检验出 4 件不合格,样本的合格率是 96%,用样本的合格率 96% 去估计总体的合格率是 96%。如果产品的需求方对产品的合格率要求是 95%,那么这批产品就可出厂了。如果产品的需求方对产品的合格率要求是 98%,那么这批产品就不能出厂。

样本合格率叫作估计量,估计量是用来估计总体的。估计量的具体数值叫作估计值。总体的合格率叫作参数。用样本的合格率 96% 去估计总体的合格率是 96%,这种用样本的估计值直接作为总体参数的值,叫作点估计。

样本比率是估计量,样本比率的具体值是估计值;总体比率是参数,用样本比率的值直接作为总体比率的值,是点估计。

样本平均数是估计量,样本平均数的具体值是估计值;总体平均数是参数,用样本平均数的值直接作为总体平均数的值,是点估计。

样本方差是估计量,样本方差的具体值是估计值;总体方差是参数,用样本方差的值直接作为总体方差的值,是点估计。

9.1.2 点估计的优良性标准

同一个总体参数可用多个样本统计量来估计,衡量估计量的优良性有无偏性、有效性、一致性等三种标准。

无偏性——估计量抽样分布的数学期望等于被估计的总体参数,即 $E(\hat{\theta}) = \theta$。可以证明样本均值 $\bar{x}$ 是总体均值 μ 的无偏估计,即 $E(\bar{x}) = \mu$,样本方差 S^2 是总体方差 σ^2 的无偏估计,即 $E(S^2) = \sigma^2$。

有效性——由于无偏估计量不是唯一的,对同一个总体参数 θ 的两个无偏估计量 $\hat{\theta}_1$ 和 $\hat{\theta}_2$,用方差 $\mathrm{Var}(\hat{\theta}) = E(\hat{\theta} - \theta)^2$ 来衡量 $\hat{\theta}$ 对 θ 真值的偏离程度,若 $\mathrm{Var}(\hat{\theta}_1) < \mathrm{Var}(\hat{\theta}_2)$,则称 $\hat{\theta}_1$ 比 $\hat{\theta}_2$ 更有效。可以证明样本均值 $\bar{x}$ 是总体均值 μ 的有效估计量。

一致性——随着样本容量的增大样本估计量与被估参数真值越来越接近,即对任意小的 $\varepsilon > 0$,有 $\lim\limits_{n \to \infty} p(|\hat{\theta} - \theta| < \varepsilon) = 1$,则称 $\hat{\theta}$ 是 θ 的一致估计量。可以证明样本均值 $\bar{x}$ 是总体均值 μ 的一致估计,样本修正方差 $\widetilde{S}^2$ 是总体方差 σ^2 的一致估计。

9.1.3　点估计方法

点估计有矩估计法、顺序统计量法、最大似然法、最小二乘法等,这里仅介绍矩估计法。

对于正整数 K,称 $E((x - \mu)^K)$ 为随机变量 x 以 μ 为中心的 K 阶中心矩。当 $\mu = 0$ 时,称 $E(x^K)$ 为随机变量 x 的 K 阶原点矩,记作 V_K。当 $\mu = 0$、$k = 1$ 时,x 的一阶原点矩就是它的数学期望。当 $\mu = E(x)$ 时,称 $E((x - E(x))^K$ 为随机变量 x 的 K 阶中心矩,记作 μ_K。当 $\mu = E(x)$、$K = 2$ 时,x 的二阶中心矩就是它的方差。所谓矩估计就是用样本矩去估计相应的总体矩,用样本矩的函数去估计相应总体矩的函数。

(1)用样本矩去估计相应的总体矩

用样本的平均数去直接估计总体的平均数,即是用样本的一阶原点矩去估计总体的一阶原点矩;用样本的方差去直接估计总体的方差,即是用样本的二阶中心矩去估计总体的二阶中心矩,等等,都是矩估计。

(2)用样本矩的函数去估计相应总体矩的函数

以下用两例说明用样本矩的函数去估计相应总体矩的函数的方法。

【例9.1】　设总体 X 在 $[a, b]$ 区间上服从均匀分布,求参数 a、b。

解: 由于总体是均匀分布,所以总体平均数 $E(X) = \dfrac{a + b}{2}$,总体方差为

$$\sigma^2 = \frac{(b - a)^2}{12}$$

用样本均值 $\bar{x}$ 去估计总体均值 $E(X)$,用样本方差 S^2 去估计总体方差 σ^2,于是有以下方程组:

$$\begin{cases} \bar{x} = \dfrac{a + b}{2} \\ S^2 = \dfrac{(b - a)^2}{12} \end{cases}$$

解此方程组,得

$$\begin{cases} a = \bar{x} - \sqrt{3}\,S \\ b = \bar{x} + \sqrt{3}\,S \end{cases}$$

【例 9.2】 设总体 X 服从正态分布 $N(\mu, \sigma^2)$，求参数 μ、σ^2 的矩估计量。

解： 由于 $X \sim N(\mu, \sigma^2)$，所以总体矩有

$$\begin{cases} V_1 = E(X) = \mu \\ V_2 = E(X^2) = \sigma^2 + \mu^2 \end{cases}$$

在 X 中抽取的样本矩有

$$\begin{cases} \hat{V}_1 = \dfrac{1}{n}\sum_{i=1}^{n} x_i \\ \hat{V}_2 = \dfrac{1}{n}\sum_{i=1}^{n} x_i^2 \end{cases}$$

用样本的一阶中心矩 $\hat{V}_1$ 去估计总体的一阶中心矩 V_1，用样本的二阶中心矩 $\hat{V}_2$ 去估计总体的二阶中心矩 V_2，得

$$\mu = \frac{1}{n}\sum_{i=1}^{n} x_i$$

$$\sigma^2 = \frac{1}{n}\sum_{i=1}^{n} (x_i - \bar{x})^2$$

9.2 一个总体参数的区间估计

总体参数的区间估计是利用样本资料计算的统计量来估计总体参数所在的范围，并给出一定概率保证。总体参数所在的范围称为置信区间，概率保证称为置信度。

尽管总体的真实的合格率我们不知道，但我们有一定的把握度知道总体真实合格率落在样本合格率左右领域的一个区间内。比如，样本合格率是 96%，96% 加减一个允许误差 Δ，构成一个区间"$[96\% - \Delta, 96\% + \Delta]$"，要求有 95% 的把握度，总体真实的合格率落在这个区间内。则区间"$[96\% - \Delta, 96\% + \Delta]$"就是总体合格率的置信区间，"$96\% - \Delta$"是置信区间的下限，"$96\% + \Delta$"是置信区间的上限，95% 就是置信度。

根据样本 $x_1, x_2, \cdots, x_n$ 确定总体参数 θ 的两个估计量 $\hat{\theta}_1$ 和 $\hat{\theta}_2(\hat{\theta}_1 < \hat{\theta}_2)$，若对给定的 α（一般取 $\alpha = 0.1$ 或 0.05）满足 $P(\hat{\theta}_1 < \theta < \hat{\theta}_2) = 1 - \alpha$，则称随机区间 $(\hat{\theta}_1, \hat{\theta}_2)$ 是 θ 的置信度为 $1 - \alpha$ 的置信区间，$\hat{\theta}_1$ 和 $\hat{\theta}_2$ 分别称为置信下限和置信上限，$1 - \alpha$ 称为置信度。置信度表示总体参数 θ 的真值落入所估计区间 $(\hat{\theta}_1, \hat{\theta}_2)$ 之内的概率，而 α 是置信区间不包含总体参数真值的概率，比如，实验（或抽样）100 次，有 95 次所计算的统计量落在区间 $(\hat{\theta}_1, \hat{\theta}_2)$ 之内（置信度为 95%），有 5 次所计算的统计量落在区间 $(\hat{\theta}_1, \hat{\theta}_2)$ 之外。

区间估计的精度（置信区间）和可靠度（置信度）一目了然，并且区间估计可以在精度、可靠度和样本大小之间进行调整，以达到预先制订的要求。置信度 $1 - \alpha$ 越大，估计的可靠程度越高，总体参数真值落入置信区间的可能性越大。但当样本容量一定时，置信度的增加必然带来置信区间的增大，从而降低估计的精确度。可靠程度和精确度二者往往相互矛盾，要同时满足这两个要求，就要增加样本容量。在实际中增加样本容量有困难时，权衡二者，在保证置信度的前提下，尽可能提高精确度。

9.2.1 总体均值的置信区间

在对总体均值进行区间估计时,要考虑总体的分布类型、总体方差以及样本容量大小等因素,下面分三种情况讨论。

(1)正态总体且总体方差 σ^2 已知,求 μ 的置信区间

设总体 X 服从正态分布 $N(\mu,\sigma^2)$,并且 σ^2 已知,则样本均值 $\bar{x} \sim N\left(\mu,\dfrac{\sigma^2}{n}\right)$,对 $\bar{x}$ 标准化后

$Z = \dfrac{\bar{x}-\mu}{\sigma/\sqrt{n}} \sim N(0,1)$,如图 9.1 所示。

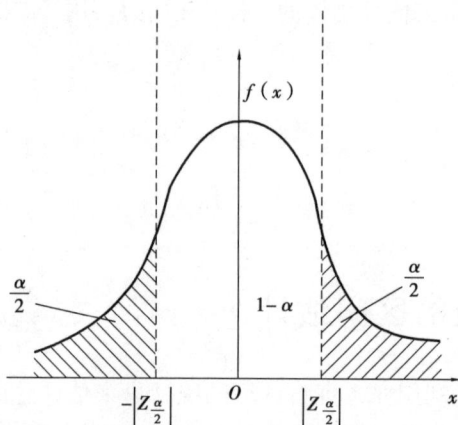

图 9.1　标准正态分布

对于给定的 α,使之满足 $P\left(-\left|Z_{\frac{\alpha}{2}}\right| < \dfrac{\bar{x}-\mu}{\sigma/\sqrt{n}} < \left|Z_{\frac{\alpha}{2}}\right|\right) = 1-\alpha$,等价变形为

$$P\left(\bar{x} - \left|Z_{\frac{\alpha}{2}}\right| \cdot \dfrac{\sigma}{\sqrt{n}} < \mu < \bar{x} + \left|Z_{\frac{\alpha}{2}}\right| \cdot \dfrac{\sigma}{\sqrt{n}}\right) = 1-\alpha \tag{9.1}$$

故总体均值 μ 的 $1-\alpha$ 的置信区间为

$$\mu \in \left[\bar{x} - \left|Z_{\frac{\alpha}{2}}\right| \dfrac{\sigma}{\sqrt{n}}, \bar{x} + \left|Z_{\frac{\alpha}{2}}\right| \dfrac{\sigma}{\sqrt{n}}\right]$$

其中,$\bar{x}$ 为样本均值,是一个随机变量,在实际估计时通过一个具体的样本观测值 $\{x_1, x_2, \cdots, x_n\}$ 计算,$\dfrac{\sigma}{\sqrt{n}}$ 是抽样平均误差 $u_{\bar{x}}$,$Z_{\frac{\alpha}{2}}$ 是概率度,$\left|Z_{\frac{\alpha}{2}}\right| \cdot \dfrac{\sigma}{\sqrt{n}}$ 是抽样允许误差 $\Delta_{\bar{x}} = \left|Z_{\frac{\alpha}{2}}\right| \cdot u_{\bar{x}}$(见第 1.4 节),置信区间示意图如图 9.2 所示。

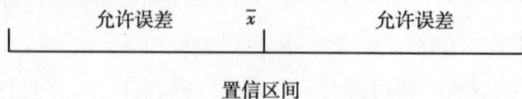

图 9.2　置信区间示意图

用 Excel 计算置信区间:标准正态分布双侧临界值 $\left|Z_{\frac{\alpha}{2}}\right|$,用 $\text{NORMSINV}\left(1-\dfrac{\alpha}{2}\right)$ 计算。

【例 9.3】　某厂生产某种零件的长度 $X \sim N(\mu, 0.0004)$,现随机抽取 35 个零件测得其平均长度为 6.52,求零件平均长度 μ 的 80% 的置信区间。

解: 已知 $n=35$, $\sigma=0.02$, $1-\alpha=0.8$, $Z_{\frac{\alpha}{2}}=Z_{0.1}$, $\bar{x}=6.52$

所以总体均值 μ 的 80% 的置信区间为

$$\mu \in \left[6.52 - \left|Z_{0.1}\right| \cdot \frac{0.02}{\sqrt{35}}, 6.52 + \left|Z_{0.1}\right| \cdot \frac{0.02}{\sqrt{35}}\right]$$

计算允许误差 $\left(\Delta = \left|Z_{0.1}\right| \cdot \frac{0.02}{\sqrt{35}}\right)$。

方法一,在 Excel 工作表选中任意单元格输入" = (NORMSINV (0. 9) * 0. 02)/ SQRT(35)",回车,得 $\Delta=0.004\,332\,4$。

方法二,在 Excel 工作表选中任意单元格输入" = confidence (0. 2, 0. 02, 35)",回车,得 $\Delta=0.004\,332\,4$。

计算置信区间 $[6.52-\Delta, 6.52+\Delta]$。

在单元格 B3 中输入" = 6. 52 - B2",回车,得 6. 515 668;在单元格 B4 中输入" = 6. 52 + B2",回车,得 6. 524 332,即有 80% 的把握保证该零件长度为 6. 516 ~ 6. 524。

为了提高保证程度,可以让 α 取值更小一些,如令 $\alpha=0.01$,以同样的方法计算区间为 6. 511 ~ 6. 529。显然,当提高概率保证程度时,区间估计的范围也变大了,即意味着估计的精确度降低了,所以不能一味减小 α 的值。

(2)正态总体且总体方差 σ^2 未知,求 μ 的置信区间

在实际应用中,经常遇到总体方差未知的情形,用无偏估计量样本修正方差 $\tilde{S}^2 = \frac{1}{n-1}\sum_{i=1}^{n}(x_i-\bar{x})^2$ 来代替 σ^2。

设总体 $X \sim N(\mu,\sigma^2)$, $T = \dfrac{\bar{x}-\mu}{\tilde{S}/\sqrt{n}}$ 服从自由度为 $n-1$ 的 t 分布。

$$P\left(-t_{\frac{\alpha}{2}}(n-1) < \frac{\bar{x}-\mu}{\tilde{S}/\sqrt{n}} < t_{\frac{\alpha}{2}}(n-1)\right) = 1-\alpha$$

等价变形为

$$P\left(\bar{x} - t_{\frac{\alpha}{2}}(n-1) \cdot \frac{\tilde{S}}{\sqrt{n}} < \mu < \bar{x} + t_{\frac{\alpha}{2}}(n-1) \cdot \frac{\tilde{S}}{\sqrt{n}}\right) = 1-\alpha \tag{9.2}$$

总体均值 μ 的 $1-\alpha$ 的置信区间为

$$\mu \in \left[\bar{x} - t_{\frac{\alpha}{2}}(n-1) \cdot \frac{\tilde{S}}{\sqrt{n}}, \bar{x} + t_{\frac{\alpha}{2}}(n-1) \cdot \frac{\tilde{S}}{\sqrt{n}}\right]$$

用 Excel 计算置信区间:t 分布双侧临界值 $t_{\frac{\alpha}{2}}(n-1)$ 用 TINV(α,(n-1)) 计算。t 分布单侧临界值 $t_\alpha(n-1)$ 用 TINV(2α,(n-1)) 计算。

【例9.4】 某批产品出厂检验,随机抽 10 件称重得到样本均值 $\bar{x}$ 为 16. 2 kg,样本修正标准差 $\tilde{S}$ 为 0. 54 kg,求这批产品平均质量 95% 的置信区间。

解: 已知 $n=10$, $\tilde{S}=0.54$, $t_{\frac{\alpha}{2}}(n-1)=t_{0.025}(10-1)$, $\bar{x}=16.2$

所以总体均值 μ 的 95% 的置信区间为

$$\mu \in \left[16.2 - t_{0.025}(9) \cdot \frac{0.54}{\sqrt{10}}, 16.2 + t_{0.025}(9) \cdot \frac{0.54}{\sqrt{10}} \right]$$

计算允许误差 $\left(\Delta = t_{0.025}(9) \cdot \frac{0.54}{\sqrt{10}} \right)$。

在 Excel 工作表任意单元格输入"= (TINV(0.05,9) * 0.54)/SQRT(10)",回车,得 Δ = 0.386 293。计算置信区间 $[16.2 - \Delta, 16.2 + \Delta]$ 得,有 95% 的把握估计该批产品质量在 15.813 71 ~ 16.586 29 kg。

(3) 非正态总体,求 μ 的置信区间

当样本容量足够大时($n \geqslant 30$),样本均值 $\bar{x}$ 的抽样分布逼近于正态分布。故 $Z = \dfrac{\bar{x} - \mu}{\sigma/\sqrt{n}}$ 仍然可以认为是服从标准正态分布的,从而总体均值 μ 的置信度为 $1 - \alpha$ 的置信区间为 $\left[\bar{x} - \left| Z_{\frac{\alpha}{2}} \right| \cdot \dfrac{\sigma}{\sqrt{n}}, \bar{x} + \left| Z_{\frac{\alpha}{2}} \right| \cdot \dfrac{\sigma}{\sqrt{n}} \right]$。当 σ^2 未知时,用样本修正标准差 $\tilde{S}$ 代替总体标准差 σ,得到总体均值 μ 的置信度为 $1 - \alpha$ 的置信区间为

$$\mu \in \left[\bar{x} - \left| Z_{\frac{\alpha}{2}} \right| \cdot \frac{\tilde{S}}{\sqrt{n}}, \bar{x} + \left| Z_{\frac{\alpha}{2}} \right| \cdot \frac{\tilde{S}}{\sqrt{n}} \right]$$

【例 9.5】 某食品超市新购进 3 000 件食品,随机抽取 300 件,测其样本的均值和修正标准差分别为 2 000 g 和 140 g,试求这批食品平均质量 95% 的置信区间。

解:已知 $N = 3\,000$,$n = 300$,$\bar{x} = 2\,000$,$\tilde{S} = 140$,由于不知道总体是否服从正态分布且总体方差也未知,又因抽样比 $\dfrac{n}{N} = \dfrac{300}{3\,000} > 5\%$,故抽样平均误差的修正系数不能忽略,则总体均值 μ 的 95% 的置信区间为

$$\mu \in \left[\bar{x} - \left| Z_{0.025} \right| \cdot \frac{\tilde{S}}{\sqrt{n}} \cdot \sqrt{1 - \frac{n}{N}}, \bar{x} + \left| Z_{0.025} \right| \cdot \frac{\tilde{S}}{\sqrt{n}} \cdot \sqrt{1 - \frac{n}{N}} \right]$$

计算允许误差 $\left(\Delta = \left| Z_{0.025} \right| \cdot \dfrac{\tilde{S}}{\sqrt{n}} \cdot \sqrt{0.9} \right)$。

在 Excel 工作表选中任意单元格,如 B2,输入"= NORMSINV(0.975) * (140/SQRT(300)) * SQRT(0.9)",回车,得 Δ = 15.029 231。

计算置信区间 $[200 - \Delta, 200 + \Delta]$ 得,有 95% 的把握估计该批产品平均每件质量在 1 985 ~ 201 5 g。

9.2.2 总体成数的置信区间

成数就是指总体中具有某种属性的个体所占的比例,一般用 π 表示。成数 π 是一种特殊的平均数,关于平均数的结论一般也适用于成数。

当 n 足够大时($np > 5$,$n(1-p) > 5$),样本成数 p 近似服从均值为 π、方差为 $\sigma_p^2 = \dfrac{\pi(1-\pi)}{n}$ 的正态分布,而样本比率经标准化后的随机变量则服从标准正态分布,即

$$Z = \frac{p - \pi}{\sqrt{\dfrac{\pi(1 - \pi)}{n}}} \sim N(0,1)$$

与总体平均数区间估计类似,在样本比率的基础上允许误差为 $\left|Z_{\frac{\alpha}{2}}\right|\sqrt{\dfrac{p(1-p)}{n}}$。

总体比率 π 在 $(1 - \alpha)$ 置信水平下的置信区间为

$$\pi \in \left[p - \left|Z_{\frac{\alpha}{2}}\right| \cdot \sqrt{\frac{p(1-p)}{n}}, p + \left|Z_{\frac{\alpha}{2}}\right| \cdot \sqrt{\frac{p(1-p)}{n}}\right] \tag{9.3}$$

【例 9.6】 某所大学随机抽查 100 个学生的成绩,其中优秀成绩(平均成绩 90 分以上)有 28 人,试求该校优秀生所占比率的 90% 的置信区间。

解: 已知 $n = 100$,$p = \dfrac{28}{100} = 28\%$,$Z_{\frac{\alpha}{2}} = Z_{0.05}$

则置信区间:$\pi \in \left[28\% - \left|Z_{0.05}\right| \cdot \sqrt{\dfrac{28\% \times 72\%}{100}}, 28\% + \left|Z_{0.05}\right| \cdot \sqrt{\dfrac{28\% \times 72\%}{100}}\right]$

仿照例【9.3】的方法计算结果:有 90% 的把握估计优秀生所占的比率在 21% ~ 35%。

9.2.3 正态总体方差的置信区间

假设总体 $X \sim N(\mu, \sigma^2)$,为了估计 σ^2,可由 σ^2 的无偏估计 S^2 来确定其置信区间。$\chi^2 = \dfrac{(n-1)S^2}{\sigma^2}$ 服从自由度为 $n-1$ 的 χ^2 分布,即 $\chi^2 \sim \chi^2(n-1)$,如图 9.3 所示。

从而使 $P\left(\chi^2_{1-\frac{\alpha}{2}}(n-1) \leqslant \dfrac{(n-1)S^2}{\sigma^2} \leqslant \chi^2_{\frac{\alpha}{2}}(n-1)\right) = 1 - \alpha$,等价变形得到总体方差 σ^2 的置信度为 $1 - \alpha$ 的置信区间为

$$\sigma^2 \in \left[\frac{(n-1)S^2}{\chi^2_{\frac{\alpha}{2}}(n-1)}, \frac{(n-1)S^2}{\chi^2_{1-\frac{\alpha}{2}}(n-1)}\right] \tag{9.4}$$

用 Excel 计算 χ^2 分布双侧临界值:右临界点 $\chi^2_{\frac{\alpha}{2}}(n-1)$ 用 CHIINV$\left(\dfrac{\alpha}{2}, (n-1)\right)$ 计算;左临界点 $\chi^2_{1-\frac{\alpha}{2}}(n-1)$ 用 CHIINV$\left(1 - \dfrac{\alpha}{2}, (n-1)\right)$ 计算。

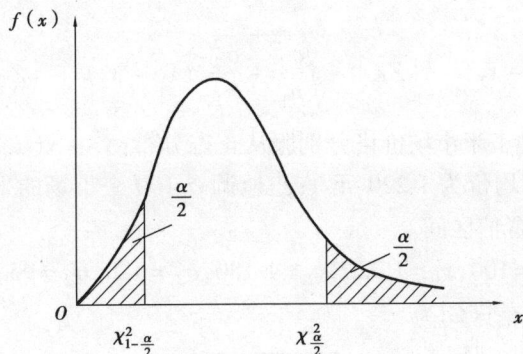

图 9.3 χ^2 分布

【例9.7】 随机抽检12袋自动打包机打包的袋装食品,测得其方差为6.93 g,试以95%的置信水平估计该袋装食品质量的标准差。

解: 已知 $n = 12$, $\chi^2_{1-\frac{\alpha}{2}}(n-1) = \chi^2_{0.975}(11)$, $\chi^2_{\frac{\alpha}{2}}(n-1) = \chi^2_{0.025}(11)$, $S^2 = 6.93$

故总体方差 σ^2 置信度为95%的置信区间为

$$\sigma^2 \in \left[\frac{11}{\chi^2_{0.025}(11)} \times 6.93, \frac{11}{\chi^2_{0.975}(11)} \times 6.93 \right]$$

用 Excel 计算:

选中任意单元格,如B5,输入" = CHIINV(0.025,11)",回车,得 $\chi^2_{0.025}(11) = 21.92$。

选中任意单元格,如B6,输入" = CHIINV(0.975,11)",回车,得 $\chi^2_{0.975}(11) = 3.82$。

选中任意单元格,如B7,输入" = 11 * 6.93",回车,得76.23。

选中任意单元格,如B8,输入" = B(7)/B(5)",回车,得下限3.48。

选中任意单元格,如B9,输入"B(7)/B(6)",回车,得上限19.98。

故 $3.48 \leqslant \sigma^2 \leqslant 19.98$,两边开方得 $1.87 \leqslant \sigma \leqslant 4.47$,即以95%的把握估计该袋装食品质量的标准差为 1.87 ~ 4.47 g。

9.3 两个总体参数的区间估计

对于两个总体,我们所关心的参数主要有两个总体均值之差、两个总体成数之差、两个总体方差之比。

9.3.1 两个总体均值之差的置信区间

(1)两个正态总体且总体方差已知

设总体 $X_1 \sim N(\mu_1, \sigma_1^2)$,总体 $X_2 \sim N(\mu_2, \sigma_2^2)$,$\sigma_1^2$ 和 σ_2^2 为已知,两总体相互独立,各取一个容量为 n_1 和 n_2、均值为 $\bar{x}_1$ 和 $\bar{x}_2$ 的样本。由概率论知识可知,$\bar{x}_1 - \bar{x}_2 \sim N\left(\mu_1 - \mu_2, \frac{\sigma_1^2}{n_1} + \frac{\sigma_2^2}{n_2}\right)$,故 $Z = \dfrac{(\bar{x}_1 - \bar{x}_2) - (\mu_1 - \mu_2)}{\sqrt{\dfrac{\sigma_1^2}{n_1} + \dfrac{\sigma_2^2}{n_2}}} \sim N(0,1)$,于是得到 $\mu_1 - \mu_2$ 的置信度为 $1-\alpha$ 的置信区间为

$$\mu_1 - \mu_2 \in \left[(\bar{x}_1 - \bar{x}_2) - |Z_{\frac{\alpha}{2}}| \cdot \sqrt{\frac{\sigma_1^2}{n_1} + \frac{\sigma_2^2}{n_2}}, (\bar{x}_1 - \bar{x}_2) + |Z_{\frac{\alpha}{2}}| \cdot \sqrt{\frac{\sigma_1^2}{n_1} + \frac{\sigma_2^2}{n_2}} \right] \quad (9.5)$$

【例9.8】 甲乙两地玉米市场价格分别服从正态分布: $X_1 \sim N(\mu_1, 120^2)$、$X_2 \sim N(\mu_1, 95^2)$。甲地调查75个市场的平均价为1 220 元/t;乙地调查100个市场的平均价为1 180 元/t。求两地玉米价格差的95%置信区间。

解: 已知 $n_1 = 75$, $n_2 = 100$, $\bar{x}_1 = 1\,220$, $\bar{x}_2 = 1\,180$, $\sigma_1 = 120$, $\sigma_2 = 95$, $Z_{\frac{\alpha}{2}} = Z_{0.025}$,两总体均值之差 $\mu_1 - \mu_2$ 的95%的置信区间为

$$\mu_1 - \mu_2 \in \left[40 - |Z_{0.025}| \cdot \sqrt{\frac{120^2}{75} + \frac{95^2}{100}}, 40 + |Z_{0.025}| \cdot \sqrt{\frac{120^2}{75} + \frac{95^2}{100}} \right]$$

计算允许误差 $\Delta = |Z_{0.025}| \cdot \sqrt{\dfrac{120^2}{75} + \dfrac{95^2}{100}}$

在 Excel 工作表任意单元格输入" $= \text{NORMSINV}(0.975) * \text{SQRT}((120 * 120/75) + (95 * 95/100))$",回车,得 32.927 978。

计算置信区间 $[40 - \Delta, 40 + \Delta]$ 得,有 95% 的把握估计甲、乙两地玉米价格均值之差为 7.07 ~ 72.93 元/t。

(2)两个正态总体且方差未知但相等

设总体 $X_1 \sim N(\mu_1, \sigma)$,总体 $X_2 \sim N(\mu_2, \sigma)$,$\sigma$ 未知。$Z = \dfrac{(\bar{x}_1 - \bar{x}_2) - (\mu_1 - \mu_2)}{\sigma \sqrt{\dfrac{1}{n_1} + \dfrac{1}{n_2}}} \sim N(0, 1)$,

由 σ 的联合无偏估计

$$S_w = \sqrt{\dfrac{(n_1 - 1)\tilde{S}_1^2 + (n_2 - 1)\tilde{S}_2^2}{n_1 + n_2 - 2}}$$

来代替 σ,$\dfrac{(\bar{x}_1 - \bar{x}_2) - (\mu_1 - \mu_2)}{S_w \sqrt{\dfrac{1}{n_1} + \dfrac{1}{n_2}}}$ 服从自由度为 $n_1 + n_2 - 2$ 的 t 分布,从而得到 $\mu_1 - \mu_2$ 的置信度为 $1 - \alpha$ 的置信区间为

$$(\mu_1 - \mu_2) \in \left[(\bar{x}_1 - \bar{x}_2) - t_{\frac{\alpha}{2}}(n_1 + n_2 - 2) \cdot S_w \sqrt{\dfrac{1}{n_1} + \dfrac{1}{n_2}}, (\bar{x}_1 - \bar{x}_2) + t_{\frac{\alpha}{2}}(n_1 + n_2 - 2) \cdot S_w \sqrt{\dfrac{1}{n_1} + \dfrac{1}{n_2}} \right]$$

$$(9.6)$$

(3)两个非正态总体,求两个总体均值之差的置信区间

设两总体 X_1 和 X_2 是非正态分布,且方差未知,当 n_1 和 n_2 足够大时,$\bar{x}_1 - \bar{x}_2$ 以 $N\left(\mu_1 - \mu_2, \dfrac{\sigma_1^2}{n_1} + \dfrac{\sigma_2^2}{n_n}\right)$ 为极限分布,其中 σ_1^2 和 σ_2^2 分别用 $\tilde{S}_1^2$ 和 $\tilde{S}_2^2$ 代替,使得到 $\mu_1 - \mu_2$ 的置信度为 $1 - \alpha$ 的置信区间为

$$\mu_1 - \mu_2 \in \left[(\bar{x}_1 - \bar{x}_2) - |Z_{\frac{\alpha}{2}}| \cdot \sqrt{\dfrac{\tilde{S}_1^2}{n_1} + \dfrac{\tilde{S}_2^2}{n_2}}, (\bar{x}_1 - \bar{x}_2) + |Z_{\frac{\alpha}{2}}| \cdot \sqrt{\dfrac{\tilde{S}_1^2}{n_1} + \dfrac{\tilde{S}_2^2}{n_2}} \right] \quad (9.7)$$

在大样本条件下,用样本方差代替总体方差,不管是否是正态分布,就按正态分布计算。

9.3.2 两个总体成数之差的置信区间

两个正态总体 X_1、X_2,从中抽取样本容量足够大($n_1 \geqslant 30$,$n_2 \geqslant 30$)时,$Z = \dfrac{(p_1 - p_2) - (\pi_1 - \pi_2)}{\sqrt{\dfrac{\pi_1(1 - \pi_1)}{n_1} + \dfrac{\pi_2(1 - \pi_2)}{n_2}}} \sim N(0, 1)$,分母中的总体成数 π_1 和 π_2(未知),用样本成数 p_1 和 p_2 替代,便得到总体成数 $\pi_1 - \pi_2$ 的置信度为 $1 - \alpha$ 的置信区间为

$$(p_1 - p_2) \pm |Z_{\frac{\alpha}{2}}| \cdot \sqrt{\dfrac{p_1(1 - p_1)}{n_1} + \dfrac{p_2(1 - p_2)}{n_2}} \quad (9.8)$$

【例9.9】 某高校2001年和2010年调查新生拥有手机情况:2001年随机调查400人,其中拥有手机的占48%;2010年随机调查320人,其中拥有手机的占82%。估计该高校2010年新生拥有手机比例比2001年新生拥有手机比例增加的置信度为90%的置信区间。

解:已知 $n_1 = 400, p_1 = 48\%, n_2 = 320, p_2 = 82\%, \alpha = 0.1$

则 $p_1 - p_2 = 48\% - 82\% = -34\%$

$Z_{\frac{\alpha}{2}} = Z_{0.05}$

$$\sqrt{\frac{p_1(1-p_1)}{n_1} + \frac{p_2(1-p_2)}{n_2}} = \sqrt{\frac{0.48 \times 0.52}{400} + \frac{0.82 \times 0.18}{320}} = \sqrt{0.001\,085}$$

用 Excel 计算 $|Z_{0.05}| \cdot \sqrt{0.001\,085}$。

在任意单元格输入" = NORMSINV(0.95) * SQRT(0.001085)",回车得 0.054 187 = 5.418 7%。

$-34\% - 5.418\,7\% \leqslant \pi_1 - \pi_2 \leqslant -34\% + 5.418\,7\%$

$-39.418\,7\% \leqslant \pi_1 - \pi_2 \leqslant -28.581\,3\%$

$28.581\,3\% \leqslant \pi_2 - \pi_1 \leqslant 39.418\,7\%$

有90%的把握估计2010年比2001年高校新生拥有手机比例增加28.58% ~ 39.42%。

9.3.3 两个正态总体方差之比的置信区间

设总体 $X_1 \sim N(\mu_1, \sigma_1^2)$,总体 $X_2 \sim N(\mu_2, \sigma_2^2)$,现从两个总体中分别独立抽取容量为 n_1, n_2 的样本,则统计量 $F = \dfrac{S_1^2/\sigma_1^2}{S_2^2/\sigma_2^2} \sim F(n_1 - 1, n_2 - 1)$,对于给定的 α,求 F 分布的两个临界点 $F_{1-\frac{\alpha}{2}}(n_1 - 1, n_2 - 1)$ 和 $F_{\frac{\alpha}{2}}(n_1 - 1, n_2 - 1)$,使之满足 $P\left(F_{1-\frac{\alpha}{2}}(n_1 - 1, n_2 - 1) < \dfrac{S_1^2/\sigma_1^2}{S_2^2/\sigma_2^2} < F_{\frac{\alpha}{2}}(n_1 - 1, n_2 - 1)\right) = 1 - \alpha$,经过等价变形得到 $\dfrac{\sigma_1^2}{\sigma_2^2}$ 置信度为 $1 - \alpha$ 的置信区间为

$$\frac{1}{F_{\frac{\alpha}{2}}(n_1 - 1, n_2 - 1)} \cdot \frac{S_1^2}{S_2^2} \leqslant \frac{\sigma_1^2}{\sigma_2^2} \leqslant \frac{1}{F_{1-\frac{\alpha}{2}}(n_1 - 1, n_2 - 1)} \cdot \frac{S_1^2}{S_2^2} \qquad (9.9)$$

在 Excel 中求 F 分布的临界值的统计函数:

求 $F_{\frac{\alpha}{2}}(n_1 - 1, n_2 - 1)$,用 $\text{FINV}\left(\dfrac{\alpha}{2}, n_1 - 1, n_2 - 1\right)$ 计算;

求 $F_{1-\frac{\alpha}{2}}(n_1 - 1, n_2 - 1)$,用 $\text{FINV}\left(1 - \dfrac{\alpha}{2}, n_1 - 1, n_2 - 1\right)$ 计算。

【例9.10】 某高校从 A、B 两地录取的新生身高服从正态分布 $N(\mu_1, \sigma_1^2)$ 和 $N(\mu_2, \sigma_2^2)$,随机抽查 5 名 A 地生源身高为 172、178、180.5、174、175 cm;随机抽查 6 名 B 地生源身高为 174、171、176.5、168、172.5、170 cm。求方差比 $\dfrac{\sigma_1^2}{\sigma_2^2}$ 的 95% 的置信区间。

解:用 Excel 计算。

计算样本方差之比。在任意单元格输入" = VAR(172,178,180.5,174,175)",回车,得 $S_1^2 = 11.3$;在任意单元格输入" = VAR(174,171,176.5,168,172.5,170)",回车;得 $S_2^2 = 9.1$;

在任意单元格输入"＝11.3/9.1",回车,得$\dfrac{S_1^2}{S_2^2}=1.241\ 758\ 2$。

计算$\dfrac{1}{F_{0.025}(n_1-1,n_2-1)}\cdot\dfrac{S_1^2}{S_2^2}$。在单元格 C5 中输入"＝1.241 758 2/(FINV(0.025,4,5))",回车,得 0.168 080 3。

计算$\dfrac{1}{F_{0.975}(n_1-1,n_2-1)}\cdot\dfrac{S_1^2}{S_2^2}$。在单元格 C6 中输入"＝1.241 758 2/(FINV(0.975,4,5))",回车,得 11.628 408,即 $0.168\leqslant\dfrac{\sigma_1^2}{\sigma_2^2}\leqslant11.628$。

思考题

1. 简述点估计和区间估计的特点以及二者之间的联系。
2. 区间估计必须具备哪三个要素?
3. 简述置信度与置信区间及置信度与精确度之间的关系。
4. 简述点估计的三个优良性标准。
5. 比较一个总体平均数的区间估计与两个总体平均数之差的区间估计。
6. 比较一个总体平均数的区间估计与一个总体层数的区间估计。
7. 比较一个正态总体方差的区间估计与两个正态总体方差之比的区间估计。
8. 比较一个总体成数的区间估计与两个总体成数之差的区间估计。

第10章　假设检验

假设检验就是先对总体提出一个假设,然后利用样本信息去检验这个假设是否成立。根据研究问题提出原假设和备择假设。原假设一般用 H_0 表示,备择假设用 H_1 表示。二者相互对立且只有一个正确。如果此时原假设 H_0 原本正确而检验结果拒绝了它,该类错误被称为弃真错误或第Ⅰ类错误,其发生的概率称为显著性水平,用 α 表示。因此,α 一般取值较小,例如,当 $\alpha = 0.05$ 或 0.01 时,表明原假设本身正确且也被接受了的概率为95%或99%。另一类错误是原假设本来不正确但却被接受了,该类错误称为取伪错误或第Ⅱ类错误,其发生的概率一般记为 β,现将假设检验各种可能结果及概率归纳,见表10.1。

表10.1　假设检验中两类错误及发生概率

检验决策	H_0 为真	H_0 为不真
接受 H_0	正确决策$(1-\alpha)$	第Ⅱ类错误(β)
拒绝 H_0	第Ⅰ类错误(α)	正确决策$(1-\beta)$

当样本容量 n 一定时,α 变小必然导致 β 增大,β 变小就尽量拒绝 H_0,必然导致 α 增大。究竟 α 取多大合适,没有严格的统一标准,要视两类错误发生的严重性而定。但在假设检验中,大家都遵循这样的原则,即认为第Ⅰ类错误较第Ⅱ类错误更重要,所以首先要保证 α 小的前提下,再尽量减小 β,这样做使原假设受到保护,不会被轻易否定,即使被否定,否定的理由也是相当充分的,这一点也提示我们,在建立原假设 H_0 时,将着重考虑的问题作为原假设提出。

假设检验的基本步骤

第一步,提出原假设和备选假设。原假设和备选假设的划分并不是绝对的,在处理具体问题时,通常把着重考察的问题作为原假设。

第二步,构造统计量,并计算。在具体问题中选择什么统计量作为检验统计量,需要考虑的因素与参数估计相同。主要是在原假设 H_0 成立的条件下,该统计量所服从的概率分布要已知,且抽样分布不包含任何未知参数。

第三步,给定显著性水平 α,确定临界值。将拒绝原假设 H_0 的值所构成的区域称为拒绝域,将接受 H_0 的区域称为接受域,两个域的分界点称为临界值。否定域的确定与给定的显著性水平 α 有关,一般取 $\alpha = 0.05$。

第四步,判定。计算的统计量值与临界值比较,如果计算值在接受域,就接受原假设,拒绝备选假设;如果计算值在拒绝域,拒绝原假设,接受备选假设。

10.1　一个总体参数的检验

10.1.1　总体均值的假设检验

(1)正态总体且总体方差已知

当 $\mu = \mu_0$ 时,构造统计量 $Z = \dfrac{\bar{x} - \mu_0}{\sigma/\sqrt{n}} \sim N(0,1)$。检验规则如下。

1)$H_0 : \mu = \mu_0, H_1 : \mu \neq \mu_0$

通常 $H_1:\mu\neq\mu_0$，既包括 $\mu<\mu_0$ 又包括 $\mu>\mu_0$，称为双边检验（图 10.1）。检验目的是看总体均值 μ 与 μ_0 有没有显著性差异，而不管差值的方向是正还是负。

当 $|Z|=\dfrac{|\bar{x}-\mu_0|}{\sigma/\sqrt{n}}>\left|Z_{\frac{\alpha}{2}}\right|$ 时，拒绝 H_0。

当 $|Z|=\dfrac{|\bar{x}-\mu_0|}{\sigma/\sqrt{n}}\leqslant\left|Z_{\frac{\alpha}{2}}\right|$ 时，接受 H_0。

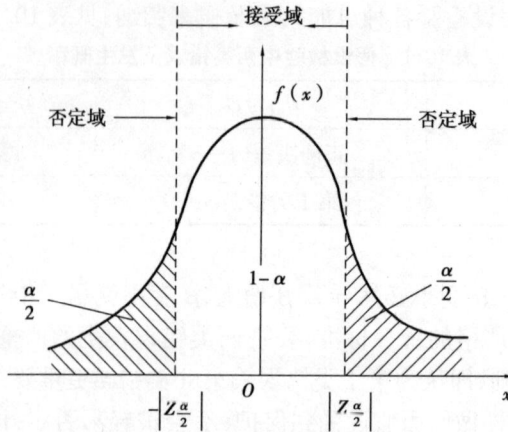

图 10.1　双边检验

2）$H_0:\mu\leqslant\mu_0,H_1:\mu>\mu_0$

检验总体均值 μ 不高于某一特定数值 μ_0，称为右单侧检验（图 10.2）。

当 $Z=\dfrac{\bar{x}-\mu_0}{\sigma/\sqrt{n}}>|Z_\alpha|$ 时，拒绝 H_0。

当 $Z=\dfrac{\bar{x}-\mu_0}{\sigma/\sqrt{n}}\leqslant|Z_\alpha|$ 时，接受 H_0。

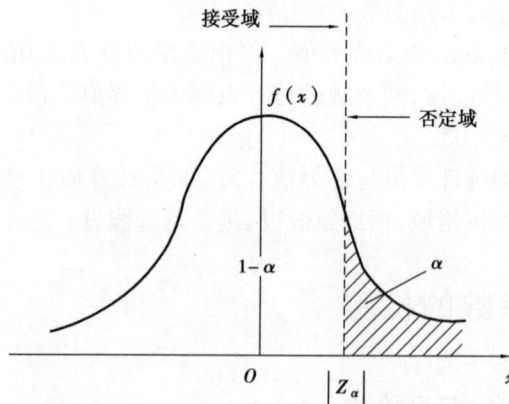

图 10.2　右单侧检验

3）$H_0:\mu\geqslant\mu_0,H_1:\mu<\mu_0$

检验总体均值 μ 不得低于某一特定数值 μ_0，称为左单侧检验（图 10.3）。

当 $Z=\dfrac{\bar{x}-\mu_0}{\sigma/\sqrt{n}}<|Z_\alpha|$ 时，拒绝 H_0。

当 $Z = \dfrac{\bar{x} - \mu_0}{\sigma/\sqrt{n}} \geqslant |Z_\alpha|$ 时，接受 H_0。

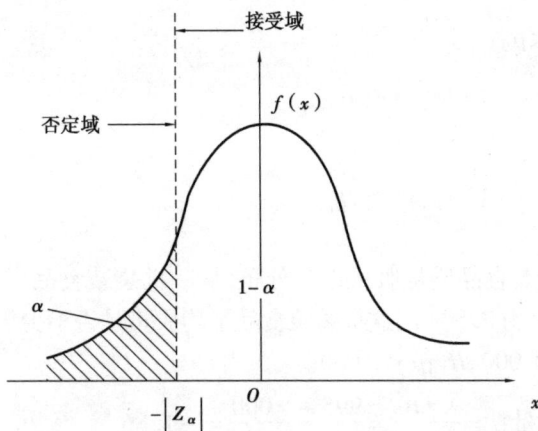

图 10.3　左单侧检验

【例 10.1】 某大学对某一门公共课实行统一考试，根据往年的经验该科成绩的分布为 $\bar{X} \sim N(73.8, 25)$。今年在该科 4 000 份考试卷子中随机抽取 25 份卷子计算其平均分为 75.5 分，方差为 25。请检验今年该科平均成绩是否还是 73.8 分（$\alpha = 0.05$）。

解: 第一步，$H_0 : \mu = 73.8$，$H_1 : \mu \neq 73.8$。

第二步，构造 Z 统计量: $Z = \dfrac{\bar{x} - 73.8}{\dfrac{5}{\sqrt{25}}} = \dfrac{75.5 - 73.8}{\dfrac{5}{\sqrt{25}}} = 1.7$。

第三步，计算临界值 $|Z_{0.025}| = 1.96$（在 Excel 工作表任意单元格输入 " = NORMSINV (0.975)"，回车，得 1.96）。

第四步，判断: $|Z| = 1.7 < 1.96$，接受原假设，故认为该科平均成绩今年与去年相同。

(2) 正态总体但总体方差未知

在总体方差 σ^2 未知的情况下，利用它的无偏估计样本修正方差 $\tilde{S}^2$ 来替代 σ^2。当 $\mu = \mu_0$ 时，构造检验统计量 $t = \dfrac{\bar{x} - \mu_0}{\tilde{S}/\sqrt{n}} \sim t(n-1)$，检验规则如下。

1) $H_0 : \mu = \mu_0$，$H_1 : \mu \neq \mu_0$

当 $|t| = \dfrac{|\bar{x} - \mu_0|}{\tilde{S}/\sqrt{n}} > t_{\frac{\alpha}{2}}(n-1)$ 时，拒绝 H_0。

当 $|t| = \dfrac{|\bar{x} - \mu_0|}{\tilde{S}/\sqrt{n}} \leqslant t_{\frac{\alpha}{2}}(n-1)$ 时，接受 H_0。

2) $H_0 : \mu \leqslant \mu_0$，$H_1 : \mu > \mu_0$

当 $t = \dfrac{\bar{x} - \mu_0}{\tilde{S}/\sqrt{n}} > t_\alpha(n-1)$ 时，拒绝 H_0。

当 $t = \dfrac{\bar{x} - \mu_0}{\tilde{S}/\sqrt{n}} \leq t_\alpha(n-1)$ 时，接受 H_0。

3）$H_0 : \mu \geq \mu_0 , H_1 : \mu < \mu_0$

当 $t = \dfrac{\bar{x} - \mu_0}{\tilde{S}/\sqrt{n}} < -t_\alpha(n-1)$ 时，拒绝 H_0。

当 $t = \dfrac{\bar{x} - \mu_0}{\tilde{S}/\sqrt{n}} \geq -t_\alpha(n-1)$ 时，接受 H_0。

【例 10.2】　假定袋装食品质量服从正态分布，从一批袋装食品中随机抽查了 10 袋，测得平均质量为 995 g，标准差为 8.5 g，问这批袋装食品平均质量是否不少于 1 000 g（$\alpha = 0.05$）。

解：第一步，$H_0 : \mu \geq 1\,000 , H_1 : \mu < 1\,000$。

第二步，构造 t 统计量：$t = \dfrac{\bar{x} - \mu_0}{\tilde{S}/\sqrt{n}} = \dfrac{995 - 1\,000}{8.5/\sqrt{10}} = -1.86$。

第三步，计算临界值 $-t_\alpha(n-1) = -t_{0.05}(9) = -1.833$（在 Excel 工作表任意单元格输入 “=TINV(0.1,9)”，回车，得 1.833）。

第四步，判断：$t = -1.86 < -1.833$，故拒绝原假设，这批袋装食品平均质量不足 1 000 g。

（3）非正态总体

一旦总体的分布类型未知，可以依据中心极限定理：当样本容量 n 足够大时（通常 $n \geq 30$），样本均值 $\bar{x}$ 的抽样分布近似服从正态分布，于是构造检验统计量 $Z = \dfrac{\bar{x} - \mu}{\sigma/\sqrt{n}}$，当 $\mu = \mu_0$ 时，Z 近似服从标准正态分布，可以沿用以上正态总体的各种检验规则，若总体方差 σ^2 未知，直接用 $\tilde{S}^2$ 代替 σ^2 即可。

10.1.2　总体成数的假设检验

在这里只讨论大样本总体成数的假设检验。

当样本容量 n 足够大时，样本成数 $p \sim N\left(\pi, \dfrac{\pi(1-\pi)}{n}\right)$。当 $\pi = \pi_0$ 时，构造统计量

$$Z = \frac{p - \pi_0}{\sqrt{\pi_0(1-\pi_0)}/\sqrt{n}} \sim N(0,1)$$

检验规则如下。

1）$H_0 : \pi = \pi_0 , H_1 : \pi \neq \pi_0$

当 $|Z| = \dfrac{|p - \pi_0|}{\sqrt{\pi_0(1-\pi_0)}/\sqrt{n}} > \left| Z_{\frac{\alpha}{2}} \right|$ 时，拒绝 H_0。

当 $|Z| = \dfrac{|p - \pi_0|}{\sqrt{\pi_0(1-\pi_0)}/\sqrt{n}} \leq \left| Z_{\frac{\alpha}{2}} \right|$ 时，接受 H_0。

2）$H_0 : \pi \leq \pi_0 , H_1 : \pi > \pi_0$

当 $Z = \dfrac{p - \pi_0}{\sqrt{\pi_0(1-\pi_0)}/\sqrt{n}} > |Z_\alpha|$ 时，拒绝 H_0。

当 $Z = \dfrac{p - \pi_0}{\sqrt{\pi_0(1-\pi_0)}/\sqrt{n}} \leqslant |Z_\alpha|$ 时，接受 H_0。

3）$H_0 : \pi \geqslant \pi_0$，$H_1 : \pi < \pi_0$

当 $Z = \dfrac{p - \pi_0}{\sqrt{\pi_0(1-\pi_0)}/\sqrt{n}} < -|Z_\alpha|$ 时，拒绝 H_0。

当 $Z = \dfrac{p - \pi_0}{\sqrt{\pi_0(1-\pi_0)}/\sqrt{n}} \geqslant -|Z_\alpha|$ 时，接受 H_0。

【例10.3】 某县抽查100户农民，其中发生了土地承包经营权流转的有60户，问该县农民土地承包经营权流转的农户是否大于50%（$\alpha = 0.05$）。

解：第一步，$H_0 : \pi \leqslant 0.5$，$H_1 : \pi > 0.5$。

第二步，构造 Z 统计量：$Z = \dfrac{p - \pi_0}{\sqrt{\dfrac{\pi_0(1-\pi_0)}{n}}} = \dfrac{0.6 - 0.5}{\sqrt{\dfrac{0.5 \times 0.5}{100}}} = 2$。

第三步，计算临界值 $|Z_{0.05}| = 1.645$（在 Excel 工作表任意单元格输入"= NORMSINV(0.95)"，回车，得 1.645）。

第四步，判断：$Z = 2 > 1.645$，拒绝 H_0，故认为该县农民土地流转的农户大于50%。

10.1.3 正态总体方差的假设检验

当总体 $X \sim N(\mu, \sigma^2)$ 时，$\dfrac{(n-1)\tilde{S}^2}{\sigma^2} \sim \chi^2(n-1)$。当 $\sigma^2 = \sigma_0^2$ 时，构造统计量 $\chi^2 = \dfrac{(n-1)\tilde{S}^2}{\sigma_0^2} \sim \chi^2(n-1)$。检验规则如下。

1）$H_0 : \sigma^2 = \sigma_0^2$，$H_1 : \sigma^2 \neq \sigma_0^2$（图10.4）

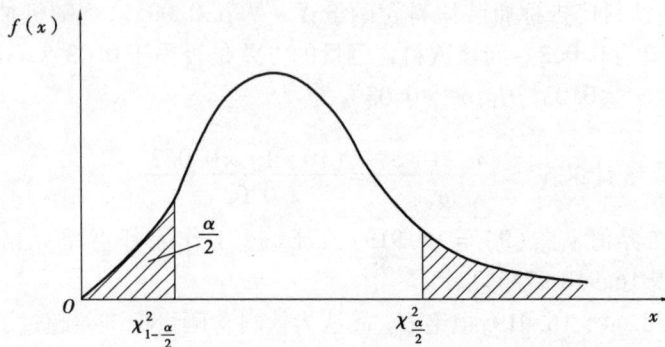

图 10.4 双边检验

当 $\chi^2 > \chi^2_{\frac{\alpha}{2}}(n-1)$ 或 $\chi^2 < \chi^2_{1-\frac{\alpha}{2}}(n-1)$ 时，拒绝 H_0。

当 $\chi^2_{1-\frac{\alpha}{2}}(n-1) \leqslant \chi^2 \leqslant \chi^2_{\frac{\alpha}{2}}(n-1)$ 时，接受 H_0。

2）$H_0 : \sigma^2 \leqslant \sigma_0^2$，$H_1 : \sigma^2 > \sigma_0^2$（图10.5）

当 $\chi^2 < \chi^2_\alpha(n-1)$ 时，拒绝 H_0。

当 $\chi^2 \leqslant \chi^2_\alpha(n-1)$ 时，接受 H_0。

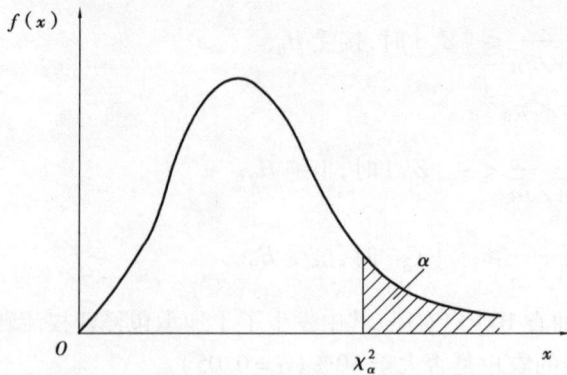

图 10.5　右单侧 χ 检验

3）$H_0:\sigma^2 \geqslant \sigma_0^2, H_1:\sigma^2 < \sigma_0^2$（图 10.6）

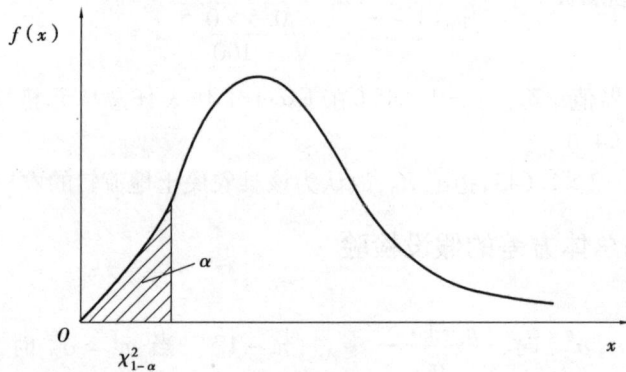

图 10.6　左单侧 χ 检验

当 $\chi^2 < \chi_{1-\alpha}^2(n-1)$ 时,拒绝 H_0。

当 $\chi^2 \geqslant \chi_{1-\alpha}^2(n-1)$ 时,接受 H_0。

【例 10.4】　某饮料广告称瓶装饮料含硒量 $X \sim N(\mu, 0.03^3)$,现随机抽取 10 瓶,测得其含硒量的样本标准差为 0.062。问该饮料含硒量的方差是否小于 0.03^2？（$\alpha = 0.05$）

解:第一步,$H_0:\sigma^2 \leqslant 0.03^2, H_1:\sigma^2 > 0.03^2$。

第二步,构造 χ^2 统计量:$\chi^2 = \dfrac{(n-1)\widetilde{S}^2}{\sigma_0^2} = \dfrac{(10-1) \times 0.062^2}{0.03^2} = 38.44$。

第三步,计算临界值 $\chi_{0.05}^2(9) = 16.919$（在 Excel 工作表任意单元格输入" = CHIINV(0.05,9)",回车,得 16.918 978）。

第四步,判断:38.44 > 16.919,拒绝 H_0,故认为饮料含硒量标准差超过了 0.03^2。

10.2　两个总体参数的检验

与参数估计类似,两个总体参数的检验主要包括两个总体均值之差（$\mu_1 - \mu_2$）的检验、两个总体成数（或比率）之差（$\pi_1 - \pi_2$）的检验和两个总体方差之比 $\dfrac{\sigma_1^2}{\sigma_2^2}$ 的检验。两个总体参数的检验仿照一个总体参数的检验程序进行。

10.2.1　两个总体均值之差的假设检验

两个总体均值之差的检验的目的在于比较两个总体的差异,例如,比较甲、乙两地所产的棉花纺出的纱线强力有无显著性差异。根据样本获得的方式不同,与两个总体均值之差的置信区间估计类似,也分为以下 3 种情况。

(1)两个正态总体且方差已知

设总体 $X_1 \sim N(\mu_1, \sigma_1^2)$,总体 $X_2 \sim N(\mu_2, \sigma_2^2)$,$\sigma_1$ 和 σ_2 已知,X_1 与 X_2 相互独立,各取一个容量为 n_1 和 n_2、均值为 $\bar{x}_1$ 和 $\bar{x}_2$ 的样本。因而 $(\bar{x}_1 - \bar{x}_2) \sim N\left(\mu_1 - \mu_2, \dfrac{\sigma_1^2}{n_1} + \dfrac{\sigma_2^2}{n_2}\right)$,构造统计量

$$Z = \frac{(\bar{x}_1 - \bar{x}_2) - (\mu_1 - \mu_2)}{\sqrt{\dfrac{\sigma_1^2}{n_1} + \dfrac{\sigma_2^2}{n_2}}} \sim N(0,1)。检验规则如下。$$

1) $H_0 : \mu_1 = \mu_2, H_1 : \mu_1 \neq \mu_2$

当 $Z = \dfrac{|\bar{x}_1 - \bar{x}_2|}{\sqrt{\dfrac{\sigma_1^2}{n_1} + \dfrac{\sigma_2^2}{n_2}}} > \left|Z_{\frac{\alpha}{2}}\right|$ 时,拒绝 H_0。

当 $Z = \dfrac{|\bar{x}_1 - \bar{x}_2|}{\sqrt{\dfrac{\sigma_1^2}{n_1} + \dfrac{\sigma_2^2}{n_2}}} \leqslant \left|Z_{\frac{\alpha}{2}}\right|$ 时,接受 H_0。

2) $H_0 : \mu_1 \leqslant \mu_2, H_1 : \mu_1 > \mu_2$

当 $Z = \dfrac{\bar{x}_1 - \bar{x}_2}{\sqrt{\dfrac{\sigma_1^2}{n_1} + \dfrac{\sigma_2^2}{n_2}}} > \left|Z_{\alpha}\right|$ 时,拒绝 H_0。

当 $Z = \dfrac{\bar{x}_1 - \bar{x}_2}{\sqrt{\dfrac{\sigma_1^2}{n_1} + \dfrac{\sigma_2^2}{n_2}}} \leqslant \left|Z_{\alpha}\right|$ 时,接受 H_0。

3) $H_0 : \mu_1 \geqslant \mu_2, H_1 : \mu_1 < \mu_2$

当 $Z = \dfrac{\bar{x}_1 - \bar{x}_2}{\sqrt{\dfrac{\sigma_1^2}{n_1} + \dfrac{\sigma_2^2}{n_2}}} < -\left|Z_{\alpha}\right|$ 时,拒绝 H_0。

当 $Z = \dfrac{\bar{x}_1 - \bar{x}_2}{\sqrt{\dfrac{\sigma_1^2}{n_1} + \dfrac{\sigma_2^2}{n_2}}} \geqslant -\left|Z_{\alpha}\right|$ 时,接受 H_0。

(2)两个正态总体且方差未知但相等

设总体 $X_1 \sim N(\mu_1, \sigma_1^2)$,总体 $X_2 \sim N(\mu_2, \sigma_2^2)$,$\sigma_1 = \sigma_2 = \sigma$ 未知,X_1 和 X_2 相互独立,各取一个样本:容量分别为 n_1 和 n_2,样本均值为 $\bar{x}_1$ 和 $\bar{x}_2$,样本方差为 $\tilde{S}_1$ 和 $\tilde{S}_2$。用 σ 的联合无偏

估计 $S_w = \sqrt{\dfrac{(n_1-1)\tilde{S}_1^2 + (n_2-1)\tilde{S}_2^2}{n_1+n_2-2}}$ 来代替 σ,构造检验统计量 $T = \dfrac{(\bar{x}_1-\bar{x}_2)-(\mu_1-\mu_2)}{S_w\sqrt{\dfrac{1}{n_1}+\dfrac{1}{n_2}}} \sim$

$t(n_1+n_2-2)$。检验规则如下。

1)$H_0:\mu_1=\mu_2, H_1:\mu_1\neq\mu_2$

当 $T = \dfrac{|\bar{x}_1-\bar{x}_2|}{S_w\sqrt{\dfrac{1}{n_1}+\dfrac{1}{n_2}}} > t_{\frac{\alpha}{2}}(n_1+n_2-2)$ 时,拒绝 H_0。

当 $T = \dfrac{|\bar{x}_1-\bar{x}_2|}{S_w\sqrt{\dfrac{1}{n_1}+\dfrac{1}{n_2}}} \leq t_{\frac{\alpha}{2}}(n_1+n_2-2)$ 时,接受 H_0。

2)$H_0:\mu_1\leq\mu_2, H_1:\mu_1>\mu_2$

当 $T = \dfrac{|\bar{x}_1-\bar{x}_2|}{S_w\sqrt{\dfrac{1}{n_1}+\dfrac{1}{n_2}}} > t_{\alpha}(n_1+n_2-2)$ 时,拒绝 H_0。

当 $T = \dfrac{|\bar{x}_1-\bar{x}_2|}{S_w\sqrt{\dfrac{1}{n_1}+\dfrac{1}{n_2}}} \leq t_{\alpha}(n_1+n_2-2)$ 时,接受 H_0。

3)$H_0:\mu_1\geq\mu_2, H_1:\mu_1<\mu_2$

当 $T = \dfrac{|\bar{x}_1-\bar{x}_2|}{S_w\sqrt{\dfrac{1}{n_1}+\dfrac{1}{n_2}}} < -t_{\alpha}(n_1+n_2-2)$ 时,拒绝 H_0。

当 $T = \dfrac{|\bar{x}_1-\bar{x}_2|}{S_w\sqrt{\dfrac{1}{n_1}+\dfrac{1}{n_2}}} \geq -t_{\alpha}(n_1+n_2-2)$ 时,接受 H_0。

【例 10.5】 将同一批鱼苗分为两组,在相同的饲养环境下用甲乙两组鱼饲料配方作对比试验,喂养半年后,在甲组随即抽测 7 尾:平均重 $\bar{x}_1=15.2$ g,样本标准差 $\tilde{S}_1^2=0.45$;在乙组随机抽测 8 尾:平均重 $\bar{x}_2=14.4$ g,样本标准差 $\tilde{S}_2^2=0.66$,试问两组饲料饲喂效果有无显著差异?($\alpha=0.05$)

解:

第一步,$H_0:\mu_1=\mu_2, H_1:\mu_1\neq\mu_2$。

第二步,构造 t 统计量:$T = \dfrac{|\bar{x}_1-\bar{x}_2|}{S_w\sqrt{\dfrac{1}{n_1}+\dfrac{1}{n_2}}} = \dfrac{152-144}{\sqrt{\dfrac{6\times0.45+7\times0.66}{7+8-2}} \cdot \sqrt{\dfrac{1}{7}+\dfrac{1}{8}}} = 2.06$。

第三步,计算临界值 $t_{\frac{\alpha}{2}}(n_1+n_2-2) = t_{0.025}(13) = 2.16$。

第四步,判断:$T=2.06<2.16$,接受原假设,故认为两组饲料饲喂效果无显著差异。

(3)两个非正态总体

当样本容量 n_1 和 n_2 足够大时,样本均值之差($\bar{x}_1-\bar{x}_2$)近似服从正态分布,仍可沿用正态总体的各种检验规则,若总体方差 σ_1^2、σ_2^2 未知,就用 $\tilde{S}_1^2$ 和 $\tilde{S}_2^2$ 分别代替。

10.2.2　两个总体成数之差的假设检验

当 n_1、n_2 足够大时($n_1 \geq 30, n_2 \geq 30$),两个样本成数之差 $p_1 - p_2$ 近似服从均值为 $\pi_1 - \pi_2$、方差为 $\dfrac{\pi_1(1-\pi_1)}{n_1} + \dfrac{\pi_2(1-\pi_2)}{n_2}$ 的正态分布。当 $\pi_1 = \pi_2 = \pi$ 时,令 $Z' = \dfrac{p_1 - p_2}{\sqrt{\pi(1-\pi)} \cdot \sqrt{\dfrac{1}{n_1} + \dfrac{1}{n_2}}}$,$\pi$

未知。用它的无偏估计 $\hat{p} = \dfrac{n_1 p_1 + n_2 p_2}{n_1 + n_2}$ 代替 π,则构造检验统计量 $Z = \dfrac{p_1 - p_2}{\sqrt{\hat{p}(1-\hat{p})} \cdot \sqrt{\dfrac{1}{n_1} + \dfrac{1}{n_2}}} \sim$

$N(0,1)$。检验规则如下:

1)$H_0 : \pi_1 = \pi_2, H_1 : \pi_1 \neq \pi_2$

当 $|Z| = \dfrac{|p_1 - p_2|}{\sqrt{\hat{p}(1-\hat{p})} \cdot \sqrt{\dfrac{1}{n_1} + \dfrac{1}{n_2}}} > \left|Z_{\frac{\alpha}{2}}\right|$ 时,拒绝 H_0。

当 $|Z| = \dfrac{|p_1 - p_2|}{\sqrt{\hat{p}(1-\hat{p})} \cdot \sqrt{\dfrac{1}{n_1} + \dfrac{1}{n_2}}} \leq \left|Z_{\frac{\alpha}{2}}\right|$ 时,接受 H_0。

2)$H_0 : \pi_1 \leq \pi_2, H_1 : \pi_1 > \pi_2$

当 $Z = \dfrac{p_1 - p_2}{\sqrt{\hat{p}(1-\hat{p})} \cdot \sqrt{\dfrac{1}{n_1} + \dfrac{1}{n_2}}} > \left|Z_{\alpha}\right|$ 时,拒绝 H_0。

当 $Z = \dfrac{p_1 - p_2}{\sqrt{\hat{p}(1-\hat{p})} \cdot \sqrt{\dfrac{1}{n_1} + \dfrac{1}{n_2}}} \leq \left|Z_{\alpha}\right|$ 时,接受 H_0。

3)$H_0 : \pi_1 \geq \pi_2, H_1 : \pi_1 < \pi_2$

当 $Z = \dfrac{p_1 - p_2}{\sqrt{\hat{p}(1-\hat{p})} \cdot \sqrt{\dfrac{1}{n_1} + \dfrac{1}{n_2}}} < -\left|Z_{\alpha}\right|$ 时,拒绝 H_0。

当 $Z = \dfrac{p_1 - p_2}{\sqrt{\hat{p}(1-\hat{p})} \cdot \sqrt{\dfrac{1}{n_1} + \dfrac{1}{n_2}}} \geq -\left|Z_{\alpha}\right|$ 时,接受 H_0。

【例10.6】　为比较甲、乙两地农村劳动力转移情况,在甲地随机抽查130户,其中全家外出并有固定收入和住所的17户,在乙地随机抽查140户,其中全家外出并有固定收入和住所的11户,问这种全家外出并有固定收入和住所的比例甲地区是否高于乙地区。($\alpha = 0.05$)

解:

第一步,$H_0 : \pi_1 \leq \pi_2, H_1 : \pi_1 > \pi_2$。

第二步,构造 Z 统计量。

$$Z = \frac{p_1 - p_2}{\sqrt{\hat{p}(1-\hat{p})\left(\frac{1}{n_1} + \frac{1}{n_2}\right)}} = \frac{\frac{17}{130} - \frac{11}{140}}{\sqrt{0.103\ 704(1 - 0.103\ 704)\left(\frac{1}{130} + \frac{1}{140}\right)}} \approx 1.41$$

第三步,计算临界值 $|Z_{0.05}| = 1.65$。

第四步,判断:$Z = 1.41 < 1.65$,接受原假设,故认为全家外出打工并有固定收入和住所的比例甲地不显著高于乙地。

10.2.3　两个正态总体方差之比的假设检验

设总体 $X_1 \sim N(\mu_1, \sigma_1^2)$,总体 $X_2 \sim N(\mu_2, \sigma_2^2)$;

则 $\dfrac{\tilde{S}_1^2/\sigma_1^2}{\tilde{S}_2^2/\sigma_2^2} \sim F(n_1 - 1, n_2 - 1)$。

当 $\sigma_1^2 = \sigma_2^2$ 成立时,构造检验统计量 $F = \dfrac{\tilde{S}_1^2}{\tilde{S}_2^2} \sim F(n_1 - 1, n_2 - 1)$。检验规则如下。

1)$H_0 : \sigma_1^2 = \sigma_2^2, H_1 : \sigma_1^2 \neq \sigma_2^2$

当 $F > F_{\frac{\alpha}{2}}(n_1 - 1, n_2 - 1)$ 或 $F < F_{1-\frac{\alpha}{2}}(n_1 - 1, n_2 - 1)$ 时,拒绝 H_0。

当 $F_{1-\frac{\alpha}{2}}(n_1 - 1, n_2 - 1) \leqslant F \leqslant F_{\frac{\alpha}{2}}(n_1 - 1, n_2 - 1)$ 时,接受 H_0。

2)$H_0 : \sigma_1^2 \leqslant \sigma_2^2, H_1 : \sigma_1^2 > \sigma_2^2$

当 $F > F_{\alpha}(n_1 - 1, n_2 - 1)$ 时,拒绝 H_0。

当 $F \leqslant F_{\alpha}(n_1 - 1, n_2 - 1)$ 时,接受 H_0。

3)$H_0 : \sigma_1^2 \geqslant \sigma_2^2, H_1 : \sigma_1^2 < \sigma_2^2$

当 $F < F_{1-\alpha}(n_1 - 1, n_2 - 1)$ 时,拒绝 H_0。

当 $F \geqslant F_{1-\alpha}(n_1 - 1, n_2 - 1)$ 时,接受 H_0。

【例 10.7】　有甲、乙两台机床生产同一型号零件,根据已有经验,这两台机床生产的零件直径都服从正态分布,现从这两台机床生产的零件中分别抽取 8 个和 7 个,测得其直径数据为:$\bar{x}_1 = 16.057$,$\tilde{S}_1^2 = 0.165\ 4$,$\bar{x}_2 = 16.032$,$\tilde{S}_2^2 = 0.038\ 4$,问乙机床生产的零件直径的方差是否比甲机床小。($\alpha = 0.05$)

解:第一步,$H_0 : \sigma_1^2 \leqslant \sigma_2^2, H_1 : \sigma_1^2 > \sigma_2^2$。

第二步,构造 F 统计量:$F = \dfrac{\tilde{S}_1^2}{\tilde{S}_2^2} = \dfrac{0.165\ 4}{0.038\ 4} = 4.31$。

第三步,计算临界值 $F_{0.05}(7, 6) = 4.21$。

第四步,判断:$F > F_{0.05}(7, 6)$,拒绝 H_0,也就是说乙机床生产的零件直径的方差明显比甲机床小。

思考题

1. 假设检验的基本思想是什么?
2. 假设检验与置信区间有何关系?
3. 什么是假设检验的两类错误,它们有何关系?
4. 试比较一个总体的假设检验与一个总体区间估计的相似性。
5. 试比较两个总体的假设检验与两个总体区间估计的相似性。
6. 试比较一个总体的假设检验与两个总体假设检验的相似性。
7. 在假设检验中是否样本容量越大越好,为什么?

第11章　方差分析

在第十章中,两总体均值之差的假设检验实际上是检验两个总体均值是否相等的问题。如果要比较多个总体均值是否相等也进行两两假设检验,需要进行很多次的比较,很麻烦。比如检验 5 个总体的均值是否相等,需要进行 10 次检验。现在介绍分析这类问题的另外一种方法——方差分析。方差分析是检验多个总体均值是否相等的统计方法。方差分析是在对全部样本观测值的总离差进行分解的基础上,实现对总体均值的推断,即方差分析是利用对方差的分解来分析均值,而不是分析方差。一般在进行方差分析时要限定各总体互相独立且服从正态分布,并假定各总体的方差相等。方差分析对多个总体的均值进行比较,以分析它们之间差异的原因,例如,分析 5 个不同的油菜品种对单产(kg/ha①)的影响是否显著(表11.1)。

表 11.1　油菜品种试验产量记录

单位:kg/ha

样本序号	油菜品种				
	品种 1	品种 2	品种 3	品种 4	品种 5
1	2 196.0	2 178.0	2 220.0	2 386.5	2 245.5
2	2 272.5	1 942.5	2 394.0	2 455.5	2 266.5
3	2 127.0	1 861.5	2 124.0	2 592.0	2 176.5
4	2 050.5	1 990.5	2 248.5	2 709.0	2 249.6
5	1 999.5	2 080.5	2 307.0	2 523.0	
6	2 161.5	2 100.0			
7	2 085.0				

油菜品种是方差分析的对象,我们把方差分析的对象称为"因素"或"因子"。这种"因素"或"因子"是类型自变量,它具体表现为:品种 1、品种 2、品种 3、品种 4、品种 5。我们把"因素"或"因子"的具体表现称为"水平"或"处理"。每一个水平就是一个总体(油菜品种有5 个水平、5 个总体)。每一水平下的样本数据是观测值,这观测值是数值因变量(随水平变化而变化)。方差分析就是分析类型自变量对数值因变量的影响。以上油菜品种试验是在相同的土壤环境、相同的生产管理等条件下观察油菜品种对油菜产量是否有影响。如果每个品种的总体平均数(kg/ha)都相等,就认为油菜品种对油菜产量没有影响;反之,有影响。

11.1　单因素方差分析

11.1.1　数据结构与统计量

单因素方差分析就是分析对象只有一个因素(A),这个因素下有 k 个不同的水平(A_1,A_2,$\cdots$,A_k),对每个水平的观测变量均值差异的显著性检验。设每一水平下 $x_j \sim N(\mu_j, \sigma^2)$,

---

① 1 ha = 10 000 m²。

$j = 1, 2, \cdots, k$ 且 x_j 相互独立,在每一水平下做 n_j 次实验,用 x_{ij} 表示因素 A 的第 j 个水平下的第 i 个样本值,则根据样本数据可计算如下统计量:

样本总容量:$n = n_1 + n_2 + \cdots + n_k$

水平 A_j 下的样本均值:$\bar{x}_j = \dfrac{1}{n_j} \sum_{i=1}^{n_j} x_{ij}$

总体样本均值:$\bar{\bar{x}} = \dfrac{1}{n_j} \sum_{j=1}^{k} \sum_{i=1}^{n_j} x_{ij}$

总离差平方和:$\text{SST} = \sum_{j=1}^{k} \sum_{i=1}^{n_j} (x_{ij} - \bar{\bar{x}})^2$ —— 反映观测变量的全部观测值的总变动。

组间平方和:$\text{SSA} = \sum_{j=1}^{k} n_j (\bar{x}_j - \bar{\bar{x}})^2$ —— 反映各水平的样本平均数之间的差异度,即因素 A_j 的水平差异对观测变量 x_{ij} 产生的影响。

误差平方和:$\text{SSE} = \sum_{j=1}^{k} \sum_{i=1}^{n_j} (x_{ij} - \bar{x}_j)^2$ —— 反映所有水平的样本值与各自水平平均值之间的整体差异程度,即随机误差及其他因素对观测变量所产生的综合影响,也称为组内平方和。

以油菜品种方差分析为例,数据结构和统计量的计算见表 11.2 和表 11.3。

表 11.2 方差分析数据结构

样本序号	油菜品种				
	品种 1 $j = 1$	品种 2 $j = 2$	品种 3 $j = 3$	品种 4 $j = 4$	品种 5 $j = 5$
$i = 1$	2 196.0	2 178.0	2 220.0	2 386.5	2 245.5
$i = 2$	2 272.5	1 942.5	2 394.0	2 455.5	2 266.5
$i = 3$	2 127.0	1 861.5	2 124.0	2 592.0	2 176.5
$i = 4$	2 050.5	1 990.5	2 248.5	2 709.0	2 249.6
$i = 5$	1 999.5	2 080.5	2 307.0	2 523.0	
$i = 6$	2 161.5	2 100.0			
$i = 7$	2 085.0				
$\bar{x}_j$	2 127.43	2 025.5	2 258.7	2 533.2	2 234.5
$(\bar{x}_j - \bar{\bar{x}})^2$	8 593.29	37 869.16	1 489.96	98 031.61	207.36
$\sum_{i=1}^{n_j} (x_{ij} - \bar{x}_j)^2$	50 992.7	66 841.5	40 384.8	62 025.3	4 737.8
n_j	7	6	5	5	4
总均值	$\bar{\bar{x}} = \dfrac{2\ 196.0 + 2\ 272.5 + \cdots + 2\ 249.6}{27} = 2\ 220.097$				

11.1.2 计算步骤

可以验证:$\text{SST} = \text{SSA} + \text{SSE}$。方差分析就是将总离差平方和分解为组内平方和与组间平方和,基于这一分解构造检验统计量。当总离差平方和 SST 一定时,若 SSA 较大,则 SSE 较小,因素变量的不同水平对观测变量的影响较显著;反之,若 SSA 较大,则 SSE 较小,因素变量的不同水平对观测变量影响不显著。因此,可以借助对 SSA 与 SSE 的比较对方差分析结果进行检验,其检验步骤如下:

(1) 建立原假设和备选假设

$H_0 : \mu_1 = \mu_2 = \cdots = \mu_k$ $H_1 : \mu_j(j = 1, 2, \cdots, k)$ 不完全相等

原假设 H_0 即为不同因素水平下观测变量各总体均值无显著差异。

(2) 构造检验统计量并计算

SSA、SSE 分别服从自由度为 $(k-1)$、$(n-k)$ 的 F 分布,构造统计量: $F = \dfrac{\text{MSA}}{\text{MSE}}$。$F$ 值越大,类型变量对数值变量的影响越显著。计算检验统计量 F 见表 11.3。

表 11.3 单因素方差分析

方差来源	离差平方和	自由度	均方差	F 值	F 临界值
因素 A(组间)	SSA	$k-1$	$\text{MSA} = \dfrac{\text{SSA}}{k-1}$	$F = \dfrac{\frac{\text{SSA}}{k-1}}{\frac{\text{SSE}}{n-k}}$	$F_\alpha(k-1, n-k)$
误差(组内)	SSE	$n-k$	$\text{MSE} = \dfrac{\text{SSE}}{n-k}$		
总 和	SST	$n-1$			

(3) 计算临界值

给出显著性水平 α,并计算临界值 $F_\alpha(k-1, n-k)$。

(4) 判断

若 $F > F_\alpha(k-1, n-k)$,则拒绝原假设 H_0,认为因素的不同水平对总体的差异有显著影响;若 $F \leq F_\alpha(k-1, n-k)$,则接受 H_0,认为因素的不同水平对总体的差异无显著影响。

11.1.3 单因素分析示例

基于表 11.2 的数据,按照以上步骤检验油菜品种对产量是否有影响。

① $H_0 : \mu_1 = \mu_2 = \mu_3 = \mu_4 = \mu_5, H_1 : \mu_j(j = 1, 2, \cdots, 5)$ 不全相等。

② 构造统计量。

$$\text{SSA} = \sum_{j=1}^{k} n_j(\bar{x}_j - \bar{\bar{x}})^2 = 785\ 771.1$$

$$\text{SSE} = \sum_{j=1}^{k} \sum_{i=1}^{n_j} (x_{ij} - \bar{x}_j)^2 = 224\ 981.3$$

$$\text{MSA} = \frac{\text{SSA}}{k-1} = \frac{785\ 771.1}{5-1} = 196\ 442.8$$

$$\text{MSE} = \frac{\text{SSE}}{n-k} = \frac{224\ 981.3}{27-5} = 10\ 226.42$$

$$\text{SST} = \sum_{j=1}^{k} \sum_{i=1}^{n_j} (x_{ij} - \bar{\bar{x}})^2 = 1\ 010\ 752$$

$$F = \frac{MSA}{MSE} = \frac{196\,442.8}{10\,226.42} = 19.209\,3$$

将计算结果代入表 11.3 得表 11.4。

③取 $\alpha = 0.05$。在 Excel 工作表任意单元格输入"= FINV(0.05,4,22)",得 $F(0.05,4,22) = 2.816\,708$。将这一计算结果代入表 11.3 得临界值(表 11.4)。

表 11.4　油菜品种方差分析

方差来源	离差平方和	自由度	均方差	F 值	临界值
组间	785 771.1	4	196 442.8	19.21	
组内	224 981.3	22	10 226.42		$F_{0.05}(4,22) = 2.82$
总和	1 010 752	26			

④判断:$F = 19.21 > 2.82$,拒绝原假设 H_0,故认为不同油菜品种的平均产量有显著差异。

11.1.4　用 Excel 和 SPSS 计算

现以表 11.1 的数据为例,分别介绍用 Excel 和 SPSS 进行单因素方差分析。

(1)用 Excel 进行单因素方差分析

首先将数据输入 Excel 工作表,然后单击"工具"菜单下的"数据分析"选项,选择"单因素方差分析",弹出窗口。

在弹出的窗口中:单击"输入区域"栏,选中数据区域;选择分组方式"列";选择输出选项"新工作表组";单击"确定",输出结果(图 11.1)。

方差分析:单因素方差分析

组	观测数	求和	平均	方差
列 1	7	14892	2127.429	8498.786
列 2	6	12153	2025.5	13368.3
列 3	5	11293.5	2258.7	10096.2
列 4	5	12666	2533.2	15506.33
列 5	4	8938.1	2234.525	1579.003

方差分析

差异源	SS	df	MS	F	F crit
组间	785771.1	4	196442.8	19.20933	2.816708
组内	224981.3	22	10226.42		
总计	1010752	26			

图 11.1　用 Excel 进行单因素方差分析的结果示例

在输出结果中,SS 表示离差平方和,df 表示自由度,MS 表示均方差,F 为统计量值,F crit 为 F 分布临界值。$F \approx 19.21 \geqslant 2.82$,拒绝原假设,故认为不同油菜品种单产有显著差异。

(2)用 SPSS 进行单因素方差分析

首先将数据输入 SPSS 的数据视图,然后单击"分析"菜单下的"比较均值"选项,选择"单因素方差分析",弹出窗口(图11.2),选择"亩①产量"为因变量,"品种"为因子。

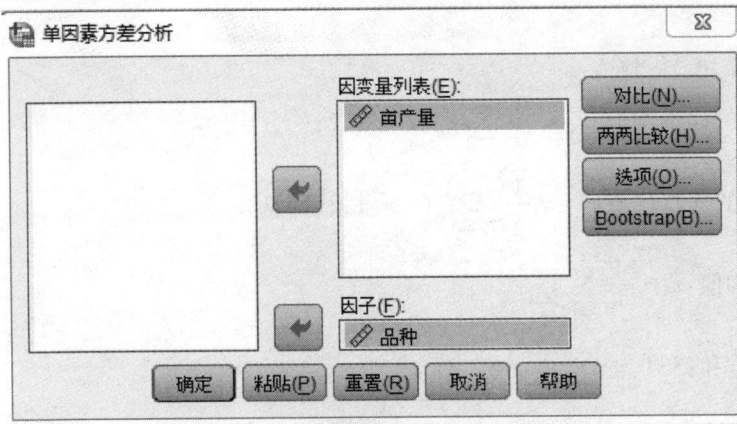

图 11.2 SPSS "单因素方差分析"窗口

输出结果如图 11.3 所示。在输出结果中,F 为统计量值,显著性即 P 值,通常将拒绝原假设的最小显著性水平称为假设检验的 P 值。一般按照 $\alpha > P$ 时,拒绝原假设;反之,接受原假设。

单因素方差分析

					亩产量
	平方和	df	均方	F	显著性
组间	785771.088	4	196442.772	19.209	.000
组内	224981.322	22	10226.424		
总数	1010752.410	26			

图 11.3 用 SPSS 进行单因素方差分析的结果示例

从输出结果中看出:$F = 19.209$,$P = 0 < \alpha(0.05)$,则拒绝原假设,认为不同油菜品种单产有显著差异。

11.2 无交互作用的两因素方差分析

以上讨论的是一个因素多个水平的方差分析,现实中往往要讨论多个因素多个水平的方差分析。例如,影响油菜单产的不仅是品种,还有施肥量、土壤肥沃程度、生产技术水平及管理等。这种同时研究多种因素对观测变量的影响,就是多因素方差分析。这里,我们只考虑两因素方差分析。

11.2.1 数据结构与统计量

无交互作用是指两因素的联合作用不会对观测变量产生显著影响。现考虑观测变量 x_{ij} 受两因素 A、B 的影响,其中因素 A 有 k 个水平 $A_1 A_2 \cdots A_k$,因素 B 有 s 个水平 $B_1 B_2 \cdots B_s$。在两因素无交互作用的情况下,对于因素 A、B 各个水平的每一对组合(A_j, B_i)都只进行一次相互

---

① 1 亩 = 666.7 m^2。

独立的试验,试验结果用 x_{ij} 表示,且 x_{ij} 独立地服从 $N(\mu_{ij}, \sigma^2)$,则根据样本数据计算的统计量如下:

样本总容量: $n = k \times s$

水平 A_j 下的样本均值: $\bar{x}_j = \dfrac{1}{s} \sum_{i=1}^{s} X_{ij} (i = 1, 2, \cdots, s)$

水平 B_i 下的样本均值: $\bar{x}_i = \dfrac{1}{k} \sum_{j=1}^{k} X_{ij} (i = 1, 2, \cdots, k)$

总体样本均值: $\bar{\bar{x}} = \dfrac{1}{n} \sum_{i=1}^{s} \sum_{j=1}^{k} x_{ij}$

总离差平方和: $SST = \sum_{i=1}^{s} \sum_{j=1}^{k} (x_{ij} - \bar{\bar{x}})^2$

因素 A 的组间平方和: $SSA = \sum_{i=1}^{s} S(\bar{x} - \bar{\bar{x}})^2$——反映了因素 A 的水平差异对观测变量所产生的影响。

因素 B 的组间平方和: $SSB = \sum_{j=1}^{k} k(\bar{x}_j - \bar{\bar{x}})^2$——反映了因素 B 的水平差异对观测变量所产生的影响。

误差平方和: $SSE = \sum_{i=1}^{s} \sum_{j=1}^{k} (x_{ij} - \bar{x}_i - \bar{x}_j + \bar{\bar{x}})^2$——反映了随机误差及其他因素对观测变量所产生的综合影响。

以油菜为例,其数据结构和统计量计算见表 11.5 和表 11.6。

表 11.5　不同土壤类型上不同品种的油菜单产

单位:kg/ha

B_i	A_j					$\bar{x}_i$	$(\bar{x}_i - \bar{\bar{x}})^2$	$\sum_{j=1}^{n_j} (x_{ij} - \bar{x}_i)^2$
	A_1	A_2	A_3	A_4	A_5			
B_1	2 196.0	2 178.0	2 220.0	2 386.5	2 245.5	2 245.2	118.701	27 537.3
B_2	2 272.5	1 942.5	2 394.0	2 455.5	2 266.5	2 266.2	1 017.291	156 988.8
B_3	2 127.0	1 861.5	2 124.0	2 592.0	2 176.5	2 176.2	3 376.191	277 071.3
B_4	2 050.5	1 990.5	2 248.5	2 709.0	2 249.6	2 249.62	234.549 2	317 823.2
$\bar{x}_j$	2 161.5	1 993.125	2 246.625	2 535.75	2 234.525			
$(\bar{x}_j - \bar{\bar{x}})^2$	5 300.568	58 167.79	151.782 4	90 869.09	0.048 4			
$\sum_{i=1}^{n_i} (x_{ij} - \bar{x}_j)^2$	27 022.5	54 073.69	37 468.69	61 895.25	4 737.008			

$$\bar{\bar{x}} = \frac{1}{n} \sum_{i=1}^{s} \sum_{j=1}^{k} x_{ij} \frac{2\ 196.0 + 2\ 272.5 + \cdots + 2\ 234.5}{20} = 2\ 234.305$$

油菜的单产不仅受油菜品种的影响,而且受土壤条件的影响。有 5 个油菜品种($A_j, j = 1$,

$2,3,4,5$)在 4 种不同的土壤类型($B_i,i=1,2,3,4$)种植,测得第 i 类土壤上种植的第 j 品种油菜的产量见表11.5。土壤类型与油菜品种对油菜单产没有交叉影响。现分析土壤类型和油菜品种对油菜单产的影响,其数据结构见表11.6。

11.2.2 计算步骤

无交互作用的假设检验的原理与单因素方差分析的原理是相同的,只是存在两个因素。总离差平方和可以分解为三个部分,即 SST = SSA + SSB + SSE,具体检验步骤如下。

(1)建立原假设与备选假设

检验因素 A 的不同水平间的差异是否显著。

$H_{0A}:\mu_1=\mu_2=\cdots=\mu_k$ $\qquad H_{1A}:\mu_j(i=1,2,\cdots,k)$ 不完全相等

检验因素 B 的不同水平间的差异是否显著。

$H_{0B}:\mu_1=\mu_2=\cdots=\mu_s$ $\qquad H_{1B}:\mu_i(i=1,2,\cdots,s)$ 不完全相等

其中,μ_j 为因素 A 的第 j 个水平下可观测变量的总体均值,μ_i 为因素 B 的第 i 个水平下可观测变量的总体均值。

(2)计算检验统计量

对于因素 A,当 H_{0A} 为真时,构造统计量

$$F_A=\frac{MSA}{MSE}\sim F(k-1,(k-1)(s-1))$$

对于因素 B,当 H_{0B} 为真时,构造统计量

$$F_B=\frac{MSB}{MSE}\sim F(s-1,(k-1)(s-1))$$

计算检验统计量 F_A、F_B 见表11.6。

表11.6 无交互作用的两因素方差分析

方差来源	离差平方和	自由度	均方差	F 值	F 临界值
因素 A	SSA	$f_A=k-1$	$MSA=\frac{SSA}{f_A}$		
因素 B	SSB	$f_B=s-1$	$MSB=\frac{SSB}{f_B}$	$F_A=\frac{MSA}{MSE}$	$F_\alpha^A(k-1,(k-1)(s-1))$
误差	SSE	$f_e=(k-1)(s-1)$	$MSE=\frac{SSE}{f_e}$	$F_B=\frac{MSB}{MSE}$	$F_\alpha^B(k-1,(k-1)(s-1))$
总和	SST	$ks-1$			

(3)计算临界值

给出显著性水平 α,并计算临界值和 $F_\alpha^A(k-1,(k-1)(s-1))$ 和 $F_\alpha^B(s-1,(k-1)(s-1))$。

(4)判断

若 $F_A\geqslant F_\alpha^A(k-1,(k-1)(s-1))$,则拒绝 H_{0A},认为因素 A 的不同水平对总体的差异有

显著影响;若 $F_A < F_\alpha^A(k-1,(k-1)(s-1))$,则接受 H_{0A},认为因素 A 的不同水平对总体的差异无显著影响。对于因素 B,也可以做出类似的结论。

11.2.3 两因素无交叉作用方差分析的例子

两因素无交叉作用方差分析可以按照以上步骤检验土壤类型、油菜品种对油菜产量是否有影响。

①$H_{0A}:\mu_1 = \mu_2 = u_3 = u_4 = u_5$,$H_{1A}:\mu_j(j = 1,2,\cdots,5)$不全相等。$H_{0B}:\mu_1 = \mu_2 = u_3 = u_4$,$H_{1B}:$ $\mu_i(i = 1,2,3,4)$不全相等。

②构造统计量。

$$SSB = \sum_{j=1}^{k} k(\bar{x}_j - \bar{\bar{x}})^2 = 23\ 733.66$$

$$SSE = \sum_{i=1}^{s} \sum_{j=1}^{k} (x_{ij} - \bar{x}_i - \bar{x}_j + \bar{\bar{x}})^2 = 161\ 463.5$$

$$MSA = \frac{SSA}{f_A} = 154\ 489.3$$

$$MSB = \frac{SSB}{f_B} = 7\ 911.22$$

$$MSE = \frac{SSE}{f_e} = 13\ 455.29$$

$$SST = \sum_{i=1}^{s} \sum_{j=1}^{k} (x_{ij} - \bar{\bar{x}})^2 = 803\ 154.2$$

$$F_A = \frac{MSA}{MSE} = 11.481\ 68$$

$$F_B = \frac{MSB}{MSE} = 0.587\ 964$$

将计算结果代入表 11.6 得表 11.7。

③取 $\alpha = 0.05$,得 $F_\alpha^A(k-1,(k-1)(s-1)) = 3.259\ 167$;$F_\alpha^B(s-1,(k-1)(s-1)) = 3.490\ 295$。

将这一结果带入表 11.6 得表 11.7。

表 11.7 土壤类型、油菜品种两因素(无交叉作用)方差分析

方差来源	离差平方和	df	均方差	F 值	F 临界值
因素 A	617 957.1	3	7 911.22		
因素 B	23 733.66	4	154 489.3	$F_A = 11.482$	$F_\alpha^A = 3.490\ 295$
误差	161 463.5	12	13 455.29	$F_B = 0.587$	$F_\alpha^B = 3.259\ 167$
总和	803 154.2	19			

④判断:$F_A = 11.481\ 68 > F_\alpha^A = 3.490\ 295$,拒绝原假设 H_0,认为不同油菜品种的平均产量有显著差异。$F_B = 0.587 < F_\alpha^B = 3.259\ 167$,接受原假设 H_0,认为不同土壤类型的平均产量没

有显著差异。

11.2.4　用 Excel 计算

现以表 11.5 的数据为例,介绍用 Excel 进行无交互作用的方差分析。

首先将数据输入 Excel 工作表,然后单击"工具"菜单下的"数据分析",选择"无重复双因素方差分析",弹出窗口。

在弹出的窗口中:单击"输入区域"栏,选中数据区域;选择输出选项"新工作表组",单击"确定"按钮,得如图 11.4 所示结果。

方差分析:无重复双因素分析

SUMMARY	观测数	求和	平均	方差
行 1	5	11226	2245.2	6884.325
行 2	5	11331	2266.2	39247.2
行 3	5	10881	2176.2	69267.83
行 4	5	11248.1	2249.62	79455.8
列 1	4	8646	2161.5	9007.5
列 2	4	7972.5	1993.125	18024.56
列 3	4	8986.5	2246.625	12489.56
列 4	4	10143	2535.75	20631.75
列 5	4	8938.1	2234.525	1579.003

方差分析

差异源	SS	df	MS	F	F crit
行	23733.66	3	7911.22	0.587964	3.490295
列	617957.1	4	154489.3	11.48168	3.259167
误差	161463.5	12	13455.29		
总计	803154.2	19			

图 11.4　用 Excel 进行无交互作用的方差分析的结果示例

图 11.4 中,SS 表示离差平方和,df 表示自由度,MS 表示均方差,F 为统计量值,F crit 为 F 分布临界值。$F_B \approx 0.587\,964 \leqslant 3.490\,295$,接受原假设,认为不同土壤类型对油菜单产没有显著差异。$F_A \approx 11.481\,68 > 3.259\,167$,拒绝原假设,认为不同油菜品种对油菜单产有显著差异。

11.2.5　用 SPSS 计算

现以表 11.5 的数据为例,介绍用 SPSS 进行无交互作用的方差分析。

首先将数据输入 SPSS 工作表,然后单击"工具"菜单下的"分析",选择"一般线性模型"中的"单变量",弹出窗口,输入如图 11.5 所示的内容。

单击"确定"按钮,可以得到 SPSS 的输出结果,如图 11.6 所示。

在输出结果中,F 为统计量值。$F_{土壤} = 0.162$,$P = 0.920 > 0.05$,接受原假设,认为不同土壤类型对油菜单产影响没有显著差异。$F_{品种} = 12.513$,$P = 0 < 0.05$,拒绝原假设,认为不同油菜品种对油菜单产影响有显著差异。

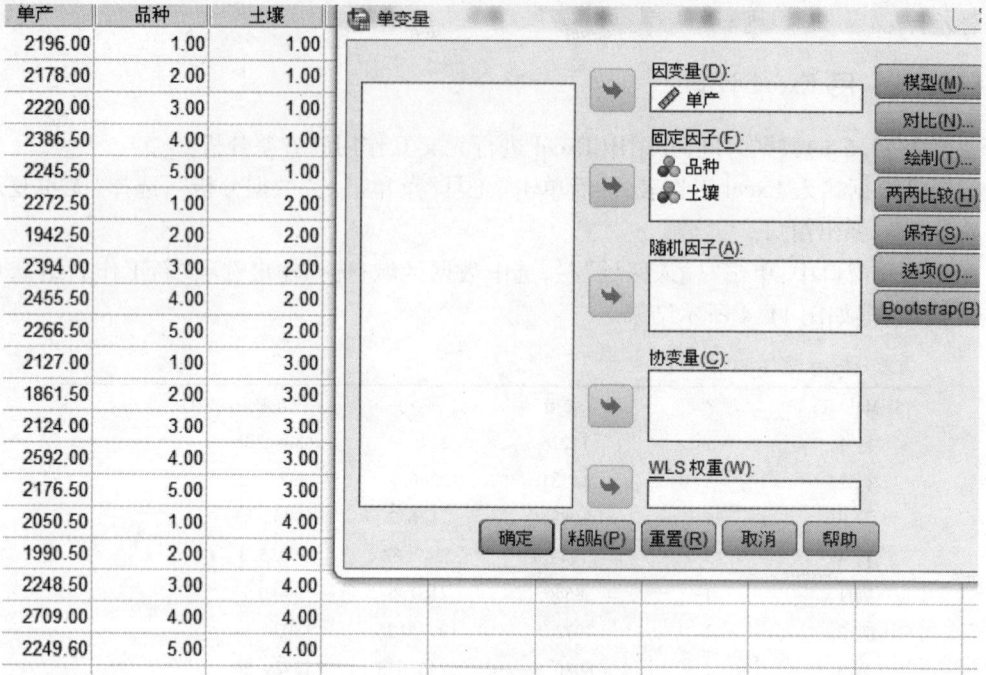

单产	品种	土壤
2196.00	1.00	1.00
2178.00	2.00	1.00
2220.00	3.00	1.00
2386.50	4.00	1.00
2245.50	5.00	1.00
2272.50	1.00	2.00
1942.50	2.00	2.00
2394.00	3.00	2.00
2455.50	4.00	2.00
2266.50	5.00	2.00
2127.00	1.00	3.00
1861.50	2.00	3.00
2124.00	3.00	3.00
2592.00	4.00	3.00
2176.50	5.00	3.00
2050.50	1.00	4.00
1990.50	2.00	4.00
2248.50	3.00	4.00
2709.00	4.00	4.00
2249.60	5.00	4.00

图 11.5　SPSS 数据输入窗口

主体间效应的检验

因变量:单产

源	Ⅲ型平方和	df	均方	F	Sig.
校正模型	803154.250^a	19	42271.276	.	.
截距	99842376.660	1	99842376.660	.	.
品种	617957.117	4	154489.279	12.513	.000
土壤	23733.661	3	7911.220	.162	.920
品种 * 土壤	161463.471	12	13455.289		
误差	0.000	0			
总计	100645530.910	20			
校正的总计	803154.250	19			

a. $R^2 = 1.000$(调整 $R^2 = .$)。

图 11.6　用 SPSS 进行无交互作用的方差分析的结果示例

11.3　有交互作用的两因素方差分析

有交互作用是指两因素的联合作用可能会对观测变量产生一种新的影响,比如,不同的土壤类型与不同的油菜品种的组合对产量的影响是两因素单独所不能实现的影响。现讨论因素 A(列因素)、因素 B(行因素)的联合作用对观测变量造成显著影响的方差分析。

11.3.1 数据结构与统计量

无交互作用的两因素方差分析近似于分别对行因素、列因素进行单因素检验,行因素和列因素的每一种组合只取一个样本单位,那么不同的组合之间有没有差别反映不出来。要反映不同组合之间有没有差别,每种组合就应有多个样本单位(至少大于2),于是交互作用的两因素方差分析的数据结构是三维结构(图11.7)。

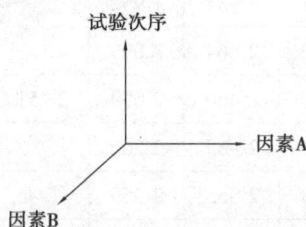

图11.7 数据结构图

设因素 A(列因素)下有 k 个水平,因素 B(行因素)下有 s 个水平,对于因素 A、因素 B 各个水平的每一对组合 (A_j,B_i) 试验 m 次 $(m>2)$,每次试验结果用 $X_{ijr}(r=1,2,\cdots,m)$ 表示,x_{ijr} 独立地服从 $N(\mu_{ijr},\sigma^2)$,则根据样本数据计算的统计量如下:

样本总容量:$n=k\times s\times m$

水平 A_j 下的样本均值:$\bar{x}_j=\dfrac{1}{m\cdot s}\sum\limits_{i=1}^{s}\sum\limits_{r=1}^{m}x_{ijr}$

水平 B_j 下的样本均值:$\bar{x}_i=\dfrac{1}{m\cdot k}\sum\limits_{j=1}^{k}\sum\limits_{r=1}^{m}x_{ijr}$

水平 A_iB_j 下的样本均值:$\bar{x}_{ij}=\dfrac{1}{m}\sum\limits_{r=1}^{m}x_{ijr}$

总体样本均值:$\bar{\bar{x}}=\dfrac{1}{n}\sum\limits_{j=1}^{k}\sum\limits_{i=1}^{s}\sum\limits_{r=1}^{m}x_{ijr}$

总离差平方和:$\mathrm{SST}=\sum\limits_{j=1}^{k}\sum\limits_{i=1}^{s}\sum\limits_{r=1}^{m}(x_{ijr}-\bar{\bar{x}})^2$

因素 A 的组间平方和:$\mathrm{SSA}=sm\sum\limits_{j=1}^{k}(\bar{x}_j-\bar{\bar{x}})^2$——反映了因素 A 的水平差异对观测变量所产生的影响。

因素 B 的组间平方和:$\mathrm{SSB}=km\sum\limits_{i=1}^{s}(\bar{x}_i-\bar{\bar{x}})^2$——反映了因素 B 的水平差异对观测变量所产生的影响。

因素 A 与因素 B 交互作用的离差平方和:$\mathrm{SSAB}=m\sum\limits_{j=1}^{k}\sum\limits_{i=1}^{s}(\bar{x}_{ij}-\bar{x}_i-\bar{x}_j+\bar{\bar{x}})^2$——反映了 A、B 交互作用的显著性水平。

误差平方和:$\mathrm{SSE}=\sum\limits_{j=1}^{k}\sum\limits_{i=1}^{s}\sum\limits_{r=1}^{m}(x_{ijr}-\bar{x}_{ij})^2$——反映了随机误差及其他因素对观测变量所产生的综合影响。

现以油菜品种与土壤类型的交叉作用为例,列出其数据结构见表11.8。

表11.8　土壤类型与油菜品种交叉作用方差分析数据

单位:kg/ha

B_i			A_j					$\bar{x}_i$	$(\bar{x}_i - \bar{\bar{x}})^2$	$\sum\limits_{j=1}^{k\times m}(x_{ij}-\bar{x}_i)^2$
			A_1	A_2	A_3	A_4	A_5			
B_1	观测值	2 196	2 178	2 220	2 386.5	2 245.5				
		2 646	1 751	2 121	2 331	1 952				
		2 871	2 130	1 973	2 664	2 099				
	$\bar{x}_{ij}$	2 571	2 020	2 105	2 460	2 099	2 251			
B_2	观测值	2 272	1 942	2 394	2 455	2 266				
		2 224	2 129	2 298	2 553	2 355				
		2 224	2 166	2 585	2 553	2 488				
	$\bar{x}_{ij}$	2 240	2 079	2 426	2 520	2 370	2 327			
B_3	观测值	2 127	1 861	2 124	2 592	2 176				
		2 173	1 765	1 770	2 542	1 943				
		2 425	1 898	1 568	2 806	1 903				
	$\bar{x}_{ij}$	2 242	1 841	1 821	2 647	2 007	2 112			
B_4	观测值	2 050	1 990	2 248	2 709	2 249				
		1 799	1 924	2 883	2 511	2 504				
		1 841	1 824	2 199	2 462	2 122				
	$\bar{x}_{ij}$	1 897	1 913	2 443	2 561	2 292	2 221			
$\bar{x}_j$			2 237	1 963	2 199	2 547	2 197			
$(\bar{x}_j - \bar{\bar{x}})^2$										
$\sum\limits_{i=1}^{s\times m}(x_{ij}-\bar{x}_j)^2$										

注:$\bar{\bar{x}} = \dfrac{1}{n}\sum\limits_{j=1}^{k}\sum\limits_{i=1}^{s}\sum\limits_{r=1}^{m}x_{ijr}$。

11.3.2　计算步骤

有交互作用的两因素分析将总离差平方和分解为四部分,即

$$SST = SSA + SSB + SSAB + SSE$$

其中,SSA + SSB 称为主效应部分,SSAB 称为交互效应,SSE 是剩余部分,仍然通过构造统计量来检验因素 A、B 及其交互作用对观测变量的影响是否显著,具体检验过程与无交互作用的两因素方差分析大体一致,只是多了交互作用的影响。

(1)建立原假设与备选假设

检验因素 A 的不同水平间的差异是否显著。

$H_{0A}:\mu_1=\mu_2=\cdots=\mu_k$　　$H_{1A}:\mu_j(i=1,2,\cdots,k)$不完全相等

检验因素 B 的不同水平间的差异是否显著

$H_{0B}:\mu_1=\mu_2=\cdots=\mu_s$　　$H_{1B}:\mu_i(i=1,2,\cdots,s)$不完全相等

其中,μ_j 为因素 A 的第 j 个水平下观测变量的总体均值,μ_i 为因素 B 的第 i 个水平下观测变量的总体均值。

检验 AB 两因素交叉作用的差异是否显著。

$H_{0AB}:\mu_{ij}+u=u_j+u_i$　　$H_{1AB}:\mu_{ij}+u\neq u_j+u_i$

(2)构造统计量并计算

对于因素 A,当 H_{0A} 为真时,构造统计量 $F_A=\dfrac{\text{MSA}}{\text{MSE}}\sim F_\alpha^A(k-1,(k-1)(s-1))$。

对于因素 B,当 H_{0B} 为真时,构造统计量 $F_B=\dfrac{\text{MSB}}{\text{MSE}}\sim F_\alpha^B(s-1,(k-1)(s-1))$。

对于 AB 交叉影响因素,当 H_{0AB} 为真时,构造统计量 $F_\alpha^{AB}=\dfrac{\text{MSAB}}{\text{MSE}}\sim F_\alpha^{AB}((k-1)(s-1),$ $ks(m-1))$。

计算检验统计量 F_A、F_B、F_{AB},见表 11.9。

表 11.9　有交互作用的两因素方差分析

方差来源	离差平方和	df	均方差	F 值	F 临界值
A	SSA	$f_A=k-1$	$\text{MSA}=\dfrac{\text{SSA}}{f_A}$		
B	SSB	$f_B=s-1$	$\text{MSB}=\dfrac{\text{SSB}}{f_B}$	$F_A=\dfrac{\text{MSA}}{\text{MSE}}$	$F_\alpha^A(k-1,ks(m-1))$
AB	SSAB	$f_{AB}=(k-1)(s-1)$	$\text{MSAB}=\dfrac{\text{SSAB}}{f_{AB}}$	$F_B=\dfrac{\text{MSB}}{\text{MSE}}$	$F_\alpha^B(s-1,ks(m-1))$
误差	SSE	$f_e=ks(m-1)$	$\text{MSE}=\dfrac{\text{SSE}}{f_e}$	$F_{AB}=\dfrac{\text{MSAB}}{\text{MSE}}$	$F_\alpha^{AB}((k-1)(s-1),ks(m-1))$
总和	SST	$ksm-1$			

(3)给出显著性水平,求临界值

$F_\alpha^A(k-1,ks(m-1))$

$F_\alpha^B(s-1,ks(m-1))$

$F_\alpha^{AB}((k-1)(s-1),ks(m-1))$

(4)判断

当 $F_A\geqslant F_\alpha^A(k-1,ks(m-1))$ 时拒绝 H_{0A},认为因素 A 的不同水平间的差异显著;反之,则

认为因素 A 的不同水平间的差异不显著。

当 $F_B \geq F_B(S-1, ks(m-1))$ 时拒绝 H_{0B}，认为因素 B 的不同水平间的差异显著;反之,则认为因素 B 的不同水平间的差异不显著。

当 $F_{AB} \geq F_\alpha^{AB}((k-1)(s-1), ks(m-1))$ 时拒绝 H_{0AB}，认为 A、B 的交互作用对观测变量产生了显著影响,反之则认为 A、B 的交互作用对观测变量没有显著影响。

11.3.3　两因素有交叉作用方差分析的例子

两因素有交叉作用方差分析与无交互作用的两因素方差分析大体一致,只是多了交互作用的影响,其步骤和计算参照 11.2 节,本例略。

在现实实践中不会按照以上的步骤计算,用 Excel 和 SPSS 进行方差分析非常方便。以上介绍方差分析的步骤和例子,只是为了说明其原理。

11.3.4　用 Excel 计算

现以表 11.10 的数据为例,介绍用 Excel 进行有交互作用的方差分析。

表 11.10　土壤类型、油菜品种有交互作用方差分析数据

B_i	A_1	A_2	A_3	A_4	A_5
	2 196	2 178	2 220	2 386	2 245
B_1	2 646	1 751	2 121	2 331	1 952
	2 871	2 130	1 973	2 664	2 099
	2 272	1 942	2 394	2 455	2 266
B_2	2 224	2 129	2 298	2 553	2 355
	2 224	2 166	2 585	2 553	2 488
	2 127	1 861	2 124	2 592	2 176
B_3	2 173	1 765	1 770	2 542	1 943
	2 425	1 898	1 568	2 806	1 903
	2 050	1 990	2 248	2 709	2 249
B_4	1 799	1 924	2 883	2 511	2 504
	1 841	1 824	2 199	2 462	2 122

首先将数据表 11.10 输入 Excel 工作表,然后单击"工具"菜单下的"数据分析",选择"可重复双因素方差分析",弹出窗口。

在弹出的窗口中,单击"输入区域"栏,选中数据区域(表 11.10);选择输出选项"新工作表组";单击"确定"按钮,输出如图 11.8 所示结果。

方差分析:可重复双因素分析

SUMMARY	A_1	A_2	A_3	A_4	A_5	总计
B_1						
观测数	3	3	3	3	3	15
求和	7713	6059	6314	7381	6296	33763
平均	2571	2019.667	2104.667	2460.333	2098.667	2250.867
方差	118125	54712.33	15452.33	31866.33	21462.33	86878.55
B_2						
观测数	3	3	3	3	3	15
求和	6720	6237	7277	7561	7109	34904
平均	2240	2079	2425.667	2520.333	2369.667	2326.933
方差	768	14419	21344.33	3201.333	12482.33	32746.35
B_3						
观测数	3	3	3	3	3	15
求和	6725	5524	5462	7940	6022	31673
平均	2241.667	1841.333	1820.667	2646.667	2007.333	2111.533
方差	25737.33	4712.333	79209.33	19665.33	21736.33	122674
B_4						
观测数	3	3	3	3	3	15
求和	5690	5738	7330	7682	6875	33315
平均	1896.667	1912.667	2443.333	2560.667	2291.667	2221
方差	18074.33	6985.333	145580.3	17102.33	37846.33	111525.7
总计						
观测数	12	12	12	12	12	
求和	26848	23558	26383	30564	26302	
平均	2237.333	1963.167	2198.583	2547	2191.833	
方差	91604.42	23969.79	119318.6	18063.45	39999.06	

方差分析

差异源	SS	df	MS	F	$P\text{-}value$	F crit
样本	358852.2	3	119617.4	3.568098	0.022288	2.838745
列	2089888	4	522471.9	15.58495	9.13E−08	2.605975
交互	1522691	12	126891	3.785063	0.000724	2.003459
内部	1340965	40	33524.13			
总计	5312397	59				

图 11.8 用 Excel 进行有交互作用的方差分析的结果示例图

在输出结果中,样本指的是行因素,显然,由于行因素的 $F_B = 3.568\,098 > 2.838\,745$,所以拒绝原假设,认为不同的土壤类型对油菜单产产生显著影响;$F_A = 15.584\,95 > 2.605\,975$,所以拒绝原假设,认为不同的油菜品种对油菜单产产生显著影响;$F_{AB} = 3.785\,063 > 2.003\,459$,所以拒绝原假设,认为不同土壤类型与油菜品种的交互作用对油菜单产也产生显著影响。

11.3.5 用 SPSS 计算

现仍以表 11.10 的数据为例,介绍用 SPSS 进行有交互作用的方差分析。

首先将数据输入 SPSS 工作表,然后单击"分析",选择"一般线性模型"中的"单变量",弹出窗口,输入如图 11.9 所示的内容。

图 11.9　SPSS 数据输入窗口

单击"确定",输出结果如图 11.10 所示。

主体间效应的检验

因变量:单产

源	Ⅲ 型平方和	df	均方	F	Sig.
校正模型	3971431.250^a	19	209022.697	6.235	.000
截距	297727650.417	1	297727650.417	8880.995	.000
品种	2089887.667	4	522471.917	15.585	.000
土壤	358852.183	3	119617.394	3.568	.022
品种 × 土壤	1522691.400	12	126890.950	3.785	.001
误差	1340965.333	40	33524.133		
总计	303040047.000	60			
校正的总计	5312396.583	59			

a. $R^2 = 0.748$(调整 $R^2 = 0.628$)。

图 11.10　用 SPSS 进行有交互作用的方差分析的结果示例图

在输出结果中,F 为统计量值。$F_{品种} = 15.585$,$P = 0 < 0.05$,拒绝原假设,认为不同油菜品种对油菜单产影响有显著差异。$F_{土壤} = 3.568$,$P = 0.022 < 0.05$,拒绝原假设,认为不同土壤类型对油菜单产影响有显著差异。$F_{品种 × 土壤} = 3.785$,$P = 0.001 < 0.05$,所以拒绝原假设,认为不同土壤类型与油菜品种的交互作用对油菜单产也产生显著影响。

思考题

1. 方差分析必须满足哪些条件?
2. 方差分析的基本思想是什么?
3. 方差分析与假设检验有何区别与联系?
4. 方差分析有哪几个步骤?

5. 单因素分析与双因素分析有何区别?

6. 无交叉作用的双因素分析与有交叉作用的双因素分析有何不同?

7. 方差分析与分析方差有何区别?

第12章　相关分析

相关关系是一种非确定性的关系,例如,以 X 和 Y 分别记每公顷施肥量与每公顷小麦产量,则 X 与 Y 显然有关系,而又没有确定性的关系(不可能由其中的一个变量去精确地决定另一个变量)。很多现象之间都有这种相关关系,比如,家庭消费与家庭收入、产品的成本与产品的售价、人的身高与体重等现象都有一定的联系。研究社会现象与现象之间有无关系、相关的密切程度、相关的形式等,称为相关分析。

12.1 相关分析的意义

现实世界相互联系、相互制约、相互依存的各种现象中,某些现象发生变化另一些现象也随之发生变化,如商品价格变化商品销售量也随之变化。这些变化用统计数据来描述,根据统计数据研究现象之间的依存关系,找出它们之间的变化规律,为客观、科学地进行各种社会经济活动提供依据。

12.1.1 相关关系与函数关系

现象间的依存关系大致可以分为函数关系和相关关系。

函数关系——现象之间存在严格的确定性的依存关系,表现为一现象取某一个值时另一现象有确定的值与之相对应,这种对应关系,可以用数学表达式表示。例如,一架自行车两个轮胎,那么有 x 架自行车就有 $2x$ 个轮胎,设轮胎数为 y,则 $y = 2x$。

相关关系——客观现象之间存在的、数量上不一一对应的依存关系,表现为一现象变化另一现象也随之变化,一现象变化取某一个数值时另一现象变化可能有若干数值与之相对应。例如,商品广告费投入增加,商品的销售量也就增加,当广告费增加一定量时,商品的销售量增加不确定,不能用广告费的增加量去衡量商品销售量的增加量,这是因为影响商品销售量的因素除了广告投入外,还有价格、供求平衡等因素。

因果关系——在相关关系中,某些现象的变化是引起另一些现象变化的原因,这种相关关系称为因果关系。因果关系中,变量所依据的变量是"因",被影响的变量是"果","因""果"关系不能颠倒。在因果关系中:"因"称为自变量,自变量是确定性变量,可以控制、给定其值;"果"称为因变量,因变量是随机变量,它是不确定的值,如生产投入为自变量,产品产出为因变量,"因""果"关系不可颠倒。

有相关关系的现象并不都表现为因果关系,如生产费用和生产量、商品的供求与价格等,没有严格的因果关系,相互影响,互为因,根据不同的研究目的,"因""果"地位可以交换。相关关系比因果关系包括的范围更广泛。

相关关系和函数关系既有区别,又有联系。有些函数关系往往因为有观察或测量误差以及各种随机因素的干扰等,在实际中常常通过相关关系表现出来;而在研究相关关系时,其数量间的规律性了解得越深刻,相关关系越有可能转化为函数关系或借助函数关系来表现。

12.1.2 相关关系类型

(1)按涉及变量的多少分为单相关、复相关和偏相关

单相关——两个变量之间的相关关系,如广告费支出与产品销售量之间的相关关系。单相关又称一元相关。

复相关——三个或三个以上变量之间的相关关系,如商品销售额与居民收入、商品价格之间的相关关系。复相关又称多元相关。

偏相关——在一个变量与两个或两个以上的变量相关的条件下,当假定其他变量不变时,其中两个变量的相关关系。例如,在假定商品价格不变的条件下,该商品的需求量与消费者收入水平的相关关系即为偏相关。

(2)按照相关形式分为线性相关和非线性相关

线性相关——当一个变量变动时,另一变量随之发生大致均等的变动,从图形上看,其观察点的分布近似地表现为一条直线。例如,人均消费水平与人均收入水平通常呈线性关系。线性相关又称直线相关。

非线性相关——一个变量变动时,另一变量随之发生不均等的变动,从图形上看,其观察点的分布近似地表现为一条曲线(如抛物线、指数曲线等)。例如,工人加班加点在一定数量界限内,产量增加,但一旦超过一定限度,产量反而可能下降,这就是一种非线性关系。非线性相关又称曲线相关。

(3)按照相关方向分为正相关和负相关

正相关——当一个变量的值增加或减少,另一个变量的值也随之增加或减少,如工人劳动生产率提高,产品产量也随之增加;居民的消费水平随个人所支配收入的增加而增加。

负相关——当一个变量的值增加或减少时,另一变量的值反而减少或增加,如商品流转额越大,商品流通费用越低;利润随单位成本的降低而增加。

(4)按相关程度分为完全相关、完全不相关和不完全相关

完全相关——当一个变量的数量完全由另一个变量的数量变化所确定时,二者之间的关系类型即为完全相关。例如,在价格不变的条件下,销售额与销售量之间的正比例函数关系即为完全相关,此时相关关系便成为函数关系,因此也可以说函数关系是相关关系的一个特例。

完全不相关——当变量之间彼此互不影响,其数量变化各自独立时,则变量之间的关系类型为不相关。例如,股票价格的高低与气温的高低一般情况下是不相关的。完全不相关又称零相关。

不完全相关——如果两个变量的关系介于完全相关和完全不相关之间,称为不完全相关。由于完全相关和完全不相关的数量关系是确定的或相互独立的,因此统计学中相关分析的主要研究对象是不完全相关。

(5)按所依据的变量性质分为可控相关分析和不可控相关分析

可控相关分析——研究一个随机变量与另一个或另一组非随机的可控变量之间的相关关系。例如,温室培植的蔬菜产量是随机变量,而温室的温度、湿度、施肥等影响蔬菜产量的因素是可以控制的,分析蔬菜产量与可控因素之间的关系,就是可控相关分析。

不可控相关分析——研究一个随机变量与另一个或另一组随机变量之间的相关关系。例如,气温是不可控的随机变量,可口可乐饮料销售量虽然随气温变化而变化,但变化不确定,也是随机变量,分析可口可乐销售量与气温之间的关系,就是不可控相关分析。

12.2 单相关

12.2.1 相关表与相关图

(1)相关表

相关表——直接根据现象之间的两个变量的原始资料所列出的一一对应而平行排列的统计表。

相关表的编制方法:首先通过实际调查取得一系列成对的标志值资料,然后将一变量的若干标志值按从小到大的顺序排列,并配合排列与之对应的另一变量的标志值,形成两变量一一对应而平行排列的统计表。

观察相关表中两变量的依存关系,从一变量由小到大的顺序排列看配对的另一变量的变化趋势,若是降低的趋势,则两变量是负相关;反之,则是正相关;若变化比较均匀,则两变量是直线相关,反之,则是非线性相关。

【例12.1】 随机调查10家营销公司的广告投入与销售额的关系,根据搜集到的年广告投入费与月平均销售额的数据编制相关表见表12.1。

表 12.1 广告费与月平均销售额相关表

单位:万元

年广告费投入 x	月均销售额 y
12.5	21.2
15.3	23.9
23.2	32.9
26.4	34.1
33.5	42.5
34.4	43.2
39.4	49.0
45.2	52.8
55.4	59.4
60.9	63.5

从表中可以直观地看出,随着广告投入的增加,销售量增加,两者之间存在一定的正相关关系。

(2)相关图

相关图——将相关表中一一对应的有序实数用坐标平面内的点来表示,用以表明相关点分布状况的图形。相关图又称散点图。

把坐标平面内的点用线依次连接起来,观察其形状:如果连线呈直线型,两变量就是直线相关;如果连线呈曲线型,两变量就是曲线相关;如果连线由左向右上角倾斜,两变量就是正相关;如果连线由左向右下角倾斜,两变量就是负相关。

根据表 12.1 的资料可以绘制相关图如图 12.1 所示。用 Excel 绘制相关图,步骤如下:

第一步,将相关表载入 Excel 工作表,鼠标单击图标导向。

第二步,在图标类型图表中选择"XY 散点图"(图 12.1)。

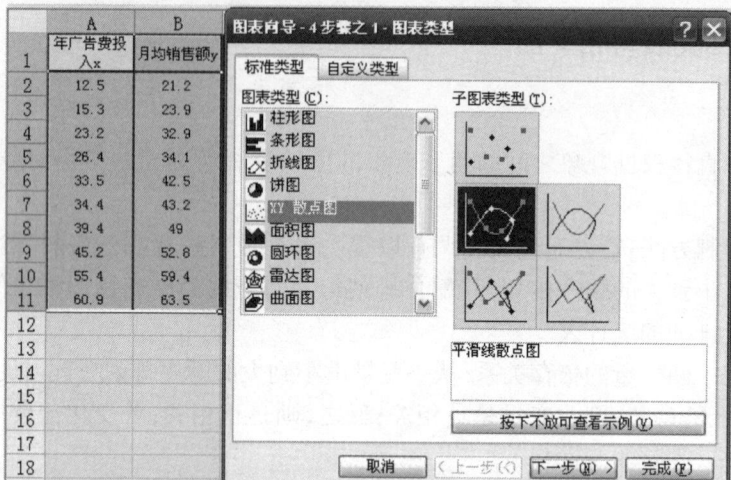

图 12.1 "图表类型"窗口

第三步,选择子图标类型,如选平滑线散点图,单击下一步,单击列,单击下一步。在图表标题输入"广告投入与销售额关系图";在数值(X)轴输入"广告投入";在数值(Y)轴输入"月销售额"(图 12.2)。

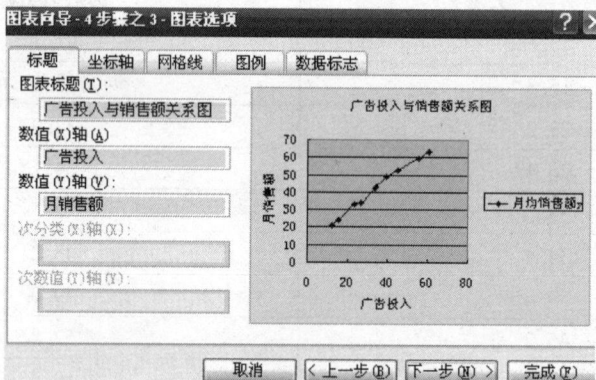

图 12.2 "图表选项"窗口

第四步,单击"完成",并对图形进行修饰编辑,如图 12.3 所示。

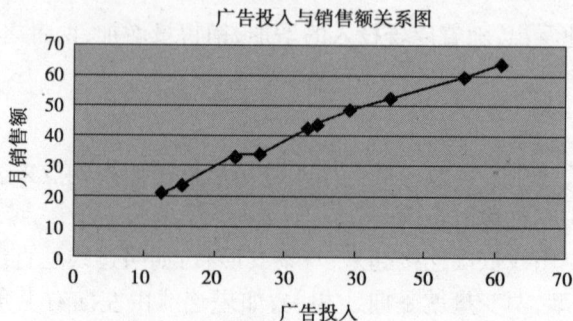

图 12.3 广告投入与销售额关系图

从相关图可以直接看出,年广告费投入与月平均销售额之间相关密切,且有线性正相关关系。

12.2.2 相关系数

相关表和相关图可反映两个变量之间的相互关系及其相关方向,但无法确切地表明两个变量之间相关的程度。著名统计学家卡尔·皮尔逊设计了统计指标——相关系数。相关系数是用以反映变量之间相关关系密切程度的统计指标。

相关系数的公式为

$$r = \frac{\text{cov}(x,y)}{\sigma_x \sigma_y} \tag{12.1}$$

式中,n 为资料项数;σ_x 为 x 变量的标准差;σ_y 为 y 变量的标准差;$\text{cov}(x,y)$ 为两个变量的协方差。

由式(12.1)可以证明下式成立:

$$r = \frac{n\sum xy - \sum x \sum y}{\sqrt{n\sum x^2 - \left(\sum x\right)^2}\sqrt{n\sum y^2 - \left(\sum y\right)^2}} \tag{12.2}$$

①取值范围:$|r| \le 1$。

②当 $|r| = 1$ 时,x 与 y 之间存在着确定的函数关系。

③当 $0 < r < 1$ 时,x 与 y 呈正相关;当 $-1 < r < 0$ 时,x 与 y 呈负相关;当 $r = 0$ 时,x 与 y 不相关。

④当 $0 < |r| < 1$ 时,表示两变量存在一定程度的线性相关,且 $|r|$ 越接近 1,两变量间线性关系越密切;$|r|$ 越接近于 0,表示两变量的线性相关越弱。

⑤当 $|r| < 0.4$ 时,x 与 y 为低度线性相关;当 $0.4 \le |r| < 0.7$ 时,x 与 y 为显著性相关;当 $0.7 \le |r| < 1$ 时,x 与 y 为高度线性相关。

根据表 12.1 的资料,可计算相关系数见表 12.2。

表 12.2 相关系数计算表

序号	广告投入/万元 x	月均销售额/万元 y	x^2	y^2	xy
1	12.5	21.2	156.25	449.44	265.00
2	15.3	23.9	234.09	571.21	365.67
3	23.2	32.9	538.24	1 082.41	763.28
4	26.4	34.1	696.96	1 162.81	900.24
5	33.5	42.5	1 122.25	1 806.25	1 423.75
6	34.4	43.2	1 183.36	1 866.24	1 486.08
7	39.4	49.0	1 552.36	2 401.00	1 930.60

续表

序号	广告投入/万元 x	月均销售额/万元 y	x^2	y^2	xy
8	45.2	52.8	2 043.04	2 787.84	2 386.56
9	55.4	59.4	3 069.16	3 528.36	3 290.76
10	60.9	63.5	3 708.81	4 032.25	3 867.15
合计	346.2	422.5	14 304.52	19 687.81	16 679.09

解：将表 12.2 有关数据代入相关系数公式得

$$r = \frac{n \sum xy - \sum x \sum y}{\sqrt{n \sum x^2 - \left(\sum x \right)^2} \sqrt{n \sum y^2 - \left(\sum y \right)^2}}$$

$$= \frac{10 \times 16\ 679.09 - 346.2 \times 422.5}{\sqrt{10 \times 14\ 304.52 - 346.2^2} \sqrt{10 \times 19\ 687.81 - 422.5^2}}$$

$$= 0.994\ 2$$

相关系数为 0.994 2，说明广告投入与月均销售额之间有高度的线性正相关关系。

12.2.3 计算相关系数

（1）用 Excel 计算相关系数

第一步，在 Excel 工作表输入相关表。

第二步，在任意单元格输入" = correl( )"。

第三步，在括号内鼠标单击，用鼠标选中第一列 (x) 数据"A3：A12"，输逗号"，"后再用鼠标选中第二列 (y) 数据"B3：B12"，如图 12.4 所示。

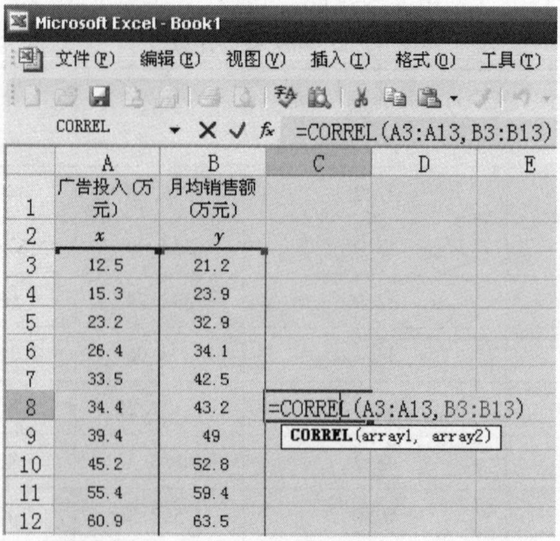

图 12.4　用 Excel 进行相关系数的计算示例

第四步,回车得 0.994 198。

相关系数接近于 1 的程度与样本容量 n 相关,当 n 较小时,相关系数的波动较大,有些样本相关系数的绝对值易接近于 1;当 n 较大时,相关系数的绝对值容易偏小。当 $n = 2$ 时,相关系数的绝对值总为 1。当 n 较小时,仅凭相关系数较大不能判定变量 x 与 y 之间有密切的线性关系。

(2)用 SPSS 计算相关系数

首先,将【例 12.1】中的数据输入 SPSS 的工作表中,如图 12.5 所示。

	x	y	变量	变量
1	12.50	21.20		
2	15.30	23.90		
3	23.20	32.90		
4	26.40	34.10		
5	33.50	42.50		
6	34.40	43.20		
7	39.40	49.00		
8	45.20	52.80		
9	55.40	59.40		
10	60.90	63.50		
11				
12				

图 12.5 SPSS 数据输入窗口

然后,选择"分析"菜单下的"相关"中的"双变量",出现以下窗口,如图 12.6 所示。

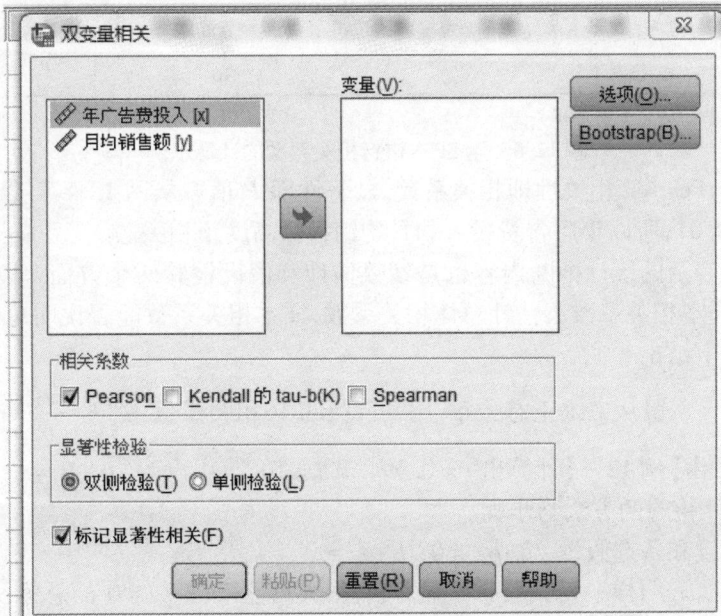

图 12.6 SPSS"双变量相关"窗口

然后,将 x 和 y 两个变量选择进入"变量"框内,如图 12.7 所示。

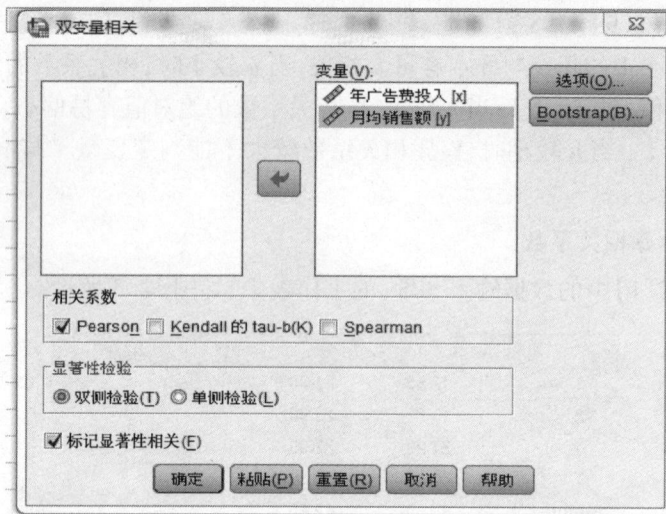

图 12.7　SPSS "双变量相关" 选项窗口

最后,单击"确定",便会输出结果,如图 12.8 所示。

相关性

		年广告费投入	月均销售额
年广告费投入	Pearson 相关性	1	.994 $**$
	显著性(双侧)		.000
	N	10	10
月均销售额	Pearson 相关性	.994 $**$	1
	显著性(双侧)	.000	
	N	10	10

$**$ 在 0.01 水平(双侧)上显著相关。

图 12.8　用 SPSS 进行相关系数的计算示例

输出结果中,Pearson 相关性即相关系数,显著性即 P 值。从图 12.8 可以看出,因 $r = 0.944$,且 $P = 0 < 0.01$,所以年广告费投入和月均销售额高度正相关。

相关分析所涉及的统计推断内容也是参数估计和假设检验两个方面。以上计算的是样本相关系数,用样本相关系数去估计总体相关系数,样本相关系数能否说明总体的相关性,只有通过检验才能下结论。

设随机变量 x、y 服从二维正态分布,用 ρ_{xy} 表示总体相关系数,$\rho_{xy} = \dfrac{\mathrm{cov}(x, y)}{\sigma_x \sigma_y}$。

【例 12.2】　由【例 12.1】计算出 $r = 0.994\ 2$,$n = 10$,自由度为 $10 - 2 = 8$。现以这一例子来说明相关系数 t 检验的方法与步骤。

①提出零假设和备选假设:$H_0 : \rho_{xy} = 0$;$H_1 : \rho_{xy} \neq 0$。

如果 H_0 成立,表明样本相关关系不显著,有很大可能来自 $\rho_{xy} = 0$ 的总体;如果 r 显著,也就是 H_1 成立,表示 x 与 y 的相关关系显著。

②构造 t 统计量并计算。

$$t = \frac{r \sqrt{n-2}}{\sqrt{1-r^2}} = \frac{0.994\ 2 \times \sqrt{10-2}}{\sqrt{1-0.994\ 2^2}} \approx 26.146\ 7$$

③给定显著性水平 α，计算临界值 $t_{\frac{\alpha}{2}}(n-2)$。

取 $\alpha=0.05$，得临界值 $t_{0.025}(8)=2.3060$（在任意单元格输入" $=\mathrm{tinv}(0.05,8)$ "，回车）。

④判断：如果统计量 $|t|\geqslant t_{\frac{\alpha}{2}}(n-2)$，则拒绝 H_0，接受 H_1，意味着随机变量 x 与随机变量 y 的相关系数 r 有 $1-\alpha$ 的置信水平来自 $\rho_{xy}\neq0$ 的总体。反之，如果统计量 $|t|<t_{\frac{\alpha}{2}}(n-2)$，则拒绝 H_1，接受 H_0，意味着随机变量 x 与随机变量 y 相关关系不显著。

因为 $t\approx26.1467>t_{0.025}(8)=2.3060$，所以有 95% 的置信度认为 ρ_{xy} 不为零，即 x 与 y 之间线性相关性显著。

12.2.4 相关分析中应注意的问题

(1) 相关系数不能解释两个变量间的因果关系

相关系数只是表明两个变量间互相影响的程度和方向，它并不能说明两个变量间是否有因果关系。因与果在很多情况下是可以互换的，如经济增长与人口增长互为因果，经济增长与人口增长的相关系数不能说明是经济增长引起人口增长，还是人口增长引起经济增长。

(2) 警惕假相关

有时两个变量之间并不存在相关关系，但可能出现较高的相关系数。因此，在分析两事物的相关性时，首先要定性分析两事物在发展变化机理上是否有关系，然后再计算相关系数。

(3) 相关系数在一定的相关数据范围内有效

在相关关系成立的数据范围以外不能推论相关关系仍然保持。例如，雨下得多，农作物长得好，但雨量太大，却可能损坏庄稼。又如，广告投入多，销售额上涨，但盲目加大广告投入，却未必使销售额再增长。正相关达到某个极限，就可能变成负相关。

12.3 复相关

12.3.1 复相关系数

复相关是反映一个要素或变量同时与几个要素或变量之间的相关关系。研究一个变量与多个变量的线性相关称为复相关分析。从相关分析角度来说，复相关中的变量没有因变量与自变量之分，但是在实际应用中，复相关分析经常与多元线性回归分析联系在一起，因此，复相关分析一般指依变量 y 与 m 个自变量 $x_1,x_2,\cdots,x_m$ 的整体线性相关，而不能确切说明因变量与各自变量之间的相关程度。复相关系数用 R 表示，复相关系数越大，表明要素或变量之间的线性相关程度越密切。其计算公式如下：

$$R=\sqrt{\frac{\sum(\hat{y}-\bar{y})^2}{\sum(y-\bar{y})^2}} \tag{12.3}$$

式中，$\hat{y}$ 为多元线性趋势值或回归估计值。

复相关分析总是和多元线性回归分析联系在一起的，复相关系数的计算在用 Excel 模拟多元线性回归方程时一并完成，见 13.2 节。

12.3.2 偏相关系数

偏相关分析是指当两个变量同时与第三个变量相关时,将第三个变量的影响剔除,只分析另外两个变量之间相关程度的过程。

实际上,在多变量的情况下,变量之间的相关关系是很复杂的,仍然用单相关分析或复相关分析不能解决这类复杂问题。其一,任意两个变量之间都可能存在相关关系,只知道 y 与自变量 $x_1, x_2, \cdots, x_n$ 整体之间线性相关的程度是不够的,还需要了解某两个变量间的相关程度;其二,一个变量变化可能受到不止一个变量的影响,简单相关系数可能不能真实地反映出变量 X 和 Y 之间的相关性。因此,这时就必须在除去其他变量影响的情况下,计算这两个变量间的相关系数,所计算的这两个变量之间的相关系数称为偏相关系数。例如,变量 x_1, x_2 之间除去 x_3 的影响后的相关系数,记为 $r_{12,3}$,称为 x_1, x_2 对 x_3 的偏相关系数,计算公式为

$$r_{12,3} = \frac{r_{12} - r_{13}r_{23}}{\sqrt{1 - r_{13}^2}\sqrt{1 - r_{23}^2}} \tag{12.4}$$

式中,r_{12} 表示 x_1 与 x_2 之间的相关系数,r_{13} 表示 x_1 与 x_3 之间的相关系数,r_{23} 表示 x_2 与 x_3 之间的相关系数。

类似地,x_1, x_2 除去 x_3, x_4 的影响后的偏相关系数,记为 $r_{12,34}$,计算公式

$$r_{12,34} = \frac{r_{12,3} - r_{14,3}r_{24,3}}{\sqrt{1 - r_{14,3}^2}\sqrt{1 - r_{24,3}^2}} \tag{12.5}$$

一般地,偏相关系数计算公式

$$r_{12,34\cdots(p-1)} = \frac{r_{12,34\cdots(p-1)} - r_{1p,34\cdots(p-1)}r_{2p,34\cdots(p-1)}}{\sqrt{1 - r_{1p,34\cdots(p-1)}^2}\sqrt{1 - r_{2p,34\cdots(p-1)}^2}} \tag{12.6}$$

表示 x_1, x_2 除去 $x_3, x_4, \cdots, x_p$ 的影响后之间的相关系数。

偏相关分析总是和多元线性回归分析联系在一起的,偏相关系数的计算在用 Excel 和 SPSS 模拟多元线性回归方程时一并完成,见 13.2 节。

偏相关系数与简单相关系数的区别:简单相关系数是假定只存在两个变量时对其相关程度的测度,实际上这里隐含了其他未考虑的且与之相关的潜在变量的影响。简单相关没有确切地描述两个变量间的"净相关"关系。偏相关是排除了其他潜在变量影响后的两个变量间的"净相关"关系。

12.4 自相关

在时间序列中,后期的数值与前期的数值表现出相关关系,称为时间序列自相关。例如,今年的农业生产水平与去年的农业生产水平有关,今年居民的生活消费水平与去年居民的生活消费水平有关,今年的进出口贸易额和去年的进出口贸易额有关,等等。研究时间序列的自相关关系,对于分析社会经济现象的发展变化规律,更加合理地组织生产、生活以及进行经济预测,都具有十分重要的意义。

时间序列的自相关也分为线性相关和非线性相关、正相关和负相关等不同种类,下面举例说明。这里主要介绍线性相关,其计算公式为

$$r = \frac{\sum_{t=2}^{n} \left(y_{t-1} - \dfrac{n\bar{y} - y_n}{n-1} \right) \left(y_t - \dfrac{n\bar{y} - y_1}{n-1} \right)}{\sqrt{\sum_{t=1}^{n-1} \left(y_t - \dfrac{n\bar{y} - y_n}{n-1} \right)^2} \sqrt{\sum_{t=2}^{n} \left(y_t - \dfrac{n\bar{y} - y_1}{n-1} \right)^2}} \qquad (12.7)$$

式中,$\bar{y}$ 表示时间数列的平均数,y_1 表示时间数列的第一项,y_n 表示时间数列的最后一项。

【例 12.3】　某县 2001—2010 年肉牛存栏头数见表 12.3,计算其自相关系数。

表 12.3　某县 2001—2010 年肉牛存栏数

单位:万头

年份 t	年底头数 y_t	前一年底头数 y_{t-1}
2001	4	
2002	8	4
2003	14	8
2004	19	14
2005	22	19
2006	25	22
2007	28	25
2008	30	28
2009	32	30
2010	35	32

解:

用 Excel 计算自相关系数如图 12.9 所示。

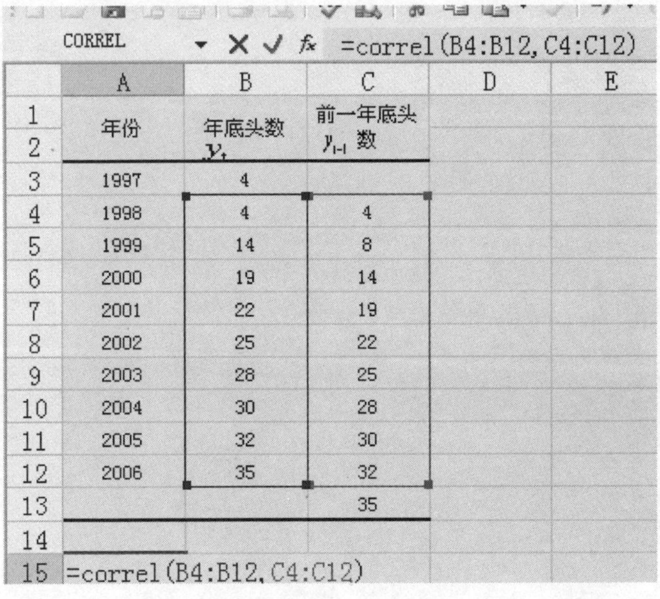

图 12.9　自相关系数计算图表示例

回车得 $r = 0.984\ 396$。

以上讨论的是时间序列相邻两期之间(两项之间的时间间隔为1)的相关性,即时滞为1。如果时滞为 $k(k \geqslant 1)$,我们计算 y_t 与 y_{t-k} 的相关系数的公式:

$$r = \frac{\sum_{t=k+1}^{n} (y_t - \bar{y})(y_{t-k} - \bar{y})^2}{\sum_{t=1}^{n} (y_t - \bar{y})^2}$$

自相关系数与简单相关系数的实质一样。

以上讨论的都是单相关。时间序列 y_t 与 y_{t-k} 的相关是与中间各项 $y_{t-1}, y_{t-2}, \cdots, y_{t-k+1}$ 的相关结合在一起的,因此,往往单相关不能真实反映其相关性,需要计算偏自相关。在时间序列中,偏自相关是在给定了 $y_{t-1}, y_{t-2}, \cdots, y_{t-k+1}$ 的条件下,y_t 与 y_{t-k} 之间的条件相关。偏自相关系数的计算可仿照前面偏相关系数计算的方法。

思考题

1. 相关关系与函数关系有什么区别和联系?
2. 如何描述相关关系? 如何对相关关系分类?
3. 相关系数的意义是什么?
4. 相关系数的取值范围是什么?
5. 如何根据相关系数的值判断相关程度?
6. 在研究相关分析中,应注意哪些问题?
7. 什么是自相关?
8. 什么是复相关?
9. 偏相关与自相关有何区别?

第13章 回归分析

　　相关分析用一个指标(相关系数)去表明现象相互依存关系的性质和密切程度,但是,相关分析并不能说明变量间相关关系的具体形式,也不能用一个变量的变化去推断另一个变量的具体变化。回归分析就能弥补相关分析的不足。回归分析是通过一个变量或一些变量的变化解释另一变量的变化,用适当的数学模型去近似地表达或估计变量之间的平均变化关系。回归分析中,变量之间的关系是因果关系,根据自变量的数值去估计因变量的数值。

　　回归分析的种类:按照自变量的个数分,有一元回归和多元回归。只有一个自变量的叫一元回归,有两个或两个以上自变量的叫多元回归。按照回归曲线的形态分,有线性(直线)回归和非线性(曲线)回归。实际分析时应根据客观现象的性质、特点、研究目的和任务选取回归分析的类型。

　　回归分析的主要步骤:第一步,根据理论和对问题的分析判断,将变量分为自变量和因变量。第二步,设法找出合适的数学方程式(即回归模型)描述变量间的关系。第三步,对回归模型进行统计检验。第四步,利用回归模型,根据自变量去估计、预测因变量。

　　相关分析与回归分析的联系:相关分析是回归分析的基础和前提,回归分析则是相关分析的深入和继续。相关分析需要依靠回归分析来表现变量之间数量相关的具体形式,而回归分析需要依靠相关分析来表现变量之间数量变化的相关程度。只有当变量之间存在高度相关时,进行回归分析寻求其相关的具体形式才有意义。如果在没有对变量之间是否相关以及相关方向和程度做出正确判断之前,就进行回归分析,很容易造成"虚假回归"。在具体应用过程中,只有把相关分析和回归分析结合起来,才能达到研究和分析的目的。

　　相关分析与回归分析的区别:在相关分析中,变量不分自变量与因变量(变量之间没有因果关系);而在回归分析中,必须对变量进行自变量与因变量的划分(变量之间有因果关系)。所有的变量都是随机变量;而在回归分析中,自变量是确定性变量,因变量是随机变量。在相关分析中,用相关系数来反映变量之间的相关程度,相关系数是唯一确定的,而在回归分析中,对互为因果的两个变量则有可能存在多个回归方程。

　　定性与定量结合:相关分析和回归分析只是定量分析的手段,相关分析和回归分析虽然可以从数量上反映变量之间的联系形式及其密切程度,但是无法准确判断变量之间内在联系的存在与否,也无法判断变量之间的因果关系。因此,在具体应用过程中,一定要始终注意把定性分析和定量分析结合起来,在准确的定性分析的基础上展开定量分析。

13.1　一元线性回归

　　在相关图中,如果自变量与因变量对应的散点图近似为直线,或计算出的相关系数具有显著的直线相关关系,我们就找一个"直线方程 $y = kx + b$"来具体表示这种直线相关关系。这个直线方程只有一个因变量和一个自变量,且变量的次数只有一次,称为一元线性回归方程。运用一元线性回归方程来分析因变量对自变量的依存关系就是一元线性回归分析。

13.1.1　一元线性回归模型的建立

　　回忆在上一章解决【例 12.1】中月销售收入与广告费投入的关系问题:首先将广告费投入与销售收入建立相关表(表 12.1),然后将相关表中的数据绘制散点图(图 12.3 直观明了地表现出了广告费投入与销售收入的相关方向——正相关),再根据相关表中的数据计算出相关系数(0.9942),说明月销售收入与广告费投入高度相关。【例12.1】中月销售收入与广告费投入的关系问题,通过相关分析明确了月销售收入与广告费投入的相关方向和相关程度。但是,【例12.1】中还没有解决月销售收入与广告费投入之间相互关系的具体形式,也无法通过广告费投入的变化去推测月销售收入变化的情况。现在,我们就接着上一章来解决这个问题。

分析散点图12.3,在直角坐标平面内数据所对应的点大概分布在一条直线上,现在我们找一条最佳的直线来代表这些点的分布。设这条直线的方程为 $\hat{y} = kx + b$,只要直线方程的斜率 k 和截距 b 确定了,这条最佳直线的位置也就唯一地被确定了。

用最小二乘法来求直线方程 $\hat{y} = kx + b$ 中的斜率 k 和截距 b。要求坐标内的所有数据点到直线的纵坐标距离的平方和最小,数据点的纵坐标是实际值,直线上的纵坐标是估计理论值。求坐标内的所有数据点到直线的纵坐标距离的平方和最小就变为实际值与估计理论值的离差平方和最小,即

$$\sum (y - \hat{y})^2 = \sum (y - kx - b)^2 = 最小值$$

令 $Q = \sum (y - kx - b)^2$,则 Q 是两个待定参数 k 和 b 的函数。要使 Q 为最小值,就要求关于 k 和 b 的偏导数等于零。

将 Q 对 k、b 求一阶偏导数,并令其为零,可得

$$\begin{cases} \sum y = nb + k \sum x \\ \sum xy = b \sum x + k \sum x^2 \end{cases}$$

解这个方程组得

$$\begin{cases} b = \dfrac{\sum y}{n} - k \dfrac{\sum x}{n} \\ k = \dfrac{n \sum xy - \left(\sum x \right) \left(\sum y \right)}{n \sum x^2 - \left(\sum x \right)^2} \end{cases} \tag{13.1}$$

或

$$\begin{cases} b = \bar{y} - k\bar{x} \\ k = \dfrac{\text{cov}(x,y)}{\sigma_x^2} \end{cases} \tag{13.2}$$

在实践中,以上计算在 Excel 工作表中完成。

【例13.1】 利用表12.1中的数据,模拟销售额与广告投入的回归模型。

首先将表12.1输入 Excel 工作表(图13.1)。

求斜率 k:在任意单元格输入"=LINEST( )",在括号内用鼠标单击,选中数据 y 列,输入逗号",",在括号内用鼠标单击,选中数据 x 列,在右括号外单击,回车,得 $k = 0.884896$(图13.1)。

求截距 b:在任意单元格输入"=INTERCEPT( )",在括号内用鼠标单击,选中数据 y 列,输入逗号",",在括号内用鼠标单击,再选中数据 x 列,在右括号外单击,回车,得 $b = 11.62$(图13.1)。

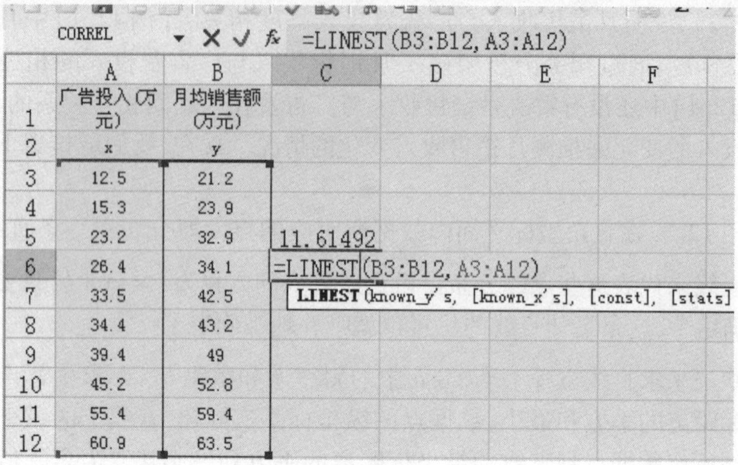

	A	B
1	广告投入(万元)	月均销售额(万元)
2	x	y
3	12.5	21.2
4	15.3	23.9
5	23.2	32.9
6	26.4	34.1
7	33.5	42.5
8	34.4	43.2
9	39.4	49
10	45.2	52.8
11	55.4	59.4
12	60.9	63.5

图 13.1　回归参数计算图

样本回归方程：$\hat{y}=0.884\ 896x+11.6$。

13.1.2　回归系数与相关系数的关系

回归系数与相关系数有着非常密切的数量关系，相关分析与回归分析两者可互相推算。由相关系数的定义公式得

$$r=\frac{\operatorname{cov}(x,y)}{\sigma_x\sigma_y}=\frac{\operatorname{cov}(x,y)\sigma_x}{\sigma_x\sigma_x\sigma_y}=\frac{\operatorname{cov}(x,y)}{\sigma_x^2}\cdot\frac{\sigma_x}{\sigma_y}=k\frac{\sigma_x}{\sigma_y}$$

则

$$k=r\frac{\sigma_y}{\sigma_x} \tag{13.3}$$

【例 13.2】　用表 12.1 的数据来验证式(13.3)。

用 Excel 计算：计算相关系数 $r=0.994\ 2$，x 数组的标准差 $\sigma_x=16.052\ 261\ 87$，y 数组的标准差 $\sigma_y=14.287\ 465$［用 Excel 计算 x 数组、y 数组的标准差：将 x 数组、y 数组输入 Excel 工作表，在任意单元格输入“= stdev(　)”，在括号内引入 x 数组，回车，即得 x 数组的标准差 16.052 261 87。同理求得 y 数组的标准差 14.287 465］。

$$k=r\cdot\frac{\sigma_y}{\sigma_x}=0.884\ 896$$

可见，推算结果与前面计算的结果完全一致。

13.1.3　回归估计标准误差

回归方程的计算值 $\hat{y}$ 与实际值 y 存在着差距，这一差距用估计标准误差 S_y 来表示。估计标准误差 S_y 是衡量回归直线代表性大小的统计分析指标，它说明观察值围绕着回归直线的变化程度或分散程度。

(1) 估计标准误差 S_y 的计算

估计标准误差 S_y 的计算原理与标准差基本相同。其定义公式为

$$S_y = \sqrt{\frac{\sum (y - \hat{y})^2}{n - 2}} \qquad (13.4)$$

式中,$n-2$ 为自由度,因在一元线性回归方程中,计算了 k 和 b 两个参数,即失去了两个自由度。

【例 13.3】　用表 12.1 的数据估计回归方程的标准差。

用 Excel 计算:将数据输入 Excel 工作表,在任意单元格输入" = steyx(　)",在括号内引入 y 数组和 x 数组(图 13.2),回车,得 1.63,即 $S_y = 1.63$。

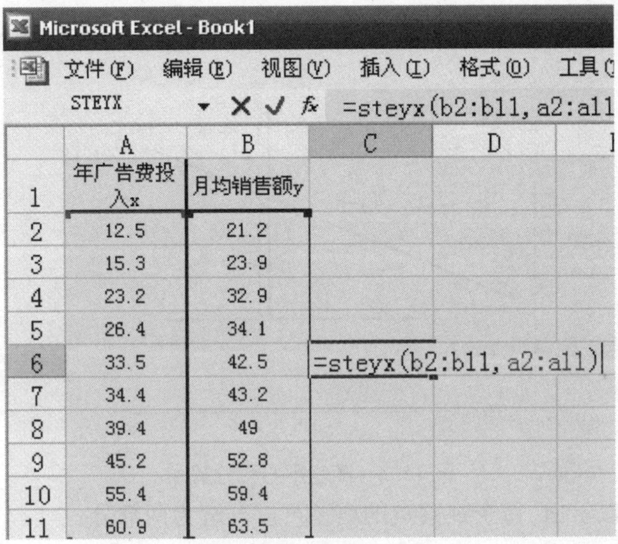

图 13.2　回归标准差计算图

结果表明销售收入与广告投入的回归方程计算值与实际值的标准差是 1.63 万元。

回归估计标准差与样本标准差的计算原理是一致的,两者都是反映平均差异程度和表明代表性的指标。样本标准差反映的是各变量值与其平均数的平均差异程度,表明平均数对各变量值的代表性;回归标准误差反映的是因变量各实际值与回归方程计算值之间的平均差异程度,表明回归方程对各实际值的代表性,S_y 值越小,估计值 $\hat{y}$(或回归方程)的代表性越强,用回归方程估计或预测的结果越准确。一般来说,如果 $\frac{S_y}{\bar{y}} < 0.15$,回归方程预测有效;反之,$\frac{S_y}{\bar{y}} \geqslant 0.15$,回归方程预测无效。

(2)估计标准误差与相关系数的关系

估计标准误差 S_y 与相关系数 r 在数量上也存在着换算关系,这就从另一个角度说明了相关分析与回归分析之间的联系。二者之间的换算公式为

$$S_y = \sigma_y \sqrt{1 - r^2} \qquad (13.5)$$

从互相联系的两个算式中可以看出 r 与 S_y 的变化方向是相反的。当 r 越大时,S_y 值越小,这时两个变量的相关密切程度较高,回归直线的代表性就大;当 r 越小时,S_y 值就越大,这时两个变量的相关密切程度较低,则回归直线的代表性就小。只有在相关关系密切的情况下,配合回归方程才有意义;如果关系不密切,下一步的计算就不必要了。

13.1.4　回归方程的显著性检验

样本回归方程 $\hat{y} = kx + b$ 是否真正描述了变量 y 与 x 之间的统计规律性,即是否能代表总体回归方程,还需进行检验。

(1) 判定系数 r^2

回归分析表明,因变量 y 的实际值(观察值) 有大有小、上下波动,波动的大小可用总离差 $(y - \bar{y})$ 来表示(图 13.3)。总离差产生的原因:一是受自变量 x 变动的影响,二是受其他因素的影响(包括观察或实验中产生的误差的影响)。n 个观察值总的波动大小用总离差平方和 $\sum (y - \bar{y})^2$ 表示。

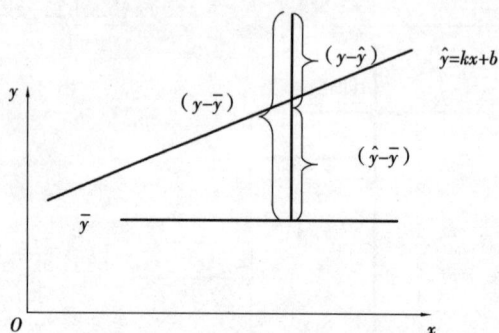

图 13.3　离差平方和分解图

从图 13.3 中可以看出,每个观察点的离差可以分解为两部分:

$$y - \bar{y} = (y - \hat{y}) + (\hat{y} - \bar{y})$$

式中,$(y - \hat{y})$ 为剩余离差,$(\hat{y} - \bar{y})$ 为回归离差。

将上式两边平方,然后对所有的 n 点求和,则有

$$\sum (y - \bar{y})^2 = \sum [(y - \hat{y}) + (\hat{y} - \bar{y})]^2$$
$$= \sum (y - \hat{y})^2 + 2 \sum (y - \hat{y})(\hat{y} - \bar{y}) + \sum (\hat{y} - \bar{y})^2$$

式中,交错的乘积项等于零,所以

$$\sum (y - \bar{y})^2 = \sum (y - \hat{y})^2 + \sum (\hat{y} - \bar{y})^2$$

总离差平方和(用 SST 表示)=剩余平方和(用 SSE 表示)+ 回归平方和(用 SSR 表示),即

$$SST = SSE + SSR$$

剩余平方和 SSE 又称残差平方和,它反映了自变量 x 对因变量 y 的线性影响之外的一切因素(包括 x 对 y 的非线性影响和测量误差等)对因变量 y 的作用。回归平方和 SSR 又称可解释离差平方和,可用来解释总离差中由 x 与 y 之间的线性回归关系引起的 y 的变化部分。

在总离差平方和中,如果回归平方和所占的比重越大,则线性回归效果越好;如果残差平方和所占的比重越大,则线性回归效果就越不理想。这里把回归平方和与总离差平方和之比定义为样本判定系数,记作 r^2,且有

$$r^2 = \frac{\text{SSR}}{\text{SST}} = \frac{\sum (\hat{y} - \bar{y})}{\sum (y - \bar{y})^2} \tag{13.6}$$

或

$$r^2 = \frac{\text{SSR}}{\text{SST}} = 1 - \frac{\text{SSE}}{\text{SST}} = 1 - \frac{\sum (y - \hat{y})^2}{\sum (y - \bar{y})^2} = 1 - \frac{\dfrac{\sum (y - \hat{y})^2}{n - 2}}{\dfrac{\sum (y - \bar{y})^2}{n - 2}} = 1 - \frac{\sigma_x^2}{\sigma_y^2}$$

判定系数 r^2 是回归直线与样本观测值拟合优度判定的指标。r^2 的值在 0 和 1 之间。一个线性回归模型如果充分利用了 x 的信息,则 r^2 越大,拟合优度就越好;反之,如 r^2 不大,说明模型中给出的 x 对 y 的信息还不够充分,应进行修改,使 x 对 y 的信息得到充分利用。

【例 13.4】 用表 12.1 的数据,计算回归方程的判定系数。

解:用 Excel 计算:将表 12.1 的数据输入 Excel 工作表,在任意单元格输入" = RSQ ( )",在括号内引入 y 数组和 x 数组(图 13.4),回车,得 $r^2 = 0.988\,43$。

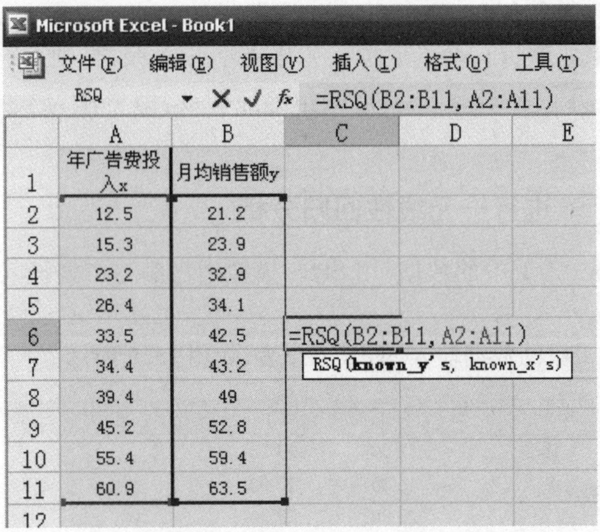

图 13.4 判定系数 r^2 的计算图示

计算结果说明,在 y 值与 $\hat{y}$ 的偏差的平方和中有 98.84% 可以通过变量 x 来解释。

判定系数 r^2 说明回归方程模拟得好否,相关系数 r 说明自变量 x 与因变量 y 的相关程度。判定系数 r^2 与相关系数 r 的关系为:$r = \sqrt{r^2}$,这进一步说明了相关与回归的关系。自变量 x 与因变量 y 的相关度越高,回归方程就模拟得越好。

(2)t 检验

在回归分析中,我们用样本回归方程去估计总体回归方程,最关心的是因变量 y 和自变量 x 之间到底有无真正的关系,即需对总体参数 k 作出某种假设,以便利用样本估计量来判断这种假设能否接受。

【例 13.5】 用表 12.1 的数据检验回归方程 $\hat{y} = 0.884\,896x + 11.6$ 是否有效。检验步骤如下:

①提出原假设、备选假设：

$H_0 : k = 0 \qquad H_1 : k \neq 0$

当 x 与 y 有线性关系时 $k \neq 0$，当 x 与 y 没有线性关系时 $k = 0$。

②构造 t 统计量并计算。

$$t = \frac{k \sqrt{\sum (x - \bar{x})^2}}{S_y} \tag{13.7}$$

$S_y = 1.63$（前面计算），$k = 0.884\,896$（前面计算），$\sum (x - \bar{x})^2 = 2\,319.076$[用 Excel 计算：在 Excel 工作表的任意单元格输入"$= \text{devsq}(\quad)$"，在括号内引入 x 数组，回车，得 $2\,319.076$]。

$$t = \frac{0.884\,896 \times \sqrt{2\,319.076}}{1.63} = 24.143\,4$$

③确定显著性水平，确定拒绝域临界值。

取 $\alpha = 0.05$，$t_{\frac{\alpha}{2}}(n-2) = 2.306\,0$[用 Excel 计算：在 Excel 工作表的任意单元格输入"$= \text{tinv}(0.05, 8)$"，回车，得 2.306]。

④判定：计算结果如果 $|t| < t_{\frac{\alpha}{2}}(n-2)$，则接受原假设；反之，则拒绝原假设。

本例计算结果表明 $|t| \geq t_{\frac{\alpha}{2}}(n-2)$，则拒绝原假设，即 x 作为 y 的解释变量作用是显著的。

13.1.5　用 SPSS 进行一元线性回归分析

任务描述：利用表 12.1 中的数据，用 SPSS 模拟销售额与广告投入的回归模型，并进行检验。

第一步，将表 12.1 中的数据输入 SPSS 工作表，如图 13.5 所示。

	x	y	变量	变量
1	12.50	21.20		
2	15.30	23.90		
3	23.20	32.90		
4	26.40	34.10		
5	33.50	42.50		
6	34.40	43.20		
7	39.40	49.00		
8	45.20	52.80		
9	55.40	59.40		
10	60.90	63.50		
11				
12				

图 13.5　SPSS 数据输入图示

第二步，选择"分析"菜单下的"回归"中的"线性"，出现"线性回归变量设置"窗口，如图 13.6 所示。

第三步，将"月均销售额"选入"因变量"，将"广告投入"选入"自变量"，单击"确定"按钮，即可输出回归结果，如图 13.7、图 13.8 所示。

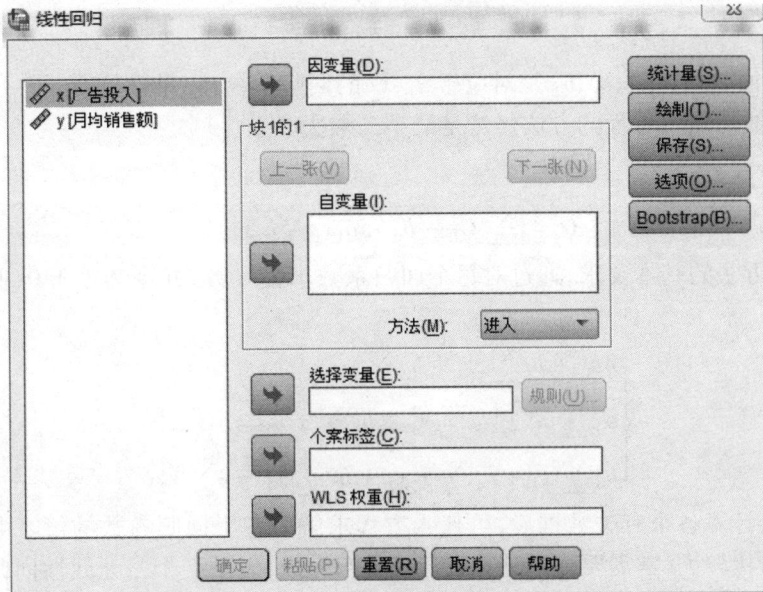

图 13.6 SPSS "线性回归变量设置" 窗口

模型汇总

模型	R	R^2	调整 R^2	标准估计的误差
1	.994[a]	.988	.987	1.630 01

注:a.预测变量:(常量),x。

图 13.7 SPSS 回归分析结果图示:模型汇总

系数[a]

模型		非标准化系数		标准系数	t	Sig.
		B	标准误差	试用版		
1	(常量)	11.615	1.280		9.073	.000
	x	.885	.034	.994	26.143	.000

注:a.因变量:y。

图 13.8 SPSS 回归分析结果图示:系数[a]

第四步,结果解读。首先,从系数表中,可看到销售额与广告投入的回归模型为:$\hat{y} = 0.885x + 11.615$;其次,对模型进行检验。从模型汇总表中看出 $r^2 = 0.988$,接近于 1,说明模型拟合得不错;从系数表中看出 $t = 26.143$,$P = 0 < 0.05$,说明广告投入对销售额的影响是显著的。总之,该回归模型通过检验,可以进行应用。

13.2 多元线性回归

在一元线性回归模型的基础上,我们来分析多元线性回归模型。多元线性回归分析是研究两个或两个以上的自变量对一个因变量数值的影响。

13.2.1 二元线性回归模型的建立

设因变量 y 受自变量 x_1,x_2 的影响,则因变量 y 倚自变量 x_1,x_2 的二元线性回归方程的基

本形式为 $\hat{y} = b_0 + b_1 x_1 + b_2 x_2$。

式中,$\hat{y}$ 是 y 的回归估计值;b_1,b_2 是对应于 x_1,x_2 的回归系数;b_0 是常数项。

求解二元线性回归方程的方法仍然是最小二乘法。

$$令 \quad Q = \sum (y - \hat{y})^2$$

$$Q = \sum (y - b_0 - b_1 x_1 - b_2 x_2)^2$$

按最小平方法的基本要求,通过对每个回归系数求偏导数,并令其等于 0,便可得如下方程组:

$$\begin{cases} nb_0 + b_1 \sum x_1 + b_2 \sum x_2 = \sum y \\ b_0 \sum x_1 + b_1 \sum x_1^2 + b_2 \sum x_1 x_2 = \sum x_1 y \\ b_0 \sum x_2 + b_1 \sum x_1 x_2 + b_2 \sum x_2^2 = \sum x_2 y \end{cases} \tag{13.8}$$

根据资料,计算各个有关数据后,可代入方程求解出各个回归参数的值。由于自变量较多,计算工作量比较大,常需要借助计算机等工具来完成,现举一个二元线性回归的例子来说明用 Excel 建立多元线性回归方程的方法。

【例 13.6】 随机抽查 10 家生产 A 商品的企业,分析企业利润与商品价格、平均工资之间的关系,见表 13.1。

表 13.1 A 商品统计资料

企业年利润 y/万元	商品销售价格 x_1/元	平均工资 x_2/(元·h^{-1})
28	25	36
29	27	33
32	29	40
32	32	44
34	34	48
32	36	47
33	35	48
37	39	53
39	42	55
42	45	59

根据表 13.1 中的数据,利用式(13.8)计算出回归参数 b_0,b_1,b_2,建立二元线性回归方程

$$\hat{y} = 11.045\ 6 + 0.479\ 1x_1 + 0.135\ 5x_2$$

回归方程说明其他因素不变的情况下,商品的销售价格每增加 1 元,则增加企业利润 4 791元,每增加职工平均工资 1 元/h,则增加企业利润 1 355 元。这一结果说明企业追求的

利润最大化,商品价格和职工工资上升空间不大。

13.2.2 多元回归方程的建立

设因变量 y 受 $x_1, x_2, x_3, \cdots, x_m$ 等 m 个自变量的影响,则因变量 y 倚各个自变量 x_j 的多元线性回归方程的基本形式为

$$\hat{y} = B_0 + B_1 x_1 + B_2 x_2 + B_3 x_3 + \cdots + B_m x_m$$

式中,$\hat{y}$ 是 y 的回归估计值,$B_1, B_2, B_3, \cdots, B_m$ 是对应各个变量 x_j 的回归系数,B_0 是常数项。求解多元线性回归方程的常用方法仍然是最小平方法。按最小平方法的基本要求,通过对每个回归系数求偏导数,并令其等于0,便可得下列 $m+1$ 个正规方程组成的方程组:

$$\begin{cases} nB_0 + B_1 \sum x_1 + B_2 \sum x_2 + B_3 \sum x_3 + \cdots + B_m \sum x_m = \sum y \\ B_0 \sum x_1 + B_1 \sum x_1^2 + B_2 \sum x_1 x_2 + B_3 \sum x_1 x_3 + \cdots + B_m \sum x_1 x_m = \sum x_1 y \\ B_0 \sum x_2 + B_1 \sum x_1 x_2 + B_2 \sum x_2^2 + B_3 \sum x_2 x_3 + \cdots + B_m \sum x_2 x_m = \sum x_2 y \\ \cdots \cdots \\ B_0 \sum x_m + B_1 \sum x_m x_1 + B_2 \sum x_m x_2 + B_3 \sum x_m x_3 + \cdots + B_m \sum x_m^2 = \sum x_m y \end{cases} \quad (13.9)$$

根据资料,计算各个有关数据后,可代入方程求解出各个回归参数的值。

13.2.3 多元线性回归模型的检验

(1)拟合程度的评价

在多元线性回归分析中,总平方和的分解公式依然成立。为了判断一般线性模型(非一元线性模型)与数据的拟合程度,需要计算一个多重判定系数 R^2。

$$R^2 = 1 - \frac{\sum (y - \hat{y})^2}{\sum (y - \bar{y})^2} = \frac{\sum (\hat{y} - \bar{y})^2}{\sum (y - \bar{y})^2} \quad (13.10)$$

(2)多元线性回归的回归标准差

同简单线性回归一样,用样本的标准差 S_y 去估计总体的标准差。S_y 的计算公式为

$$S_y = \sqrt{\frac{\sum (y - \hat{y})^2}{n - m - 1}} \quad (13.11)$$

式中,n 为样本容量;m 为回归系数个数。

【例13.7】 用表13.1的数据,计算回归方程的标准差。

解:

$$S_y = \sqrt{\frac{\sum (y - \hat{y})^2}{n - 2 - 1}} = \sqrt{\frac{14.076\,23}{10 - 2 - 1}} = 1.418\,058$$

(3)回归方程的显著性检验(F 检验)

F 检验是检验自变量与因变量总体的线性关系(对线性模型而言),检验整体参数的显著性。

假设：$H_0: B_1 = B_2 = \cdots = B_m = 0$，$H_1: B_j (j = 1, 2, \cdots, m)$不全为零。

构造统计量：

$$F = \frac{\mathrm{SSR}/m}{\mathrm{SSE}/(n-m-1)} = \frac{\sum (\hat{y} - \bar{y})^2 / m}{\sum (y - \hat{y})^2 / (n-m-1)} \sim F(m, n-m-1)$$

给定显著性水平 α，计算临界值 $F_\alpha(m, n-m-1)$。

$F \leqslant F_\alpha(m, n-m-1)$，接受零假设，说明 $B_1 = B_2 = \cdots = B_m = 0$，方程中所有自变量联合起来对因变量的影响不显著；$F > F_\alpha(m, n-m-1)$ 拒绝零假设，说明 $B_j (j = 1, 2, \cdots, m)$ 不全为零，方程中所有自变量联合起来对因变量有显著影响。

（4）回归参数的显著性检验（t 检验）

通过 F 检验，说明整体参数中至少有一个是显著的，但不一定都显著。一旦拟合了多元回归模型，就希望知道模型中的各个自变量的重要性，其方法就是对与自变量密切联系的参数作 t 检验。t 检验是检验单个参数的显著性，通过 t 检验说明被检验的参数是显著有效的，t 检验是检验单个自变量对因变量的解释能力，如果不能通过 t 检验的话，说明该自变量对因变量的解释作用不大，应该在模型中剔除。

假设：$H_0: B_j = 0$，$H_1: B_j \neq 0$。

构造统计量 $t_j = \dfrac{B_j}{S_{B_j}} \sim t(n-m)$。

其中，S_{B_j} 是第 j 个参数估计值的标准差，$S_{B_j} = \dfrac{S_y}{\sqrt{\sum (x_{ij} - \bar{x}_j)^2}}$

给定显著性水平 α，计算临界值 $t_{\frac{\alpha}{2}}(n-m-1)$。

$|t_j| < t_{\frac{\alpha}{2}}(n-m-1)$，接受原假设，说明在其他自变量不变的情况下，自变量 x_j 对因变量 y 没有显著影响。$|t_j| \geqslant t_{\frac{\alpha}{2}}(n-m-1)$，拒绝原假设，说明在其他自变量不变的情况下，自变量 x_j 对因变量 y 影响显著。

值得注意的是，如果不能拒绝原假设，可能自变量与因变量之间没有关系，也可能它们之间有关系但不是线性关系而是曲线关系，因此这时我们只能说没有充分证据认为它们之间存在线性关系。

13.2.4　SPSS 进行多元回归分析

任务描述：利用表 13.1 中的数据，用 SPSS 模拟企业利润与商品价格、平均工资之间的回归模型，并进行检验。

第一步，将表 13.1 中的数据输入 SPSS 工作表，如图 13.9 所示。

第二步，选择"分析"菜单下的"回归"中的"线性"，出现线性回归变量设置窗口，如图 13.10 所示。

第三步，将"企业年利润"选入"因变量"，将"商品销售价格"和"平均工资"选入"自变量"，单击"确定"按钮，即可输出回归结果，如图 13.11、图 13.12 所示。

企业年利润	商品销售价格	平均工资	变量
28.00	25.00	36.00	
29.00	27.00	33.00	
32.00	29.00	40.00	
32.00	32.00	44.00	
34.00	34.00	48.00	
32.00	36.00	47.00	
33.00	35.00	48.00	
37.00	39.00	53.00	
39.00	42.00	55.00	
42.00	45.00	59.00	

图 13.9　SPSS 数据输入图示

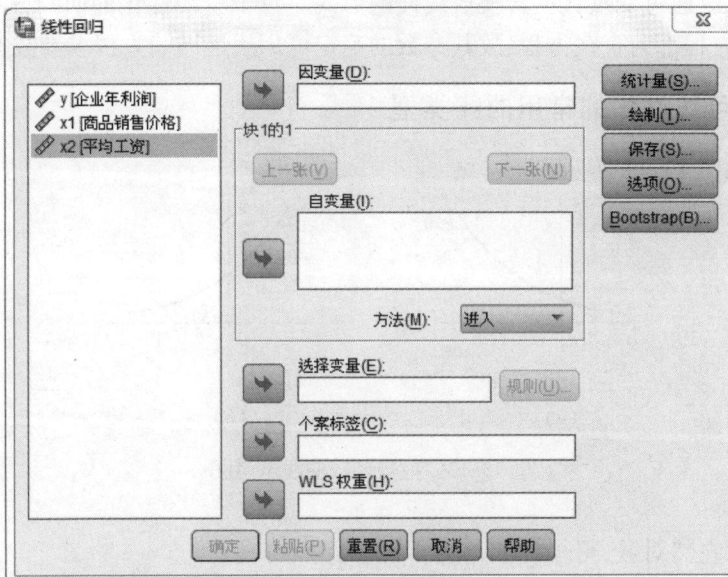

图 13.10　SPSS "多元线性回归变量设置"窗口

模型汇总

模型	R	R^2	调整 R^2	标准估计的误差
1	.958[a]	.918	.895	1.418 06

注：a. 预测变量：(常量)，x_2，x_1。

图 13.11　SPSS 多元回归分析结果图示：模型汇总系数 a

模型		非标准化系数		标准系数	t	Sig.
		B	标准误差	试用版		
1	(常量)	11.046	2.695		4.098	.005
	x_1	.136	.266	.257	.510	.626

注：a. 因变量：y。

图 13.12　SPSS 多元回归分析结果图示：系数 a

第四步,结果解读。从结果看出,平均工资这个自变量已被自动删除,因此最终系统选择建立的依然是一个一元模型。首先,从系数表中,可看到企业年利润与商品销售价格的回归模型为 $y = 0.136x + 11.046$;其次,对模型进行检验。从模型汇总表中看出 $r^2 = 0.918$,接近于1,说明模型拟合得不错;从系数表看出 $t = 0.510$,$P = 0.626 > 0.05$,说明在 0.05 的显著性水平上商品销售价格对企业年利润的影响是不显著的。

13.3 可线性化的曲线回归

线性相关与线性回归的应用最广泛,其计算方法也是最基本的。但是,在实际问题中,有许多回归模型的因变量 y 与自变量 x 之间的关系都不是线性的,许多是非线性相关关系,如双曲线相关、幂函数曲线相关、指数曲线相关、抛物曲线相关等。有些因变量 y 对自变量 x 的曲线关系情形可以通过变量代换转换成线性的形式。对于可线性化的回归方程,对新变量而言,线性化后的方程都为直线方程,故其参数的确定可用线性回归方程求参数的公式计算。

13.3.1 可线性化的常用曲线类型

指数函数如图 13.13 所示。

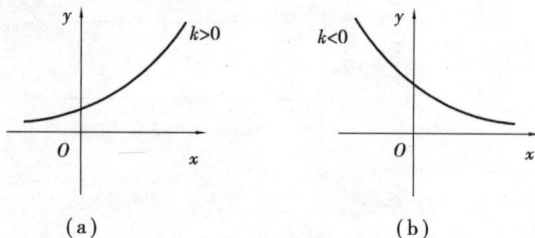

图 13.13 指数函数曲线示意图

$$y = be^{kx}$$

对其两边取自然对数,得

$$\ln y = \ln a + kx$$

令 $y' = \ln y$

则 $y' = \ln b + kx$

已经转换为一元线性回归方程,按照线性回归的方法确定出 b 和 k 的值。

对于幂函数、双曲线函数、对数函数、S 形曲线等方程仿此转化为直线方程见表 13.2。

表 13.2 常见的可化为线性的曲线方程表

方程名称	原方程	代 换	新方程
指数函数	$y = be^{kx}$	$y' = \ln y$	$y' = \ln b + kx$
幂函数	$y = bx^k$	$y' = \lg y, x' = \lg x$	$y' = \lg b + kx'$
双曲线函数	$y = b + \dfrac{k}{x}$	$x' = \dfrac{1}{x}$	$y' = b + kx'$
对数函数	$y = b + k \lg x$	$x' = \lg x$	$y = b + kx'$

续表

方程名称	原方程	代　换	新方程
S 形曲线函数	$y = \dfrac{1}{b + ke^{-x}}$	$y' = \dfrac{1}{y}, x' = e^{-x}$	$y' = b + kx'$
抛物线函数	$y = b_0 + b_1 x + b_2 x^2$	$x_1 = x, x_2 = x^2$	$y = b_0 + b_1 x_1 + b_2 x_2$

【例 13.8】 某商品销售额和流通费率的数据资料见表 13.3。试分析销售额和流通费率的关系,并建立流通费率对销售额的回归方程。

表 13.3 商品销售额和流通费率的数据统计资料

序　号	商品销售额 x/万元	流通费率 y/%
1	10.5	6.5
2	12.5	5.0
3	14.5	4.2
4	16.5	3.5
5	18.5	3.0
6	19.5	2.5
7	22.5	2.4
8	24.5	2.3
9	25.5	2.2
10	26.5	2.1
11	28.5	2.0

解:将表 13.3 中的数据绘制成散点图,如图 13.14 所示,从图中可以看出,随着销售额 x 的增加,流通费率 y 减少很快,以后逐渐减慢并趋于稳定,因此两变量适宜用双曲线拟合。

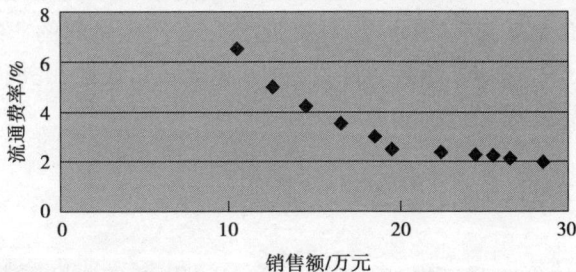

图 13.14 流通费率与销售额的散点图

其数学模型为

$$\hat{y} = \frac{k}{x} + b \quad (k \text{ 和 } b \text{ 为待定参数})$$

令 $x' = \dfrac{1}{x}$

则得 $\hat{y} = kx' + b$

第一步,计算 $x' = \dfrac{1}{x}$(表 13.4)。

第二步,用 Excel 求 k($k = 73.774\,55$)和 b($b = -0.828\,55$)。

第三步,建立回归方程

$$\hat{y} = \frac{73.774\,5}{x} - 0.828\,5$$

表 13.4 变量转换表

序号	商品销售额 x/万元	流通费率 y/%	$x' = \dfrac{1}{x}$
1	10.5	6.5	0.095 238
2	12.5	5	0.08
3	14.5	4.2	0.068 966
4	16.5	3.5	0.060 606
5	18.5	3	0.054 054
6	19.5	2.5	0.051 282
7	22.5	2.4	0.044 444
8	24.5	2.3	0.040 816
9	25.5	2.2	0.039 216
10	26.5	2.1	0.037 736
11	28.5	2	0.035 088

13.3.2 非线性判定系数

在非线性回归分析中,可用非线性判定系数 R^2 来度量两个变量之间非线性相关的密切程度。R^2 的变化范围介于 0 与 1 之间,R^2 越接近于 1,表明变量间的非线性相关的程度越强,所配合的曲线效果越好,反之,R^2 越接近于 0,表明变量间非线性相关程度越弱,所配合的曲线效果越差。R^2 的计算公式为

$$R^2 = 1 - \frac{\sum (y - \hat{y})^2}{\sum (y - \bar{y})^2} \tag{13.12}$$

由表 13.4 的资料计算回归方程 $\hat{y} = \dfrac{73.774\,5}{x} - 0.828\,5$ 的判断系数 $R^2 = 0.977\,6$。计算结果表明,销售额与流通费率之间存在高度双曲线相关。

对同一个问题进行模型的确定,在实际应用中,如果变化趋势不是非常明显可采用不同的模型分别进行拟合,然后比较模型各自的残差平方和。残差平方和越小,回归模型越好,另外再结合判定系数 R^2 的比较。

13.3.3 用 SPSS 进行曲线回归

任务描述:利用表 13.4 中的数据,用 SPSS 建立流通费率对销售额的回归方程,并进行检验。

第一步,将表 13.4 中的数据输入 SPSS 工作表,如图 13.15 所示。

	x	y	变量
1	10.50	6.50	
2	12.50	5.00	
3	14.50	4.20	
4	16.50	3.50	
5	18.50	3.00	
6	19.50	2.50	
7	22.50	2.40	
8	24.50	2.30	
9	25.50	2.20	
10	26.50	2.10	
11	28.50	2.00	
12			

图 13.15 SPSS 数据输入图示

第二步,选择"分析"菜单下的"回归"中的"曲线估计",在出现的对话框中输入如图 13.16 所示的相应内容(因为从前例中已知要模拟是双曲线,所以选择"逆模型")。

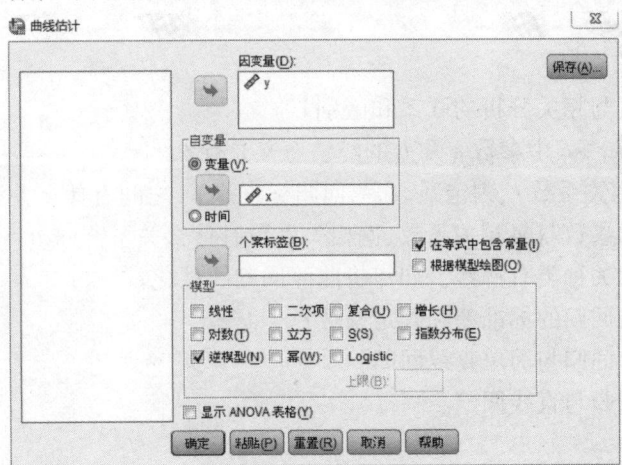

图 13.16 SPSS"曲线估计"变量设置窗口

第三步,单击"确定"按钮,即可输出回归结果,如图 13.17 所示。

模型汇总和参数估计值

方程	模型汇总					参数估计值	
	R^2	F	df1	df2	Sig.	常数	b1
倒数	.978	393.231	1	9	.000	-.829	73.775

注:自变量为 x,因变量为 y。

图 13.17 SPSS 回归分析结果图示:模型汇总和参数估计值

第四步,结果解读。首先,从图 13.17 的表中,可看到流通费率与销售额的回归模型为 $\hat{y} = 73.775/x - 0.829$;其次,对模型进行检验。从上表中看出 $R^2 = 0.978$,接近于 1,说明模型拟合得不错；$F = 393.231$，$P = 0 < 0.05$，说明在 0.05 的显著性水平上流通费率对销售额的影响是显著的。

13.4　自回归

把时间序列看作一个随机过程，用 y_t 表示当前时刻变量的值，y_{t-1} 表示前一时刻变量的值 ……。把 y_t 作为因变量、y_{t-1} 作为自变量建立的回归方程称为自回归模型，该模型只涉及一个变量。这就是时间序列自身回归分析。本书只介绍简单自回归模型。

在时间序列中，y_t 与 y_{t-1} 呈线性相关，y_t 与 y_{t-1} 可建立一元线性自回归模型，又称简单自回归模型，$y_t = ky_{t-1} + b$。这与一元线性回归模型 $y = kx + b$ 相似，可仿照求一元线性回归参数的方法来求一元线性自回归模型的参数 k 和 b。

$$\begin{cases} b = \dfrac{n\bar{y}(1-k) + by_n - y_1}{n-1} \\ k = \dfrac{(n-1)\sum\limits_{t=2}^{n} y_t y_{t-1} - \left(\sum\limits_{t=1}^{n} y_t\right)\left(\sum\limits_{t=2}^{n} y_t\right)}{(n-1)\sum\limits_{t=1}^{n-1} y_t^2 - \left(\sum\limits_{t=1}^{n-1} y_t\right)^2} \end{cases} \tag{13.13}$$

思考题

1. 简述回归分析与相关分析的联系和区别。
2. 回归方程 $y = kx + b$ 中参数 k 和 b 的经济意义是什么？
3. 回归系数 k、相关系数 r、判定系数 r^2、回归标准差 S_y 之间有什么关系？
4. 多元线性回归参数与复相关系数、偏相关系数有什么关系？
5. 常见的曲线相关种类有哪些？如何将曲线回归线性化？
6. 如何计算曲线回归的标准差和判定系数？
7. 试比较简单自回归与简单直线回归。
8. 试比较曲线回归与直线回归。

第四篇　统计数据应用

　　前面三篇介绍了统计数据获得、统计数据解读、统计数据推断的基本原理和方法,本篇在前面三篇的基础上介绍统计数据的应用方法和应用技术。统计数据分为静态数据和时间序列数据,应用静态数据反映同一现象不同统计单位的数量表现的分布特征及一般水平,应用时间序列数据反映同一统计单位的同一现象的变化规律。静态数据和时间序列数据是现实生活中随机事件的数量表现,我们希望能够运用静态数据和时间序列数据科学地推测随机变量——推测不同现象之间的关系,推测事物内在的规律性,推测事物未来发展的状况,等等。为此,本篇的指导思想是"从局部看整体、从过去看将来、从一事物看他事物、从现象看本质"等统计思想,用统计思想进行科学推测,探讨预测问题、排序问题、关联问题等,导向人们进行正确的经营管理行动,控制事物未来发展,实现理想目标。

第14章 静态数据的应用

静态数据,又称截面数据,是在同一总体、不同统计单位、同一时间点(或同一时间)截面上的调查数据。例如,工业普查数据、人口普查数据、家庭收入调查数据等。

静态数据的特点:相同时间,不同统计对象,相同统计指标,按统计单位排列数据,数据具有离散性、个体性、差异性等。

静态数据分为单变量静态数据、双变量静态数据及多变量静态数据。

14.1　单变量静态数据的应用

单变量静态数据是对同一时点(或同一时间)、同一总体内的不同统计单位所承载的一个数量标志进行一系列观察所得到的一列数据。

单变量静态数据的特点:同一时点(或同一时间)的某种经济现象(一种标志),突出统计单位的差异,按单位排列的一列(或一行)数据,如表14.1农户家庭纯收入。

单变量静态数据的应用:主要用于计算总量指标、结构相对指标、比较相对指标、比例相对指标、平均指标、变异指标和进行参数估计、假设检验等。下面以随机调查50户农户2018年家庭年纯收入(表14.1)为例,说明其数据的应用。

14.1.1　编制频数分布表,粗略把握数据的分布特征

对单变量静态数据的分析首先需要编制频数分布表,再根据频数分布表产生常用的条图、饼图、直方图等。在此基础上粗略地把握单变量静态数据的分布特征。所谓分布特征有四种:集中趋势、离散态势、偏态、峰度。

集中趋势:频数分布数列中各观察值有一种向中心集中的趋势,在中心附近的观察值数目较多,而远离中心附近的观察值数目较少。

离散态势:频数分布数列中各观察值各相差异,表现出偏离中心的态势。

偏态:频数分布数列中各观察值分布在中心两侧不对称的程度,反映偏离正态分布的程度。

峰度:频数分布数列中各观察值不均匀分布的程度,反映偏离正态分布的程度。

我们调查了50户农户2018年的家庭年纯收入,如表14.1的"家庭纯收入"栏,利用这些数据看农民的收入情况。

用Excel对农户家庭纯收入进行分析。首先将农户家庭纯收入输入Excel工作表,如A2:A52。然后,在"工具"菜单的"数据分析"中选"排位与百分比排位",单击"确定"按钮后打开对话框,如图14.1所示。在对话框的"输入区域"输入"A2:A52",在"输出区域"中输入选定的单元格,如"B2"。单击"确定"按钮得到表14.1的第3至6栏。

表14.1　农户家庭纯收入

序　号	家庭纯收入/元	点	列1	排位	百分比/%
1	15 845	7	150 000	1	100.00
2	26 363	9	104 430	2	97.90
3	61 000	26	81 000	3	95.90

续表

序 号	家庭纯收入/元	点	列1	排位	百分比/%
4	15 910	41	69 777	4	93.80
5	36 315	21	67 745	5	91.80
6	14 875	3	61 000	6	89.70
7	150 000	39	60 000	7	87.70
8	55 000	45	57 300	8	85.70
9	104 430	15	55 630	9	83.60
10	29 940	8	55 000	10	81.60
11	11 310	25	46 140	11	79.50
12	12 195	23	46 000	12	77.50
13	35 500	43	45 085	13	75.50
14	43 500	14	43 500	14	71.40
15	55 630	44	43 500	14	71.40
16	31 387	36	42 207	16	69.30
17	42 000	18	42 012	17	67.30
18	42 012	17	42 000	18	65.30
19	4 640	31	41 525	19	63.20
20	40 000	20	40 000	20	61.20
21	67 745	34	39 600	21	59.10
22	31 800	5	36 315	22	57.10
23	46 000	33	36 000	23	55.10
24	29 755	13	35 500	24	51.00
25	46 140	29	35 500	24	51.00
26	81 000	35	33 000	26	48.90
27	25 007	22	31 800	27	44.80
28	11 977	40	31 800	27	44.80
29	35 500	16	31 387	29	42.80
30	30 637	30	30 637	30	40.80
31	41 525	10	29 940	31	38.70

续表

序　号	家庭纯收入/元	点	列1	排位	百分比/%
32	8 352	24	29 755	32	36.70
33	36 000	37	26 380	33	34.60
34	39 600	2	26 363	34	32.60
35	33 000	27	25 007	35	30.60
36	42 207	49	23 035	36	28.50
37	26 380	38	22 552	37	26.50
38	22 552	46	22 415	38	24.40
39	60 000	47	18 455	39	22.40
40	31 800	42	16 845	40	20.40
41	69 777	50	16 320	41	18.30
42	16 845	4	15 910	42	16.30
43	45 085	1	15 845	43	14.20
44	43 500	6	14 875	44	12.20
45	57 300	12	12 195	45	10.20
46	22 415	28	11 977	46	8.10
47	18 455	11	11 310	47	6.10
48	10 936	48	10 936	48	4.00
49	23 035	32	8 352	49	2.00
50	16 320	19	4 640	50	0.00

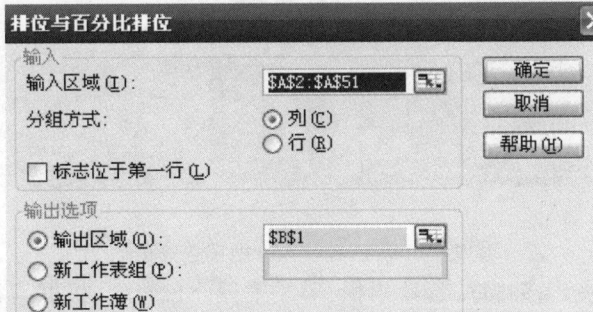

图14.1　Excel 排序对话框

用 Excel 计算频率分布：

将排位后的家庭纯收入分为 6 组（表 14.2 的第一行和第二行），输入分组的分段点，比如，在单元格"G11:G15"中依次输入"10000,30000,50000,70000,90000"，直接单击"f_x"（粘贴函数）命令。在函数分类中单击"统计"，并在函数名菜单下选择"FREQUENCY"。单击"确定"后打开对话框，如图 14.2 所示。在对话框的"Data-array"输入"C2:C52"（或输入原数据列"A2:A52"),在"Bins-array"中输入(G11:G15)后得到:{2;18;20;7;1;2}(图14.2)。

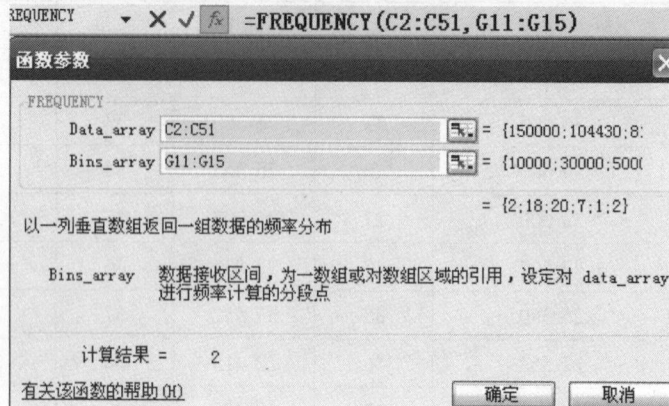

图 14.2　Excel 频数分布对话框

各组农户纯收入出现的频数及频率见表 14.2。

表 14.2　农户纯收入分组频数、频率分布

组　序	1	2	3	4	5	6
分组区间/万元	<1	1～3	3～5	5～7	7～9	>9
频　数	2	18	20	7	1	2
频率/%	4	36	40	14	2	4

将农户纯收入分组频数分布用图形直观明了地表示,如图 14.3 所示。

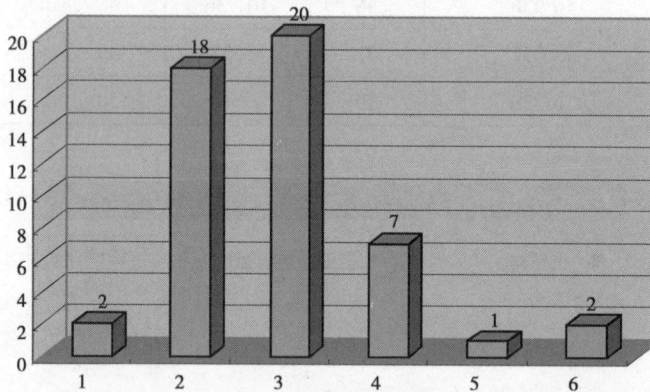

图 14.3　农户纯收入分组频数分布图

将农户纯收入由少到多排序、逐项累积,形成累积分布数列,根据累积分布数列做累积分布图,如图 14.4 所示。

图 14.4 的横坐标为户数累积百分比,纵坐标为收入累积百分比,对角线为农户纯收入绝对平均线,粗线为农户纯收入累积百分比分布曲线。农户纯收入累积百分比分布曲线与农户纯收入绝对平均线相比较,说明农户纯收入的不均等性。

通过以上分析,初步了解到:年纯收入 3 万～5 万元的农户较多,农户收入差距大。

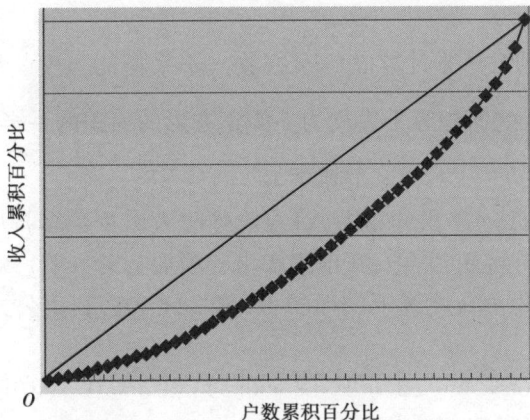

图 14.4 农户纯收入累积分布图

14.1.2 计算统计指标,量化数据的分布特征

计算总量指标,反映在一定时空条件下的社会经济现象总规模或绝对水平。计算总量指标,是认识社会经济现象总体的起点,是宏观管理的依据,是计算相对指标和平均指标的基础。

计算相对指标,反映现象总体在时间、空间、结构、比例以及发展状况等方面的对比关系。计算相对指标,将对比的总量指标的绝对水平及其差异抽象化,为不能直接对比的社会经济现象总体找到共同比较的基础,从而增强人们判断和鉴别纷繁复杂事物的能力。

计算平均指标,反映各总体单位的标志值集中趋势和标志值的一般平均水平。计算平均指标,揭示现象的依存关系,比较在同一时期同类现象在不同地区、不同单位的一般发展变化水平,用于评价总体各单位的工作质量和效果。

计算变异指标,反映标志值的离散程度和标志值的一般平均差异水平。计算变异指标,衡量平均指标的代表性,如果变异指标值越小,平均指标值的代表性就越大;如果变异指标值越大,平均指标值的代表性就越小。

根据表 14.1 的"列 1"栏农户纯收入排序,农户纯收入中位数为 $M_e = 34\,250$ 元(排序中并列的第 24 位与第 26 位的平均数)。

根据表 14.2,农户纯收入众数组是第 3 组——"3 万 ~ 5 万元"组,在这一组内找众数。

$$M_o = M_L + \frac{\Delta f_1}{\Delta f_1 + \Delta f_2} \times d$$

$$= 30\,000 + \frac{40 - 36}{(40 - 36) + (40 - 14)} \times 20\,000 \approx 32\,666$$

根据农户纯收入计算算术平均数为 $\bar{x} = 37\,970$ 元。

以上三个集中趋势值($M_o < M_e < \bar{x}$)选择哪一个最能代表农户纯收入的一般水平呢? 如果选择农户年纯收入 35 000 元作为农户纯收入的一般水平,能否通过检验呢?

根据表 14.1 的"列 1"栏农户纯收入排序,纯收入最高的 7 号农户年纯收入 15 万元,纯收入最低的 19 号农户年纯收入 4 640 元,农户纯收入极差 143 360(150 000 – 4 640)元。

根据农户纯收入计算标准差 $S = 25\,332$,$\frac{S}{\bar{x}} = \frac{25\,332}{37\,970} = 67\%$。

从以上离散趋势指标可以看出,农户家庭纯收入离散程度大、差异性大,农户家庭收入不平衡。

借鉴计算基尼系数的方法来计算农户家庭收入不平衡的程度。从图 4.1 可知：$A + B$ 等于 $\triangle OPC$ 的面积，$\triangle OPC$ 的面积等于边长为 1 的正方形的面积的一半，即 $\dfrac{1}{2}$，可推得

$$基尼系数\ G = 1 - 2B$$

根据图 14.4 农户纯收入累积分布图，将农户纯收入由少到多排序、逐项累积，形成累积分布数列。累积分布数列共有 50 项（49 项累积求和项加上第一项），对累积分布数列（50 项）求和，再除以 50，得到累积分布曲线下的面积 $B = 0.344\ 407$，利用公式（4.10）求出农户家庭收入不平衡程度

$$G = 1 - 2B = 1 - 2 \times 0.344\ 407 \approx 0.311\ 2$$

这表明农户之间纯收入差异程度为 0.311 2。

14.1.3　计算估计量，把握总体数据的分布特征

估计量是一个随机变量，是一个样本函数，用这个样本函数来估计总体，推算总体的数量指标，研究总体的数量特征。

在对数据进行描述、掌握了数据的分布特征以后，就可进行参数估计与假设检验。

（1）单变量静态数据推断——参数估计

所谓参数估计就是用抽样指标来推断总体指标。参数估计分为点估计和区间估计。

点估计是用样本指标值作为估计量来直接估计相应的总体指标值：用样本平均数估计总体平均数，用样本成数估计总体成数，用样本方差估计总体方差，等等。

区间估计是用样本指标值作为估计量来估计相应的总体指标的数值范围：用样本平均数估计总体平均数的置信区间，用样本成数估计总体成数的置信区间，用样本方差估计总体方差的置信区间，等等；用两个样本平均数之差估计两个总体平均数之差的置信区间，用两个样本成数之差估计两个总体成数之差的置信区间，用两个样本方差之比估计两个总体方差之比的置信区间，等等。

我们调查 50 户农户的目的是了解农户的一般收入水平，而前面计算的是样本平均数，我们用样本平均数 $\bar{x}$ 来估计总体平均数 μ，$\mu = 37\ 970$ 元；用样本平均数 $\bar{x}$ 来估计总体平均数 μ 的置信区间 $\left[\bar{x} - Z_{\frac{\alpha}{2}}\dfrac{S}{\sqrt{n}} < \mu < \bar{x} + Z_{\frac{\alpha}{2}}\dfrac{S}{\sqrt{n}}\right]$。

如果以 90% 的置信水平估计总体平均数 μ 的置信区间为

$$\left[37\ 970 - Z_{0.05}\dfrac{25\ 332}{\sqrt{50}} < \mu < 37\ 970 + Z_{0.05}\dfrac{25\ 332}{\sqrt{50}}\right]$$

$$\Rightarrow \left[32\ 077 < \mu < 43\ 863\right]$$

如果以 80% 的置信水平估计总体平均数 μ 的置信区间为

$$\left[37\ 970 - Z_{0.1}\dfrac{25\ 332}{\sqrt{50}} < \mu < 37\ 970 + Z_{0.1}\dfrac{25\ 332}{\sqrt{50}}\right]$$

$$\Rightarrow \left[33\ 379 < \mu < 42\ 561\right]$$

（2）单变量静态数据推断——假设检验

所谓假设检验就是先对总体提出一个假设，再用抽样所获得的样本信息去检验这个假设

是否成立。假设检验分为单样本假设检验和双样本假设检验。

单样本假设检验就是用一个样本信息去检验总体假设:用样本平均数检验假设的总体平均数,用样本成数检验假设的总体成数,用样本方差检验假设的总体方差,等等。

双样本假设检验就是用两个独立的样本信息去检验总体假设:在同一总体中抽取两种不同处理的两个样本,用两个样本平均数来检验其两种不同的处理是否有显著性的差异。在两个总体中分别抽取一个样本,用其样本平均数之差、样本成数之差、样本方差之比来检验两个总体是否有显著性的差异。

我们调查 50 户农户,认为是大样本,对总体农户的一般纯收入水平进行检验,构造统计量 $Z = \dfrac{|\bar{x} - \mu_0|}{\dfrac{S}{\sqrt{n}}}$。我们假设总体平均数 35 000 元,统计量 $Z = \dfrac{|37\ 970 - 35\ 000|}{\dfrac{25\ 332}{\sqrt{50}}} =$ 0. 829 033。在 80% 的置信水平下进行假设检验,临界值 $Z_{\frac{\alpha}{2}} = Z_{0.1} = 1.\ 281\ 552$。$Z < Z_{\frac{\alpha}{2}}$,接受原假设,认为总体平均数是 35 000 元有 80% 的把握。

通过以上分析得出:农户一般的年纯收入水平为 35 000 元左右,农户纯收入水平差距很大。这种"水平""差距"是否合理,还需做进一步的调查研究。

14.2 双变量静态数据的应用

双变量静态数据是对同一时点(或同一时间)、同一总体内的不同统计单位的两种标志进行一系列观察所得到的数据。

双变量静态数据的特点:同一时点(或时间)的两种现象(两种标志),突出变量之间的联系。

双变量静态数据分三种类型:两个变量均为类型变量、两个变量均为数值变量、一个类型变量和一个数值变量。

14.2.1 两个变量均为类型变量的数据应用

(1)列联表

当两个变量都是类型变量时,它们之间的联系可称为关联,研究关联关系的方法是列联表分析。

列联表是按两种质量标志对一组观测值进行交叉分组所得到的频数分布表,表的横标目是一个质量标志的各个名称,表的纵标目是另一个质量标志的各个名称,表心各格列出同时联系于横行某特定标志名称和纵行某特定标志名称的观测值的频数。

在表的右边栏列出各行频数的合计,在表的底行列出各列频数的合计,在表的右下角列出频数总计,见表 14.3。

【例 14.1】 某校随机抽查了 100 个学生的概率论闭卷考试成绩,并分组:70 分以下的 41 人、70 ~ 80 分的 22 人、80 分以上的 37 人,成"U"形分布。概率论的后续课程是统计学,统计学课程是采取闭卷考试还是采取开卷考试,对这 100 个学生进行意愿(同意开卷考试还是同意闭卷考试)调查结果见表 14.3。

表 14.3　考试意愿调查表

单位:人

分值	70 分以下	70~79 分	80 分以上	合　计
开卷	26	11	13	50
闭卷	15	11	24	50
合　计	41	22	37	100

从表 14.3 可以看出,概率论考试成绩 70 分以下的倾向于开卷考试,80 分以上的倾向于闭卷考,70~79 分的倾向不明显。

(2)编制交叉表

为使列联表含有更多的信息,编制交叉表,见表 14.4。

表 14.4　考试意愿调查结果交叉表

分　组		70 分以下	70~79 分	80 分以上	行合计
开卷	次　数	26	11	13	50
	行百分比	52	22	26	100
	列百分比	65	50	35	
	总百分比	26	11	13	
闭卷	次　数	15	11	24	50
	行百分比	30	22	48	100
	列百分比	35	50	65	
	总百分比	15	11	24	
列合计	次　数	41	22	37	100
	总百分比	41	22	37	100

交叉表更直接地反映交叉分组的结构关系。交叉表中的比例关系揭示了两变量间的关联。如果各个行百分比与合计列百分比(或者各个列百分比与行合计百分比)基本上一致,则可以认为两变量不关联;否则,认为两变量关联。当两变量关联时,较大的总百分比表示有较强的联系;较小的纵百分比表示有较弱的联系。表明较强联系的纵百分比往往趋于交叉表表心的一条对角线位置上,而表明较弱联系的纵百分比则趋于另一条对角线位置上。

(3)关联推测指数

若两变量存在着关联,用一变量(自变量)推测另一变量(因变量),使得推测的盲目性降低的幅度称为关联推测指数,关联推测指数公式如下:

$$\lambda_{y.x} = \frac{\sum_{j=1}^{k} \max(f_{ij})_j - \max(f_{i.})}{n - \max(f_{i.})} \tag{14.1}$$

式中，$\lambda_{y \cdot x}$表示x为自变量y为因变量的关联推测指数；n表示观察值总数；$\max(f_{i \cdot})$表示行合计中最大值；$\max(f_{ij})_j$表示第j列的交叉分组频数最大值。

【例14.2】 对某空调的型号与用途进行抽样调查见表14.5，根据这个调查，空调推销员推测顾客可能会买哪种型号的空调。空调推销员知道顾客购买空调的用途比不知道顾客购买空调的用途错误推测率降低了多少？

表14.5 不同型号的空调用途调查情况

单位：台

型　号	用　途			
	寝　室	客　厅	办公室	合　计
KFR-25GW	25	37	8	70
KFR-35GW	10	62	53	125
KFR-50LW	5	41	59	105
合　计	40	140	120	300

解：用式(14.1)计算得

$$\lambda_{y \cdot x} = \frac{\sum_{j=1}^{k} \max(f_{ij})_j - \max(f_{i \cdot})}{n - \max(f_{i \cdot})} = \frac{25 + 62 + 59 - 125}{300 - 125} = 0.12$$

表示有"用途"这个信息比没有"用途"这个信息进行推测顾客购买空调型号的错误推测率降低了12%。

如某一客户，我们不知道他的用途，盲目推测他可能会购买KFR-35GW，因为该型号的比例比其他两个型号的比例都大。推测客户购买KFR-35GW型空调的正确率为41.7%$\left(\frac{125}{300} \times 100\%\right)$，错误率为58.3%。

如果附加用途信息，再进行推测正确率为48.7%$\left(\frac{25 + 62 + 59}{300} \times 100\%\right)$，错误率为51.3% $(100\% - 48.7\%)$。

有附加信息与无附加信息相比，错误率降低了7个百分点$(58.3\% - 51.3\%)$，错误率降低了12%$(7\% \div 58.3\%)$。

14.2.2 两个变量均为数值变量的数据应用

当两个变量都是数值变量时，它们之间的联系称为协变。研究协变关系的方法采用相关和回归分析的方法。相关分析和回归分析只是从数据出发定量地分析变量间相互联系的手段，并不能揭示现象之间的本质联系，不能仅凭数据进行相关分析和回归分析，需要结合实际经验去分析，才能把握事物的客观规律性。现以2010年各省/直辖市人均收入与消费情况为例，进行相关与回归分析，见表14.6。

表 14.6 2010 年各省/直辖市人均收入与消费情况表

地 区	基尼系数/%	恩格尔系数/%	人均可支配收入/元	人均零售额/元	人均存款/元
广东	65	47.7	26 897	16 738	34 820
福建	61	39.8	24 907	14 394	21 713
上海	57	33.5	36 230	26 368	67 984
浙江	54	34.4	30 971	18 822	37 868
江苏	53	36.5	26 341	17 297	29 664
湖南	52	48.4	18 369	8 890	13 736
海南	49	50.0	18 369	7 370	19 227
广西	49	48.5	18 855	7 195	12 387
新疆	49	40.3	15 513	6 304	17 024
江西	47	39.5	18 657	6 632	13 715
山西	47	31.2	18 124	9 291	25 827
辽宁	46	35.1	20 469	15 741	31 291
重庆	46	48.3	20 250	10 183	20 239
四川	45	48.3	17 899	8 468	16 974
湖北	45	43.1	18 374	12 251	17 117
内蒙古	44	30.1	20 408	13 694	18 688
河南	44	37.2	18 000	8 513	13 702
云南	44	47.2	18 576	5 438	12 442
北京	43	32.1	32 903	31 764	86 705
黑龙江	41	35.4	15 696	10 542	18 935
安徽	40	38.0	18 606	7 053	13 089
河北	38	32.3	18 292	9 493	21 820
天津	36	35.9	26 921	22 426	42 952
山东	35	32.1	22 792	15 262	20 511
吉林	35	32.3	19 300	12 760	18 743
贵州	34	46.3	14 143	4 264	9 338
陕西	34	34.2	18 245	85 58	21 315
甘肃	33	44.7	14 969	5 449	14 065
宁夏	33	38.4	17 597	6 396	18 571
青海	30	38.2	15 600	6 216	15 310
西藏	28	49.7	13 544	6 166	8 900

资料来源:百度网。

为了便于分析和作图,将原始数据标准化,以剔除变量间在数量级和量纲上的不同。标准化处理的公式为

$$x_{ij} = \frac{X_{ij} - \overline{X}_{\cdot j}}{S_j} \qquad (14.2)$$

式中,x_{ij}表示标准化后数据表的第i行第j列的数据;X_{ij}表示原始数据表的第i行第j列的数据;$\overline{X}_{\cdot j}$表示原始数据表的第j列数据的平均数;S_j表示原始数据表的第j列数据的标准差。

表14.6中的数据经标准化后见表14.7。

表14.7　2010年各省/直辖市人均收入与消费情况标准化数据表

地　区	基尼系数	恩格系数	人均可支配收入	人均零售额	人均存款
广东	2. 359 676 3	1. 238 775 33	1. 160 432 1	0. 787 336 43	0. 669 990 1
福建	1. 914 995 6	0. 025 271 02	0. 798 863 1	0. 427 382 9	− 0. 119 654
上海	1. 470 315	− 0. 942 460 3	2. 856 172 9	2. 266 155 77	2. 667 989
浙江	1. 136 804 5	− 0. 804 212 9	1. 900 649 4	1. 107 363 38	0. 853 62
江苏	1. 025 634 4	− 0. 481 635 9	1. 059 410 8	0. 873 178 59	0. 359 361 7
湖南	0. 914 464 2	1. 346 301 03	− 0. 389 046	− 0. 417 832 2	− 0. 600 237
海南	0. 580 953 7	1. 592 074 06	− 0. 389 046	− 0. 651 249 2	− 0. 269 426
广西	0. 580 953 7	1. 361 661 85	− 0. 300 743	− 0. 678 122 9	− 0. 681 509
新疆	0. 580 953 7	0. 102 075 09	− 0. 907 961	− 0. 814 948 2	− 0. 402 148
江西	0. 358 613 4	− 0. 020 811 4	− 0. 336 718	− 0. 764 579 3	− 0. 601 502
山西	0. 358 613 4	− 1. 295 759	− 0. 433 561	− 0. 356 253 1	0. 128 197 7
辽宁	0. 247 443 3	− 0. 696 687 2	− 0. 007 49	0. 634 233 33	0. 457 381 9
重庆	0. 247 443 3	1. 330 940 2	− 0. 047 281	− 0. 219 274 2	− 0. 208 457
四川	0. 136 273 1	1. 330 940 22	− 0. 474 441	− 0. 482 636 1	− 0. 405 16
湖北	0. 136 273 1	0. 532 177 88	− 0. 388 137	0. 098 295 69	− 0. 396 545
内蒙古	0. 025 102 9	− 1. 464 728	− 0. 018 574	0. 319 888 24	− 0. 301 899
河南	0. 025 102 9	− 0. 374 110 2	− 0. 456 09	− 0. 475 725 8	− 0. 602 285
云南	0. 025 102 9	1. 161 971 26	− 0. 351 435	− 0. 947 934 4	− 0. 678 195
北京	− 0. 086 067	− 1. 157 511 7	2. 251 680 3	3. 094 786	3. 795 854 6
黑龙江	− 0. 308 408	− 0. 650 604 8	− 0. 874 711	− 0. 164 144 8	− 0. 287 018
安徽	− 0. 419 578	− 0. 251 223 6	− 0. 345 984	− 0. 699 928 9	− 0. 639 216
河北	− 0. 641 918	− 1. 126 79	− 0. 403 036	− 0. 325 233 3	− 0. 113 208
天津	− 0. 864 258	− 0. 573 800 7	1. 164 792 8	1. 660 807 29	1. 159 910 7
山东	− 0. 975 428	− 1. 157 511 7	0. 414 582 4	0. 560 676 27	− 0. 192 07

续表

地　区	基尼系数	恩格系数	人均可支配收入	人均零售额	人均存款
吉林	− 0.975 428	− 1.126 79	− 0.219 89	0.176 459 66	− 0.298 585
贵州	− 1.086 599	1.023 723 94	− 1.156 88	− 1.128 218 3	− 0.865 199
陕西	− 1.086 599	− 0.834 934 6	− 0.411 576	− 0.468 815 4	− 0.143 632
甘肃	− 1.197 769	0.777 950 91	− 1.006 802	− 0.946 245 2	− 0.580 416
宁夏	− 1.197 769	− 0.189 780 4	− 0.529 313	− 0.800 820 3	− 0.308 947
青海	− 1.531 279	− 0.220 502	− 0.892 154	− 0.828 461 8	− 0.505 41
西藏	− 1.753 62	1.545 991 62	− 1.265 714	− 0.836 14	− 0.891 587

(1) 从两组数据看两种现象的相关性

事物具有"质"和"量"两个方面,应用统计学既研究事物"质"的方面,又研究事物"量"的方面,但重点研究事物"量"的方面。从两种现象间的本质联系去判断现象的相关性,并由实质性科学加以说明,是对现象"质"的方面的研究——定性研究。从两种现象所承载的两列数据列判断现象的相关性,是对现象"量"的方面的研究——定量研究。两种现象有没有关系、是什么关系,需要定性与定量相结合才能把握。

定性定量研究两种现象的相关性有多种可能性,见表 14.8。

定性研究两种现象没有相关性,不能完全否定两种现象的相关性,可能两种现象的相关性还没有被我们认识到。定性研究两种现象有相关性,需要进一步研究这两种现象是否具有因果关系。若两种现象具有因果关系,以"因"为自变量,以"果"为因变量,建立回归方程,具体表现两种现象相关联的形式。若两种现象没有因果关系,根据研究的目的和研究对象的性质来确定因变量和自变量,建立回归方程。

定量研究两种现象没有相关性,只能说明它们没有直线型关系,不能说明它们没有其他关系。定量研究两种现象有相关性,也有可能是数据的巧合,而实际两现象没有关系。两种现象之间有没有关系,没有严格的界限。量化两种现象之间的线性相关联程度用相关系数来度量。相关系数只能说明两种现象是否具有直线相关性,不能说明是否具有其他相关性。

表 14.8　定性定量研究两种现象的可能性

定性研究	定量研究	
	无相关性	有相关性
无相关性	没有相关性	没有相关性,数据出现巧合 有可能没有认识到它们的相关性
有相关性	有相关性,但不是线性相关	有相关性,但没有因果关系、或分不清因果、或互为因果 有相关性,有因果关系(直线型或曲线型)

用列表法表示 x 和 y 两变量的关系不直观明了。以 x 为横轴、y 为纵轴建立直角坐标系,把两变量用坐标内的点来表示,根据点的分布情况可直观明了地看出两变量之间的关系。因此,通过作散点图辨别两变量的相关性。先将两变量作散点图,然后将坐标原点移到点

$O'(\bar{x},\bar{y})$,建立新坐标系 $y'O'x'$,在新坐标系中看点的分布情况。

1) 直线型正相关

点主要分布在新坐标系的一、三象限内, x 与 y 的协方差

$$\mathrm{cov}(x,y) = \frac{\sum (x-\bar{x})(y-\bar{y})}{n} > 0$$

两变量 x 与 y 呈正相关(图 14.5)。

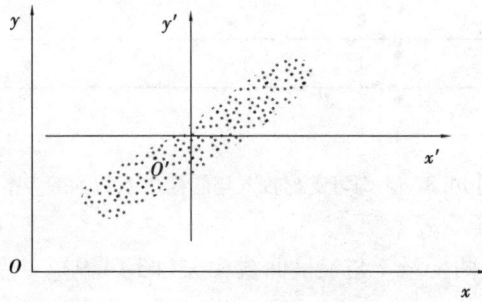

图 14.5　正相关图

例如,在表 14.7 中人均存款与人均零售额的散点图呈直线型关系(图 14.6)。

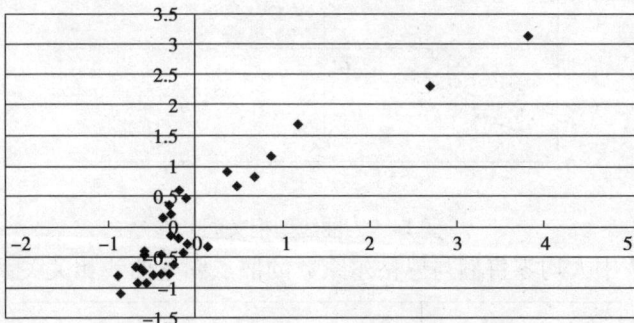

图 14.6　人均存款与人均零售额的散点图

2) 直线型负相关

点主要分布在新坐标系的二、四象限内, x 与 y 的协方差

$$\mathrm{cov}(x,y) = \frac{\sum (x-\bar{x})(y-\bar{y})}{n} < 0$$

两变量 x 与 y 呈负相关(图 14.7)。

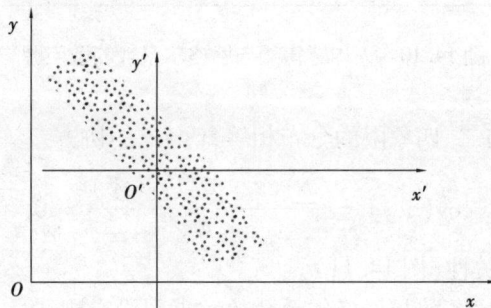

图 14.7　负相关图

例如,在表14.7中人均可支配收入与恩格尔系数的散点图呈负相关关系(图14.8)。

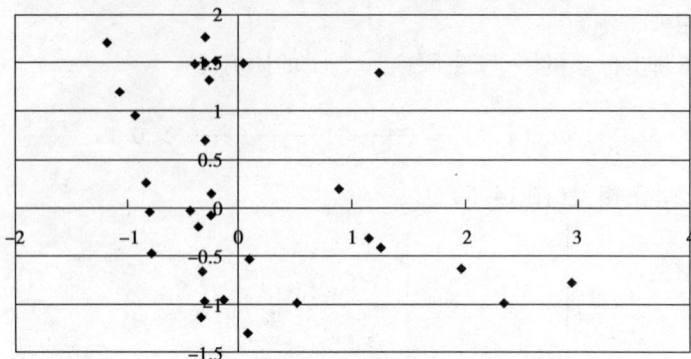

图14.8　人均可支配收入与恩格尔系数的散点图

3)曲线型相关

点主要呈曲线型分布,两变量 x 与 y 呈曲线相关(图14.9)。

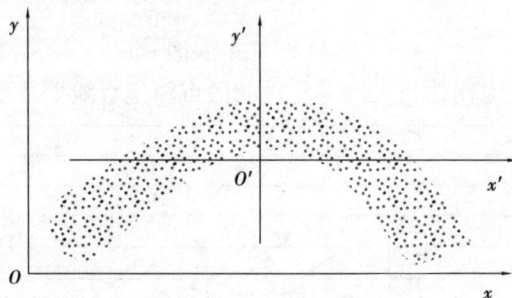

图14.9　曲线型相关图

例如,在表14.7中人均零售额与恩格尔系数的散点图呈曲线相关关系(图14.10)。

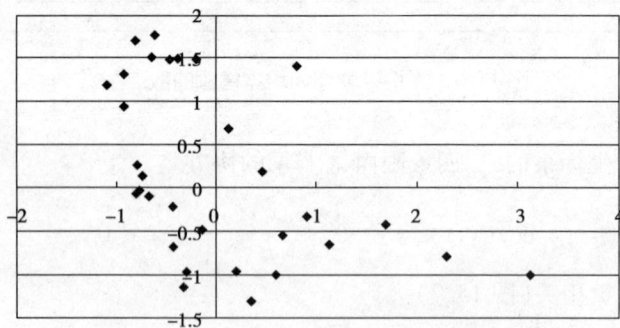

图14.10　人均零售额与恩格尔系数的散点图

4)无相关

点一、三象限的分布与二、四象限的分布相等, x 与 y 的协方差

$$\text{cov}(x,y) = \frac{\sum (x - \bar{x})(x - \bar{y})}{n} = 0$$

两变量 x 与 y 没有相关性(图14.11)。

例如,在表14.7中基尼系数与恩格尔系数的散点图没有规律性(图14.12)。

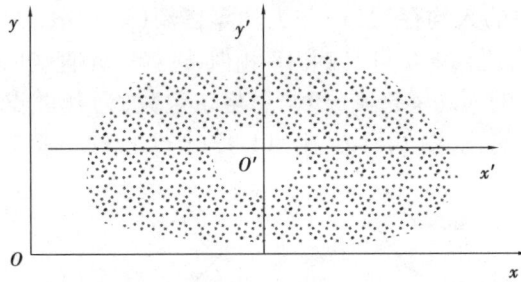

图 14.11　无相关图

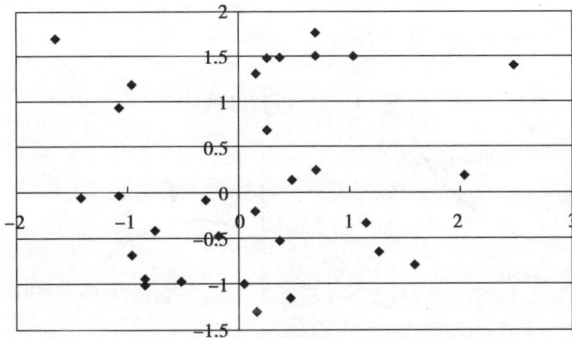

图 14.12　基尼系数与恩格尔系数的散点图

协方差能反映两变量相关的方向,但协方差不便于直观明了比较相关的程度。将协方差除以两变量的标准差之积得相关系数

$$r = \frac{\text{cov}(x,y)}{\sigma_x \sigma_y}$$

相关系数 r 的(正负)方向与协方差 $\text{cov}(x,y)$ 的(正负)方向一致,$|r| \in [0,1]$,$|r|$ 越接近 1,两变量的直线相关度就越高,$|r|$ 越接近 0,两变量的直线相关度就越低。

两变量无相关性,协方差为 0、相关系数为 0;反过来,协方差为 0、相关系数为 0,两变量不一定就没有相关性。

(2)从一种现象的数量推算另一种现象的数量表现

很多现象之间存在着相互联系、相互制约的关系,可以根据已收集到的有关实际资料和现象之间的对应关系间接地推算所需的统计资料。例如,根据生活费用指数推算货币购买力指数等。从一种现象的数量推算另一种现象的数量表现的步骤如下:

1)确定因果关系

用定性分析的方法确定两种现象的因果关系:如果有因果关系(因果关系不能颠倒),这两种现象所承载的数量对应关系可直接模拟回归方程来表示;如果没有因果关系(分不清因果关系或互为因果关系),根据研究的目的确定因果关系,再模拟回归方程来表示这两种现象所承载的数量对应关系。

2)选择回归模型的类型

以 x 表示自变量(横轴)、y 表示因变量(纵轴)建立直角坐标系,把两变量用坐标内的点来表示(作散点图),根据点的分布规律判断两变量之间的回归关系类型。这里,仅举出几种类型的图形供大家参考(图 14.13—图 14.17)。

例如,根据表 14.7 中的人均存款(x)与人均零售额(y)作散点图,如图 14.6 所示,将图 14.6 与以上几个图形对比,图 14.6 与图 14.18 相似,选择一元直线回归模型 $y = kx + b$。

又如,根据表 14.7 中的人均零售额(x)与恩格尔系数(y)作散点图,如图 14.10 所示,将图 14.10 与以上几个图形对比,图 14.10 与图 14.13(当 $k < 0$ 时)相似,选择回归模型 $y = ae^{kx}$。

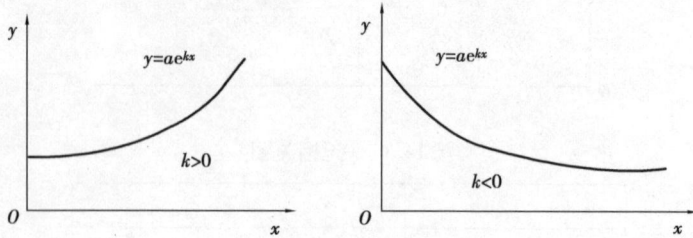

图 14.13　指数曲线图

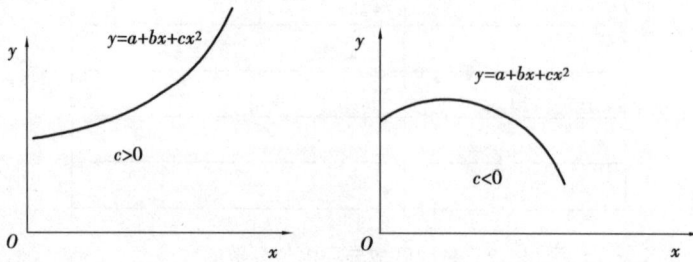

图 14.14　抛物线曲线图

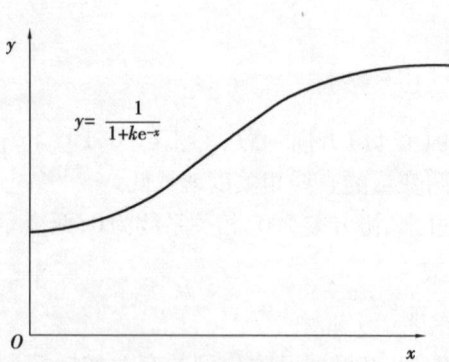

图 14.15　逻辑曲线图

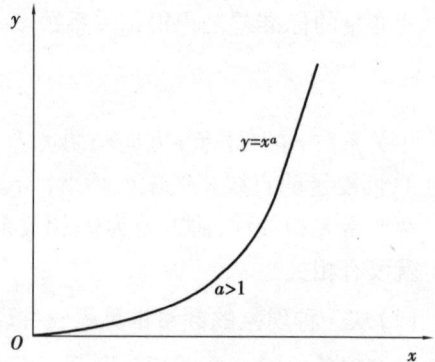

图 14.16　幂函数曲线图

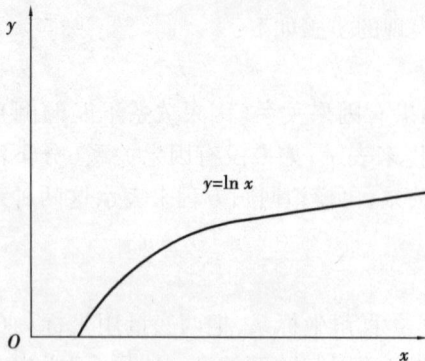

图 14.17　对数曲线图

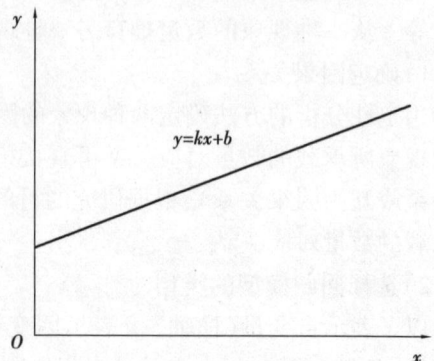

图 14.18　直线型图

3）模拟回归方程

一元直线回归模型 $y = kx + b$ 的模拟。

用 Excel 求人均存款(x)与人均零售额(y)直线回归参数 k 和 b：在"工具"菜单的"数据分析"中选"回归"，单击"确定"按钮后打开对话框，如图 14.19 所示。在回归对话框的"Y 值输入区域"单击，鼠标选中人均零售额(y)数据列；在回归对话框的"X 值输入区域"单击，鼠标选中人均存款(x)数据列。在"输出区域"中输入选定的单元格，如"K3"。

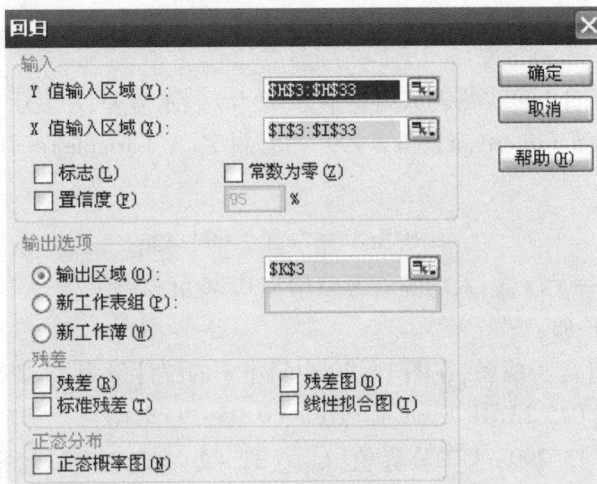

图 14.19　回归分析对话框

完成以上输入后，单击"确定"按钮，得到的回归估计结果如图 14.20 所示。

图 14.20　回归估计结果图

由 Excel 得到的回归估计结果主要包括"回归统计""方差分析"和"回归系数估计"三部分。

回归统计:相关系数 $r = 0.926\ 202$,说明人均零售额与人均存款的直线相关性强;判定系数 $r^2 = 0.857\ 851$(修正后的判定系数为 $0.852\ 949$),说明模型对实际数据拟合较好,在 y 值与 $\bar{y}$ 的偏差的平方和中有 86% 可以通过变量 x 来解释;回归标准差 $S_y = 2\ 497.153$,$\dfrac{S_y}{\bar{y}} = \dfrac{2\ 497.153}{11\ 610.9} = 0.215\ 07 > 15\%$,说明回归方程对各实际值的代表性不强;观测数据 31 个。

方差分析:df 表示自由度,SS 表示离差平方和,MS 表示方差,F 表示 F 检验值。

回归系数估计:截距(Intercept)$b = 2\ 999.736$,斜率(X Variable)$k = 0.363\ 367$,即估计出样本回归函数为

$$\hat{y} = 0.363\ 367x + 2\ 999.436$$

说明人均每增加一元存款,人均零售额就增加 0.36 元。

回归方程的假设检验:

对原假设 $k = 0$,进行 T 检验,在图 14.20 中斜率 k 的统计量为 13.299。取 $\alpha = 0.05$,得临界值 $t_{0.025}(31 - 2) = 2.045\ 23$(用 Excel 命令 tinv(0.05, 29) 求得)。

斜率 k 的统计量(13.299)大于临界值 $[t_{0.025}(31 - 2) = 2.045\ 23]$,拒绝零假设,$k \neq 0$,说明人均存款对人均零售额有显著影响。

4)用回归方程推算

某地区人均存款容易从银行获得的数据推出,根据人均存款,利用以上的一元线性回归方程 $\hat{y} = 0.363\ 367x + 2\ 999.436$,可推导出该地区的人均零售额,以便于组织商品生产和商品的市场调配。比如,某地区人均年存款 12 000 元,估计该地区年人均零售额约为 7 360($0.363\ 367 \times 12\ 000 + 2\ 999.436 \approx 7\ 360$)元。

如果要有 95% 的把握度估计该地区人均年存款 12 000 元时人均零售额的区间,利用式

$$\hat{y} \pm t_{\frac{\alpha}{2}}S_y \sqrt{1 + \frac{1}{n} + \frac{(x_0 - \bar{x})^2}{\sum (x_i - \bar{x})^2}}$$ 进行区间估计。

$$73\ 560 \pm 2.045 \times 2\ 497.15 \times \sqrt{1 + \frac{1}{31} + \frac{(12\ 000 - 23\ 699.1)^2}{8.265\mathrm{E} + 09}}$$

有 95% 的把握度估计该地区人均年存款 12 000 元时人均零售额的区间为(2 171,12 549)。

指数回归曲线模型 $\hat{y} = ae^{kx}$ 的模拟。将模型 $\hat{y} = ae^{kx}$ 变成直线型 $\ln y = \ln a + kx$,按一元直线回归模型 $y = kx + b$ 的模拟方法求出 $\ln a$ 和 k,再求出 $a = e^{\ln a}$,建立曲线回归方程进行预测。

从一种现象的数量比较准确地推算另一种现象的数量表现,需要找准现象之间的关系。要找准现象之间的关系可采用多种方法模拟回归方程,然后进行回归标准差比较(选择回归标准差较小的)和回归方程的优度比较(选择判定系数较大的)。比如,以上恩格尔系数与人均零售额采用直线回归模拟与采用指数曲线回归模拟,对这两种模拟结果进行回归标准差检验和回归方程的优度检验(标准差:直线为 5.796 999 842,指数曲线为 5.786 305;判定系数:

直线为 0.233 500 652,指数曲线为 2.363 26),指数曲线回归模型略优于直线回归模型。

14.2.3　一个类型变量和一个数值变量的数据应用

研究一个类型变量对一个数值变量的影响用单方差分析方法。比如,第 11 章中,油菜品种是类型变量,油菜单产是数值变量,研究油菜品种的变化对油菜单产量的影响,用单方差分析方法。这种方法多用于试验设计,类型变量是可控变量,数值变量是随机变量,从类型变量出发来研究不同类型对实验指标影响的差异,见第 11.1 节。

14.3　多变量静态数据的应用

多变量静态数据是对同一时点(或同一时间)、同一总体内的不同统计单位所承载的多个(三个或三个以上)数量标志进行一系列观察所得到的多组(三组或三组以上)数据。

多变量静态数据的特点:同一时点(或时间)的多种现象(三个或三个以上指标),突出变量之间的联系,按单位排列的多列(或多行)数据,见表 14.6。

本节仍以表 14.6 中的数据为例,说明多变量截面数据的应用。

14.3.1　多元回归分析

研究一个变量与多个变量关系的表达式,用多元回归分析。例如,在表 14.6 中我们研究人均销售额(y)与基尼系数(x_1)、恩格尔系数(x_2)、人均可支配收入(x_3)、人均存款(x_4)等 4 个变量之间的关系,选用四元线性回归模型

$$y = B_0 + B_1 x_1 + B_2 x_2 + B_3 x_3 + B_4 x_4$$

来研究基尼系数(x_1)、恩格尔系数(x_2)、人均可支配收入(x_3)、人均存款(x_4)对人均销售额(y)有无显著影响以及回归方程等。

根据表 14.6 中的数据,运用 Excel 进行分析与前面一元线性回归分析的操作相同,输出结果如图 14.21 所示。

对自变量的参数进行 t 检验:提出零假设 B_1、B_2、B_3、B_4 分别等于零,以 95% 的置信度计算 t 检验的临界值 $t_{0.25}(26) = 2.055\ 529$(在 Excel 中用" = tinv(0.05,26)"计算得到)。各个自变量参数的 t 检验值与临界值相比较,回归参数 B_1,B_2 的 t 检验值的绝对值分别为 $-0.627\ 17$, $-1.405\ 18$,绝对值小于临界值 2.055,接受零假设,x_1,x_2 对 y 的影响在统计上不显著,应该剔除这两个变量;回归参数 B_3,B_4 的 t 检验值的绝对值分别为 3.680 089,3.718 02,绝对值大于临界值 2.055,拒绝零假设,x_3,x_4 对 y 的影响显著。

剔除 x_1,x_2 后,用 Excel 重新分析人均销售额 y 与人均可支配收入 x_3、人均存款 x_4 的回归关系,输出结果如图 14.22 所示。

回归方程:$y = -4\ 533.7 + 0.55 x_3 + 0.205 x_4$

复相关系数:$R = 0.954\ 7$

对回归方程进行检验:

判定系数:$R^2 = 0.911\ 4$

SUMMARY OUTPUT

回归统计	
Multiple R	0.960129
R Square	0.921848
Adjusted R Square	0.909825
标准误差	1955.489
观测值	31

方差分析

	df	SS	MS	F
回归分析	4	1.17E+09	2.93E+08	76.67121
残差	26	99422324	3823936	
总计	30	1.27E+09		

	Coefficients	标准误差	t Stat	P-value
Intercept	−38.2244	3261.592	−0.01172	0.990739
X Variable 1	−35.0644	55.90886	−0.62717	0.536017
X Variable 2	−91.6116	65.19567	−1.40518	0.171805
X Variable 3	0.615665	0.167296	3.680089	0.001071
X Variable 4	0.176702	0.047526	3.71802	0.000971

图 14.21　Excel 一元线性回归分析输出结果

SUMMARY OUTPUT

回归统计	
Multiple R	0.954665
R Square	0.911386
Adjusted R Square	0.905056
标准误差	2006.521
观测值	31

方差分析

	df	SS	MS	F
回归分析	2	1.16E+09	5.8E+08	143.9887
残差	28	1.13E+08	4026128	
总计	30	1.27E+09		

	Coefficients	标准误差	t Stat	P-value
Intercept	−4533.71	1938.602	−2.33865	0.02672
X Variable 1	0.550096	0.133749	4.112903	0.00031
X Variable 2	0.205157	0.044349	4.626003	7.71E−05

图 14.22　Excel 二元线性回归分析输出结果

回归标准差检验：$\dfrac{S_y}{\bar{y}} = \dfrac{2\,006.52}{11\,610.9} = 0.17 > 15\%$

这说明方程不够理想。

回归参数的 t 检验:提出零假设,两个参数都分别等于零,以 95% 的置信度计算 t 检验的临界值 $t_{0.25}(28) = 2.048$(在 Excel 中用 " $= \text{tinv}(0.05, 28)$ " 计算得到),B_3,B_4 的 t 检验值分别为 4.113,4.626 3,都大于临界值,拒绝零假设,人均可支配收入 x_3、人均存款 x_4 对人均销售额 y 的线性关系都显著。

F 检验:F 检验的临界值为 3.34(在 Excel 中用"$\text{finv}(0.05, 2, 28)$"计算得到),F 检验值 143.99 大于临界值 3.34,人均可支配收入、人均存款对人均销售额的复相关显著。

14.3.2 主成分分析

研究多变量时,变量之间有一定的相关关系,信息有一定的重叠。为了剔除重叠信息,建立尽可能少的、互不相关的新变量来替代原变量。这些新变量就是主成分。主成分可表示成原变量的线性组合。在 p 个原变量所作的线性组合中,选取包含信息最多的、有最大解释变异能力的线性组合为第一主成分。如果第一主成分不足以代表原来 p 个变量的信息,再考虑选第二个线性组合,以此类推可以构造出第三、第四……第 p 个主成分。而实际只选取解释能力达到 80% 以上的 m 个主成分($m < p$)。

(1)主成分和原变量之间的关系

$$\begin{cases} y_1 = u_{11}x_1 + u_{12}x_2 + \cdots + u_{1p}x_p \\ y_2 = u_{21}x_1 + u_{22}x_2 + \cdots + u_{2p}x_p \\ \vdots \\ y_p = u_{p1}x_1 + u_{p2}x_2 + \cdots + u_{pp}x_p \end{cases} \tag{14.3}$$

式中,$y_i(i = 1, 2, \cdots, p)$ 表示第 i 个主成分,$u_{ij}(i = 1, 2, \cdots, p; j = 1, 2, \cdots, p)$ 表示第 i 个主成分 y_i 与第 j 个原变量 x_j 之间的相关系数,$x_j(j = 1, 2, \cdots, p)$ 表示第 j 个原变量。

原始数据有 p 个变量,经过转换后,仍可找出 p 个主成分。然而,我们只选 $m(m < p)$ 个主成分,却能达到 80% 以上的解释能力。主成分之间互不相关。主成分 y_i 与原变量 x_i 之间的关系就是以 u_{ij} 为权重的线性关系式使 $y_i(i = 1, 2, \cdots, m)$ 达到最大解释变异能力。

(2)主成分分析过程

①将原始数据标准化,以剔除变量间在数量级和量纲上的不同。

②求标准化数据的相关系数矩阵。

③求相关矩阵的特征值和特征向量。

④计算方差贡献率和累积方差贡献率:第 i 个特征值占特征值之和的百分比代表原始数据总信息量的百分比,称为主成分的方差贡献率(用 ω_i 表示)。将方差贡献率由大到小排序、由大到小进行累积。

⑤确定主成分。将特征值由大到小排序,选取前 m 个特征值(前 m 个累积方差贡献率大于 80%)。

⑥计算主成分得分。以选取的特征值所对应的特征向量 $(u_{i1}, u_{i2}, \cdots, u_{ip})$ 作原变量的线性组合

$$y_i = u_{i1}x_1 + u_{i2}x_2 + \cdots + u_{ip}x_p \qquad (0 < i \leq m) \tag{14.4}$$

主成分的经济意义由各线性组合中权数较大的变量的综合意义来确定。

⑦综合得分。以所选主成分的方差贡献率 $\omega_i(i=1,2,\cdots,m)$ 为权数,将其线性组合得到综合评价

$$y = \frac{\omega_1 y_1 + \omega_2 y_2 + \cdots + \omega_m y_m}{\omega_1 + \omega_2 + \cdots + \omega_m} \qquad (14.5)$$

⑧得分排序。利用总分可以得到得分名次。

(3)利用 Excel 进行主成分分析

根据表 14.6 中的数据,运用 Excel 进行分析。

首先将表 14.6 输入 Excel 工作表。然后,在"多元分析程序"中选主成分分析,单击确定后打开对话框,如图 14.23 所示。在对话框的"样品数"中填入"31",在"变量数"中填入"5",在"请选择数据区域"单击,再用鼠标选中要分析的数据区域;单击"按列分组",单击"新工作表组",单击确定,输出结果如图 14.24 所示。

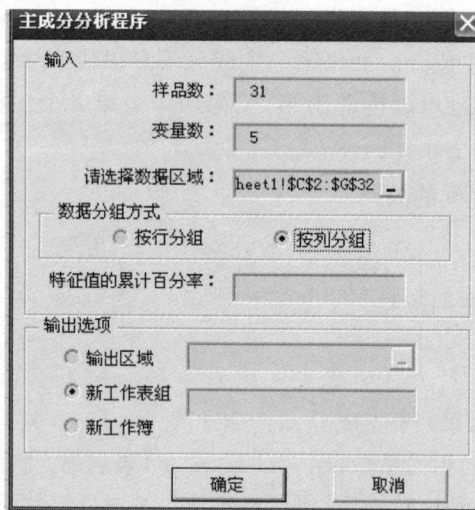

图 14.23 主成分分析对话框

* * * * * 主 成 分 分 析 结 果 * * * * *

i 样 品 数 $N = 31$

变 量 数 $P = 5$

标准化数据

Z_1	Z_2	Z_3	Z_4	Z_5
2.3596763	1.23877533	1.1604321	0.78733643	0.6699901
1.9149956	0.02527102	0.7988631	0.4273829	-0.119654
1.470315	-0.9424603	2.8561729	2.26615577	2.667989
1.1368045	-0.8042129	1.9006494	1.10736338	0.85362
1.0256344	-0.4816359	1.0594108	0.87317859	0.3593617
0.9144642	1.34630103	-0.389046	-0.4178322	-0.600237
0.5809537	1.59207406	-0.389046	-0.6512492	-0.269426

0.5809537	1.36166185	− 0.300743	− 0.6781229	− 0.681509
0.5809537	0.10207509	− 0.907961	− 0.8149482	− 0.402148
0.3586134	− 0.0208114	− 0.336718	− 0.7645793	− 0.601502
0.3586134	− 1.295759	− 0.433561	− 0.3562531	0.1281977
0.2474433	− 0.6966872	− 0.00749	0.63423333	0.4573819
0.2474433	1.33094022	− 0.047281	− 0.2192742	− 0.208457
0.1362731	1.33094022	− 0.474441	− 0.4826361	− 0.40516
0.1362731	0.53217788	− 0.388137	0.09829569	− 0.396545
0.0251029	− 1.464728	− 0.018574	0.31988824	− 0.301899
0.0251029	− 0.3741102	− 0.45609	− 0.4757258	− 0.602285
0.0251029	1.16197126	− 0.351435	− 0.9479344	− 0.678195
− 0.086067	− 1.1575117	2.2516803	3.094786	3.7958546
− 0.308408	− 0.6506048	− 0.874711	− 0.1641448	− 0.287018
− 0.419578	− 0.2512236	− 0.345984	− 0.6999289	− 0.639216
− 0.641918	− 1.12679	− 0.403036	− 0.3252333	− 0.113208
− 0.864258	− 0.5738007	1.1647928	1.66080729	1.1599107
− 0.975428	− 1.1575117	0.4145824	0.56067627	− 0.19207
− 0.975428	− 1.12679	− 0.21989	0.17645966	− 0.298585
− 1.086599	1.02372394	− 1.15688	− 1.1282183	− 0.865199
− 1.086599	− 0.8349346	− 0.411576	− 0.4688154	− 0.143632
− 1.197769	0.77795091	− 1.006802	− 0.9462452	− 0.580416
− 1.197769	− 0.1897804	− 0.529313	− 0.8008203	− 0.308947
− 1.531279	− 0.220502	− 0.892154	− 0.8284618	− 0.50541
− 1.75362	1.54599162	− 1.265714	− 0.83614	− 0.891587

＊＊＊＊＊相 关 系 数 矩 阵 ＊＊＊＊＊

1	0.12252398	0.5471964	0.36168658	0.3033065
0.122524	1	− 0.371197	− 0.4832191	− 0.427499
0.5471964	− 0.3711972	1	0.91850967	0.867373
0.3616866	− 0.4832191	0.9185097	1	0.9262023
0.3033065	− 0.4274991	0.867373	0.92620228	1

＊＊＊＊＊ 特 征 向 量(列向量) ＊＊＊＊＊

0.2709554	0.72156598	− 0.582821	0.24060119	9.14E − 02
− 0.287843	0.67178722	0.6769821	− 7.01E − 02	5.12E − 02
0.5338384	0.13469833	0.0669192	− 0.6418389	− 0.529564
0.5378009	− 6.48E-02	0.2129755	− 0.1953462	0.7893374
0.5191495	− 7.55E-02	0.3901009	0.69790868	− 0.292448

累计贡献率表

NO	特征值 H( )	百分率 LH	累计率
1	3.24674454	0.6493489	0.64934891
2	1.15192681	0.2303854	0.87973427
3	0.45951891	0.0919038	0.97163805
4	0.09062583	0.0181252	0.98976322
5	0.05118391	0.0102368	1

碎石图

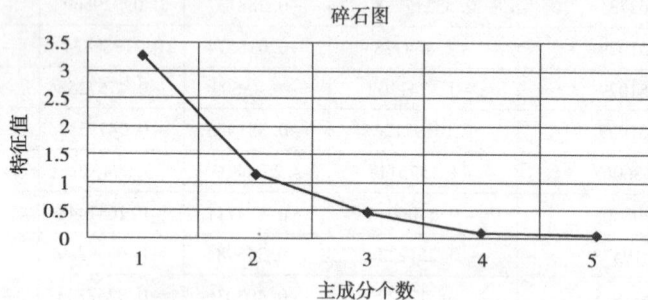

图 14.24 Excel 主成分分析输出结果

解读以上输出结果：

标准化数据见表 14.7。

相关系数矩阵表示原变量两两之间的线性相关系数。从相关系数矩阵看出：基尼系数与其他 4 个变量都正相关，但相关性较弱，特别是基尼系数与恩格尔系数几乎不相关。恩格尔系数与其他 3 个变量都负相关，且相关性较弱。人均可支配收入、人均销售额、人均储蓄 3 个变量之间都呈正相关，且相关性较强。

特征值由大到小排序，每一特征值所占（特征值之和）的比例（方差贡献率）也由大到小排序。累积方差贡献率，前两个（累积）达到 88%。碎石图直观地表现出曲线在第二个特征值（第二个主成分）出现较大的转折。因此选择第一、第二主成分，其对应的特征向量见表 14.9。

表 14.9 特征向量、特征值

主成分	特征值	方差贡献率	特征向量				
			x_1	x_2	x_3	x_4	x_5
第一	3.246 745	0.649 348 9	0.270 955 4	−0.287 843	0.533 838 4	0.537 800 9	0.519 149 5
第二	1.151 927	0.230 385 4	0.721 565 98	0.671 787 22	0.134 698 33	−0.064 8	−0.075 5

(4) 主成分计算结果应用

$$y_1 = 0.270\,955\,4x_1 - 0.287\,843x_2 + 0.533\,838\,4x_3 + 0.537\,800\,9x_4 + 0.519\,149\,5x_5$$

第一主成分 y_1 主要反映经济水平，主要包括人均可支配收入、人均销售额、人均存款。第一主成分的数值越大，经济水平越高，经济越活跃，居民满意度越高。

$$y_2 = 0.721\,565\,98x_1 + 0.671\,787\,22x_2 + 0.134\,498\,33x_3 - 0.064\,8x_4 - 0.075\,5x_5$$

第二主成分 y_2 主要反映合理性水平，主要包括分配的公平性（基尼系数）和消费结构性（恩格尔系数）。第二主成分的数值越大，收入分配越不公平、消费结构越不令人满意，越不合理,居民满意度越低。

第二主成分与第一主成分使居民满意度的方向相反,因此,主成分综合得分:

$$y = \frac{0.649\,348\,9y_1 - 0.230\,385\,4y_2}{0.649\,348\,9 + 0.230\,385\,4} = 0.738\,119y_1 - 0.261\,881y_2$$

主成分综合得分 y 主要反映居民的经济满意度水平。

将各地区的居民满意度排序见表14.10。

表14.10 主成分得分及排序

地 区	y	排 位	y_1	排 序	y_2	排 序
北京	59 879.59	1	79 662.86	1	-4 119.96	31
上海	51 295.3	2	68 821.36	2	-1 897.68	30
天津	36 235.67	3	48 730.12	3	-1 019.77	29
浙江	34 148.95	4	46 319.88	4	155.115 5	24
广东	30 591.44	5	41 441.03	5	-11.606 2	26
江苏	28 549.88	6	38 768.08	6	250.373 6	23
辽宁	26 455.25	7	35 639.73	7	-568.576	28
福建	23 628.6	8	32 314.78	8	853.620 5	8
山东	22 747.45	9	31 023.68	9	579.304 7	16
山西	20 743.82	10	28 083.82	10	-55.849 9	27
内蒙古	20 509.39	11	27 964.34	11	502.577 4	17
吉林	19 746.48	12	26 896.03	12	404.686 2	20
重庆	19 617.35	13	26 792.28	13	605.377	13
河北	19 272.5	14	26 199.16	14	250.463 1	22
陕西	18 664.33	15	25 407.42	15	341.237 9	21
湖北	18 544.27	16	25 283.41	16	450.172 8	19
黑龙江	17 611.64	17	23 879.64	17	54.875 89	25
海南	17 369.7	18	23 750.24	18	614.004 7	12
四川	16 748.31	19	22 919.61	19	645.619 3	11
宁夏	16 429.55	20	22 472.74	20	603.323	14
湖南	15 786.84	21	21 718.32	21	931.169	6
河南	15 488.97	22	21 301.99	22	895.165 4	7
新疆	15 019.86	23	20 511.41	25	458.193 3	18
江西	14 950.45	24	20 648.02	23	1 108.279	4
安徽	14 854.67	25	20 520.76	24	1 115.333	3

续表

地 区	y	排 位	y_1	排 序	y_2	排 序
广西	14 715.92	26	20 365.02	26	1 206.22	2
青海	14 324.57	27	19 616.16	27	589.900 9	15
云南	13 911.16	28	19 298.74	28	1 273.859	1
甘肃	13 276.52	29	18 219.42	29	655.136 7	10
西藏	10 978.76	30	15 160.1	30	806.438 6	9
贵州	10 584.25	31	14 686.96	31	979.348 8	5

表 14.10 中的排序用于比较分析地区间的经济水平和解释相关的经济社会现象。

思考题

1. 什么是静态数据？
2. 简述单变量静态数据的结构与特点。
3. 简述双变量静态数据的结构与特点。
4. 简述多变量静态数据的结构与特点。
5. 什么是关联推测指数？
6. 怎样解读 Excel 回归分析结果输出表？
7. 怎样解读 Excel 主成分分析结果输出表？
8. 简述单变量静态数据的主要用途。
9. 简述双变量静态数据的主要用途。
10. 简述多变量静态数据的主要用途。

第15章 时间序列数据的应用

　　时间序列数据是针对同一主体在不同时点(或不同时间)的调查数据,也称动态数据,例如,我国历年人口发展数据、某企业逐月产品统计数据、某高校历年毕业生人数记录数据等。时间序列数据的特点:不同时间,相同统计对象,不同统计指标,按时间先后次序排列数据,数据具有连续性、差异性等。时间序列数据主要用于计算时间序列指标、指数和预测,时间序列指标描述事物动态发展变化的规律(见第7章),指数描述事物变动和空间对比关系(见第8章),预测是根据事物发展的过去、现在预计事物发展的将来,这一章主要介绍趋势预测和季节变动预测等常用的统计预测方法。

15.1　时间序列趋势外推预测

　　我们假定一个时间序列具有某种随时间变化的趋势,其过去的变化趋势会延续到未来,那么,就可以根据历史数据变化规律预测将来。

15.1.1　直线趋势外推法

　　直线趋势外推法就是根据具有线性变动趋势的历史数据拟合成一条直线(建立直线回归模型)进行预测的方法。直线趋势外推适用于历史数据逐期增长大体相同的预测对象的中长期预测。

　　直线趋势外推公式:

$$\begin{cases} \hat{y} = kt + b \\ k = \dfrac{12 \sum ty}{n(n+1)(n+2)} \\ b = \bar{y} \end{cases} \tag{15.1}$$

n 为样本容量,取偶数,$t \in \left[-\dfrac{n}{2}, \dfrac{n}{2} \right]$。公式推导见附录六。

　　【例15.1】　近10年来重庆市农村居民人均纯收入变化见表15.1,预测2013年重庆市农村居民人均纯收入。

表 15.1　重庆市农村居民人均纯收入

年　份	2002	2003	2004	2005	2006	2007	2008	2009	2010	2011
收入/元	2 088	2 214	2 510	2 809	2 874	3 509	4 126	4 478	5 277	5 496

资料来源:重庆统计局年鉴。

　　设2007年为 $t = 1$,2007年以后依次为 $t = 2, t = 3, \cdots, t = 5$;

　　2006年为 $t = -1$,2006年以前依次为 $t = -2, t = -3, \cdots, t = -5$。

　　$n = 10$,则

$$\frac{12}{n(n+1)(n+2)} = \frac{1}{110}$$

　　$\sum ty = 38\,465, \bar{y} = 3\,538, k = 349.68$

　　预测模型为:$\hat{y} = 349.68t + 3\,538$

模型通过显著性检验,可以用于预测。

2013 年,$t=7$,代入以上模型 $\hat{y}=349.68\times7$ 元 $+3\,538$ 元 $=5\,986$ 元

2013 年重庆市农村居民人均纯收入将达到 5 986 元。

15.1.2 抛物线趋势外推法

抛物线趋势外推法就是根据具有抛物线变动趋势的历史数据拟合一条抛物线模型进行预测的方法。抛物线趋势预测适用于历史数据增长量呈抛物线趋势的预测对象。

抛物线外推模型:

$$\hat{y}=B_0+B_1t+B_2t^2$$

$$\begin{cases} B_0=\bar{y}-\dfrac{B_2(n+1)(n+2)}{12}\\[4mm] B_1=\dfrac{12\sum ty}{n(n+1)(n+2)}\\[4mm] B_2=60\times\dfrac{12\sum t^2y-n(n+1)(n+2)\bar{y}}{n(n+1)(n+2)\left[(4n-1)(n+1)-21\right]} \end{cases} \qquad (15.2)$$

n 为样本容量,取偶数,$t\in\left[-\dfrac{n}{2},\dfrac{n}{2}\right]$。公式推导见附录七。

【例 15.2】 重庆市农村居民人均生活性支出如图 15.1 所示,试预测 2013 年重庆市农村居民人均生活性支出。

年份	农村居民人均生活性支出(元)
1995	1097.52
1996	1328.18
1997	1387.99
1998	1388.08
1999	1417.08
2000	1455.53
2001	1475.16
2002	1497.72
2003	1583.31
2004	1853.94
2005	2142.12
2006	2205.21
2007	2526.7
2008	2780.23
2009	3142.14
2010	3624.62
2011	4253.47

图 15.1 重庆市农村居民人均生活性支出散点图

设农村居民人均生活性支出为 y_t,将 y_t 随时间变化的数列作散点图(图 15.1),根据散点图分布形状,选择 $\hat{y}=B_0+B_1t+B_2t^2$ 模拟回归方程。

设 2003 年为 $t=0$,2003 年以后依次为 $t=1$,$t=2$,$\cdots$,$t=8$;2003 年以前依次为 $t=-1$,$t=$

$-2, \cdots, t = -8$。在 Excel 工作表上求回归参数 B_0、B_1、B_2,见表 15.2。

表 15.2　回归参数计算表

年　份	y_t	t	ty_t	$t^2 y_t$
1995	1 097.52	−8	− 8 780.16	70 241.28
1996	1 328.18	−7	− 9 297.26	65 080.82
1997	1 387.99	−6	− 8 327.94	49 967.64
1998	1 388.08	−5	− 6 940.4	34 702
1999	1 417.08	−4	− 5 668.32	22 673.28
2000	1 455.53	−3	− 4 366.59	13 099.77
2001	1 475.16	−2	− 2 950.32	5 900.64
2002	1 497.72	−1	− 1 497.72	1 497.72
2003	1 583.31	0	0	0
2004	1 853.94	1	1 853.94	1 853.94
2005	2 142.12	2	4 284.24	8 568.48
2006	2 205.21	3	6 615.63	19 846.89
2007	2 526.7	4	10 106.8	40 427.2
2008	2 780.23	5	13 901.15	69 505.75
2009	3 142.14	6	18 852.84	113 117
2010	3 624.62	7	25 372.34	177 606.4
2011	4 253.47	8	34 027.76	272 222.1
$\sum$	35 159	0	67 185.99	966 310.9

剔除 $t = 0$ 的一项,将 $n = 16$、$\bar{y}_t = \dfrac{35\ 159 - 1\ 583.31}{16} = 2\ 098.481$、$\sum ty_t = 67\ 185.99$、$\sum t^2 y_t = 966\ 310.9$ 代入式(15.2) 得

$$B_0 \approx 1\ 712, B_1 \approx 165, B_2 \approx 15.15$$

预测模型为

$$\hat{y} = 1\ 712 + 165t + 15.15t^2$$

2013 年,$t = 10$,代入以上模型得

$$\hat{y} = 1\ 712 + 165t + 15.15t^2 = 4\ 877\ 元$$

2013 年重庆市农村居民人均生活性支出将达到 4 877 元。

15.1.3　指数曲线趋势外推法

指数曲线趋势外推法是指根据预测对象具有指数曲线变动趋势的历史数据拟合成一条指数曲线模型进行预测的方法。指数曲线趋势预测法适用于历史数据环比系数大致相同的预测对象。

$$\hat{y} = a \cdot b^t$$

这个方程可化为直线型 $\ln y = \ln a + t \ln b \Rightarrow y' = A + kt$，按照直线趋势预测法求参数 k、A，然后再求 k、A 的反对数，得到 b、a，建立指数曲线回归方程。

15.2　平均(平滑)预测

15.2.1　移动平均预测法

移动平均预测法是将最近 k 期数据加以平均作为下一期的预测值，每次预测时只使用最近 k 期的数据。移动平均预测法适用于呈水平发展变化的一列数向外推一期的预测。

在每次计算移动平均时移动步长都为 k，称 k 为平均移动周期。在实际应用的时候，一般多取几个步长加以比较，选取计算结果较准确的那个步长。

有一时间序列 $y_1, y_2, y_3, \cdots, y_t, \cdots, y_n$，以 k 为平均移动周期，计算每一移动周期的平均数称为移动平均数。一系列移动平均数所组成的新数列称为移动平均数数列。移动平均数数列用 $y_k^{(1)}, y_{k+1}^{(1)}, \cdots, y_{n-1}^{(1)}, y_n^{(1)}$ 表示。

$$y_k^{(1)} = \frac{y_1 + y_2 + \cdots + y_k}{k}$$

$$y_{k+1}^{(1)} = \frac{y_2 + y_3 + \cdots + y_k + y_{k+1}}{k}$$

$$\vdots$$

$$y_{n-1}^{(1)} = \frac{y_{n-k} + y_{n-k+1} + \cdots + y_{n-1}}{k}$$

$$y_n^{(1)} = \frac{y_{n-k+1} + y_{n-k+2} + \cdots + y_n}{k}$$

比较 $y_{n-1}^{(1)}$ 与 $y_n^{(1)}$ 得

$$y_n^{(1)} = y_{n-1}^{(1)} + \frac{y_n - y_{n-k}}{k}$$

用 $y_n^{(1)}$ 预测第 $t+1$ 期的值，即

$$y_{n+1} = y_n^{(1)} = y_{n-1}^{(1)} + \frac{y_n - y_{n-k}}{k} \tag{15.3}$$

【例 15.3】　表 15.3 为 2011 年、2012 年消费者价格同比上涨的情况。计算 3 期移动平均和 5 期移动平均的结果。

表 15.3　消费者价格同比上涨移动平均表

单位:%

年	月	同比上涨	3 期移动平均数	5 期移动平均数
	3	5.4		
	4	5.3		
	5	5.5	5.4	
	6	6.4	5.733 333	
2011	7	6.5	6.133 333	5.82
	8	6.2	6.366 667	5.98
	9	6.1	6.266 667	6.14
	10	5.5	5.933 333	6.14
	11	4.2	5.266 667	5.7
	12	4.1	4.6	5.22
2012	1	4.5	4.266 667	4.88
	2	3.2	3.933 333	4.3
	3	3.6	3.766 667	3.92

数据来源:http://dataeastmoney.com/cjsj/cpi.html。

解:选取步长为 3 进行计算移动平均数预测 2012 年 4 月消费者价格同比上涨 3.77%。选取步长为 5 进行计算移动平均数预测 2012 年 4 月消费者价格同比上涨 3.92%。选取的步长不同,预测的结果不一样。移动平均数序列对原序列有修均和平滑作用,步长越大,对原序列修均作用越强。移动平均数列比原数列的项数减少了,使原数列失去部分信息,步长越大,失去的信息越多,因此,移动平均不宜步长过大。

利用 Excel 计算移动平均数:将数据引入 Excel 工作表(如 C2:C14 中),在"工具"中的"数据分析"单击"移动平均数"得如图 15.2 所示对话框,单击"输入区域",选中数据区域"C2:C14",在间隔中输入步长(本例为"3"或"5"),在"输出区域"中输入指定的区域(如

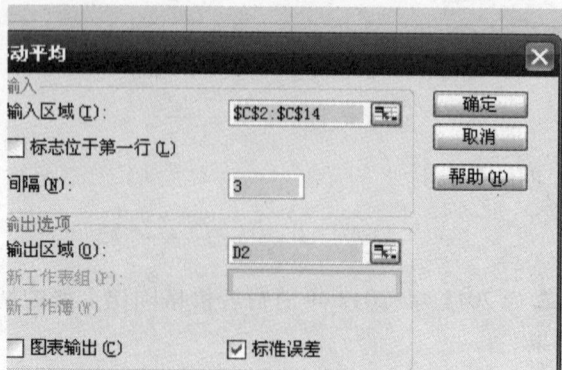

图 15.2　Excel 计算 3 期移动平均对话框

D2），单击标准差，单击"确定"按钮即得移动平均结果（如 3 期或 5 期移动平均结果），见表
15.4。

表 15.4 Excel 计算 3 期、5 期移动平均输出结果

单位:%

年	月	同比上涨	3 期		5 期	
			移动平均数	标准差	移动平均数	标准差
2011	3	5.4				
	4	5.3				
	5	5.5	5.4			
	6	6.4	5.733 333			
	7	6.5	6.133 333	0.443 053	5.82	
	8	6.2	6.366 667	0.449 691	5.98	
	9	6.1	6.266 667	0.251 661	6.14	
	10	5.5	5.933 333	0.284 8	6.14	
	11	4.2	5.266 667	0.671 648	5.7	0.796 492
	12	4.1	4.6	0.724 697	5.22	0.890 393
2012	1	4.5	4.266 667	0.693 355	4.88	0.901 11
	2	3.2	3.933 333	0.529 85	4.3	1.026 489
	3	3.6	3.766 667	0.454 606	3.92	0.996 112

Excel 输出结果可输出标准差，根据标准差选择较适合的步长。上例中分别以步长 3 和 5
计算的移动平均数，3 期移动平均的标准差比 5 期移动平均的标准差小，两者比较选择标准差
较小的移动平均数进行预测。本例选择 3 期移动平均数预测 2012 年 4 月消费者价格同比上
涨 3.77%。

15.2.2 指数平滑法

指数平滑法是一种特殊的加权平均法，加权的特点是对离预测期较近的历史数据给较大
的权数，对离预测期较远的数据给较小的权数，权数由近到远按指数规律递减，以本期及本期
以前的历史数据的加权平均数作为下期预测值。指数平滑法适用于水平型历史数据的预测。

移动平均法预测模型：

$$y_{n+1} = y_n^{(1)} = y_{n-1}^{(1)} + \frac{y_n - y_{n-k}}{k}$$

用 $y_{n-1}^{(1)}$ 代替 y_{n-k} 得

$$y_n^{(1)} = y_{n-1}^{(1)} + \frac{y_n - y_{n-1}^{(1)}}{k}$$

$$y_n^{(1)} = \frac{1}{k} y_n + \left(1 - \frac{1}{k}\right) y_{n-1}^{(1)}$$

令 $a = \dfrac{1}{k}, S_n^{(1)} = y_n^{(1)}$ 代入上式得

$$S_n^{(1)} = ay_n + (1-a)S_{n-1}^{(1)} \qquad a \in [0.1, 0.3] \tag{15.4}$$

式中，$S_n^{(1)}$ 称为指数平滑数，a 称为平滑指数。

用 $S_n^{(1)}$ 预测第 $n+1$ 期，即

$$y_{n+1} = S_n^{(1)} = ay_n + (1-a)S_{n-1}^{(1)}$$

将 $S_{t-1}^{(1)}$ 代入 $S_t^{(1)}$，逐步迭代得到：

$$S_n^{(1)} = a[y_n + (1-a)y_{n-1} + (1-a)^2 y_{n-2} + (1-a)^3 y_{n-3} + \cdots + (1-a)^{n-1}y_1] + (1-a)^n S_0 \tag{15.5}$$

公式推导见附录八。

式(15.5)就是指数平滑法的预测模型。S_0 实际不存在，可估计一个数。当 n 很大时，$(1-a)^n S_0$ 很小，可略而不计。由这个模型看出，由 y_1 到 y_n 的每个历史数据都包含在 $S_n^{(1)}$ 中。所有的历史数据都乘以一个相应的权重，所有历史数据权重之和为1，距离第 n 期越近的数据，所乘的权重就越大，距离第 n 期越远的数据，包含预测信息量也越小，所乘的权重也就越小。

【例15.4】 表15.5为消费者价格同比上涨情况，计算指数平滑的结果。

表 15.5　消费者价格同比上涨平滑数

单位:%

年	月	同比上涨	$y_t^{(1)}$
	3	5.4	
	4	5.3	5.4
	5	5.5	5.33
	6	6.4	5.44
	7	6.5	6.08
2011	8	6.2	6.36
	9	6.1	6.25
	10	5.5	6.15
	11	4.2	5.72
	12	4.1	4.71
	1	4.5	4.30
2012	2	3.2	4.43
	3	3.6	3.61

解：利用 Excel 计算指数平滑数：将数据引入 Excel 工作表(如 C2：C14 中)，在"工具"中的"数据分析"单击"指数平滑"得如图 15.3 所示对话框，单击输入区域，选中数据区域"C2：C14"，在阻尼系数中输入平滑指数的 a 值$\left(\text{本例为 } 0.3333，即 } k=3, \dfrac{1}{k} = 0.3333\right)$，在"输出

区域"中输入指定的区域(如 D2),单击"确定"按钮即得移动平均结果,见表 15.5 中 $y_t^{(1)}$ 栏所示。

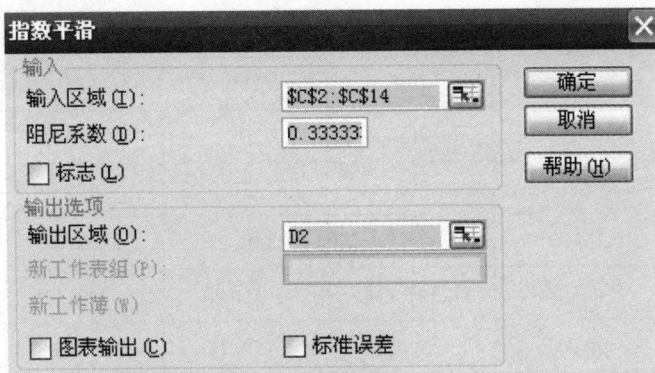

图 15.3 Excel"指数平滑"对话框

预测 2012 年 3 月消费者价格同比上涨 3.61%。

以上时间序列的趋势外推和平均(平滑)预测都是指单变量时间序列,那么双变量和多变量时间序列数据有什么用途呢? 双变量是同一主体的两个指标对应的历史数据,用于分析两个变量(两个指标)之间的关系,从而从一个变量的变化去预测另一个变量的变化。多变量是同一主体的多个指标对应的历史数据,用于分析多个变量(多个指标)之间的关系,以及其中一个指标与其他指标之间的关系。利用双变量和多变量时间序列数据进行分析的方法与双变量横截面数据、多变量横截面数据分析的方法相同——回归分析法、主成分分析法等。

15.3 季节性变化数据的应用

季节变动数据是历史数据中所包含的季节变动规律性的数据。影响季节变动的多因素集中反映有规律的季节更替变动。根据季节变动数据可对预测目标的未来状况作出预测。

15.3.1 季节指数预测法

季节指数预测法就是从历史数据中找出规律性对预测期进行季节近期预测的方法。

$$季节指数 = \frac{历年同季(月)平均数}{全时期季(月)总平均数} \tag{15.6}$$

【例 15.5】 某商场近五年来的季度销售额记录见表 15.6。已预测到 2019 年年销售额 723 万元,请预测 2019 年第四季度销售额。

表 15.6 季度销售额记录

年 份	季 节				合 计
	一	二	三	四	
2014	177	185	156	176	694
2015	169	229	135	221	754

续表

年 份	季 节				合 计
	一	二	三	四	
2016	216	199	159	234	808
2017	184	208	108	195	695
2018	177	208	93	178	656
平均	184.6	205.8	130.2	200.8	180.35
季节指数	1.023 565	1.141 114	0.721 93	1.113 391	4
季节变差	4.25	25.45	−50.15	20.45	0

全时期(20 个季)总平均数为 180.35。

一季度的季节指数为 $\dfrac{184.6}{180.35} = 1.024$。

同理求出二、三、四季度的季节指数,并填入表 15.6 季节指数行。

$$某季预测值 = \frac{年预测值}{4} \times 该季季节指数 \qquad (15.7)$$

2019 年第四季度的销售额 $= \dfrac{723\ 万元}{4} \times 1.11 \approx 201\ 万元$。

15.3.2 季节变差预测法

季节变差预测法就是以历年同季平均数和全时期总平均数的差值确定季节变差的方法。

$$季节变差 = 历年同季平均数 - 全时期总平均数 \qquad (15.8)$$

仍以表 15.6 为例:

$$一季度季节变差 = 184.6 - 180.35 = 4.25$$

同理求出二、三、四季度的季节变差,并填入表 15.6 季节变差行。

$$某季预测值 = \frac{年预测值}{4} + 该季季节变差 \qquad (15.9)$$

2019 年第四季度的销售额 $= \dfrac{723\ 万元}{4} + 20.45\ 万元 \approx 201\ 万元$。

15.3.3 季节比重预测法

季节比重预测法就是用历年同季季节比例的平均数进行预测的方法。

$$某年某季节比例 = \frac{某年某季的实际值}{该年全年实际值} \qquad (15.10)$$

$$季节比重 = \frac{历年同季季节比例之和}{年数} \qquad (15.11)$$

以表 15.6 的数据为例。

2014 年一季度的季节比例为

$$\frac{177}{694} = 0.255\ 04$$

其余类推计算出各季的季节比例,并填入表 15.7。

一季度的季节比重为

$$\frac{1.281\ 08}{5} \approx 0.256$$

其余类推计算出各季的季节比重,并填入表 15.7 最后一行。

表 15.7　季节比例计算表

年　份	季　节				合　计
	一	二	三	四	
2014	0.255 043	0.266 571	0.224 784	0.253 602	1
2015	0.224 138	0.303 714	0.179 045	0.293 103	1
2016	0.267 327	0.246 287	0.196 782	0.289 604	1
2017	0.264 748	0.299 281	0.155 396	0.280 576	1
2018	0.269 817	0.317 073	0.141 768	0.271 341	1
合计	1.281 073	1.432 925	0.897 775	1.388 227	5
季节比重	0.256 215	0.286 585	0.179 555	0.277 645	1

$$某季预测值 = 年预测值 \times 该季季节比重 \qquad (15.12)$$

2019 年第四季度的销售额 =723 万元×0.278≈201 万元。

运用以上季节指数、季节变差、季节比重等三种方法预测,只适用于以年为间隔单位的历史数据呈水平发展的预测。

15.3.4　移动平均季节模型预测法

移动平均季节模型预测法是一种先计算移动平均数,用移动平均数构建直线趋势模型,利用直线回归模型计算的趋势值加上一个季节变差或乘上一个季节指数进行预测的方法。

【例 15.6】　某百货商场 2014—2018 年销售额资料见表 15.8,试用移动平均季节模型预测 2019 年各季销售额。

表 15.8　季节变差、季节指数计算表

年　度	季　度	销售额 y/万元	季移动平均数	趋势值 T	季节变差 $y-T$	季节指数 $\frac{y}{T}$
2014	一	98				
	二	56				
	三	134	104	105.25	28.75	1.27
	四	128	106.5	107.25	20.75	1.19

续表

年　度	季　度	销售额 y 万元	季移动平均数	趋势值 T	季节变差 y－T	季节指数 $\frac{y}{T}$
2015	一	108	108	109.75	－1.75	0.98
	二	62	111.5	113.38	－51.38	0.55
	三	148	115.25	116.5	31.5	1.27
	四	143	117.75	118.5	24.5	1.21
2016	一	118	119.25	121.38	－3.38	0.97
	二	68	123.5	124.75	－56.75	0.55
	三	165	126	127.88	37.13	1.29
	四	153	129.75	130.63	22.38	1.17
2017	一	133	131.5	133.13	－0.13	1
	二	75	134.75	136.88	－61.88	0.55
	三	178	139	140.25	37.75	1.27
	四	170	141.5	142.25	27.75	1.20
2018	一	143	143	145.63	－2.63	0.98
	二	81	148.25	150.75	－69.75	0.54
	三	199	153.25			
	四	190				

第一步,求季节移动平均数。

每四个季度移动平均,2014 年一至四季度的平均数为 104,2014 年二季度至 2015 年一季度的平均数为 106.5……,依次计算,依次填入表 15.8 中"季移动平均"栏,并使第一个平均数与 2014 年三季度对齐。

第二步,计算趋势值。

每相邻两个移动平均数的平均值(T)填入"趋势值"栏,如(104＋106.5)÷2＝105.25 与 2014 年三季度对齐……,依次计算,依次填入,依次对齐。

第三步,计算季节变差。

同一行的实际值 y 减去趋势值 T,依次填入"季节变差"栏,如 134－105.25＝28.75(与 2014 年三季度对齐)、128－107.25＝20.75(与 2014 年四季度对齐)……,依次计算,依次填入,依次对齐。

第四步,计算季节指数。

同行实际值 y 除以趋势值 T,依次填入"季节指数"栏,如 134÷105.25＝1.27(与 2014 年三季度对齐)、128÷107.25＝1.19(与 2014 年四季度对齐)……,依次计算,依次填入,依次对齐。

第五步,计算综合季节变差。

将表15.8中计算的季节变差重新整理成表15.9。

表15.9　季节变差计算表

单位:万元

年　份	季　节				合　计
	一	二	三	四	
2014			28.75	20.75	
2015	−1.75	−51.38	31.5	24.5	
2016	−3.38	−56.75	37.13	22.38	
2017	0.13	−61.88	37.75	27.75	
2018	−2.6	−69.75			
综合季节变差	−1.9	−59.94	33.8	23.84	−4.212 5
调整后综合季节变差 $\hat{S}_1$	−0.85	−58.89	34.84	24.90	0

将历年同季的季节变差的平均数填入"综合季节变差"行。综合季节变差行的和应为0,即四个季节综合变差之和应为0。但本例结果为−4.333 33,需调整,其方法是各综合季节变差加$\frac{4.212\ 5}{4}$,从而得到调整后的综合季节变差(填入表15.9"调整后综合季节变差"行)。

第六步,求综合季节指数。

将表15.8中所计算的季节指数重新整理成表15.10。

表15.10　季节指数计算表

年　份	季　节				合　计
	一	二	三	四	
2014			1.27	1.19	
2015	0.98	0.55	1.27	1.21	
2016	0.97	0.55	1.29	1.17	
2017	1	0.55	1.27	1.20	
2018	0.98	0.54			
综合季节指数	0.982 5	0.547 5	1.275	1.192 5	3.997 5
调整后综合季节指数 $\hat{S}_2$	0.983 114	0.547 842	1.275 797	1.193 246	4

将历年同季的季节指数平均数填入"综合季节指数"行,综合季节指数行的和应为4,如果不等于4,就需要调整。本例结果不为4,每个综合季节指数乘以$\frac{4}{3.995\ 5}$进行调整。

第七步,预测。

以2018年第二季度为原点$(t=0)$,截距$b=150.75$(见表15.8趋势值T栏最末一个数据)。以最近若干期趋势值T的平均增量为k值,如$k=(150.75-136.88)\div4\approx3.5$建立趋势直线方程：

$$\hat{y} = kt + b = 3.5t + 150.75$$

用此趋势方程的计算值乘以调整后的季节指数或加上调整后的季节变差作为预测值，见表 15.11。

表 15.11　2019 年各季度销售额预测表

单位：万元

2019 年各季节	季序 t	季节趋势值 $\hat{y} = 3.5t + 150.75$	预测值 y	
			$y = \hat{y} + \hat{S}_1$	$y = \hat{y} \times \hat{S}_2$
一	3	161.25	160.4	158.5
二	4	164.75	105.86	90.25
三	5	168.25	203.09	214.65
四	6	171.75	196.65	204.94

用季节指数与季节变差进行预测结果有差异，建议用季节指数预测法。

15.3.5　长期趋势预测法

长期趋势预测法是一种先计算年季平均数，用年季平均数与时间构建直线趋势模型，利用直线回归模型计算的趋势值加上一个季节变差或乘上一个季节指数进行预测的方法。

【例 15.7】　根据表 15.12 中 2014—2018 年销售额资料，试用长期趋势预测法预测百货商场 2019 年各季销售额。

第一步，模拟趋势线方程——$\hat{y} = kt + b$。

计算每年季平均销售额。

表 15.12　每年季平均销售额表

单位：万元

年　份	2014	2015	2016	2017	2018
一	98	108	118	133	143
二	56	62	68	75	81
三	134	148	165	178	199
四	128	143	153	170	190
年季平均	104	115.25	126	139	153.25

用这 5 年的季平均数作为因变量 y，时间 t 作为自变量 $\left(\sum t = 0 \right)$，求回归方程 $\hat{y} = kt + b$ 的参数 k、b。

$$k = \frac{\sum ty}{\sum t^2} = \frac{111}{10} = 11.1$$

$$b = \bar{y} = 127.5$$

$$\hat{y} = 11.1t + 127.5$$

这是以年为单位的趋势直线方程,而要求的是各季的趋势值,现将这方程化为以季为单位的趋势方程,如改为以季为单位,则每季的增量为:11.1 ÷ 4 = 2.8,则以季为单位的趋势直线方程为

$$\hat{y} = 2.8t + 127.5$$

t 是以季为间隔单位的,原点($t = 0$)在 2016 年第二季度和第三季度之间,将 t 的值代入方程,求趋势值 $\hat{y}$,见表 15.13。

表 15.13　季节指数、季节变差计算表

年　度	季　度	t	销售额 y /万元	方程计算值 $\hat{y} = 2.8t + 127.5$	季节变差 $y - \hat{y}$	季节指数 $\dfrac{y}{\hat{y}}$
2014	一	-10	98	99.5	-1.566 67	0.984 255
	二	-9	56	102.3	-45.966 7	0.550 668
	三	-8	134	105.1	29.233 33	1.278 148
	四	-7	128	107.9	20.366 67	1.188 755
2015	一	-6	108	110.7	-2.366 67	0.978 621
	二	-5	62	113.5	-51.966 7	0.542 144
	三	-4	148	116.3	31.9	1.274 291
	四	-3	143	119.1	23.9	1.200 672
2016	一	-2	118	121.9	-4.033 33	0.966 913
	二	-1	68	124.7	-56.233 3	0.549 051
	三	1	165	130.3	34.366 67	1.263 75
	四	2	153	133.1	20.3	1.152 517
2017	一	3	133	135.9	-2.433 33	0.982 095
	二	4	75	138.7	-63.3	0.543 619
	三	5	178	141.5	37.033 33	1.261 72
	四	6	170	144.3	25.566 67	1.177 177
2018	一	7	143	147.1	-4.1	0.972 128
	二	8	81	149.9	-69.3	0.537 692
	三	9	199	152.7	46.633 33	1.305 392
	四	10	190	155.5	34.3	1.220 579

第二步,求季节变差 $y - \hat{y}$,填入表 15.13 中"季节变差 $y - \hat{y}$"栏。

第三步,求季节指数 $\dfrac{y}{\hat{y}}$,填入表 15.13 中"季节指数 $\dfrac{y}{\hat{y}}$"栏。

第四步,求季节变差同期历史平均数 S_1,求季节指数的同期历史平均数 S_2,见表 15.14。

表 15.14 季节变差和季节指数同期历史平均数计算表

季 节		年 份					同季平均
		2014	2015	2016	2017	2018	
季节变差	一	-1.566 67	-2.366 67	-4.033 33	-2.433 33	-4.1	-2.9
	二	-45.966 7	-51.966 7	-56.233 3	-63.3	-69.3	-57.353 3
	三	29.233 33	31.9	34.366 67	37.033 33	46.633 33	35.833 33
	四	20.366 67	23.9	20.3	25.566 67	34.3	24.886 67
季节指数	一	0.984 255	0.978 621	0.966 913	0.982 095	0.972 128	0.976 802 4
	二	0.550 668	0.542 144	0.549 051	0.543 619	0.537 692	0.544 634 8
	三	1.278 148	1.274 291	1.263 75	1.261 72	1.305 392	1.276 660 2
	四	1.188 755	1.200 672	1.152 517	1.177 177	1.220 579	1.187 94

第五步,预测。

以预测期的趋势值(即模型计算值)加上季节变差历史平均值或乘以季节指数历史平均值,见表 15.15。

表 15.15 季节变差、季节指数预测表

单位:万元

2019 年各季节	季序 t	季节趋势值 $\hat{y}$	预测值	
			$\hat{y} = \hat{y} + S_1$	$\hat{y} = \hat{y} \times S_2$
一	11	158.3	155.4	154.627 8
二	12	161.1	103.746 7	87.740 67
三	13	163.9	199.733 3	209.244 6
四	14	166.7	191.586 7	198.029 6

用季节指数与季节变差进行预测结果差异不大。可任选一种方法进行预测。

15.3.6 时间序列的自回归模型预测法

在社会经济现象中,如果某个经济变量在变化过程中具有周期性变动的规律或者前后期的变动模式大体相同,可以选用自回归预测方法进行预测。

【例 15.8】 某商场近三年的销售利润见表 15.16。试预测该商场 2019 年各季度的销售利润。

表 15.16 某商场 2016—2018 年销售利润统计表

单位:万元

年份	2016				2017				2018				r
季节	一	二	三	四	一	二	三	四	一	二	三	四	
利润	125	55	60	80	130	60	70	90	135	65	75	100	
y_t									135	65	75	100	

续表

年份	2016				2017				2018				r
季节	一	二	三	四	一	二	三	四	一	二	三	四	
利润	125	55	60	80	130	60	70	90	135	65	75	100	
y_{t-1}								90	135	65	75		−0.318
y_{t-2}							70	90	135	65			−0.612
y_{t-3}						60	70	90	135				−0.122
y_{t-4}					130	60	70	90					−0.997
y_{t-5}				80	130	60	70						−0.387
y_{t-6}			60	80	130	60							−0.610
y_{t-7}		55	60	80	130								−0.045
y_{t-8}	125	55	60	80									0.989

（1）编制自相关数列

根据预测目的对时间序列资料编制因变量数列和自变量数列。在表15.16中，以2018年1—4季度数列作为因变量数列 y_t，以向后逐期推移作为自变量数列 $y_{t-1}, y_{t-2}, \cdots$。每一数列按横行排列，见表15.16。因变量数列与自变量数列的项数必须相同。

（2）计算因变量数列与各自变量数列的相关系数

用 Excel 计算第 y_t 行与第 y_{t-4} 行的相关系数：$r = -0.997$。

用同样的方法计算第 y_t 行与其他各行的相关系数，并填入表15.16的最后一列。

（3）选择自变量数列

比较所有的相关系数（表15.16中 y_t 数列与各数列的相关系数），选择与 y_t 数列相关系数较大的数列作为模拟回归方程的自变量数列。本例中与 y_t 数列相关系数较大的数列是 y_{t-4} 和 y_{t-8}。

选择 y_{t-4} 数列作为建立回归方程的自变量数列，则回归方程为 $y_t = k y_{t-4} + b$；选择 y_{t-8} 数列作为建立回归方程的自变量数列，则回归方程为 $y_t = k y_{t-8} + b$；或者选择 y_{t-4} 和 y_{t-8} 数列都作为建立回归方程的自变量数列，则回归方程为

$$y_t = \beta_0 + \beta_1 y_{t-4} + \beta_2 y_{t-8}$$

（4）估计参数，建立模型

通常用最小二乘法估计参数，同一般线性回归模型参数估计完全相同。

用 Excel 计算出参数，建立回归方程 $y_t = 1.0043 y_{t-4} + 5.87375$。

同理可求得 $y_t = k y_{t-8} + b$ 中参数 k 和 b。对 $y_t = \beta_0 + \beta_1 y_{t-4} + \beta_2 y_{t-8}$ 按照二元线性回归求参数的方法求得 β_0、β_1、β_2。

（5）预测

2019 年一季度为 y_{t+1}、二季度为 y_{t+2}、三季度为 y_{t+3}、四季度为 y_{t+4}。

2018 年一季度为 y_{t-3}、二季度为 y_{t-2}、三季度为 y_{t-1}、四季度为 y_t。

$$y_{t+1} = 1.004\,3y_{t-3} + 5.873\,75 \approx 141$$
$$y_{t+2} = 1.004\,3y_{t-2} + 5.873\,75 \approx 71$$
$$y_{t+3} = 1.004\,3y_{t-1} + 5.873\,75 \approx 81$$
$$y_{t+4} = 1.004\,3y_t + 5.873\,75 \approx 106$$

自回归预测法还适合对一列变化趋势成直线型数列的趋势外推预测。若变量在第 t 时刻的值 y_t 与其前一时刻的值 y_{t-1} 直线相关,选择一阶线性自回归模型 $y_t = ky_{t-1} + b$。

$$\begin{cases} b = \dfrac{n\bar{y}(1-k) + by_n - y_1}{n-1} \\[4mm] k = \dfrac{(n-1)\displaystyle\sum_{t=2}^{n} y_t y_{t-1} - \left(\displaystyle\sum_{t=1}^{n-1} y_t\right)\left(\displaystyle\sum_{t=2}^{n} y_t\right)}{(n-1)\displaystyle\sum_{t=1}^{n-1} y_t^2 - \left(\displaystyle\sum_{t=1}^{n-1} y_t\right)^2} \end{cases} \qquad (15.13)$$

一阶线性自回归预测可以推广到二阶线性自回归预测:

$$y_t = \beta_0 + \beta_1 y_{t-1} + \beta_2 y_{t-1}$$

可进一步推广到多阶自回归模型预测:

$$y_t = \beta_0 + \beta_1 y_{t-1} + \beta_2 y_{t-2} + \cdots + \beta_n y_{t-n}$$

思考题

1. 查中国统计年鉴,采集适当的数据,采用适当的方法,完成以下作业。
(1)采用历史数据,模拟城镇化率与 GDP 的线性回归方程。
(2)趋势外推城镇居民恩格尔系数、农村居民恩格尔系数。
(3)趋势外推基尼系数。
(4)趋势外推能源消费弹性系数。
(5)趋势外推平均每人生活消费能源。
2. 直线趋势外推预测与移动平均预测有何不同?
3. 移动平均预测与指数平滑预测有何不同?
4. 季节变差与季节指数有何不同?
5. 季节比例与季节比重有何不同?
6. 移动平均季节模型是怎样建立的?
7. 长期趋势模型预测的回归是怎样建立的?
8. 时间序列自回归模型是怎样选择因变量数列与自变量数列的?
9. 比较长期趋势预测与移动平均季节模型预测有何不同?
10. 比较截面数据与时间数列数据有何不同?

第16章　统计分析报告的写作

前面的统计数据应用获得成果以统计分析报告为载体反映出来。统计分析报告是运用大量统计数据来反映、研究和分析社会经济活动的现状、成因、本质和规律，并做出结论，提出解决问题办法的一种统计应用文体。统计分析报告是统计工作的最终成果，是衡量统计工作水平的综合标准。高质量的统计分析报告，来自高质量的统计设计、统计调查、统计整理、统计分析和统计分析写作。统计分析报告的写作是整个统计工作的最后阶段，本章就讨论如何做好这最后阶段的工作。

16.1 统计写作的原则、特点和类型

16.1.1 统计分析报告的写作原则

（1）充分性原则

要有充分的统计资料和充分的统计分析研究才能写出好的统计分析报告。材料收集整理不完备，匆匆忙忙地写，写不出好的统计分析报告。有了大量的资料，不用统计分析的方法去研究，也写不出好的统计分析报告。统计分析报告是统计分析研究成果的表现，缺乏统计资料，就缺乏统计写作的基础，缺乏统计分析研究，也就表现不出统计工作的成果。因此，统计分析报告写作之前要做大量的准备工作。首先要收集大量的资料，并深入实际，掌握情况，打下扎实的写作基础。其次，对获得的统计资料进行认真分析综合，得出正确的观点，反复思考主题与材料的关系，文章应该怎么写，心中有数。写作时用观点驾驭材料，用材料说明观点。

（2）反映应用统计思想原则

统计分析报告要体现出本书开头提出来的"应用统计思想"，准确地反映事物间的关系，客观地描述事物的本质。统计分析报告要用数据说话，要反映遵循统计学原理和方法驾驭数据，使研究结论符合客观事物的本来面目，使统计分析报告反映恰当。

（3）针对性原则

统计分析写作要针对现实，要及时发现、深刻认识社会经济中出现的新动向、新问题。统计分析报告要针对读者对象。统计报告写给领导看，就需研究领导需要了解什么，不需要了解什么，许多道理不必讲，只把情况说清楚、问题摆明白、建议提出来就可以了。要简单明了，有时只要提出一个问题并加以简要说明，就可以帮助领导解决大问题。统计报告写给群众看，要多讲一些政策、多讲一些道理、多摆一些事实等。

（4）生动性原则

统计分析报告要语言生动、内容生动，就必须做到准确、简洁、鲜明、通俗。准确，就是要如实地、贴切地、恰如其分地反映客观事物。简洁就是简单明了、干净利落、思路清晰、抓住事物的本质和关键，不说空话、套话、废话。鲜明，就是直截了当、旗帜鲜明、生气勃勃，能吸引人，能打动人。通俗，就是使人一看就懂，易于理解和接受，要深入浅出，不故弄玄虚。

16.1.2 统计分析报告的写作特点

统计分析报告既要遵循一般文章写作的普遍规律和要求，同时在写作格式、写作方法、数据运用等方面也有自身的特点和要求。

(1)方法特有性

统计分析报告运用特有的"统计数据的应用"方法,全面地、深刻地研究和分析社会经济现象的发展变化。统计分析的方法比经济分析的方法更灵活、更具体、更全面。统计分析不像数学分析——只分析抽象数量关系和空间形式,而是在具体时间、地点、条件下研究各种数量关系和数量界限,并通过定量研究,上升到定性的认识。

(2)数量性

统计分析报告以反映社会经济情况的统计数量为基础,以统计数字为主要语言,以统计表和其他统计方法直观地反映事物之间的联系。统计分析报告所占用的统计数据不是个别的、简单的,而是复杂的、大量的,通过这些数据的分析可反映社会经济现象普遍性问题。统计分析报告运用的数字语言(包括统计表和统计图),从数量方面表现事物的规模、水平、构成、速度、质量、效益等情况,并把定量分析与定性分析结合起来,通过确凿、翔实的数字和简练、生动的文字进行说明和分析。没有统计数字的运用,就不成其为统计分析报告。

(3)准确性

统计分析要求用准确的数据说明观点。它既要反映客观事物(被研究对象)的数量特征和数量关系,又要揭示事物间的联系和本质。如果所依据的统计数据不准,或者没有通过定量分析得出准确的结论,或者脱离数据空泛议论,都不是好的统计分析。准确是统计分析报告乃至整个统计工作的生命。统计分析报告的准确性除了数字准确、情况真实之外,还要求论述有理、观点正确、建议可行等。

(4)时效性

统计分析的实用性决定统计分析的时效性。同样的信息,先提供,是"及时雨";后提供,是"雨后送伞"。统计分析报告具有很强的时效性。失去了时效性,也就失去了实用性。要保证统计分析报告的时效性,统计人员要有"一叶知秋""见微知著"的敏感,要有争分夺秒的时间观念,要有连续作战的工作作风。争取"雪中送炭",避免"雨后送伞",把统计分析报告提供在领导决策之前和社会各界需要之时。

(5)实用性

统计分析报告是统计工作的最终成果,为领导科学决策提供参考,满足社会各界了解形势、制定政策、编制计划、经营管理、检查监督、总结评比、科研教学等方面的实际需要。它不但反映信息,还能进行分析研究,能进行预测,能指出工作中的不足和问题,能提出有益于今后工作的措施和建议。

(6)通俗性

统计分析报告是一种说明和议论相结合的文章,以事实来叙述,以数字来说话,在开展中议论,在议论中分析。统计分析报告,在写作上大众化,在理论上深入浅出,在文字上简明朴实(少用"术语""行话",不夸张、不虚构),在语气上平易近人,要让"专家看得起、群众看得懂"。

16.1.3 统计分析报告的类型

(1)进度性统计分析报告

进度性统计分析报告是以定期统计数据为主要依据,辅以其他必要的统计调查资料,对被研究对象(宏、微观)的发展动态进行分析的一种统计分析报告。其特点是进度性、时效性、针对性、灵活性。这类统计分析报告主要适用于以下几方面:

1)统计报表说明

统计报表说明,又称为文字说明。这种说明,主要是对报表的数据作文字的补充叙述,帮助领导审查报表,以保证数字的质量。严格地说,统计报表说明只是附属统计报表,不能独立成篇,也无完整的文章形式。但由于它也具备统计分析报告的基本特点,我们可以把它看成是统计分析报告的雏形。

统计报表说明,文字简明,直截了当,没有标题,没有开头和结尾,没有严格的要求,文中的各个段落各有其独立的内容,结构呈并列式,条理清晰。写统计报表说明要注意以下几方面:

①与报表无关的内容不应写进文字中。

②可对整个报表做综合说明,也可只对报表中的某些统计数字加以说明。

③可作出简要的分析,但不宜论述过多,如需要深入研究,应另写专题分析。

2)快报

快报是一种定期统计分析报告,突出一个"快"字。常用于反映生产进度、工程进度等,便于领导了解情况,对生产和工作进行及时指导。快报所涉及的统计指标少而精(有代表性,能反映主要方面的数量情况)。快报的写作规范:指标项目相对稳定,便于观察进度和对比;标题基本固定;结构简单,先列出反映情况的主要数字,接着写文字情况;文字简明扼要。

3)计划执行情况

计划执行情况的统计分析报告是检查计划执行情况的定期统计分析报告,有实际数、计划数,还有计划完成相对数。通过计划完成对比分析,找出计划执行过程中存在的问题,提出对策建议,以保证计划的顺利完成。在写作上规范:统计指标相对稳定,以便进行对比检查;标题比较固定或可以变化(突出某些特点);结构——开头总说计划完成情况,然后进行分析,提出建议。

4)总结分析

这是对一定时期社会经济发展情况进行总结分析的统计分析报告,不是工作总结、技术总结等。总结分析报告有综合总结、部门总结和专题总结。总结分析的对象是本地区、本部门或本单位的社会经济发展情况、经验教训。标题形式不拘一格。文章结构规范——开头简要总说,接着写成绩与问题、经验体会与教训、今后的方向和目标,最后写建议,每个部分应设小标题,使层次更分明。通过分析总结,可以全面认识一个地区、部门或单位的社会经济形势,或某个方面的情况,以便发扬成绩,总结经验教训,制订新的措施,为今后工作创造更好的条件。

(2)专题性统计分析报告

专题性统计分析报告是对社会经济现象的某一方面或某一个问题进行专门调查或深入研究而形成的一种统计分析报告。专题性统计分析报告的特点:目标集中、内容单一、重点突出、形式灵活、认识深刻。专题性统计分析报告选题灵活,不受时间、空间的限制,可以分析战略性问题,也可以分析战术性问题。专题性统计分析报告是分析反映某个社会经济现象的具体状态,一般不涉及规律性问题,针对一个问题,单刀直入,深刻解剖,提出观点,分析问题,提出建议。它的重要作用是为领导制订某项政策或解决某个问题提供参考依据。

（3）综合性统计分析报告

综合性统计分析报告是从社会生产全过程或者是站在宏观的角度分析社会经济现象之间的平衡关系的一种分析报告。其特点是全面性、系统性、客观性。

综合分析比较的类型主要有：从总体的各个方面来分解和比较，从结构上分解和比较，从因素上分解和比较，从联系上分解和比较，从心理、思想上的分解和比较，从时间上分解和比较，从地域上分解和比较，等等。

（4）统计调查报告

统计调查报告是通过非全面的专门调查来反映部分单位社会经济情况的统计分析报告，一般不直接反映和推论总体情况。统计调报告的写作要点：

①文章有明显的针对性，明确的调查目的。

②占有大量的第一手材料，用事实说话，要有一定的深度，发现其实质和典型意义。

③统计资料和生动情况相结合，少写或不写调查方法和调查过程。

④调查型统计分析报告的标题灵活多样、结构形式不拘一格。

（5）统计预测报告

统计预测是在认识社会经济发展趋势及规律的基础上，进行具体的定向和定量研究，预测社会经济发展前景，对制订方针、发展策略、编制计划、搞好管理等都具有很大的帮助。统计预测型分析报告是高层次的统计分析报告。

预测型统计分析报告的写作要点：

①全文要以统计预测为中心，其他内容都要为预测服务。

②如果写给同行或专家看，可写数学模型的计算过程；如果写给领导和广大群众看，模型和计算过程可略去。

③中、长期预测，要体现战略性和规划性，文字可概略一些；近、短期预测要具体分析和估量，文字应详细、具体。

（6）统计研究报告

统计研究报告研究解决问题的办法或进行理论探讨，对具体状态上升到理论高度，提出理论性的见解或新的观点，是一种高层次的统计分析报告。

写作要点包括以下几个方面：

①在研究的题目确定之后可以拟订一个研究提纲。

②在具体分析的基础上，抽出其本质属性来认识事物。在抽象的基础上，把个别事物的本质属性推及为一般事物的本质属性。正确认识社会经济现象中的共性、普遍性和规律性。

③从多方面、多角度、多种资料、多件事实及多种逻辑方法来论证，做到论述严密、说理充分、没有漏洞。

（7）统计公报

统计公报是政府统计机关向社会公告重大社会经济情况的统计分析报告。统计公报是政府的一种文件，一般应由级别较高的统计机关发布，行文严肃，用语郑重，文字简练明确，情况高度概括，具有较强的政策性和权威性。

统计公报由反映事实的统计资料来直接阐述，不作过多的分析。统计公报的标题是一种公文式的标题，正文的结构是总分式。

16.2 统计分析报告的选题

16.2.1 选题的概念、意义和原则

(1)选题的概念

选题,是指从复杂的社会经济情况和大量的统计资料中选择一个我们要研究和反映的对象,确定分析研究的范围,确定统计分析报告的主题思想,确定规划统计报告的基本内容。选题是确定写作对象,选题决定标题,标题具体地体现选题。统计分析报告的选题有三种:任务题,领导交办或上级部门布置的题目;固定题,定期统计报表制度进行定期分析的题目;自选题,来自统计资料、现实生活的选题。

(2)选题的意义

选题是写作过程最重要的环节。选题的好坏,关系到统计分析报告的编写能否顺利进行,关系到统计分析报告"销售"时是否"产品对路"、是否具有实用性、是否符合社会需求适应律。选题恰当,可以为之后的取材、分析、构思、表达等打下一个良好的基础。如果选题的难度超过了作者的能力或工作条件,写作也不会成功。人们常说:"选好了题目就等于成功了一半。"这句话是有一定道理的。

(3)选题的原则

1)针对性原则

①统计分析报告的现实针对性。统计分析报告的选题只能从实际出发,而不能靠想象、凭兴趣。有了针对现实的好的选题,编写出的统计分析报告才能展现社会经济发展是本来面目,才能源于实践又高于实践,对实践有一定的指导作用。

②统计分析报告的对象针对性。不同读者对象对统计分析报告有不同的需求,有的只是为了一般的了解信息,有的是为了研究对策,有的是为了探讨理论,有的对某些问题需要经常反映,有的对某些问题只需要一次性反映,等等。要认真地研究不同层次的读者的不同需要,因人、因事、因地、因时地选题。

2)新颖性原则

选题新颖,编写出的统计分析报告才可能有新的内容或新的见解,才可能发挥一定的作用。

3)可行性原则

统计分析报告反映了作者对客观事物的认识,但认识不可能超越作者的主观条件和客观条件。主观条件是指作者所具备的科学知识及研究能力,客观条件是指编写统计分析报告所必须具备的资料和其他协作条件。在一般情况下,选题最好能结合自己的专业工作,结合自己的分析研究所长,而且必须考虑所需的资料是否齐全或比较齐全,如果资料不齐全是否能收集到等。切不可好高骛远,选题过大过难,以致力不从心,写不出来。

16.2.2 选题"三要点"

(1)注意点

社会各界比较关心的问题就是注意点,如"供给侧结构性"改革、房价问题、大学生就业问题等。抓住"注意点"来选题,一般来说编写出的统计分析报告是符合社会各界的需要的。

(2)矛盾点

矛盾点是指在社会经济发展过程各个环节中问题比较集中、事情比较关键、影响比较大、争议比较多的事物。"矛盾点"也不是固定不变的,随着旧矛盾的解决,新矛盾又会出来,新的"矛盾点"又成了我们应该注意的地方。抓住"矛盾点"来选题,编写出的统计分析报告不但符合需要,而且实用价值较大,容易引起党政领导和社会各界的注意。

(3)发生点

"发生点",就是在经济发展过程和各个环节中,处于萌芽状态的、人们需要认识但尚未察觉到的新事物,即我们常说的新情况、新问题。抓住"发生点"来选题,编写出的统计分析报告一般来说意义较大。进行统计分析,应该具有超前意识,当新事物刚刚出头,即还处于"发生点"时,即去分析它、研究它,基于这样选题的分析报告,不但具有现实意义,有时还具有一定的理论意义。

16.2.3 选题的具体方法

①围绕社会经济发展中的新情况、新问题选题。关注经济改革过程中重大措施的出台,紧密跟踪重大措施的执行情况提出统计分析报告的选题。

②围绕贯彻执行方针政策的新成就和新经验来选题。

③围绕国民经济和社会发展计划选题。

a. 分析计划的基础,如国情国力,地情地力,企业的生产经营条件、市场潜力等。

b. 分析计划的策略,如发展方向、增长速度、产品或产业结构、技术改造、投资及资金安排、劳动力的组织等。

c. 检查计划的执行情况,如计划的完成程度、计划的薄弱环节。

d. 发现计划本身的缺陷,为总结经验教训和修订计划提供依据。

④围绕中心工作选题。党政领导在一段时间内集中力量开展的某项工作就是中心工作。在不同地区、不同部门、不同时期,其中心工作是不同的。统计分析报告应该认真地研究和反映中心工作,以便党政领导掌握情况,正确地指导工作,进而保证全局工作任务的完成。

⑤围绕重点选题。所谓重点,是指在全局中处于举足轻重地位的某些部门或某些工作。每个地区、部门和单位,都有自己的重点,如工业有重点工厂,工厂又有重点车间和重点产品,等等。这些重点对企业工作都有重大的影响,也是党政领导经常注意的地方。

⑥围绕群众意见选题。抓住群众反映的有关意见选题,充分反映人民群众的看法和意见,这种统计分析报告一般会受人民群众的欢迎,也可以帮助党政领导更好地了解民情。

⑦围绕各方面有不同看法的重大问题选题。这些问题往往也是党政领导和社会各界比较关注的问题,选择这些问题进行具体分析,充分利用统计资料,提出比较客观的看法。

16.3　统计分析报告的写作步骤

16.3.1　搜集、整理和鉴别统计信息资料

这一部分的内容是本书第一篇的内容,这里从写作的角度作一简要归纳。

(1)写作题材与写作素材

写作材料一般可分为写作素材和写作题材。写作素材源于作者所处的外部环境(如时代环境等),决定于作者的自身素质(如理论水平、政策水平)。写作素材,是作者在长期的社会生活中采集和积累的原始材料,是原始的、感性的、零散的、不系统的写作背景资料,是一切写作的基本前提。占有素材越丰富,文章的内容就越充实。统计写作题材来源于素材,是经过作者细心选择、提炼得到的写入文章的素材,是经过统计调查、统计整理用以反映社会经济数量方面的、以统计数字为主要表述语言的信息资料。筛选题材的过程是作者观点形成的过程。

素材是统计分析报告构思的基础,是作者观点形成的基本,是阐明事物发展变化情况的依据。统计分析的过程就是通过事实材料揭示社会经济变化发展的内在规律的过程。一篇文章的质量,在很大程度上决定于作者对写作材料的占有和处理,只有占有一定广度的材料,才能准确展现作者的写作意图,使分析报告具有典型意义和针对性。因此,要广泛地收集素材,才能提炼出好的题材。

(2)统计分析报告写作材料的来源

1)定期统计报表资料

定期统计报表资料构成统计信息资料的主要内容,主要提供进度性统计分析报告的题材选材。

2)一次性统计调查资料

一次性统计调查是为一定特殊目的、专门组织的统计调查,如人口普查、工业普查、重点调查等。这类资料专门性和针对性强,主要为专题性统计分析报告和调查报告的题材选材。

3)统计汇总资料

统计汇总资料是对繁乱的、原始的资料数据,按照一定的分析目的的要求,进行加工整理,得到的统计信息资料,为各种统计分析报告提供素材。

4)统计分析资料

统计分析资料是统计数据与文字资料的结合,是已成文的统计分析报告。统计分析资料对写作新的统计分析报告,在选题的确定、分析方法、数据运用等方面都有很好的启发作用。

5)统计理论和经济理论资料

统计分析报告的内容来自社会经济生活,反映社会经济生活中的问题。写作中必须以统计理论为支撑,以经济理论为依据。掌握相关的理论,是统计分析报告写作者必备的素质。

此外,在写作统计分析报告时,还应占有统计图表资料和有关的政治资料。

16.3.2　统计写作的资料分析

这一部分的内容主要是本篇前两章的内容,在这里,从写作的角度谈统计原理与方法的

应用。

（1）确定分析方法的一般原则

1）简明实用的原则

统计分析方法并不是越复杂越好，关键是是否适用。根据研究的对象尽可能选择简明适用的统计分析方法，可以扩大统计分析报告的读者面，从而增强统计分析报告的影响力。

2）定性与定量相结合的原则

任何事物都有"质"和"量"两个方面，统计学主要研究事物"量"的方面，也研究事物"质"的方面。统计分析的方法是以定量分析为基本特征的。定量分析方法就是研究社会经济数量方面、把握数量界限、提供数量依据的方法。但在统计的分析中绝不能忽视定性分析方法的运用。定性分析是在定量分析的基础上深入解释数量的含义，并指导进一步的数量分析。

3）创新性原则

提倡应用新的方法、创造新的方法去分析研究社会经济问题。新方法往往都是与被研究对象的情况相联系的，针对性最强，分析也最深入，而作为一种新的方法，对同类型问题又不失普遍意义，可以得到相对广泛的应用。

（2）统计分析的一般方法

1）分组分析法

根据事物之间的同一性与差异性将复杂多样的社会经济现象区分为各个不同类别，反映和研究总体的内部结构。正确选择分组标志是科学运用分组分析法的关键。

2）综合分析法

应用综合指标，在划分类别的基础上，从个别到一般，从个性到共性，进行综合概括。分组分析法和综合分析法主要适用于对截面数据的分析。

3）动态数列分析法

动态数列分析法描述社会经济现象的发展趋势和发展速度，探索其发展规律，为预测发展趋势提供依据。动态数列分析法主要适用于对时间序列数据的分析。

4）指数方法

指数方法综合反映社会经济变动方向和变动过程，进行因素分析，研究事物的长期变动趋势。

5）平衡分析法

平衡分析法分析各种比例关系相适应的情况，揭示不平衡的因素和经济的潜力，利用已知的平衡关系预测未来。

6）统计图示法

统计图示法是绘制统计图把统计资料形象化的方法。

7）相关与回归分析法

相关与回归分析法可提高我们对现象间相互依存关系的认识；可用于预测、预报；可用于补充缺少的资料。

8）抽样推断分析法

抽样推断分析是在总体中抽取一定数量的总体单位组成样本，通过对样本的调查资料分析，来推断总体的情况。

16.3.3 系统分析与构思

(1)系统分析的意义

统计分析报告写作过程的系统分析就是,在确立主题、选取材料后专门对事物发展变化进行全面的、系统的、深刻的认识。通过系统分析,揭示客观事物的本质和内在的规律,构思文章的内容与写作形式。在构思统计分析报告时,如何确立文意,并以什么样的论点,阐明哪些论据,采用哪些写作结构形式,如何划分层次,都需要从社会经济现象实际的、内在的情况来考虑。系统分析,是根据统计信息资料对社会经济领域中各种问题进行统计研究,从感性认识上升到理性认识,是确定题材和具体分析方法的基础,是文章构思的前提。

在统计分析报告写作过程的系统分析基础上,抓住事物发展变化中的关键,抓住事物的主要矛盾,把握事物发展变化的未来,提出解决问题的对策,是提高统计分析报告写作质量的关键。统计分析报告价值的大小,是否为社会所承认,取决于作者系统分析的水平与深度。只有对客观事物认识得深刻、细致,才能在统计分析报告中有清晰的表达、深刻的再现与剖析。

(2)构思

统计分析报告的写作之前,要清楚反映哪方面的情况、确立什么基本观念、采用哪些论据、阐述哪些具体内容、层次结构如何安排等一系列问题。解决这些问题的过程就是构思。构思是写作前循序渐进的思维演变过程,是理顺文章从开头到结尾的表达程序,是对整篇文章的谋篇布局。

构思的要求——作者要以实事求是的态度,客观地认识社会经济现象,拓宽视野,广开思路,准确反映社会经济的本质和规律,并善于辨析、区别不同事物的发展方向和变化因素,使统计分析报告的写作能围绕着基本观点,有顺序、有条理地展开。构思要求运用各种资料、要有轻重缓急、合理安排次序、数字与事实相互吻合,使文章的观点切中要害,从而提高分析报告的全面性、系统性。

构思的第一步——确立文意。文章的立意是经过作者反复思考、选择、提炼与整理后形成文章的中心意思,是统计分析报告的核心,它决定统计分析报告的内容和形式。确立文章的原则是真实反映事物的本质且立意新颖(涉及的领域新、研究的课题新、涉及的动态新、研究的角度新)。确立文意的方式:一是通过分析研究所得到的反映全部情况的整体定性结论转移为文意。这种方式一般适合从单一角度去认识事物又要向读者全面介绍时采用。二是作者在全面认识事物的基础上,从整体认识中选择其中最迫切、最突出、最有价值的内容作为文意,选择的方法可以从不同角度介绍部分情况和部分定性结论。

构思的第二步——选定类型。选定类型就是明确文章的表达形式(见16.1节)。文章表达形式选择的好坏,对文章基本观点、作者思路的表现、文章价值实现等都有很大影响。选定类型的依据:按照写作意图来选定类型,往往在确立文意、明确写作意图的同时选定类型;根据使用需要选定类型;根据对社会经济认识的程度选定类型。选定类型时应尽量减少作者自身条件、客观条件(如资料条件等)的限制,以适当的类型充分表现作者的认识。

构思的第三步——划分内容。对统计分析报告的内容进行由粗到细的划分,可以增强统计分析报告的逻辑性,便于文章的展开,使读者更容易把握事物发展的来龙去脉。划分内容的依据;按文意划分,围绕中心论点,构想辅论点,确定文章的层次和各组成部分的写作重点;按逻辑关系划分,先说什么、后说什么、以哪部分为主、以哪部分为辅等,都有事物本身的逻辑联系;按社会经济发展的进程来划分,社会经济发展本身就包含了规律性、逻辑性等。

16.3.4　拟订统计分析报告的写作提纲

经过搜集统计信息资料、选择分析方法、系统分析和构思之后就拟订统计分析报告的写作提纲,是写作准备阶段最后的一个步骤。

写作提纲的主要内容:主题思想、论点、论据。拟订提纲,并不是写作统计分析报告必经的步骤,有些短小的统计分析报告可不必有提纲。但对于大型的综合性较强的统计分析报告的写作和初次撰写统计分析报告的人来讲提纲是很重要的。拟订提纲,是作者对整个文章再做深入的构思,进一步搞好整篇布局,落实合理的写作结构。拟订提纲后,使写作材料更有针对性。有了提纲,写作中可以"按图施工"避免遗漏。

写作提纲一般有粗纲和细纲之分。粗纲比较简单,一般只列出统计分析报告的主要层次的划分,摆出论点、提示主要论据,能大体描绘出文章的骨架即可。细纲则比较详细,除包括粗纲的内容外,还包括文章的开头、结尾以及各层次内容的结构安排。

写作提纲不是写作的框框,在具体的分析中,也常会出现新的问题,有新的发现,根据不同情况,要随时补充新的资料、新的观点、论证新的发现,不要受写作前拟订的提纲的约束。最后形成的统计分析报告,往往同提纲有不同程度的差别。

16.3.5　统计分析报告的撰写

统计分析报告的一般由标题、导语、正文以及结尾四部分组成,与一般的应用文并无多大区别。

(1)标题

标题是一篇文章的篇名。统计分析报告的标题要求能够如实反映统计分析报告的内容,又做到精练、生动,能够抓住读者。常见的标题类型:

①揭示主题:标题直接揭示统计分析报告的主题思想。

②表明观点:标题直接表明作者的观点和看法。

③设问提问:以设问方式提出分析报告所要分析的问题,以引起读者的注意和思考,增强读者的阅读兴趣。

④小标题的运用:小标题必须服从总标题,小标题之间必须有逻辑关系。

(2)导语

统计分析报告的开头也称导语。导语,要吸引读者、引人入胜,要牵出头绪、主定格局,要形式新颖、文字精练。导语的写法常见有以下几种:

①开门见山,直奔主题。文章一开头就紧紧围绕着文章基本观点,简明扼要,直叙入题。

②提纲挈领,总览全文。

③说明动机式,导出正文(专题分析常用的方式)。以交待社会现象发生变化的原因或以调查背景为开头,起因线索完整,时间、地点、人物、事件俱在,分析动机清楚,命题明显自然。

④提问根源,制造悬念。在开头先提出令人关心的问题,然后自问自答,或只问不答,制

造悬念。提问,可提问原因、可提问结果、可提问标题。提问原因,先提出问题、摆出矛盾再问原因、寻找根源。提问结果,让"问"设立思索性课题,用"问"寻求结局的解答。提问标题,使题文紧紧相扣,引起读者关注,使读者轻松入题。

(3)正文

主体分层次,先写什么,后写什么,哪些详写,哪些略写,等等,都要统筹安排,合理组织。统计分析报告还可以分为几部分,每部分冠以小标题,以便一目了然。主体分层次,层次之间用过渡段、过渡句、过渡词来实现自然转换,使全文形成"针线紧密"、文意贯通的整体,叫作过渡。使用过渡的地方:由一个意思转到另一个意思;由具体转到概括或由概括转到具体;由论述转图表或由图表转论述。

正文的结构一般有下面几种形式。

1)横式结构

横式结构把统计分析报告的总体部分按照研究对象的构成和属性分成并列的几部分横向展开,各个部分之间是并列关系,没有严格的先后次序,然后通过由此及彼的横向联系,共同表现分析对象整体和分析报告的基本观点。

2)纵式结构

统计分析报告主体的内容,按照研究对象的发展阶段或内部逻辑关系安排材料,把整体纵向展开为几个部分,各部分之间具有发展或递进关系,位置顺序较严格,不可随意交换。

3)交叉式结构

交叉式结构是横式结构和纵式结构的综合。

16.3.6 结尾

结尾即结束语,文章好的结尾能发人深省、耐人寻味。结尾的要求自然、圆满、短、不拖泥带水。结尾的写法常见的有以下几种:

(1)总括全文

在结束全文时对前面的分析研究予以归纳总结,加强作者的观点,突出中心思想。

(2)呼应开头

在文章开头提出问题,通过分析归纳,在结尾给以回答,深化统计分析报告的主题和意义。

(3)得出结论

在文章开头不亮出基本观点,经过一系列分析、论证得出结论,在文章结尾点明题意,表明作者的基本观点。

(4)预测未来

统计分析报告采用数学模型对社会经济现象的发展趋势进行预测,结尾部分显示预测结果,表明作者对其未来的看法。

(5)提出建议

结尾用若干条建议来收笔,或用简练的语言把建议内容概括在终篇段内。注意建议切实中肯,具有可行性;既不与主体部分的内容重复,又要密切相关,具有联系性;既要全面考虑,又要突出重点,对症下药,具有针对性。

16.3.7　修改

文章写完,写作并未完,还有一道"工序"——修改。从文章的内容到形式进行审改加工,精雕细刻,使文章趋于完善。修改是把好写作质量关的关键。常见的修改步骤和方法包括下面几种。

(1)主题是否符合形势

看统计分析报告是否主题清楚、观点明确,是否具有现实意义,是否紧跟了现时的热点问题,是否对当前的中心工作有帮助……

(2)内容是否服从主题

看选的材料是否符合主体,看材料是否充分说明主体,看是否还需增加材料。

(3)结构是否严谨

大小标题之间是否有逻辑关系,段落之间是否衔接,过渡是否自然。

(4)材料是否准确

数据要准确无误,观点要与数据相符,材料要与事实相合。

(5)语言是否规范

将通过以上四步修改过的统计分析报告从头到尾轻声地读一篇,发现不顺口、不连贯、说理不顺畅等地方进行边读边修改。通过这道"程序"后,统计分析报告基本可以定稿了。

思考题

1. 统计分析报告的写作原则有哪些?
2. 统计分析报告的写作特点有哪些?
3. 统计分析报告都有哪些类型?
4. 选题的具体方法都有哪些?
5. 简述统计分析报告的写作步骤。

附　录

附录一　证明 $x_\mathrm{H} \leqslant x_\mathrm{G} \leqslant \bar{x}$

预备定理：设 $a_1, a_2, \cdots, a_n$ 为正数，且 $a_1 \cdot a_2 \cdot a_3 \cdot \cdots \cdot a_n = 1$，则 $a_1 + a_2 + \cdots + a_n \geqslant n$。

证明：

(1) 当 $n = 2$ 时，

$$a_1 \cdot a_2 = 1$$

而 $(a_1 - a_2)^2 \geqslant 0, a_1 + a_2 \geqslant 2\sqrt{a_1 a_2} = 2$

(2) 假设 $n = k$ 时，

$$a_1 \cdot a_2 \cdot a_3 \cdot \cdots \cdot a_k = 1$$

而 $a_1 + a_2 + a_3 + \cdots + a_k \geqslant k$ 恒成立

当 $n = k+1$ 时，$a_1 \cdot a_2 \cdot a_3 \cdot \cdots \cdot a_k \cdot a_{k+1} = 1$

若 $a_1, a_2, a_3, \cdots, a_k, a_{k+1}$ 全为 1，

则 $a_1 + a_2 + a_3 + \cdots + a_k + a_{k+1} = k+1$

若 $a_1, a_2, a_3, \cdots, a_k, a_{k+1}$ 不全为 1，

由于 $a_1 \cdot a_2 \cdot a_3 \cdot \cdots \cdot a_k \cdot a_{k+1} = 1$，

则这 $k+1$ 个数中至少有一个 $a_i \geqslant 1$，且至少有一个 $a_j \leqslant 1$，其中 $i \neq j$，

$i, j = 1, 2, 3, \cdots, k, k+1$

$$a_1 \cdot a_2 \cdots a_k \cdot a_{k+1} = a_1 \cdot a_2 \cdots (a_i a_j) \cdots a_k \cdot a_{k+1} = 1$$

由上面的假设可知：

$$a_1 + a_2 + \cdots (a_i a_j) + \cdots a_k + a_{k+1} \geqslant k$$

在不等式两边同时加上 $(a_i + a_j - a_i a_j)$ 得：

$a_1 + a_2 + \cdots + a_i + a_j + \cdots + a_k + a_{k+1}$

$\geqslant k + a_i + a_j - a_i a_j$

$= (k+1) + (a_i - 1) - a_j(a_i - 1)$

$= (k+1) + (a_i - 1)(1 - a_j)$

$\geqslant k+1$

所以 $a_1 + a_2 + \cdots + a_n \geqslant n$

现在证明 $X_\mathrm{H} \leqslant X_\mathrm{G} \leqslant \bar{X}$

设 $X_\mathrm{G} = \sqrt[n]{x_1 \cdot x_2 \cdot x_3 \cdot \cdots \cdot x_n}$（其中，$x_1, x_2, \cdots, x_n > 0$）

则 $x_1 \cdot x_2 \cdot x_3 \cdot \cdots \cdot x_n = x_\mathrm{G}^n$

$\dfrac{x_1}{x_\mathrm{G}} \cdot \dfrac{x_2}{x_\mathrm{G}} \cdot \dfrac{x_3}{x_\mathrm{G}} \cdot \cdots \cdot \dfrac{x_n}{x_\mathrm{G}} = 1$

根据预备定理有：

$$\frac{x_1}{x_\mathrm{G}} + \frac{x_2}{x_\mathrm{G}} + \frac{x_3}{x_\mathrm{G}} + \cdots + \frac{x_n}{x_\mathrm{G}} \geqslant n$$

即

$$\frac{x_1 + x_2 + \cdots + x_n}{n} \geqslant x_\mathrm{G}$$

因此

$$\bar{x} \geqslant x_\mathrm{G}$$

又设 $y_i = \dfrac{1}{x_i}$,

由于

$$\sqrt[n]{y_1 \cdot y_2 \cdot y_3 \cdots y_n} \leqslant \frac{y_1 + y_2 + \cdots + y_n}{n}$$

所以

$$\sqrt[n]{\frac{1}{x_1} \cdot \frac{1}{x_2} \cdot \cdots \cdot \frac{1}{x_n}} \leqslant \frac{\dfrac{1}{x_1} + \dfrac{1}{x_2} + \cdots + \dfrac{1}{x_n}}{n}$$

$$\frac{1}{\sqrt[n]{x_1 \cdot x_2 \cdot \cdots \cdot x_n}} \leqslant \frac{\dfrac{1}{x_1} + \dfrac{1}{x_2} + \cdots + \dfrac{1}{x_n}}{n}$$

即

$$\sqrt[n]{x_1 \cdot x_2 \cdot \cdots \cdot x_n} \geqslant \frac{n}{\dfrac{1}{x_1} + \dfrac{1}{x_2} + \cdots + \dfrac{1}{x_n}}$$

因此,$x_G \geqslant x_H$

综上所述,$x_H \leqslant x_G \leqslant x$ 恒成立

当 $x_1 = x_2 = \cdots = x_n$ 时,$x_H = x_G = \bar{x}$

三种加权平均数形式的关系式 $\bar{x}_H \leqslant \bar{x}_G \leqslant \bar{x}$ 留给读者证明。

附录二　证明众数上、下限公式

假定在众数组内,数值变化是均匀的,借助直方图与几何知识,更容易理解。横坐标表示标志值分组,纵坐标表示次数分布。众数组为 LU 组,众数在众数组内。L 为众数组的下限,U 为众数组的上限,众数组的组距为 d,如下图所示。

证明:如图,连接 AC、BD,相交于 E 点,过 E 点向 AB、CD 作垂线,分别交 AB 于 F、CD 于 G 点。

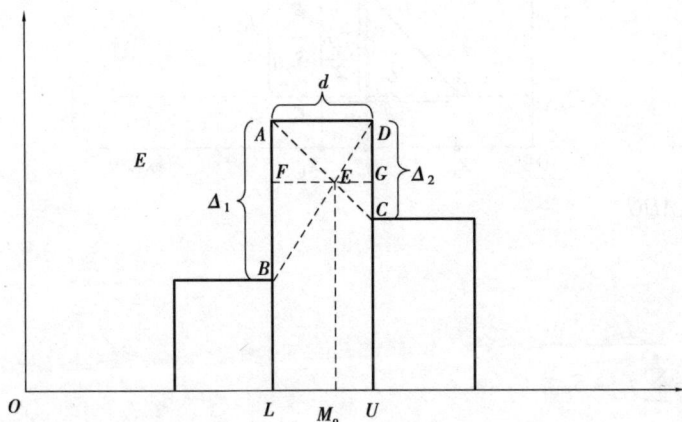

$\because \triangle AEB \backsim \triangle CED$

$\therefore \dfrac{EF}{AB} = \dfrac{EG}{CD}$

即

$\dfrac{LM_o}{AB} = \dfrac{d - LM_o}{CD}$

$\therefore LM_o = \dfrac{AB \times d}{CD + AB}$

$\because AB = \Delta_1 \quad CD = \Delta_2$

$\therefore LM_o = \dfrac{\Delta_1}{\Delta_1 + \Delta_2} \times d$

$\therefore$ 下限公式 $M_o = L + \dfrac{\Delta_1}{\Delta_1 + \Delta_2} \times d$

同理,

$$上限公式\ M_o = U - \dfrac{\Delta_2}{\Delta_1 + \Delta_2} \times d$$

附录三　证明中位数上、下限公式

证明:如图

$$\because \triangle ABC \backsim \triangle ADG$$

$$\therefore \frac{AC}{AG} = \frac{BC}{DG}$$

$$\frac{d}{M_e - x_L} = \frac{f_m}{\frac{1}{2}\sum_{i=1}^{n} f_i - S_{m-1}}$$

$$M_e = x_L + \frac{\frac{1}{2}\sum_{i=1}^{n} f_i - S_{m-1}}{f_m} \times d$$

同理可证:

$$M_e = x_U + \frac{\frac{1}{2}\sum_{i=1}^{n} f_i - S_{m+1}}{f_m} \times d$$

附录四　众数值与众数组的组中值的关系证明

证明：

$$\begin{cases} M_{\mathrm{o}} = x_{\mathrm{L}} + \dfrac{\Delta f_1}{\Delta f_1 + \Delta f_2} \times d & \textcircled{1} \\[3mm] M_{\mathrm{o}} = x_{\mathrm{U}} - \dfrac{\Delta f_2}{\Delta f_1 + \Delta f_2} \times d & \textcircled{2} \end{cases}$$

由①②得

$$M_{\mathrm{o}} = \frac{x_{\mathrm{L}} + x_{\mathrm{U}}}{2} + \frac{\Delta f_1 - \Delta f_2}{2\left(\Delta f_1 + \Delta f_2\right)} \times d$$

$$M_{\mathrm{o}} = \frac{x_{\mathrm{L}} + x_{\mathrm{U}}}{2} + \frac{f_{m+1} - f_{m-1}}{2\left(\Delta f_1 + \Delta f_2\right)} \times d$$

因为，式中 $\Delta f_1 > 0, \Delta f_2 > 0, d > 0$

众数组的组中值 $= \dfrac{x_{\mathrm{L}} + x_{\mathrm{U}}}{2}$

所以

当 $f_{m-1} = f_{m+1}$ 时，$M_{\mathrm{o}} = \dfrac{x_{\mathrm{L}} + x_{\mathrm{U}}}{2}$

当 $f_{m-1} > f_{m+1}$ 时，$M_{\mathrm{o}} = \dfrac{x_{\mathrm{L}} + x_{\mathrm{U}}}{2}$

当 $f_{m-1} < f_{m+1}$ 时，$M_{\mathrm{o}} = \dfrac{x_{\mathrm{L}} + x_{\mathrm{U}}}{2}$

附录五 标准差的数学性质证明

(1)证明变量值的方差等于变量值平方的平均数减变量值平均数的平方。

证明：

$$\sigma^2 = \frac{\displaystyle\sum_{i=1}^{n}(x_i - \bar{x})^2 f_i}{\displaystyle\sum_{i=1}^{n}f_i}$$

$$= \frac{\displaystyle\sum_{i=1}^{n}(x_i^2 - 2x_i\bar{x} + \bar{x}^2)f_i}{\displaystyle\sum_{i=1}^{n}f_i}$$

$$= \frac{\displaystyle\sum_{i=1}^{n}x_i^2 f_i}{\displaystyle\sum_{i=1}^{n}f_i} - 2\bar{x}\frac{\displaystyle\sum_{i=1}^{n}x_i f_i}{\displaystyle\sum_{i=1}^{n}f_i} + \bar{x}^2\frac{\displaystyle\sum_{i=1}^{n}f_i}{\displaystyle\sum_{i=1}^{n}f_i}$$

$$= \overline{x^2} - 2\bar{x}\cdot\bar{x} + \bar{x}^2$$

$$= \overline{x^2} - \bar{x}^2$$

即 $\sigma^2 = \overline{x^2} - \bar{x}^2$

(2)证明变量值对算术平均数的方差小于对任意 $x_0 (x_0 \neq \bar{x})$ 的方差。

证明：

$$\sigma^2 = \frac{\displaystyle\sum_{i=1}^{n}(x_i - x_0)^2 f_i}{\displaystyle\sum_{i=1}^{n}f_i}$$

$$= \frac{\displaystyle\sum_{i=1}^{n}(x_i^2 - 2x_i x_0 + x_0^2)f_i}{\displaystyle\sum_{i=1}^{n}f_i}$$

$$= \frac{\displaystyle\sum_{i=1}^{n}x_i^2 f_i}{\displaystyle\sum_{i=1}^{n}f_i} - 2x_0\frac{\displaystyle\sum_{i=1}^{n}x_i f_i}{\displaystyle\sum_{i=1}^{n}f_i} + x_0^2\frac{\displaystyle\sum_{i=1}^{n}f_i}{\displaystyle\sum_{i=1}^{n}f_i}$$

$$= \overline{x^2} - 2x_0\bar{x} + x_0^2$$

$$= (\overline{x^2} - \bar{x}^2) + (\bar{x}^2 - 2x_0\bar{x} + x_0^2)$$

$$= \sigma^2 + (\bar{x} - x_0)^2$$

$$\geqslant \sigma^2$$

故 σ^2 为最小。

（3）证明同性质的 k 列变量数列对应项之和构成的新数列 $\{x_{1i} + x_{2i} + \cdots + x_{ki}\}$（$i = 1$，$2,\cdots,n$），其方差等于各变量数列的方差之和。

证明：

令 $x_i = x_{1i} + x_{2i} + \cdots + x_{ki}$

则

$$\bar{x} = \frac{\sum\limits_{i=1}^{n} x_i f_i}{\sum\limits_{i=1}^{n} f_i}$$

$$= \frac{\sum\limits_{i=1}^{n} (x_{1i} + x_{2i} + \cdots + x_{ki}) f_i}{\sum\limits_{i=1}^{n} f_i}$$

$$= \frac{\sum\limits_{i=1}^{n} x_{1i} f_i}{\sum\limits_{i=1}^{n} f_i} + \frac{\sum\limits_{i=1}^{n} x_{2i} f_i}{\sum\limits_{i=1}^{n} f_i} + \cdots + \frac{\sum\limits_{i=1}^{n} x_{ki} f_i}{\sum\limits_{i=1}^{n} f_i}$$

$$= \bar{x}_1 + \bar{x}_2 + \cdots + \bar{x}_k$$

$$\sigma^2 = \frac{\sum\limits_{i=1}^{n} (x_i - \bar{x})^2 f_i}{\sum\limits_{i=1}^{n} f_i}$$

$$= \frac{\sum\limits_{i=1}^{n} \left[(x_{1i} + x_{2i} + \cdots + x_{ki}) - (\bar{x}_1 + \bar{x}_2 + \cdots + \bar{x}_k) \right]^2 f_i}{\sum\limits_{i=1}^{n} f_i}$$

$$= \sum_{i=1}^{n} \left[(x_{1i} - \bar{x}_1) + (x_{2i} - \bar{x}_2) + \cdots + (x_{ki} - \bar{x}_k) \right]^2 \frac{f_i}{\sum\limits_{i=1}^{n} f_i}$$

$$= \left[\sum_{i=1}^{n} (x_{1i} - \bar{x}_1)^2 + \sum_{i=1}^{n} (x_{2i} - \bar{x}_2)^2 + \cdots + \sum_{i=1}^{n} (x_{ki} - \bar{x}_k)^2 + \sum_{i=1}^{n} \sum_{j \neq L}^{k} (x_{ji} - \bar{x}_j)(x_{Li} - \bar{x}_L) \right] \frac{f_i}{\sum\limits_{i=1}^{n} f_i}$$

而 $\sum\limits_{i=1}^{n} \sum\limits_{j \neq L}^{k} (x_{ji} - \bar{x}_j)(x_{Li} - \bar{x}_L)$

$$= \sum_{j \neq L}^{k} \left[\sum_{i=1}^{n} (x_{ji} - \bar{x}_j) \cdot \sum_{i=1}^{n} (x_{Li} - \bar{x}_L) \right]$$

$$= \sum_{j \neq L}^{k} (0 \times 0)$$

$$= 0$$

所以 $\sigma^2 = \dfrac{\sum\limits_{i=1}^{n}(x_{1i}-\bar{x}_1)^2 f_i}{\sum\limits_{i=1}^{n} f_1} + \dfrac{\sum\limits_{i=1}^{n}(x_{2i}-\bar{x}_2)^2 f_i}{\sum\limits_{i=1}^{n} f_1} + \cdots + \dfrac{\sum\limits_{i=1}^{n}(x_{ki}-\bar{x}_k)^2 f_i}{\sum\limits_{i=1}^{n} f_1}$

$\sigma^2 = \sigma_1^2 + \sigma_2^2 + \cdots + \sigma_k^2$

（4）同性质的 k 列变量数列对应项的算术平均构成的新数列 $\left\{\dfrac{x_{1i}+x_{2i}+\cdots+x_{ki}}{k}\right\}(i=1,$

$2,\cdots,n)$，其方差等于各变量数理的方差的 $\dfrac{1}{k^2}$。

证明：

$$\bar{x}_i = \frac{x_{1i}+x_{2i}+\cdots+x_{ki}}{k} = \frac{1}{k}\sum_{j=1}^{k} x_{ji}$$

$$\bar{\bar{x}} = \frac{\sum\limits_{i=1}^{n}\bar{x}_i}{n} = \frac{\sum\limits_{i=1}^{n}\left(\dfrac{1}{k}\sum\limits_{j=1}^{k} x_{ji}\right)}{n} = \frac{1}{nk}\sum_{i=1}^{n}\sum_{j=1}^{k} x_{ji}$$

或

$$\bar{\bar{x}} = \frac{\sum\limits_{i=1}^{n}\left(\dfrac{x_{1i}+x_{2i}+\cdots+x_{ki}}{k}\right)}{n}$$

$$= \frac{1}{k}\sum_{i=1}^{n}\left(\frac{x_{1i}+x_{2i}+\cdots+x_{ki}}{n}\right)$$

$$= \frac{1}{k}\left(\frac{\sum\limits_{i=1}^{n} x_{1i}}{n} + \frac{\sum\limits_{i=1}^{n} x_{2i}}{n} + \cdots + \frac{\sum\limits_{i=1}^{n} x_{ki}}{n}\right)$$

$$= \frac{1}{k}(\bar{x}_1 + \bar{x}_2 + \cdots + \bar{x}_k)$$

$$\sigma_{\bar{x}}^2 = \frac{\sum\limits_{j=1}^{n}(\bar{x}_i - \bar{\bar{x}})^2}{n}$$

$$= \frac{1}{n}\sum_{i=1}^{n}\left(\frac{x_{1i}+x_{2i}+\cdots+x_{ki}}{k} - \frac{\bar{x}_1+\bar{x}_2+\cdots+\bar{x}_k}{k}\right)$$

$$= \frac{1}{nk^2}\sum_{i=1}^{n}\left[(x_{1i}-\bar{x}_1)+(x_{2i}-\bar{x}_2)+\cdots+(x_{ki}-\bar{x}_k)\right]^2$$

$$= \frac{1}{nk^2}\left[\sum_{i=1}^{n}(x_{1i}-\bar{x}_1)^2 + \sum_{i=1}^{n}(x_{2i}-\bar{x}_2)^2 + \cdots + \sum_{i=1}^{n}(x_{ki}-\bar{x}_k)^2 + \sum_{i=1}^{n}\sum_{j\neq L}^{k}(x_{ji}-\bar{x}_j)(x_{Li}-\bar{x}_L)\right]$$

$$= \frac{1}{k^2}\left[\frac{\sum\limits_{i=1}^{n}(x_{1i}-\bar{x}_1)^2}{n} + \frac{\sum\limits_{i=1}^{n}(x_{2i}-\bar{x}_2)^2}{n} + \cdots + \frac{\sum\limits_{i=1}^{n}(x_{ki}-\bar{x}_k)^2}{n}\right]$$

$$= \frac{1}{k^2}(\sigma_1^2 + \sigma_2^2 + \cdots + \sigma_k^2)$$

若各变量数列的方差相等，即 $\sigma_1^2 = \sigma_2^2 = \cdots = \sigma_k^2 = \sigma^2$，则

$$\sigma_{\bar{x}}^2 = \frac{1}{k^2}k\sigma^2 = \frac{\sigma^2}{k}$$

附录六　直线外推公式的推导

$$\hat{y} = kt + b$$

式中,$\hat{y}$ 为预测变量,t 为时间,k、b 为模型参数。用最小二乘法求 k、b 得

$$
\begin{cases}
k = \dfrac{n\sum ty - \sum y \sum t}{n\sum t^2 - \left(\sum t\right)^2} = \dfrac{\sum ty - n \cdot \dfrac{\sum y}{n} \cdot \dfrac{\sum t}{n}}{\sum t^2 - n \cdot \dfrac{\sum t}{n} \cdot \dfrac{\sum t}{n}} = \dfrac{\sum ty - n\,\bar{y}\,\bar{t}}{\sum t^2 - n\bar{t}^2} \\
b = \bar{y} - k\bar{t}
\end{cases}
$$

若 $\sum t = 0$,则 $\bar{t} = \dfrac{1}{n}\sum t = 0$,$\bar{t}^2 = \left(\dfrac{1}{n}\sum t\right)^2 = 0$,公式可简化为

$$
\begin{cases}
k = \dfrac{\sum ty}{\sum t^2} \\
b = \bar{y}
\end{cases}
$$

由于 $\sum t^2 = 2 \times \left(1^2 + 2^2 + \cdots + \left(\dfrac{n}{2}\right)^2\right) = \dfrac{n(n+1)(n+2)}{12}$,

所以

$$
\begin{cases}
k = \dfrac{12\sum ty}{n(n+1)(n+2)} \\
b = \bar{y}
\end{cases}
$$

要使 $\sum t = 0$,取历史数据为偶数项,中间两项分为 $-1,1$。

附录七　抛物线外推预测公式的推导

$$\hat{y} = B_0 + B_1 t + B_2 t^2$$

B_0, B_1, B_2 是模型参数,仿照二元线性回归求参数的方法有

$$\begin{cases} B_0 = \bar{y} - B_1 \bar{t} - B_2 \overline{t^2} \\ \sum ty = B_0 \sum t + B_1 \sum t^2 + B_2 \sum t \cdot t^2 \\ \sum t^2 y = B_0 \sum t^2 + B_1 \sum t \cdot t^2 + B_2 \sum t^4 \end{cases} \tag{1}$$

其中, $\overline{t^2}$ 表示序数 t 的平方的平均数,即 $\overline{t^2} = \dfrac{\sum t^2}{n}$ 。

令 $\sum t = 0$ (序数 t 编排方法同直线模型预测法) ,

则有 $\sum t^3 = 0, \bar{t} = 0$,上式简化为

$$\begin{cases} B_0 = \bar{y} - B_2 \overline{t^2} \\ \sum ty = B_1 \sum t^2 \\ \sum t^2 y = B_0 \sum t^2 + B_2 \sum t^4 \end{cases} \tag{2}$$

解这个方程组可得

$$\begin{cases} B_0 = \bar{y} - B_2 \overline{t^2} \\ B_1 = \dfrac{\sum ty}{\sum t^2} \\ B_2 = \dfrac{\sum t^2 y - \bar{y} \sum t^2}{\sum t^4 - \overline{t^2} \sum t^2} \end{cases} \tag{3}$$

根据级数求和, $\sum t^2 = \dfrac{n(n+1)(n+2)}{12}$

$$\sum t^4 = \frac{n(n+1)(n+2)(3n^2+6n-4)}{240}$$

将 $\sum t^2$ 和 $\sum t^4$ 代入式(3) 化简得

$$\begin{cases} B_0 = \bar{y} - \dfrac{B_2(n+1)(n+2)}{12} \\ B_1 = \dfrac{12 \sum ty}{n(n+1)(n+2)} \\ B_2 = 60 \times \dfrac{12 \sum t^2 y - n(n+1)(n+2)\bar{y}}{n(n+1)(n+2)[(4n-1)(n+1) - 21]} \end{cases}$$

附录八　指数平滑公式推导

用 $S_n^{(1)}$ 预测第 $n+1$ 期,即 $y_{n+1} = S_n^{(1)} = ay_n + (1-a)S_{n-1}^{(1)}$。用这个公式,将 $S_{t-1}^{(1)}$ 代入 $S_t^{(1)}$,
逐步迭代见下表。

指数平滑法公式推导表

$S_1^{(1)} = ay_1 + (1-a)S_0$	
$S_2^{(1)} = ay_2 + (1-a)S_1^{(1)}$	$S_2^{(1)} = ay_2 + a(1-a)y_1 + (1-a)^2 S_0$
$S_3^{(1)} = ay_3 + (1-a)S_2^{(1)}$	$S_3^{(1)} = ay_3 + a(1-a)y_2 + a(1-a)^2 y_1 + (1-a)^3 S_0$
$S_4^{(1)} = ay_4 + (1-a)S_3^{(1)}$	$S_4^{(1)} = ay_4 + a(1-a)y_3 + a(1-a)^2 y_2 + a(1-a)^3 y_1 + (1-a)^4 S_0$
$\vdots$	$\vdots$
$S_n^{(1)} = ay_n + (1-a)S_{n-1}^{(1)}$	$S_n^{(1)} = ay_n + a(1-a)y_{n-1} + a(1-a)^2 y_{n-2} + a(1-a)^2 y_{n-3} + \cdots + a(1-a)^{n-1} y_1$ $+ (1-a)^n S_0$

$$S_n^{(1)} = a[y_n + (1-a)y_{n-1} + (1-a)^2 y_{n-2} + (1-a)^3 y_{n-3} + \cdots + (1-a)^{n-1} y_1] + (1-a)^n S_0$$

S_0 实际不存在,可估计一个数。当 n 很大时,$(1-a)^n S_0$ 很小,可略而不计。

参考文献

[1] 李金森,赵中秋.管理统计学[M].北京:清华大学出版社,2006.

[2] 杨晶,李艳,许春燕.统计学基础[M].北京:机械工业出版社,2008.

[3] 李强,王吉利.统计基础知识与统计实务[M].2 版.北京:中国统计出版社,2008.

[4] 罗良清.统计学[M].北京:高等教育出版社,2006.

[5] 梁前德.统计学[M].北京:高等教育出版社,2004.

[6] 袁卫,庞皓,曾五一,等.统计学[M].北京:高等教育出版社,2005.

[7] 李洁明,祁新娥.统计学原理[M].4 版.上海:复旦大学出版社,2007.

[8] 王莹,徐颖,王军.经济统计学[M].北京:机械工业出版社,2005.

[9] 吴明礼.统计学原理[M].北京:中国商业出版社,1997.

[10] 张举刚.统计学原理[M].重庆:重庆大学出版社,2002.

[11] 卞毓宁.统计学[M].北京:科学出版社,2005.

[12] 黄正祥,李蜀湘,刘爱莲.统计学原理[M].长沙:湖南大学出版社,2007.

[13] 肖智明,钱俊龙.经济统计学原理[M].上海:同济大学出版社,2004.

[14] 庞皓,杨作廪.统计学[M].4 版.成都:西南财经大学出版社,1998.

[15] 赵振伦.统计学——理论·实务·案例[M].上海:立信会计出版社,2005.

[16] 徐国祥.统计指数理论及应用[M].北京:中国统计出版社,2004.

[17] 周恒彤.统计学[M].大连:东北财经大学出版社,2007.

[18] 姜诗章.统计学教程[M].北京:清华大学出版社,2006.

[19] 盛骤,谢式千,潘承毅.概率论与数理统计[M].3 版.北京:高等教育出版社,2000.

[20] 徐建邦,李培军.统计学[M].2 版.大连:东北财经大学出版社,2006.

[21] 施金龙,吕洁,施然.应用统计学[M].4 版.南京:南京大学出版社,2016.

[22] 刘悦,刘定祥.应用统计学[M].2 版.北京:北京师范大学出版社,2017.

[23] 刘定祥,凌成树,刘悦.应用统计学[M].北京:北京师范大学出版社,2012.

[24] 徐哲,石晓军,等.应用统计学:经济与管理中的数据分析[M].北京:清华大学出版社,2011.

[25] 宋廷山,王坚,等.应用统计学——以 Excel 为分析工具[M].2 版.北京:清华大学出版社,2012.

[26] 孙静娟,邢莉.统计学学习指导书[M].3 版.北京:清华大学出版社,2009.

[27] 孙静娟,杨光辉,杜婷.统计学[M].3 版.北京:清华大学出版社,2015.

[28] 陈文贤,陈静枝.大话统计学[M].北京:清华大学出版社,2016.

[29] 贾俊平,何晓群,金勇进.统计学[M].北京:中国人民大学出版社,2018.

[30] 贾俊平,何晓群,金勇进.统计学学习指导书[M].7 版.北京:中国人民大学出版社,2018.

[31] 刘子君,魏岚,向远章.统计学[M].北京:清华大学出版社,2017.